往事今述，回顾深圳纸媒发展的峥嵘岁月，重温鹏城报人的光荣与梦想；
知往鉴来，追溯深圳报章筚路蓝缕历程，传承深圳新闻人的敢为天下先。

深圳学人文库

The history of
Shenzhen journals

深圳报章史稿

丁时照　徐　松 ◎著

社会科学文献出版社
SOCIAL SCIENCES ACADEMIC PRESS (CHINA)

目 录
contents

第四篇 乘风破浪正当时（2002～2011）

第五篇 融媒走进新时代（2012年至今）

第一篇

宝安县的大新闻（1949~1979）

中国共产党历来高度重视宣传，高度重视对宣传工作的领导，高度重视发挥宣传思想战线的作用。战争年代，作为重要的革命根据地，宝安县不仅积极组建工农武装投入革命战争，还以笔为枪构筑起强有力的宣传阵地。

深圳地区现存最早的报刊，是1922年出版的宝安学会会刊《宝安学会杂志》。1929年，宝安县创办《宝安日报》，未几即停刊。1941年，东江纵队在其抗日根据地创办《大家团结报》和《新百姓报》，后两报合并，经邹韬奋提议更名并题写报头《东江民报》。1942年3月，广东人民抗日游击总队创办《前进报》，至1945年日本投降，东江纵队奉命北撤前，《前进报》一直是游击总队的机关报，当时延安的《新华日报》还转载过《前进报》的文章。《前进报》至抗战胜利时停刊。1947年11月至新中国成立前夕，宝安地区报刊如雨后春笋般出现，如《先声通讯》《正说月刊》《深圳通讯》《大鹏魂》《鹏声》《民意报》《新声报》等，一时蔚为大观。①

1949年是中华民族的经天纬地之年。10月1日15时许，毛泽东主席在天安门城楼上庄严宣告："中华人民共和国中央人民政府今天成立了！"地处南海之滨的宝安县，也随着解放广东战役的顺利推进，于10月16日宣布解放。②

随着全新政权的建立，宝安县的媒体建设也翻开了波澜壮阔的全新一页。

---

① 深圳地方志编纂委员会编《深圳市志·科教文卫卷》，方志出版社，2005，第427页。

② 编者注：1949年10月16日，宝安县城解放；10月19日，深圳镇解放；1950年4月18日，中国人民解放军解放内伶仃岛，宝安县全境宣布解放。

第一章　听出来的油印报

新中国成立之初，由于帝国主义、封建主义、官僚资本主义的压迫和长期战争的影响，社会经济十分落后，基础设施遭严重破坏，百业待举，百废待兴。

在当时的条件下，地处边陲的宝安县很难组成完善的媒体队伍，广播成为最经济最有效的宣传方式，也是深圳人最主要最快捷的信息接收渠道，此情况一直延续到改革开放之初。1980年8月26日，深圳人了解"第五届全国人民代表大会常务委员会第十五次会议中通过了由国务院提出的《广东省经济特区条例》，批准在深圳设置经济特区"的重要消息，也大多是通过广播这种宣传方式。

新中国成立初期，宝安县广播站和广播网络尚未建立，为收听、记录中央的政策和指示，宝安县于1950年10月底成立县收音站。

根据1954年2月1日的《宝安县收音站工作总结》记录，当时全站的全部家当包括：交直流两用超外差六管长短波收音机1部、派律牌交直流三用超外差五管长短波收音机1部、先力夫交直流两用超外差五管长波收音机1部，另外还有25瓦声机1部、高音扬声器2个、8吋喇叭1个作为组织收音的主流设备。

收音站原在县委会设站，后来认为这个面向群众的宣传阵地应该尽可能贴近群众而迁至南头戏院，1953年又迁至深圳镇南庆街4号。

收音站有收音员1人，每天按时收听中央人民广播电台和广东人民广播电台的广播，除报纸已刊登的（《南方日报》当天即可送达）或者字数较多的社论，其余均认真记录。记录下的新闻内容被转换成油印报和黑板报等形式进行再传播。

第一节　收音站办《收音》

油印报《收音》是当时宝安县收音站的纸质传播渠道之一，是新中国成立后宝安县的第一份纸媒，也是非常贴近群众的一份报纸。

一　发行重效果看精准率

《收音》创办之初，收音站较为看重发行量。

《收音》针对农村民众、乡村行政机构、城镇机关和学校进行全面发行，但由于农村文盲率高，干部忙于土改，部分干部一接了之，并不认真阅读。城镇机关、学校认为手抄油印报纸档次不高，更是轻视它，导致其传播效果不佳。1953年下半年起，收音站重新制定《收音》发行计划，采用了重点发行的方法，各区乡除区委、区政府、生产助理员、乡长各1份外，其余的都发放给宣传员、生产重点乡的团员和互助组、扫盲队、区乡合作社，再由宣传员、互助组长向农民读《收音》报，传播效果大为改观。1954年初，《收音》每期发行320份，其中173份直接发给宣传员，超过发行总数的50%。[①]

在发行方式上，《收音》也根据实际情况进行调整。创刊初期，《收音》主要靠通讯员传递，发到区乡需要四五天，发到村里去最少七天，甚至有些区乡收到积压不发，大大影响发行效率。后来，《收音》改交邮政局投递，时间缩减至两三天，甚至有些地区当天即可到达。

二　内容讲贴近重实际

《收音》的信息来源比较单一和被动，但在稿件的内容选择方面力争与宝安的生产生活实际相结合，做出了不少改进。

收音站创办之初，《收音》对稿件选择不够严谨，"见了稿就挤下去，有空白就随便填补"，[②]内容对读者的针对性不强，与生产实践脱钩。发现

---

① 《宝安县收音站工作总结》，1954年2月1日。
② 《宝安县收音站工作总结》，1954年2月1日。

问题后，收音站及时做出调整。

首先，在文字上做到通俗易懂，让读者感觉亲切。当时沙头乡莫英娥互助组负责给组员读报的宣传员表示："《收音》读起来很顺口，容易懂，比读报纸容易多了。"①

其次，《收音》的内容也更贴近生产生活实际，具有实用性。1953 年 4 月，领导三区马岗乡生产的干部陈航说："马坜村廖学明互助组搞评工积分时，大家正感到棘手，找遍了参考资料都没找到适当的，《收音》恰好发下来，里面有一篇是介绍评工积分的实例，与组员们提出的问题一样，我就把这个方法介绍给该组，经过他们讨论通过，结果也是用它的方法来评工积分。"②

最后，《收音》根据时事变化和现实需要，编撰专刊。随着 1950 年 5 月 1 日新中国第一部法律《婚姻法》正式实施，贯彻婚姻法运动在宝安县展开，加上宝安县正展开互助合作运动，《收音》逐渐摸索出围绕中心话题针对性选稿的工作方法，甚至时常根据生产生活需求推出专刊，办报质量显著提升。1953 年，《收音》（不定期）发行了 68 期，其中专刊就有 12 期，在进行某些专题宣传时，还出版小册子供作资料。

三 人员严管理讲效益

为了提升收音站的工作质量和效率，收音站制定了严格的管理机制，包括每天登记该日工作内容及制定明日工作计划、每旬对工作进行总结、每月制定下月工作计划等制度。

同时，收音站要求收音员加强学习，对新闻事件不仅要知其然，还要知其所以然，能从容应答人民群众对新闻事件和政策措施提出的各种问题。收音员会利用戏院放映电影前的时间，向群众讲解抄收下来的宣传材料。根据电台的节目播出时间和不同听众的收听需求，在与各级组织沟通后，收音员还会不定期携带收音机下乡，布置好收听场地，让群众收听电台节目，包括到学校组织学生收听少儿节目，到政府单位组织干部收听朝鲜停

---

① 《宝安县收音站工作总结》，1954 年 2 月 1 日。
② 《宝安县收音站工作总结》，1954 年 2 月 1 日。

战签字的消息，到农村互助组组织农民收听"农民时间"节目等。

在器材管理方面，收音站要求收音员每次开关机都对机器进行检查，严格禁止其他人开关机。同时要求收音员爱护电池，每次收音工作完毕，立刻取出电池放好。

因为管理严格，收音站在增产节约方面成绩显著。1953 年，收音站仅电池费用就节约了 30 多万元，印刷费的支出也节约了 100 多万元（均为解放初币制——编者注）。①

第二节　黑板报和农村俱乐部

《收音》虽然越来越受到干部群众喜爱，但受当时条件限制，发行量很小，传播速度也很慢，想要将信息迅速在当时全县 6 个区、1 个镇、71 个乡传开，让 20 多万群众知晓，《收音》无法实现，黑板报因此成为《收音》的良好补充。

一　有力的宣传阵地

根据宝安县委宣传部 1953 年 4 月 30 日的《五个月来的宣传工作报告》记录，当时全县共有 193 块黑板报，包括南头和深圳（镇）在内，有 50%以上的乡镇有黑板报。

黑板报主要内容来自《收音》，由于当时文盲率较高，黑板报主要由宣传委员和宣传干事分头包干负责制作和宣读，当时全县 6 区 1 镇都配有宣传干事，其中 4 区 1 镇配有宣传委员，仅深圳镇就有宣传员 127 人。宝安县当时建有读报组 305 个，极大地拓展了其宣传阵地和增强了其宣传力量。

黑板报的传播形式，分为领导动员、读报启发、小组讨论 3 个层级。1952 年底至 1953 年 4 月，宝安县委宣传部就通过这一形式组织了民主建政、《婚姻法》颁布、斯大林逝世等多个文件的学习，其中，关于《婚姻法》的学习，除机关干部普遍学习外，还组织了 335 名区乡干部、3003 名村干部进行学习，先由区委书记集中报告，然后大家分散阅读和宣讲，进

---

① 《宝安县收音站工作总结》，1954 年 2 月 1 日。

行小组讨论，最后由区委进行总结，使全县群众对《婚姻法》基本精神有了初步认识，很大程度上减少了干涉他人婚姻自由的情况。

二　发展农村俱乐部

作为面向基层群众宣传政策和传递信息的另一条重要途径，农村俱乐部几乎与广播站同时创办，并在很大程度上弥补了《收音》信息传播的不足。

1950 年，宝安县在县城南头设立宝安县人民文化馆，在深圳镇设立镇人民文化馆，但这种单点传播的方式，无论是覆盖人群还是范围，都受到极大限制，宣传效果不甚理想。由于公办文化馆在经费受限的情况下难以迅速扩张，1951 年，一些农民为了学习文化，开始自己订购报纸杂志，办起乡文化室和成立文娱组，这些文化室和文娱组逐渐发展为农村俱乐部。

农村俱乐部下设有图书、读报、展览、黑板报、幻灯、广播、体育、业余剧团等活动小组，并订立活动制度，活动经费由农业社公益金开支或由群众义务劳动集资解决。

到 1956 年，宝安全县有 117 个农村俱乐部。1964 年，农村俱乐部发展到 320 个，其中一类 93 个，二类 135 个，三类 92 个。1964 年 5 月，西坑村俱乐部被惠阳军分区评为"俱乐部标兵"，并于 6 月被选派出席全国青年团第九次代表大会。1965 年，农村俱乐部改为文化室，宝安全县生产大队、生产队共建有文化室 968 个。[①]

第三节　《土改快报》和《土改导报》

几乎在《收音》诞生的同时（1950 年 12 月），宝安县土改委员会还主办了两份油印报——《土改快报》和《土改导报》。这两份报纸均为宝安县的土改工作服务。

一　具备机关报功能

《土改快报》和《土改导报》的主要功能都是宣传国家的土改政策、报

---

① 　宝安县地方志编纂委员会编《宝安县志》，广东人民出版社，1997，第 704 页。

道宝安县各地的土改进展、下发宝安县委和县土委会的各项工作指示和工作通知等，报道内容包括各地分田地、反地主恶霸、兴修水利、妇女翻身等，对土改分田地中出现的一些问题，也通过稿件及时纠偏。对应当时的土改政策，两份报纸均具备一定机关报功能。

两份油印报虽然均着眼于土改内容，但版式排布稍有区别。《土改快报》的版式更接近于报纸，报头明确标注"宝安土改快报社出版"，属于公开发行的报纸，"通讯处宝安土委会转"则表明该报接受通讯员投稿。《土改导报》的头版则标明为宝安县土委会编印，并注明"对内刊物，发放至工作组长"，同时配有该期稿件的导读，版式更接近于刊物。

从稿件内容和报道形式上，能明显看出两份油印报的区别。《土改快报》更倾向于向普通读者传播信息，因此报道的形式多样，有长篇通讯，有简讯，有评论，1950年12月29日发行的《土改快报》头版，用两篇文章报道了宝安县第三届人民代表大会"三大决议"：坚决实行土改，坚决抗美援朝，拥护人民政府。另外，该版还配发一篇评论，讲明"为什么要进行土地改革"。

同时，《土改快报》还配发有大量漫画，甚至有整版漫画，在当时文盲率较高的情况下，漫画显然比文字更有利于进行传播。例如，1951年2月23日发行的《土改快报》，就发表了一幅题为《大公无私的精神》的漫画，并配有简短文字说明："张家缺耙，分他一张耙；李家缺犁，分他一张犁；我家什么都不缺，什么都不分。"通俗形象并简明扼要地说明了当时的环境和政策。

相比之下，《土改导报》内容更多是政策传达和工作通知。1951年2月24日发行的《土改导报》，刊发了《严格普查基层贯彻总路线的指示》《关于富农剥削计算方法问题》《关于群众立功运动的通知》《关于迁移人口分田问题的通知》等文章。《土改导报》稿件的内容和报道形式与《土改快报》有明显区别。

二　3个多月即停刊

根据现存资料，《土改快报》创刊于1950年12月，于1951年3月24

日停刊，仅存在了 3 个多月时间，共发行了 27 期。

在最后一期的《土改快报》上，土改快报社在报眼位置刊发了《本报启示》："亲爱的读者及通讯员同志们：由于土改工作已告一段落，本报亦暂行停刊，凡本报通讯员可转为《珠江人民报》（地点在石岐）通讯员，积极向《珠江人民报》发稿，谨此告知！"表明了《土改快报》停刊的时间和原因。

不定期发行的《土改导报》也创刊于同一时期，但目前能查找到的最后一期《土改导报》是 1951 年 3 月 20 日发行的第 11 期，由于该期报纸上并未有"本报启示"等表示即将停刊的明确文字，因此无法断定这期报纸是不是最后一期，但由于土改工作结束，以及无法找到后续发行的《土改导报》，因此该期报纸发行后，《土改导报》也极有可能就此完成了自己的历史使命。

第二章 《宝安报》的大格局

广播虽然时效性强，不受听众文化程度的影响，但传播的信息量不够大，听众若错过播出时间也无法收听，《收音》的新闻来源和发行也受到诸多限制，宝安县决定办一份报纸。

1956年3月30日，中共宝安县委主办的4开单张双面铅印的《宝安农民报》创刊号面世，报头上的"宝安农民报"用毛笔书写。4开报纸虽不大，但《宝安农民报》发表的文章覆盖生产、生活和社会等各个方面，文字质朴生动，展现了当时中国农村的缩影。

第一节 第一份县委机关报

《宝安农民报》创刊号头版署名"编辑部启"的文章《出版的话》写道："《宝安农民报》今天和大家首次见面了。《宝安农民报》是党的县委机关报，也是宝安农民自己的报纸。我们希望大家踊跃订阅，积极支持党报，爱护党报，多投稿，多提出意见指导纠正，使党报内容更充实，更成为大家所欢迎的报纸。来稿请寄《宝安农民报》编辑部收，邮资由报社整付。各地读者可直接向当地邮政代办所订阅。本期赠阅不收费。"

这段话明确了这份报纸的性质——县委机关报。《宝安农民报》成为新中国成立后宝安县的第一份县委机关报。

一 5年更换3次报名

在短短不到5年时间里，这份报纸一共用了《宝安农民报》、《宝安报》和《宝安日报》3个报名，并进行了3次更名，其中《宝安报》使用的时间最长。该报每次更名都能反映时代背景。

1956 年 3 月 30 日创刊时，这份报纸以《宝安农民报》命名，就是因为《出版的话》中那句"宝安农民自己的报纸"。当时县级党委主要面对农村工作，这份报纸发行范围主要是农村，面对的读者群主要是农民，面对的问题主要是农业生产，"农民报"让读者更感亲切。

1956 年 10 月 24 日第 61 期刊出时，使用仅半年多的《宝安农民报》报名改为《宝安报》。在报纸的显要位置，编辑部刊登了题为《就"宝安农民报"改名为"宝安报"给读者一封信》的文章，称由于有很多读者指出，县报不仅要办给农民看，也要办给全县其他群众看，因此更名为"宝安报"。不过该报强调报纸"没有变化"，主要对象依然是农民，性质和任务没有任何改变。

此后，《宝安报》又更名为《宝安日报》，由于档案馆收藏的报纸缺失，更名日期已不可考证，但能查到最早用《宝安日报》报名的是 1959 年第 1 期。改名《宝安日报》后，报纸每天发行，基本保持每天 4 个版，偶尔 2 个版。

但《宝安日报》的报名也仅存在了半年多时间，到 1959 年 7 月 1 日，该报推出建党专刊时，报名又恢复为《宝安报》，虽然版面上未做说明，但该报自此改为星期三、星期五和星期日出报的每周三刊，"日报"的名号的确用不上了。1959 年报名更改时已经处于三年国民经济极端困难时期，这也很可能是日报改为每周三刊的原因。

二 总共发行 769 期

《宝安农民报》创刊时间明确为 1956 年 3 月 30 日，但却无法查证停刊时间和停刊原因。目前，《宝安报》的合订本主要收藏在深圳市宝安区档案馆，从 1956 年 3 月 30 日创刊号，到 1960 年 12 月 28 日第 769 期，其中部分缺失。因此目前能查找到的《宝安报》只存在了不到 5 年的时间，总共发行 769 期。虽然现存史料并未记载其停刊原因，但 1960 年正是国民经济极端困难的时期，当时国内众多报刊选择停刊，《宝安报》也很可能因此停刊。

除深圳市宝安区档案馆外，深圳图书馆也收藏有两本《宝安报》合订本，两本合订本的每一份报纸上，都盖有北京图书馆日报库的入库印章，证明这些《宝安报》曾经收藏于北京图书馆，也就是后来的国家图书馆，深圳图书馆收藏的合订本，应该是国家图书馆返还深圳的馆藏报纸。①

第二节　具备党报晚报双重功能

《宝安报》虽然从创刊起就明确了自己的宝安县委机关报性质，但该报不仅仅是党的纲领、路线和政策的宣传者，还是一份满足宝安县生产生活需要的报纸。

《宝安报》刊登的新闻有明显的选择性和导向性。它立足农业，宣传政治，社论短评通俗直接，又借助毗邻港澳的优势开辟了港澳新闻版面，文艺副刊题材大多与本地生产生活有关，"编读往来"版面不仅屡屡以百姓身边事引发大讨论，也拉近了媒体与读者的距离。《宝安报》各版面各栏目之间构成了一个较完备的宣传话语体系，从不同角度推广社会主义价值观，巧妙地构筑起一个基层舆论主阵地。

可以说，《宝安报》既是一份党报，又兼具了晚报的功能，既严肃、又生动。

一　农业新闻讲对策

新中国成立初期的宝安县，农业生产就是最大的政治。因此，农业新闻也一直是《宝安报》的主要内容。《宝安报》的农业新闻紧跟农业生产，讲庄稼人，登庄稼事。

《宝安农民报》刚创刊时，正好遇上一场旱灾。该报在 1956 年 4 月 5 日发行的第 2 期上，就发表了一篇题为《不能再等了》的短评，明言灾情已经非常紧迫："今天就是清明，插秧大忙季节已到，千金一刻，时间十分宝贵。而春节至今，天不下雨，旱情日益发展，这个时期，如不立即组织行动，不进行抗旱抢插、育秧保苗，整个春耕生产计划就有落空的危险。"文章带着浓烈的乡土气息，质朴而务实，催耕催种。

---

① 关万维、申晨：《1956~1960〈宝安报〉研究》，海天出版社，2021，第 3 页。

从这一期到第 9 期整整 8 期报纸中，有关旱灾以及抗旱生产的报道内容占据绝大多数，可贵的是，《宝安农民报》不仅动员农民群众抢插秧苗，更多的版面还是讲事例讲对策。1956 年 4 月 5 日一篇署名文遂生的《打破老习惯》短文，记录了公明区水荫乡第一农业社打破"不到清明不插秧"的老习惯，在清明前抢插了应插面积的 33%。同版另一篇报道《全县插秧二万多亩》，明确指出本地的"老习惯"——"清明耕岗岭，谷雨耙水田"不合时宜。

4 月 18 日的短评《坚决向地下要水》表明，河流断流、饮水困难，旱灾造成的影响已经非常惊人，提出"坚决向地下要水"，并给出了科学的"向地下要水"的办法：并非挖井，而是耙沙陂、深挖现有水圳、凿开新水圳找新水源 3 种方式。该短评还对各乡镇的具体取水耙沙地点与工作做了详细部署。4 月 21 日一篇《怎样找水源》的文章，又介绍了 16 种辨识水源的方法。包括后面号召积肥、号召灭虫害、号召兴修水利的报道，也都是从读者的实际需求出发，不做"高论"，提出解决问题的办法。

二 政治新闻谈基层

《宝安报》的政治新闻分量不算大，会议消息更是非常少，而且基本直接具体到会议中关于农村问题的细节。其他政治新闻也是在讲述国家政策的同时，跟本地农业生产挂钩，例如农业合作社前景、向国家出售余粮等问题，以本县实际为基础，讲明现状，梳理政策，解放思想，展开大辩论，引导群众熟悉国家政策，投身社会主义建设。

《宝安报》在 1956 年 11 月 28 日发表了一篇《在农村生产果真没有前途吗?》的文章，引起广大青年的注意和关心，很快收到大量讨论该文的稿件，编辑部由此鼓励读者各抒己见，展开了一场持续多期的大讨论。这一大讨论迅速在农村引起强烈反响，读者纷纷发来文章，《在农村生产不是被埋没而是有远大前途》《我同情曾平的苦恼，但在农村生产并不是无前途》《我读在农村生产果真没有前途吗一文后提出一些意见》《没有歌声没有学习怎不苦闷》等，连续刊登在《宝安报》上，读者还要求编辑部将这些稿件汇编成小册子。

1957 年 9 月 4 日，《宝安报》头版头条发表《大家来讨论周谷昌思想》一文，讲述周谷昌退社搞自发，使该社合作化运动遭受损失，并配有署名"尖矛"的评论文章《忘了本的周谷昌》。这组稿件再度在全县群众中引起激烈讨论，两期过后，《宝安报》推出"周谷昌思想讨论"专栏，编辑和读者纷纷撰稿，发表对"周谷昌事件"的看法。

《宝安报》的头版还有一个类似社论的短评栏目。这篇文章通常是报纸编辑部就重大问题发表的评论，反映政府对这一问题最直接的态度，《宝安报》在这个栏目上发表的文章同样多从具体事件出发，非常接地气。1956 年 12 月 5 日《谈谈民主办社》一文就从社员的角度鲜明指出"发扬民主有四好"，并提出"干部无须怕民主，社员不怕背包袱"，充分体现了政府诚恳务实的态度。

三 港澳新闻映两面

宝安县与香港毗邻，又与澳门一水之隔，地处"前沿"的《宝安报》，也将港澳新闻作为重点内容之一，大版面大力度持续报道港澳新闻，这在当时的县级报纸中是绝无仅有的。

从 1956 年 6 月 26 日开始，《宝安报》上就出现了"港澳新闻"栏目，此后"今日港澳""港澳拾零""龙舟""香港：天堂还是地狱""香港新闻""今日香港""香港世界""香港通讯""香港拾零"等栏目名交替使用，持续关注香港问题和香港发生的新闻。

每期《宝安报》都有两条或两条以上的港澳新闻。有趣的是，一方面是血浓于水的亲情，另一方面是当时对立的政治环境，批的时候斩钉截铁，赞的时候热血衷肠，《宝安报》在港澳新闻的报道中表现出两种截然不同的立场。

《宝安报》对香港的报道以负面报道为主，衬托新生的社会主义社会的优越性。例如《香港自杀事件层出不穷》《因嗜赌害了一生，港青年在澳自杀》等，反映了香港自杀、失业、失学、黄赌毒、儿童犯罪、居住条件恶劣、强拆、加租、水荒、物价上涨等诸多社会困境。台湾飞行员驾机起义、台湾特务的破坏活动、宣判台湾特务刑罚等也被放到香港新闻中。由于与香港陆路通关，《宝安报》更着重对边境往来问题进行报道，如《在香港英当局的无理限制下新界菜农生活苦连绵》《何事难登岸　只因身着唐装》等。相比之下，当时澳门民间与内地更加亲近，《宝安报》对澳门新闻的报道则更加温和甚至正面，例如《澳门各界同胞热烈欢迎广东民间杂技团》《中山水库免费输水澳门各界皆大欢喜》等。

但在香港民生遇到困难时，《宝安报》的报道又表现出血浓于水的关切。1956 年《宝安农民报》刚创刊时遇到的那场旱灾，香港同样遭灾，1956 年 7 月 11 日的《宝安农民报》，就报道了香港旱灾的情况，并持续关注香港的用水问题。1960 年深圳水库向香港供水，《宝安报》也就解决香港供水问题展开了持续的系列报道，润泽人心。

四　文艺副刊刊民歌

文艺副刊也是《宝安报》重要的内容之一，虽然文学形式多样，包括"农民文艺""民间文艺""文娱""小品"等栏目，但最主要的内容还是发表本地干部群众创作的民歌，这也是当时反映时事、生产、地情、民意最主要的文学形式，充分体现了我党文学必须面向现实的要求。

《宝安报》的民歌题材大多数与生产有关。1956 年 4 月 10 日，宝安正在遭受旱灾，《宝安农民报》第二版就刊登了一首翻身乡钟华光创作的民歌《抗旱大热潮》，这首结构齐整的七言体民歌，叙述了农民抗旱的过程以及抗旱群众的思想，这也是《宝安农民报》上刊登的第一篇文艺作品。4 月 21 日的《宝安农民报》第二版，又刊登了一首由樟坑径村突击队员陈春明创作的民歌《樟溪突击队抗旱抢插》："春到人间百花香，观澜区来新田乡，近月间来无水落，田中晒得裂成行。田中晒得裂成行，突击队员力量强，在那四月十一日，全体出动来抗旱……"同样质朴地反映了宝安县的旱情和人民群众抗旱的过程。

1959 年 1 月 29 日，《宝安日报》又推出了新的副刊版面，取名为《梧桐山》，第 1 期《梧桐山》刊登了粤曲小演唱《幸福花开》和《开采田头山》《布吉农具厂》两首诗，占据了半个版面。此后，《宝安报》把本县群众作者的文艺作品，都集中到了《梧桐山》上。

五 编读交流有往来

《宝安报》从创刊起就一直重视与读者的交流，引发了多次全民大讨论，同时，《宝安报》也创办了多个专供编读往来的栏目。

第一个编读往来栏目是《宝安农民报》1956年4月18日第二版的"读报人来信"，这个栏目一直持续办到1960年12月28日，其间曾改用"读者来信"、"读者/作者/编者"和"答读者问"等栏目名。此外，《宝安报》还开辟了"建议""好建议""农村工作意见""批评""批评的反应""批评和要求""检讨""评论""读者论坛""大家讨论""大家说""问题讨论""群众呼声""编报人的话"等编读往来栏目。

读者提出的各种问题，《宝安报》都逐一回应，有回复、有反馈、有落实，哪怕是非常微不足道的小事，都让读者感觉到这是一份与自己息息相关的报纸，在自己的园地，可以发出自己的声音，足见《宝安报》对读者的重视。

第1期"读报人来信"，《宝安农民报》刊登了一篇农林科技推广站的庄运昌从科学养殖方面反映问题的《要重视繁殖水浮莲》，《宝安农民报》及时跟进，在1956年5月26日的报纸头版又发表了农林科技推广站的文章《有了水浮莲养猪就赚钱》，并在第二版刊登《繁殖水浮莲应注意什么?》，解决了农民繁殖水浮莲和养猪饲料选择的问题，有方法、有事例，并给予科学合理的建议。

第三章 《南天门》和《宝安文艺》

由于报纸对时效性和发行的要求较高，内容也以新闻报道为主，在新中国成立初期信息传播渠道不畅通、经济条件较为落后的情况下，发行和传播周期更长的期刊，也成为当时的重要宣传途径之一。新中国成立初期，宝安县先后创办的《南天门》和《宝安文艺》两份期刊，不仅配合当时的宣传主题传播了信息，还丰富了人民群众的文娱生活。

第一节 出版 6 期的《南天门》

1958 年，人民公社、"大跃进"、总路线的"三面红旗"，让宝安人民心潮澎湃，城乡到处是诗是歌。据当年搜集整理的资料，统计有 1874 首诗歌发表，出版大小诗集 155 本。① 1958 年 12 月，《南天门》文艺月刊在这一背景下应运而生。

一 刊名字体集纳毛泽东手书字体

宝安地处南海之滨，又连接香港，常被称为祖国的"南天门"。1958年，宝安县成立了"南天门人民公社"。同年 12 月，宝安县创办县级文艺刊物，取名《南天门》，由宝安县印刷厂印刷，宝安县新华书店发行。

《南天门》刊名字体选摘自毛泽东手书字体，由《南天门》文艺月刊编委会编辑，宝安人民出版社发行，16 开本，每期 25 个版面，封底、封面及插画套色木刻印刷，每册定价 1 角钱。

《南天门》文艺杂志一共出版了 6 期，后遭遇三年经济困难，经费压

---

① 廖虹雷：《〈宝安文艺〉60 年之掠影》，《宝安史志》2018 年第 3 期。

缩，最终停刊。《南天门》在最后一期的敬告作者读者通知中写道："今后请作者的稿件转入《宝安报》。"该杂志虽然编辑发行不到一年，但团结和培养了一批作者，锻炼了写作队伍，丰富了文艺创作。

二 体裁多样 内容宽泛

《南天门》刊登来自全县各村镇具有乡土特色、歌颂工农英雄的小说、小小说、诗歌、散文、特写、戏剧、曲艺、故事和连环画、漫画等作品，体裁和内容都比较宽泛。1959 年第 1 期（总第 2 期）《南天门》刊登的内容，有周向荣的山歌《全民办钢史无前》《指向山神要宝藏》，骆波的小说《田野的早晨》，陈雁君的革命故事《战斗在阳台山下的三虎队》，陈天成的龙舟说唱《深翻三尺更丰年》，方振文的山歌《提高警惕保边防》，超美公社宣教办的顺口溜《人人爱惜粮食》、李龙添的山歌剧《新婚之夜》、陈贵华的作品评论《谈谈"一堆牛粪"》，龙岗刘的之的诗词《赠别深翻兵团》等。后来的几期，刊有杨义隆的小说《分水岩》、文国明的特写《插秧机引起的事》、张汉天的咸水歌《歌唱石岩水库》、何铿的革命故事《梁嫂》、郑天送的革命故事《突袭》、黎伯群的散文《香港友人》、沙井文工团的粤剧《打破保守获丰收》、布吉文工团的山歌剧《实现万斤才结婚》、大鹏文工团的古装粤剧《天上不如人间》及李龙添的电影文学剧本长篇连载《红花岭》等。

尽管当时所投稿件有大量的"上卫星诗歌""深翻土地夺高产""大唱公社好处多"等群众作品，但真情实感，很接地气，如龙岗刘的之的诗词《赠别深翻兵团》："万人齐翻田，干劲冲天。晨迎月出夜同眠，尺半深翻都突破，且看今年。三军大团圆，乐也无边。大哥大嫂笑连连，握别回营多少话，声声共勉。"

第二节 《宝安文艺》的前世今生

1963 年 2 月，为配合四清运动，《宝安文艺》创刊。

《宝安文艺》主要刊载宝安县地方山歌、粤曲、诗歌、散文和民间文学等作品。其时，全县城乡成立起许多农村俱乐部和乡镇剧团，排演小戏《走错路》《嫁错郎》《天堂之夜》等，县社教文工团还演大型歌剧《夺印》等，文艺气氛非常浓郁。

一　一人编印免费发放

《宝安文艺》最初由县文化馆张荣辉一个人编印，不定期采用钢板蜡纸誊刻油印，免费发送，由于基层文化室需求较大而供不应求。1967年，宝安县文化馆经费从原来2万元增至3万多元，《宝安文艺》改为县印刷厂铅字印刷，由曾韶城一人编印。由于贯彻毛泽东主席关于"文艺为工农兵服务"的"三为方针"，《宝安文艺》曾短期改名《工农兵文艺》，32开本，每月出版一期，免费发送全县农村、工厂、学校和各机关部门。当时付给作者的稿费每篇几角钱至三五元不等。

1970年，恢复《宝安文艺》刊名并请广州著名书法家麦华三题写刊头。正刊32开本（后改为16开本）套色木刻印刷，内部月刊，不收费。1972年，县财政拨给文化馆经费一年大约增至7万元，含10多名馆员工资、办公费和出版刊物费用。此时，文化馆成立创作组、辅导组（兼办业余少年艺校）、展览组（后成立美术展览馆，即今坐落于东湖水库的深圳美术馆前身）及蛇口、沙头角、盐田和南澳4个国家文化站。《宝安文艺》编辑部由县文化馆文艺创作组负责，创作组成员张波良、廖虹雷、邓维新、何玉生、曾韶城、李法清和曾文炳（后调县粤剧团），在负责全县和自身文艺创作的同时兼杂志编辑、组稿、校对、印刷、出版发行工作，具体由何玉生主持日常编务，傅军馆长审稿签发。

办刊初期，全县积极为《宝安文艺》写稿的骨干有50多位，后来发展到县机关、中小学教师、工厂工人、农民渔民蚝民和边防军人、边检海关人员共170多人。

二　内容丰富贴近读者

为照顾宝安西部讲广府话和东部讲客家话的习惯，《宝安文艺》编印的作品中要有粤剧、粤曲、龙舟、白榄、广东音乐，客家山歌、山歌剧、客家快板和客家演唱等，并增加民间传说和故事，为文化室和村头村尾"故事台"讲古仔（说书）提供素材。以 1973 年 3 月发行的第 2 期为例，该期刊发了广州方言表演唱《插秧比赛》，客家方言快板《赞科六》（"科六"为稻谷良种），女声小组唱《红色女报务员之歌》，歌曲《万担金谷万担歌》《做一个雷锋式的好战士》，故事《母女会》，文艺评论《写好回忆对比》，木刻《山村兽医》《厂小志大》等。1972 年 9 月发行的第 5 期刊登小歌剧《春苗茁壮》《小理发师》，客家方言表演唱《山区沙梨红》，小演唱《山村阵地》，南澳渔歌《水上民兵》，民歌《丰收乐》，诗歌《送粮路上》《田园新曲》《猪舍灯火红》《哨兵的脚步》，小说《早春新晖》，故事《小故事员的故事》等。

1978 年 11 月发行的第 6 期，刊登林雨纯的小讽刺剧《贾主任蹲点》，叶书勃的快板表演《修机新事》，凌剑韬的表演唱《农贸市场新面貌》，肖玉崇、邱宏辉的快板剧《一丈"的确良"》，袁义财的民歌《银锄好比绣花针》，李碧萍的儿歌《切莫小看学生娃》，龙岗山歌擂台山歌选登，周伟初的寓言《百劳学歌》等。其中《贾主任蹲点》、《准不准》（小粤剧）、歌舞《红梨献给华主席》等入选惠阳地区优秀节目，经修改加工后参加全省业余文艺汇演。

1979 年，深圳建市，《宝安文艺》更名为《深圳文艺》，由著名作家茅盾先生题写刊名。编辑工作由何玉生、蓝运彰、黎乔筑、刁燕雄及廖虹雷等负责，编辑出版单位宝安县文化馆改为深圳市群众艺术馆（地点在东门老街解放路 150 号原博雅画廊二楼，今拆），原月刊变为双月内刊，免费发送及与外地文化部门交换。杂志办到 1982 年初，共出完 11 期后正式停刊。不久，由新成立的深圳市文联创刊《特区文学》。①

---

① 廖虹雷：《〈宝安文艺〉60 年之掠影》，《宝安史志》2018 年第 3 期。

第二篇

蹚出一条新路来（1980~1991）

1979 年 7 月，伴随着蛇口滨虎崖下的一声巨响，蛇口工业区基础工程正式破土动工，而这声巨响，也被誉为深圳经济特区建设乃至中国改革开放的"开山第一炮"。

一时间，搞工程建设的，搞城市开发的，搞对外经贸的，搞实业办厂的，齐聚深圳，城市间处处是尘土飞扬的建筑工地，经济特区的建设如火如荼。

但在 1980 年 7 月中旬的广东省宣传工作会议上，广东省委书记习仲勋却对深圳特区的文化建设工作提出了批评，"深圳没有什么文化气氛，思想文化工作薄弱，宣传工作做得不够"，要求"加大力度，活跃文化，安定人心，稳住阵脚"。其意直指人心，就是要深圳把文化工作摆在重要位置。[1]

1980 年 8 月 26 日，中华人民共和国第五届全国人大常委会第十五次会议决定，批准在深圳市设置经济特区，全国人大常委会颁布了《广东省经济特区条例》，深圳经济特区正式成立。

一批宣传战线上的"拓荒牛"站到了前排，用了 10 来年的时间，创建并壮大了深圳新闻事业，把深圳的思想文化工作建设了起来，把深圳的声音传递了出去，在被称为"文化沙漠"的深圳，硬是蹚出了一条新路来。

---

[1] 《李伟彦：串起特区文化垦荒岁月》，熊君慧：《我的 1980：深圳特区民间叙事》，海天出版社，2010，第 62 页。

第一章　深圳需要一份报纸

万事开头难。特区初创的年代，虽然名义上是经济特区，但实际上仍是一个被丘陵和黄土覆盖的小镇，与大张旗鼓的经济建设相比，其他方面的建设都稍显滞后，特别是在思想文化领域。

深圳需要一份报纸，是当时绝大多数特区建设者的心声。

第一节　经济特区需要发声

作为改革开放的"排头兵"，深圳在经济改革方面迅速走到了全国的前列，但因为各种各样的原因，文化建设却非常滞后，深圳的声音发不出去，外界的声音深圳听不到，埋头建设实现不了改革开放，这是当时深圳面临的非常棘手却又必须解决的问题。

一　大喇叭和通讯员远远不够

1980年的深圳虽然已是经济特区，但是舆论宣传却只有两个渠道：（1）广播站通过电线杆上的喇叭进行有线广播，而就是这仅有的有线广播设施，还在当年初遭受一场台风吹袭而杆倒线断，大多数喇叭不响。（2）市委宣传部成立了一个由5人组成的新闻科，一方面负责接待来深圳采访的中央和省里的媒体记者，帮助他们做好关于深圳的报道；另一方面自写稿件，作为通讯员投向全国各地以及香港的媒体。投稿一般采用信件邮寄的方式，如果是紧急的稿件（主要是需要在省级报刊发表的稿件），他们就会坐火车到广州送稿上门。两条宣传渠道，一条对内，另一条对外，通讯员投稿很是勤奋，但投稿方式很单一。

此时的深圳，正从一个荒凉闭塞的边陲小镇向着现代化的经济特区高速发展，百业待举，百废待兴。首先，在经济建设上，深圳急需让外界了解这里的招商引资政策，了解这里的投资环境，知悉这里需要引进的资金技术和在这里所能享受的优惠待遇，让外界看到经济特区建设的成果，吸引更多的技术和资金。同时，深圳的经济开始活跃起来了，企业的产品生产出来了，也亟须通过媒介传播出去。

其次，深圳在大搞经济建设的同时，同样重视社会主义精神文明建设。四面八方人才汇集，境内外资金和项目纷纷涌来，带来了各路思想观念激烈碰撞，在那个刚刚经历了极左思潮的年代，又面临香港的广播和电视传递来资产阶级思想，为什么要建设经济特区，怎么建设经济特区，不仅人民群众说不明白，连许多干部也答不上来。深圳需要带领人民群众解放思想、明确路线，全身心地投入经济特区的建设之中。

二 李伟彦的两份"见面礼"

1980年8月17日，广东省委宣传部办公室主任李伟彦调任深圳市委宣传部部长，一路风尘从广州赶到深圳，第二天一早第一次见到同住在新园招待所的市委书记吴南生。吴南生当时就给他了一份"见面礼"："伟彦，你的任务就是宣传特区。"

第一次进入宣传部，新闻科科长曾锦棠又给他了另一份"见面礼"：建议办一份报纸。尽管李伟彦出发前，广东省委常委、宣传部部长陈越平曾找他谈心，"想干一番事业，就应该勇敢地到深圳去"。① 李伟彦心里也早有谋划打算，但鉴于当时的各种条件限制，李伟彦无法给曾锦棠任何答复，但这两份"见面礼"，无疑让他深感任重道远。

1980年8月26日，《广东省经济特区条例》正式发布，李伟彦连夜起草了组织全市干部学习和宣传该条例的通知，由市委书记吴南生签发。

通知如何下达，学习如何进行？面对当时的条件，李伟彦只能采用"土办法"——黑板报、有线广播和报告会。第二天，李伟彦就派人到各单

---

① 《李伟彦：串起特区文化垦荒岁月》，熊君慧：《我的1980：深圳特区民间叙事》，海天出版社，2010，第63页。

位去写黑板报，能响的有线喇叭一早就开始广播，宣传部组织各级领导都来做报告，连市委书记吴南生，副书记秦文俊、黄施民都亲自上阵。"印象中，讲得最多的是丁励松，他口才很好，有感染力。所以，最初宣传特区，都是靠一张嘴巴到处讲。"①

当时想要阅览中央和外地的报刊并不方便，有线广播传播的范围和信息量极其有限，黑板报和报告会不仅时效性差和传播范围小，更需要耗费巨大人力物力。深圳旧有的宣传手段远远无法满足经济特区建设的宣传需求，李伟彦更深刻和现实地感受到了，想要完成宣传特区的重任，创办深圳本地媒体，建立新的思想文化阵地势在必行。

三 办报已经迫在眉睫

幸运的是，深圳市委及主要领导的思路与李伟彦不谋而合。为了改变被动的对外宣传局面，深圳市委决定成立对外宣传小组，以加强对外宣传工作的领导，时任深圳市委副书记、市革委会副主任黄施民任组长，市委常委、市革委会副主任、外事办主任叶明华，刚刚到任的市委宣传部部长李伟彦，九龙海关副关长孙广治任副组长。② 外宣小组的高规格，体现了深圳希望在文化宣传战线打一场攻坚战的决心。

光有领导机构依然无法解决实际问题，"深圳需要办一张报纸"，在一次散步的聊天中，吴南生派给了李伟彦一个新任务。

办报的想法其实在深圳各级领导心中都由来已久，但当时的深圳办报纸缺钱，写文章缺人。按照当时主管财政的副市长司马鲁的说法，"我们办特区中央不拨款，只有3000万元的贷款，现在各个方面都等钱用哪，办报纸哪来的钱？"③

深圳要办报纸缺人是大问题，当时深圳的确有太多生存问题需要解决。例如"四通一平"，"吴南生刚到深圳不久，一场瓢泼大雨把住在新园招待

① 《李伟彦：串起特区文化垦荒岁月》，熊君慧：《我的1980：深圳特区民间叙事》，海天出版社，2010，第64页。

② 陶一桃主编《深圳经济特区年谱》（1978.3~2010.3），中国经济出版社，2010，第28页。

③ 《李伟彦：串起特区文化垦荒岁月》，熊君慧：《我的1980：深圳特区民间叙事》，海天出版社，2010，第64页。

所的市领导和城市规划专家都浸泡在齐腰深的水里，工程师呕心沥血绘制的规划设计图也被洪水冲走了，香港旅客不得不卷起裤腿，在漂浮着粪便的车站跋涉"。① 大多数的生产力都得为生存而战，根本腾不出人手和时间来解决办报的问题。

同时，深圳当时极度缺乏办报经验和各种人员和物资。1979 年深圳建市时，全市只有 6 名大学生，2 名工程师，② 市委宣传部新闻科的 5 人，只有曾锦棠和丘盘连是科班出身，即使加上在深圳的新华社记者一起，也掰着指头算得出来。何况，大家当时也仅仅具有一定的采编经验，办报经验为零。巧妇难为无米之炊，办报的事只能一推再推。

面临缺人、缺钱、缺经验等诸多困难，作为市委书记的吴南生当然了如指掌，但他向李伟彦指示，"有多少困难都想办法克服，办特区要闯，办报也要拿点勇气闯一闯"。

办报，对于深圳的确已经迫在眉睫。

第二节　酝酿创办市委机关报

1980 年 11 月 15 日，深圳市委常委会做出决定，由市委宣传部负责筹办报纸，深圳创办本地报纸从设想到落地，终于有了实质性的进展。

一　宣传部部长的压力

接到市委书记的指示，李伟彦深感压力重重。经费问题在副市长司马鲁那里毫无悬念地碰了一鼻子灰，当时的深圳流行一句顺口溜："特区的牌子，小镇的底子，有困难自己想法子。"书记说办报，副市长说没钱，宣传部怎么想法子？着急上火的李伟彦，第二天嘴里就起了几个大泡。

困难很棘手，但工作不能停下，李伟彦想到了吴南生曾经说过"可以跟新华社的人商量"。李伟彦约上新华社的雷力行和张洪斌到沙头角一日行，晚上住在一所小学教学楼顶楼，与他们在用桌子拼排起来的睡铺上促

① 陶一桃、鲁志国主编《中国经济特区史论》，社会科学文献出版社，2008，第 40 页。
② 南兆旭编著《深圳记忆：1949~2009》，深圳报业集团出版社，2009，第 188 页。

膝谈心，谈到特区想要办一份报纸时，得到了雷力行和张洪斌的鼎力支持，"这个想法非常好，深圳应该有一份自己的报纸，如果需要，我们愿助一臂之力"。

得到专家的支持，李伟彦心里有了一点底，兴奋得一夜未眠。接下来的一个月，李伟彦大量接触各方面的人，商谈办报的可能，也趁机拉一些能人来帮忙。①

二　曾锦棠的方案报告

1980 年 11 月 15 日，深圳市委常委会做出决定，由市委宣传部负责筹办报纸，并要宣传部提出可行性方案。起草可行性方案的工作，自然落到了多次提出办报建议的新闻科科长曾锦棠身上。

早在 1980 年初，曾锦棠就曾向宣传部部长陈江提出办报的想法，陈江的回复是，"想法很好，但深圳刚刚成立市，财政一共才十几万，哪里有钱办报纸"。李伟彦接任后，曾锦棠又第一时间提出了办报的想法，但也没得到李伟彦的明确回复。这次领到起草方案的任务，曾锦棠非常高兴，这意味着办报计划终于迈出了第一步。李伟彦指示他，"目前市财政困难，你可以多搞几个办报方案，供市委选择"。

经过几个月的调研和接触，曾锦棠于 1981 年 2 月 15 日提交了《关于我市与中国科普出版社合作办深圳报纸的请示》，详细报告了合作模式、人员组成、设备基建等计划，还附带一份报社投资规划。5 天后，曾锦棠又提交了一份《关于兴办深圳报纸计划的请示》，包括办报模式的详细建议、投资方案、抽调干部名单、参与筹建工作人员名单等。②

综合曾锦棠的请示，经过激烈的内部讨论，宣传部最后提出两个方案：一是与北京的中国科普出版社或深圳一家有印刷能力的单位合作办报；二是先办试刊，委托香港《文汇报》或《大公报》印刷，印刷的外汇费用由市财政解决。后一个办报方案还提出 3 个报名供市委选择：一是《深圳特

---

① 《李伟彦：串起特区文化垦荒岁月》，熊君慧：《我的 1980：深圳特区民间叙事》，海天出版社，2010，第 64 页。

② 《曾锦棠：天生不吃"现成饭"》，熊君慧：《我的 1980：深圳特区民间叙事》，海天出版社，2010，第 206 页。

区报》，二是《深圳商报》，三是《深圳报》。宣传部倾向于《深圳特区报》。市委原则上同意采用第二个方案，决定由宣传部牵头并要求其尽快行动，闯出一条办报的新路子来，并将报名确定为《深圳特区报》。①

三　胡耀邦批示："要积极去办"

《深圳特区报》筹办之际，中央和广东省委以各种方式表达了对深圳思想文化建设的关切。"1980 年 12 月 24 日，胡耀邦主持召开广东、福建实行特殊政策、灵活措施座谈会，会议指出：广东、福建的特区是经济特区，不是政治特区。要做到既实行对外开放，又要坚持四项基本原则；既要发展经济，又要保持良好的社会风气。做搞好经济的模范，做抵制资产阶级思想和各种腐朽的社会风气的模范……"② 1981 年 1 月 24 日，中共中央党校范若愚等人考察深圳，于 2 月 2 日向中共中央总书记胡耀邦呈交了《广东深圳的特区建设问题》报告，建议在抓特区经济建设的同时，认真抓好特区的思想文化建设，"作为一个城市，连一张报纸、一份正式出版刊物都没有，更谈不上有自己的电视台、广播电台……深圳地区文化、教育、科学、宣传阵地十分薄弱，建议在抓特区经济建设的同时，认真抓好特区的思想文化建设，如建立电台、电视台、创办报纸，建立高等学校"。胡耀邦在报告上批示"要积极去办"。③ "2 月初，胡耀邦的批示由中宣部转到广东省委，又转到深圳市委。"④ 广东省委很重视，不久便由省委宣传部牵头，组织了一个由《南方日报》、广东省广播事业局、广东省文化局、广东省社科院、广东人民出版社等部门负责人参加的调查组前往深圳，帮助深圳搞好思想文化建设。⑤

1981 年 2 月 20 日，深圳市委呈送《关于兴办深圳报纸的请示》给广东省委宣传部。4 月 14 日，广东省委宣传部复函：同意深圳市委创办机关报

① 李伟彦：《回忆〈深圳特区报〉初创的日子》，吴松营主编《深圳传媒业的崛起》，深圳报业集团出版社，2010，第 69 页。
② 陶一桃主编《深圳经济特区年谱》(1978.3~2010.3)，中国经济出版社，2010，第 26 页。
③ 深圳市史志办公室编著《深圳改革开放纪事 (1978~2009)》，海天出版社，2009，第 53 页。
④ 吴松营主编《深圳传媒业的崛起》，深圳报业集团出版社，2010，第 69 页。
⑤ 李伟彦：《兴建八大文化设施的一段史实》，吴松营主编《特区的脚印——〈深圳特区报〉"我看深圳 15 年"征文选》，中国青年出版社，1996，第 50 页。

《深圳特区报》。① 确定了办报方案，又有了上级的支持，正在热火朝天筹备《深圳特区报》的工作人员，吃了颗定心丸，吹响了冲锋号。

第三节 《深圳特区报》的初创

经过大半年的酝酿，克服众多困难的《深圳特区报》试刊号终于在1981年6月6日推出，深圳特区本地报纸从无到有，深圳，也开始自己为自己发声。

一 3000元开办费和"十二儒生"

按照曾锦棠提交的报告，筹办《深圳特区报》按照发行量10万~15万份报纸预算，约需投资415.7万元，② 即使因陋就简逐步发展，设备购买、团队组建等基本费用也在百万元以上，当时异常吃紧的深圳财政显然无法划拨这笔巨款。

宣传部一边搭建《深圳特区报》的筹备班子，一边打报告申请费用，最终申请到了3000元开办费，作为购买文具的费用和工作人员的交通费、夜餐费。

采编团队的组建也颇为周折。尽管1981年深圳从各地调来1750人支援特区建设，但一方面特区各项建设都需要人才；另一方面媒体的专业人才当时也非常稀少，愿意到《深圳特区报》当"拓荒牛"的就更是凤毛麟角。所以，《深圳特区报》人才队伍的筹建主要采取"就地取材"的办法，市属单位中的"笔杆子"，筹办人员都可以推荐。根据李伟彦回忆，最初进入筹备组的"有曾锦棠、黎颖、丘盘连、刘学强、黎珍宇、刘叶城、林雨纯、彭茂光，加上自告奋勇前来参加筹办报纸的张黎明、江式高、莫漠、戴木胜等12人，由张洪斌同志率领，就这样我们拉起了一个临时办报班子，开始了艰难的筹备工作"。后来，李伟彦在自己的一首诗稿里用"十二儒生壮

---

① 吴松营主编《深圳传媒业的崛起》，深圳报业集团出版社，2010，第4页。
② 《曾锦棠：天生不吃"现成饭"》，熊君慧：《我的1980：深圳特区民间叙事》，海天出版社，2010，第208页。

志行，同舟共济竭真诚"的诗句，表达他对这"十二儒生"的敬佩和谢忱。

办报地点，则借了市委原大院（蔡屋围侧，原宝安县委所在地）旁边一间旧仓库，面积10多平方米，几张旧桌子，几条长木凳，没有电话，就把宣传部的电话接过来。[①] 这就是《深圳特区报》最早的编辑部，办公条件实在简陋。一天曾锦棠和江式高散步时，看见一张木匠用来刨木的长凳被人丢弃在路旁，如获至宝，捡回去放在办公室方便招待来人。[②] 最让人难受的是蚊虫叮咬。当时深圳有句流行语："南头苍蝇深圳蚊。"创业者们深受其苦，自嘲说："随便抓一把就上千元（蚊）（粤语'元'与'蚊'谐音）。"编辑记者晚上编稿写稿，为避开蚊子须忍受酷热钻到蚊帐里，蚊帐外还得点几盘蚊香。

二　深南大道 1 号

落实好经费、人员和场地，接下来就需要到省里申请刊号。为了不耽误试刊，李伟彦派张黎明火速赶往广州办理。

省里大力支持深圳办报，申请刊号本应是一件简单的事，但在填表时，张黎明却犯难了：社长是谁？总编辑是谁？社址在哪？电话是什么？他只好电话请示李伟彦。李伟彦告诉她，社长就填李伟彦，总编辑就填张洪斌，电话就填宣传部的电话2188，"好兆头，就写它"。至于社址，李伟彦顿时愕然了，大家议论纷纷，有人说了一句：写深南大道1号最合适，理由是"1"字很有浩气，意为"开元""开创"，我们办特区报不就是"开元""开创"吗？

《深圳特区报》登记手续完毕，李伟彦迅速组织十多员干将到《南方日报》和《广州日报》去学习取经，再做人员分工，采编工作就紧锣密鼓地开始了。大家白天奔波采访，晚上就在拥挤、闷热的小办公室里写稿、编辑，组织关系尚未导入深圳的张洪斌则已经承担起了老总的职责。

当时还有个具体工作，是报名的题写。起初，报社曾考虑请德高望重

---

① 李伟彦：《回忆〈深圳特区报〉初创的日子》，吴松营主编《深圳传媒业的崛起》，深圳报业集团出版社，2010，第69页。

② 《曾锦棠：天生不吃"现成饭"》，熊君慧：《我的1980：深圳特区民间叙事》，海天出版社，2010，第210页。

的叶剑英元帅题写报名，后来又觉得以此事惊动党和国家领导人不妥，吴南生书记建议邀请广东著名书法家秦咢生先生书写。秦咢生先生写了爨宝子体和行楷体这两种字体，每种字体都各书写了两份。试刊第1期报名采用爨宝子体，以后改为行楷体一直沿用至今。①

同时，吴南生建议特区报用繁体字竖排排版，"内地报纸统统都是横排，特区试试用竖版、繁体字，与港澳人的阅读习惯接轨"。吴南生还建议报纸可以大胆使用外电消息。当时，内地媒体大多数只敢用新华社的消息。②

三 从香港运回的"改革开放第一报"

一切准备就绪，团队开始完全按照正式出报的要求操作试刊，报纸的印刷此时成为燃眉之急。

按照市委选定的方案，试刊的印刷将委托香港《文汇报》或《大公报》进行。1981年初，李伟彦和张洪斌赶赴香港，先后拜访了《文汇报》和《大公报》的高层，两家报纸高层均表示支持深圳办报纸。得知深圳财政缺钱，印刷纸张费用只能暂时拖欠，日后清还，两家报纸高层也非常干脆："行！你们报纸什么时候有收入就什么时候结账。"同时承诺以成本价计算印刷费。

《文汇报》和《大公报》高层慷慨友好的态度，让李伟彦和张洪斌非常感动，几经商量，他们选择了去文汇报社印刷，若再有问题，则找大公报社帮忙。与此同时，香港夜报社社长胡棣周也向深圳同行伸出友谊之手，他向特区报赠送了一套刚刚更换下来的旧的国产印刷设备，几天后就将其运到了深圳放在市委大院饭堂旁边，虽然那套设备后来并没有派上用场，但香港同行的情谊仍然让特区报的筹建者备感温暖。

印刷问题解决了，按照操作程序，《深圳特区报》在深圳完成基本采编任务后，就带着稿子前往香港文汇报社去做小样，审大样，再付印。经过校对修改，一张报纸在深圳和香港之间来回折腾了好几次。1981年5月30

---

① 本书编写组编著《深圳特区报史稿》，社会科学文献出版社，2022，第11页。
② 《李伟彦：串起特区文化垦荒岁月》，熊君慧：《我的1980：深圳特区民间叙事》，海天出版社，2010，第66页。

日,《深圳特区报》试刊第 1 期的稿件编完,由曾锦棠、刘叶城带往香港文汇报社排印。1981 年 6 月 1 日,《深圳特区报》试刊第 1 期的大样终于贴在办报的办公室墙上,广泛征求意见,很多人都非常有兴趣地品评着,市领导也接踵而来,首先是黄施民同志,接着是方苞同志,最后梁湘同志也来了,他看了后很高兴,说:"想不到你们在那么短的时间就拿出一期报纸来,很不错!"梁湘同志看到《深圳特区报》办报条件很差,立即批了 5000 元,作为购买采访自行车的费用。

终于要印刷了。1981 年 6 月 5 日,《深圳特区报》试刊号第 1 期定稿后,在香港《文汇报》社先印刷了 50 份。吴南生此时正在北京参加特区工作会议,张洪斌立即带上报纸赴京,请谷牧、任仲夷、吴南生等领导审阅,李伟彦和曾锦棠等人则守在香港,以便领导提出意见后及时处理。晚上 8 时,张洪斌急电传回喜讯:北京领导同志看了第 1 张报纸,一致认可,同意印行!

这消息第一时间传给分管宣传文教的市委副书记黄施民,再转到香港《文汇报》印刷厂时,已是深夜,守候在印刷机前的筹备组成员欢呼雀跃,当即连夜开机印刷 8 万份,《文汇报》几位老总也当场举杯,与《深圳特区报》筹备组成员共同庆祝深圳经济特区第一张报纸的诞生。[①]

6 月 6 日,《深圳特区报》试刊号运回深圳,对开 4 个版,繁体,竖排,彩印,新成立的特区终于有了自己的报纸,"改革开放第一报"由此诞生。

四 胡耀邦:"有点新鲜味道"

继 1981 年 6 月 6 日出了第 1 期试刊后,《深圳特区报》于同年 6 月 20 日、8 月 8 日、9 月 8 日、12 月 24 日,又陆续出了 4 期试刊,其中第 5 期出了对开 8 个版,并首次发表社论《开拓经济特区的新篇章——祝经济特区四个单行法规的颁布》。

根据江式高编写的《〈深圳特区报〉试刊的情况反映》(之四),试刊仅仅两期,就有来自三大直辖市(京津沪,当时重庆还不是直辖市——编

---

① 李伟彦:《回忆〈深圳特区报〉初创的日子》,吴松营主编《深圳传媒业的崛起》,深圳报业集团出版社,2010,第 71 页。

者注）和 18 个省区的读者来电来信，表示看到了《深圳特区报》。有人说《深圳特区报》的诞生是中央改革开放政策的产物，给人耳目一新的感觉；有人肯定竖排繁体以及其开放性做法，说这像是特区的报纸，新鲜活泼，气度不凡。可以说，《深圳特区报》还在"十月怀胎"时就已被众人瞩目了。

从中央到地方的一些领导也纷纷对《深圳特区报》表态支持。时任中共中央总书记胡耀邦在看过《深圳特区报》试刊后表示："有点新鲜味道，是新事新办的味道！"[1] 时任中宣部新闻局局长王揖来深圳考察时表示："你们的报纸看了两期，很活泼，有很多新的突破，特别引人注意。"[2] 时任广东省特区管委会负责人吴南生针对社会上对《深圳特区报》"会不会引'狼'入室"的担心，表示："此话应改动一个字，把'狼'改为'郎'，也许这张报纸还能引'郎'入室呢！"[3]

五 梁湘："倾家荡产也要把《深圳特区报》办起来"

新生的《深圳特区报》虽然得到了各级领导的充分肯定，社会上也是赞赏声居多，但任何事物都有两面性，在那个刚刚走过极左思潮的年代，直到《深圳特区报》正式创刊，争议声仍不绝于耳。

有人提出《深圳特区报》商业味太浓，有人认为《深圳特区报》和香港报纸没有多大区别，时任广东省委秘书长张岳琦在《回忆深圳特区艰难起步的几点往事》一文中写道：对特区的争议一直不断，最严重的是1982~1983 年这段时间。有一个很有意味的故事，"长期在广东省委负责接待工作的陈开枝回忆：二十世纪八十年代初他接待内地一个考察团，到了吃饭时间，发现团里一位省委副书记迟迟不来，就到他房间去看，结果发现他正在抱头痛哭。一问才知道，是因为他在深圳亲眼看到：'党的红旗倒了，资本主义在你们这里复辟了！'"[4] "在境外，对经济特区这个新事物，

---

[1] 吴松营主编《深圳传媒业的崛起》，深圳报业集团出版社，2010，第 6 页。

[2] 江式高根据 1981 年 7 月 15 日王揖来深圳特区报社开座谈会的录音整理，未经王揖本人审阅。

[3] 李伟彦：《回忆〈深圳特区报〉初创的日子》，吴松营主编《深圳传媒业的崛起》，深圳报业集团出版社，2010，第 72 页。

[4] 南兆旭编著《深圳记忆：1949~2009》，深圳报业集团出版社，2009，第 102 页。

也有各种理解，评头品足。在香港报纸和西方报刊上，大量刊登文章，曲解、攻击中国的经济特区。"①

同时，外界对深圳办报环境的评估也不乐观：1982年春节后，深圳市委书记梁湘委托分管宣传工作的市委常委林江和市委宣传部部长李伟彦，邀请广州、香港等地知名度较高的老报人到深圳迎宾馆为深圳办报出谋划策，这些老报人却一致认为：深圳不能办报！②

不过，无论外界是赞是弹，得到中央和省里支持的深圳，创办《深圳特区报》的态度非常坚决："梁湘同志铁了心，在好几次干部会议上表明自己的态度说，就是倾家荡产，也要把《深圳特区报》办起来。""1982年上半年，特区报的创刊号一定要拿出来！"

1982年5月11日，深圳市委宣传部在给广东省委宣传部《关于〈深圳特区报〉正式出版发行的报告》中写道："根据建设经济特区的要求，市委最近召开常委会讨论决定在总结试刊工作的基础上，调整和加强深圳特区报社的力量，并定该报于5月24日正式出版。"③

1982年5月24日，《深圳特区报》创刊号正式诞生！报纸对开4个版，竖排繁体，彩色印刷，定价5分，一版头条是特约记者荣朋从北京用长途电话发来的消息《11国40家公司投标南海油田深圳赤湾建设最佳后勤基地》，左辟栏特意将9个字组成的标题印成玫瑰红色，那是这张报纸具有标志意义的发刊词《别开生面的有益尝试》。当天，编辑、记者拿着《深圳特区报》创刊号到街道、新华书店和政府机关派发，立刻被一抢而光。

另一个利好消息是，通过试刊和创刊，《深圳特区报》积累了经验，培养了人才，同时，随着深圳财政收入的较快增长，创办《深圳特区报》的经费逐步得到落实，日益繁荣的经济也为办报提供了广告资源。④

---

① 深圳市政协文史和学习委员会编《深圳：一个城市的奇迹》，中国文史出版社，2008，第252页。
② 黄年：《深圳新闻史上的里程碑》，《深圳特区报》1995年9月20日。
③ 广东省委宣传部：《关于〈深圳特区报〉正式出版发行的报告》（深宣报字〔1982〕17号），1982年5月11日。
④ 本书编写组编著《深圳特区报史稿》，社会科学文献出版社，2022，第22页。

第四节　改革开放的气息

正如日新月异的深圳特区，初生的《深圳特区报》在一穷二白的基础上"拓荒"，并且迅速收获了果实。

《深圳特区报》之所以能迅速取得成就，在全国范围内确立大报地位，离不开深圳人敢闯敢拼的"拓荒牛"精神，深圳是中国改革开放的"试验场"，在这片"试验场"中，《深圳特区报》始终处在最前沿地带。《深圳特区报》当年正是发扬了特区"拓荒牛"的创业精神，敢冒风险，敢想敢干，凭着一股子敢于"吃螃蟹"的劲儿，才能几乎与特区共同成长。

一报震南天，旗帜鲜鲜。但凭特事写新篇。曾几何时成局面，阔视山川。

试刊记当年，三两狂编。孤灯斗室不曾眠。闻道而今安广厦，意慰情牵。

深圳市委原副书记黄施民于1983年为庆祝《深圳特区报》创刊一周年、深南中路报社大楼落成有感而作的这首《浪淘沙》，真实地记录了当年创办《深圳特区报》的情景。

《深圳特区报》从试刊到创刊，之所以能够得到从中央到地方各级领导的肯定，与勇立潮头的思路和耳目一新的版面不无关系，每份《深圳特区报》，处处都透着改革开放的气息。

一　突出一个"特"字

《深圳特区报》创办之初，市委书记吴南生就多次鼓励报社，解放思想，勇于探索，不怕出错，有错就改，并为报纸定了基调：是党的报纸，但不要"党八股"；既区别内地报纸，又不同于港澳报纸；既继承中国新闻事业优良传统，又有分析地吸取境外报纸的有益经验；版面安排要比内地报纸轻松活泼，从内容到形式都要体现特区的特点。①

体现特区的特点，核心就是突出一个"特"字。《深圳特区报》的"特"，首先是立足深圳特区，扎根本地的同时，在报纸的发行、新闻采访和编排上，更加主动、积极地面向全国，为全国服务。其次，坚持政治家办报的方针，稳妥地把握好党报的舆论导向，在立场不变的前提下，特事特办。再次，还努力接受并使用最新的科学技术，为现代报业的发展开拓道路。这要求《深圳特区报》不但要有埋头苦干的精神，更要有特殊的新闻敏感和视角，要有特事特办的闯劲。

1. "必须根据实际情况办"

要落实吴南生的办报思路，当时遇到了不小的阻力。1981年7月15日，中宣部新闻局局长王揖到刚刚试刊的深圳特区报社，与报社全体人员开了个座谈会。王揖在会上透露，对于《深圳特区报》的办报方针，广东省、深圳市的意见和中宣部的意见最初并不一致。中宣部新闻局和对外宣传局两个局曾在一起开会，研究了广东送来的特区办报纸的报告。中宣部最初的意见认为："外资来了，资本主义思想也来了，思想阵地要加强。深圳面临港澳，是桥头堡，你们这张报纸的任务就是要巩固社会主义阵地。你们在最前沿，面向港澳，你们就得干这个。"

后来王揖在广州见到吴南生、梁湘同志。吴、梁说："深圳是经济特区，要跟资本家打交道。你板起脸孔，像内地的报纸那样，人家害怕，没法来了。要招商引资，就会很困难。"王揖说："他们说得也对，必须根据实际情况办，我们的意见是在北京想当然提的，那个不作数。你们要听省委的，听市委的，按他们的指示去办。"

王揖在这次讲话中，还对《深圳特区报》的办报方针提出一些希望和设想："现在从中央到地方报，一般办得满意的不多，比较呆。一个省报满足于稳而不活，不追求活。为什么不活？并非政治多了，而是谈得不好，干巴巴的，不能引人入胜。今年3月到6月，胡耀邦同志接连有八九个批示，谈报纸的基本思想。农村大局已定，应多反映城市工交、商业、财贸

---

① 李伟彦：《回忆〈深圳特区报〉初创的日子》，陈寅主编《征与尘——深圳特区报30年往事记述》，海天出版社，2012，第6页。

等方面的新问题。经济特区更是如此，担子更重。要反映办特区的办法，介绍出去，各地都很有兴趣。"

对于深圳方面的顾虑，王揖鼓励说："没关系，错了可以改。报纸更应放开些，报纸如果不能说错话，那肯定是办不好的。"王揖还说："我们并不提倡全国一个样子，一定要有本地特点。《深圳特区报》也是如此，绝不要和全国一样。越不一样越好。"①

时任广东省委第一书记任仲夷也连续两年到深圳特区报社考察，对于《深圳特区报》办报方针，也提出了意见：《南方日报》是政治报，特区报也是政治报，但又是特区报。我们这里是经济特区，报纸要有区别。经济特区绝不能照搬过去，也不能照搬内地。在立场不变的前提下，特事特办。我们报纸上用的语汇，也可以与《南方日报》《人民日报》有所不同，方法全新嘛。当然，不能违反四项基本原则。在特字里头抓出一些共性的规律来。报纸办得人家喜爱看，为群众喜闻乐见，使读者拿起报纸爱不释手。这样，发行量就一定会扩大。②

2. 甩开膀子"吃螃蟹"

中央和省里领导的讲话，打消了《深圳特区报》办报的顾虑，也打通了其办报的思路，《深圳特区报》团队开始甩开膀子干。

据《深圳特区报》1983年9月20日给深圳市委的报告记载，当时对办报方针、任务以及版面等事宜做了这样的规划。

办报方针是"以马列主义、毛泽东思想为指针进行宣传和组织报道。积极地、及时地宣传党中央的路线、方针、政策；大力而准确地宣传举办经济特区的方针和政策，努力报道特区的物质文明建设和精神文明建设"。

办报总任务是"力求通过自己的准确、鲜明、生动、活泼的宣传，鼓舞、激励、启发、推动特区人民为搞好经济特区的物质文明和精神文明而共同奋斗"，具体任务是"要及时报道特区经济建设的发展进程和成就，要注意报道国内各省市的外贸活动和重大经济活动，要迅速地报道国际市场

---

① 江式高：《1981："改革开放第一报"试刊》，陈寅主编《征与尘——深圳特区报30年往事记述》，海天出版社，2012，第117页。

② 江式高：《1981："改革开放第一报"试刊》，陈寅主编《征与尘——深圳特区报30年往事记述》，海天出版社，2012，第118页。

和港澳市场行情，改出日报后，适当增加国内外时政新闻的报道，同时，在国际新闻方面除采用新华社新闻稿外，要适时地直接选用一些外电、外报、外刊稿件"。

报纸版式基本不变，但可以不定期增加 4~8 个版，版面布局是：第一版为要闻版，主要报道特区的重要新闻和全国、全世界的重大政治、经济等新闻，设有"中外要闻""港澳快讯""鹏城杂谈""窗口新风""民声""闪光灯下"等栏目；第二版为特区版，主要报道深圳特区的经济建设和思想、文化建设等方面的新闻，不定期地刊载兄弟特区新闻，设有"开放之窗""社会瞭望""文化走廊""咨询服务""友人话深圳""市场信息""中华名产志"等栏目；第三版为世界经济版，报道港澳和世界市场的新闻、经济信息、国际要闻，不定期地开展特区经济理论讨论，设有"海外市场考察""港澳市场""台湾经济信息""企业经营术""世界实业家""国货在香港""新技术新产品""西方世界剪影""珍闻趣事"等专栏。第四版为文艺副刊，轮换刊出文学专刊"大鹏"，知识性专刊"文锦"，文娱专刊"周末"，以及"画苑""旅友""文摘"等专版。①

在实际操作中，《深圳特区报》从试刊第一天起，就旗帜鲜明、大张旗鼓宣传改革开放政策和招商引资政策，全力捍卫特区成果，推动改革开放。1982 年 5 月 24 日，正式创刊的《深圳特区报》在发刊词中就庄严地指出："两年的实践，使我们坚定地认识到，党中央、国务院关于试办经济特区的决策是完全正确的。这样一个经济特区，前景是光明的，是大有可为的，更是值得支持的。"

针对经济特区所担负的任务，《深圳特区报》在内容上突出经济报道。在创刊初期的《深圳特区报》版面中，经济报道占了大约六成，其中有特区经济建设的动态性报道，也有中外科技新信息、新产品、新知识的介绍，还有对特区建设中存在问题的批评。首创世界经济和港澳市场专版，开辟"港澳市场""港闻一周"等栏目，刊载境外作者关于经济理论和管理方面的专访和文章，这些都在当时内地报纸中没有先例。

同时，为了方便港澳和境外读者阅读，了解更多信息，《深圳特区报》

---

① 深圳特区报社办公室编印《〈深圳特区报〉工作简报》第 1 期，1983。

还大改文风。版面上以短消息为主，消息一般只有二三百字，通讯基本在千字以下，以便版面容纳更大的信息量。这使得一、二版在广告占 1/3 版面的情况下，每版还能平均发十七八篇新闻稿。

《深圳特区报》还突出地方特色，重点报道本地新闻，基本不刊载与深圳无关的全国新闻，整个版面本地新闻占据的比例在九成左右。针对深圳特区的地理、社会环境，开辟了有地方特色的"特区服务台""友人谈深圳"等栏目。其中，"罗湖桥畔"以短小的篇幅介绍了特区的新人新事，用一个短小精悍、生动活泼的千字通讯，编发一个先进典型人物，以全新的方式用典型引路，宣传两个文明建设。"大鹏"则用文艺形式展现了特区的风貌。每个专栏都是地地道道的"本地货"，这是当时其他报纸所没有的。

为了保持这一系列特色，《深圳特区报》规定，弱化政务新闻，严控会议和领导人检查工作的报道，领导干部的报告和讲话，只以新闻的形式做简短、扼要的报道，不登全文。新华社播发的重大新闻，《深圳特区报》改编压缩成"中外要闻"，以简讯的形式刊发。

由于在香港印刷，《深圳特区报》也成为内地第一家全部版面采用彩色胶印的报纸，印刷质量和版面效果在当时国内报纸中都居于前列。[①]

同时，在版式上，为方便我国港澳和海外读者，《深圳特区报》最初采用繁体字竖排，相对当时其他内地报纸别具一格。后来随着发行量超过 30 万份，[②] 以及内地发行范围的拓展，《深圳特区报》由 1985 年 4 月 1 日起改为简体字印刷，1987 年 1 月 1 日改为横排排版，这同样是适应市场和形势的调整。

二 言商的市委机关报

《深圳特区报》在制定办报方案时，曾有一个拟定报名《深圳商报》，虽然考虑到党报的特性选用了《深圳特区报》，但最终面世的这张报纸却是

---

① 江式高：《1981："改革开放第一报"试刊》，陈寅主编《征与尘——深圳特区报 30 年往事记述》，海天出版社，2012，第 118 页。郑贱德：《特区报突出一个"特"字》，《新闻记者》1984 年第 4 期。穆扬：《抓住"特"字做文章》，《新闻战线》1984 年第 2 期。
② 深圳经济特区年鉴编辑委员会编《深圳经济特区年鉴（1985）》，深圳经济特区年鉴编辑委员会、香港经济导报社，1985，第 522 页。

一张言商的市委机关报，被不少人批评的"商业味"，又恰恰是《深圳特区报》最鲜明的特色。

1. 5 期只有 6 条政务报道

从试刊开始，经济新闻就占据了《深圳特区报》绝大部分版面。5 期试刊中，只刊载政务新闻 6 条，且大多与深圳经济建设直接相关，涉及中央领导与特区相关的活动、中央与特区相关的会议以及广东省领导对深圳的推介等消息，没有一条是有关深圳主要领导和本地会议的新闻。①

正式创刊后的《深圳特区报》延续了试刊时期的"言商"风格。据抽样统计分析，第 1、2、3、4、5、6、33、42、59、68 期的《深圳特区报》，总新闻量是 375 条，其中政务新闻 23 条，仅占总量的 6% 左右，而本地政务新闻仅 8 条，只有总量的 2% 左右。②

弱化政务报道，与其他城市的党报打法完全不同，充分体现《深圳特区报》独树一帜、敢闯敢干的精神，尽管有中共十一届三中全会"少宣传个人"决定的政策依据，但要在实际工作中贯彻落实，仍需要不小的魄力。

2. "世界经济"成改革典型

与政务报道只发一条稿形成鲜明对比的是，"世界经济"却在每期都发一个整版，占据总版面的 1/4。

1984 年，中国社会科学院新闻研究所主办的《中国新闻年鉴》两次发函，要求《深圳特区报》总结经济报道经验并为他们提供稿件，并最终把《深圳特区报》的稿件刊登在 1985 年版的"新闻改革典型经验"栏目内。

首先，"世界经济"充分贯彻了"为特区建设服务"的方针，其对国际资本市场、国际商品市场和国际技术市场"三大市场"的报道，以及针对改革开放进程设置的一些专家专栏，正好符合时代的发展和读者对信息的旺盛需求。当时最受读者欢迎的"企业经营术"和"世界企业家"等专栏，甚至还合编成《国际市场考察》一书出版。

其次，"世界经济"版基本不用新华社通稿，而是直接利用外电外报消息。当时除了《参考消息》外，其他国内公开发行的一切报纸均不能这样

---

① 本书编写组编著《深圳特区报史稿》，社会科学文献出版社，2022，第 16 页。
② 本书编写组编著《深圳特区报史稿》，社会科学文献出版社，2022，第 24 页。

做，而且与《参考消息》直接采用外电外报不同，"世界经济"版根据编辑思路，改编或综编外电外报消息的办法，更有针对性。大胆采用外电的结果，是"世界经济"版得到了各方面的肯定和鼓励。深圳市委给予"'世界经济'版办得有特色，比预想的要好"的评价，使《深圳特区报》在"言商"的路上进一步放开手脚。①

3. 广告版面超过1/4

《深圳特区报》的"言商"风格还体现在广告的刊登上。虽然改革开放后广告开始复苏，但《深圳特区报》的做法不仅非常超前，还创造了内地报纸多项第一。

其一，《深圳特区报》是改革开放以来第一家在头版刊登广告的报纸。自第1期试刊以来，每期头版都有1/4版左右用来刊登广告。

其二，《深圳特区报》是改革开放以来第一家刊登整版广告的内地报纸。在第5期试刊上，《深圳特区报》刊登了一个整版的广告。1983年2月14日的《深圳特区报》，破天荒地登载了8个整版的广告。1985年3月20日，《深圳特区报》甚至在头版刊出整版广告，成为内地最早在头版刊登整版广告的报纸。

其三，《深圳特区报》是改革开放以来第一家刊登房地产广告的报纸。自第1期试刊到第5期试刊，其都刊登有房地产广告。在传统的计划经济思维中，土地是不能搞有偿使用的，当时刊登这样的广告承受着相当大的压力。②

其四，1982年12月6日《深圳特区报》刊登了第一条严格按中英文对照的商业广告——"抽芯铝铆钉"广告，所有的文字都用中英文对照。

其五，1983年7月25日《深圳特区报》第四版，刊登了自改革开放以来的第一个合法股票广告——广东省宝安县联合投资公司招股广告。

整个试刊期间，商业广告大约占了《深圳特区报》总版面的1/3，特别是第2期和第5期试刊，广告版面占了40%左右。在当时广告刚刚开放的年代，敢于拿出如此多版面刊登广告，《深圳特区报》又是第一家。

---

① 贺海亭：《很有特色的"世界经济"》，陈寅主编《征与尘——深圳特区报30年往事记述》，海天出版社，2012，第133页。
② 本书编写组编著《深圳特区报史稿》，社会科学文献出版社，2022，第17页。

但试刊期间的广告大多数是香港《文汇报》帮忙组织的，正式创刊后，一切都得靠自己。首任总编辑张洪斌制定了每期广告应不少于报纸总版面1/4的规划，带领员工积极联系珠三角和长三角的广告经营单位和企业，为《深圳特区报》拓展广告业务打通道路，还制定了严格的广告审查和刊登机制，保证《深圳特区报》的广告质量。为了帮助广告部开展工作，张洪斌把报社仅有的一台面包车都划给广告部跑业务，自己骑自行车上班。[①]

团队成员勤奋的工作态度和踏实的工作作风，以及《深圳特区报》这个让人耳目一新的绝佳平台，使广告经营很快打开局面。从1984年起，《深圳特区报》通过广告已经开始实现赢利。[②]

4. 1983年开始向欧洲发行

《深圳特区报》之所以能受到读者和商家的青睐，广告额之所以能突飞猛进，除了出色的新闻版面和踏实肯干的广告部员工，巨大的发行量和发行范围，也是吸引广告客户，在经营领域带领《深圳特区报》起飞的关键动力。

从试刊开始，《深圳特区报》的发行工作就主动出击。首先，通过邮局发行，这是当时报纸发行的主渠道。其次，参与采编的人兼做发行。报社一人提着一捆报纸上街卖报，火车站、汽车站、东门、蔡屋围路口……都有报社的人在叫卖报纸。另外，报社还积极找一些可以帮忙的人来兼做发行。

1983年中，也就是《深圳特区报》创刊一周年之际，应深圳发展形势和国外读者的需求，《深圳特区报》开始向欧洲发行，发行业务委托香港《文汇报》及其欧洲办事处代理。每期报纸均由飞机运抵伦敦分发，一般在当天，最迟不超过隔日即可在伦敦看到。

1983年7月1日起，《深圳特区报》在全国公开发行。9月，报社出版发行科正式升级为出版发行部。11月，《深圳特区报》邀请全国邮电部门参加报社召开的"全国发行会议"等3个会议，解决了包括香港、澳门在内地区的报纸发行问题。

---

① 刘叶城：《亲历〈深圳特区报〉广告创业》，陈寅主编《征与尘——深圳特区报30年往事记述》，海天出版社，2012，第176页。
② 穆扬：《抓住"特"字做文章》，《新闻战线》1984年第2期。

5. 明确以经济报道为主

随着成绩的显现和各级领导、读者的广泛肯定，《深圳特区报》在"言商"的路上越走越有心得，对前进的方向也越发清晰明确。

1984年9月11日，深圳市委发文同意深圳特区报社《关于〈深圳特区报〉的性质、方针和任务的报告》。这个报告较1983年9月20日《关于〈深圳特区报〉办报方针和版面安排设想问题的请示和报告》更全面和具体，是《深圳特区报》第一个全面论述办报的纲领性文件。

首先这份报告对报纸的性质做出了明确的规定——"深圳市委领导下的党报"。其次，该报告对办报的方针补充了两点："坚持四项基本原则、坚持党的对外开放和建立经济特区的决策"和"必须根据'特事特办，新事新办，立场不变，方法全新'的精神，既要坚持报纸的党性原则，又要在报纸的内容、新闻的写作、报纸的版面和标题等方面，大胆创新……"。再次，这份报告对报纸的任务增加了两项："传播港澳和海外的经济、科技信息及介绍科学的管理方法"和"以经济报道为主"。最后，这份报告对报纸的读者做了明确的定位：本市干部和广大群众以及国内和海外的经济工作者。①

6. "改革开放"版透出新鲜气息

1986年初，《深圳特区报》决定改版，提出"主攻1版，改进2版，提高3版，调整4版"的意见。1986年下半年，夜编部副主任杜吉轩向社领导提出"加强报纸可读性"的建议，社长罗妙和总编辑区汇文非常重视，几经商讨，决定开辟一个"改革开放"版，由杜吉轩牵头组建部门。②

1986年12月1日，"改革开放"版在《深圳特区报》第二版正式见报，实行"立足深圳，兼顾沿海，面向全国"的报道方针，力求动态与典型结合，探索与经验结合，理论与实践结合。1987年11月11日，市委编办才批复同意设立二版编辑部，在此之前，"改革开放"版都是由夜编部负责编辑。③

---

① 本书编写组编著《深圳特区报史稿》，社会科学文献出版社，2022，第36页。
② 杜吉轩：《1985：党报改革的一次小尝试》，陈寅主编《征与尘——深圳特区报30年往事记述》，海天出版社，2012，第51页。
③ 本书编写组编著《深圳特区报史稿》，社会科学文献出版社，2022，第38页。

没有编制，没有单独的办公场所，甚至人员都只能从其他部门临时抽调，但丝毫不影响"改革开放"版的质量。根据杜吉轩的解释，"稿件不分领域和战线，只要是有关改革开放的鲜活的人和事，都能占一席之地。就是不登会议新闻、领导活动和工作总结式的经验介绍，体裁以消息为主，通讯、言论一应俱全。要求每期都有一个叫得响的头条，至少 3 张以上照片和两个以上专栏"。①

"开放改革"版创办后，迅速开展一些重要讨论，如"关于深圳特区如何加入国际大循环讨论"，二版编辑部联合众多职能部门和专家进行了专题座谈。此外，还发表了一些重要人物的专访，如《高占祥论特区文化》（1986 年 12 月 4 日）、《深圳在文化交流中要有所作为——访文化部副部长英若诚》（1987 年 3 月 17 日）、《按实际发展需要建特区，"造香港"——访全国港澳经济研究会、省经济特区研究会副会长周维平》（1988 年 7 月 23 日）等。②

"改革开放"版随着 1989 年 1 月 1 日报纸版面大调整而停办，但有部分内容被后来的"沿海新闻·时事"版所继承。10 年后，《深圳特区报》创办的《鹏城今版》，其实就是当年"改革开放"版的再生和延续。③

7. 创股市报道多项"第一"

20 世纪 80 年代中期到 90 年代中期，是我国股票市场发展的初期阶段。深圳金融业也勇当中国金融体制改革开放中的第一个"吃螃蟹者"。深圳在银行、证券、保险等行业领域里创造了中国经济史上的 100 多项"第一"。深圳股票、金融市场的发育和成长，为股市和金融报道提供了"沃土"。而这一项项"第一"，都被《深圳特区报》一一记载。

1990 年 8 月 25 日，《深圳特区报》出现了一块巴掌大的股市行情表，上面仅有深市最初的深发展、万科、金田等"老五股"，以及当天的开盘价、收盘价、成交量。然而，这份行情表却是新中国成立以来内地报刊上

---

① 杜吉轩：《1985：党报改革的一次小尝试》，陈寅主编《征与尘——深圳特区报 30 年往事记述》，海天出版社，2012，第 52 页。
② 本书编写组编著《深圳特区报史稿》，社会科学文献出版社，2022，第 39 页。
③ 杜吉轩：《1985：党报改革的一次小尝试》，陈寅主编《征与尘——深圳特区报 30 年往事记述》，海天出版社，2012，第 53 页。

首次刊载的股市行情表。深圳人民银行当时曾专门做出规定，《深圳特区报》作为深圳市委机关报，为发布证券市场股票行情和相关信息的唯一指定官方媒体，成为股民获取股市第一手信息的主要渠道。据时任深圳人民银行党委办公室主任周明回忆，《深圳特区报》上刊出的有关股市的信息、文章，都要传真到人民银行，由专业处室对稿件进行审定。特殊情况下，有些重要的文章要由当时深圳市主管金融的副市长张鸿义亲自审定。

1991 年 7 月 8 日，也就是深圳证券交易所正式运营第二周的星期一，《深圳特区报》的第二版上刊出了新栏目——"股市纵横"，供经济界、学术界及从事证券业的专家议论股市。还特意开辟了"股民之声"和"特区金融"栏目，让广大股民发表意见。当时《深圳特区报》的金融跑线记者傅建国、陈益健合作化名"余嘉元"，写下了全国报纸的第一篇股市周评。"余嘉元"很快成为深圳股市的"名人"。

据报社的老同事解释，"余嘉元"的笔名，取的是"我的一家之言"的意思。从此，"股市纵横"栏目每周一期，除了"余嘉元"的周评之外，还及时报道上市公司的最新消息、证券监管部门的最新动态。

此后，文学出身的阮华也加入了股评的队伍。他们三人成为最早涉足股市评论的新中国第一代股评家。他们的股评往往影响着股民对股市的判断，以及对股票的选择。

第五节 重点报道引领舆论

《深圳特区报》提倡稿件短小精悍，版面信息量大，但作为一张市委机关报，《深圳特区报》绝不是仅靠一些"小豆腐块"打天下，一系列专栏专版和重点专题报道，不仅引发了热烈讨论，还为特区改革拓荒营造了良好的舆论环境。

一 "时间就是金钱，效率就是生命"

深圳特区建立之后，特区人抱着"蹚出一条新路"的拼搏与敢闯精神，按照"特事特办、新事新办"的原则，艰苦奋斗，大胆开拓，充满着创业的朝气、锐气。《深圳特区报》敏锐地捕捉到特区创业中涌现的新生事物和特区建设的新创举，积极传播改革开放的成功经验，发表了诸多稿件，如《我市第一家股份有限公司——三和有限公司组织章程及股票发行情况》《承包工赚了大钱，百万元能否分给曹继光》《六个实行董事会体制的国营企业有了实实在在的人事权》《深圳首次拍卖"的士"牌照》等。

"时间就是金钱，效率就是生命"，这一引领中国伟大改革开放实践风向的时代标语早已家喻户晓。但在 20 世纪 80 年代，它是打破常规、促进改革开放的思想冲击炮，是"冲破思想禁锢的第一声春雷"，是"划过长空的第一道闪电"，成为激励人们投身改革开放大业的时代强音。

1982 年 11 月 22 日，《深圳特区报》发表了通讯《从南山到大鹏湾——各省市外贸代表团参观深圳纪行》，首先对这个口号进行正面报道：在蛇口工业区，代表团为一幅巨型标语所吸引，不由得停下脚步。北京市一位代表大声念道："时间就是金钱，效率就是生命！事事有人管，人人有事管！"有人赶忙掏出笔来把这几句话记在本子上。不少人表态："这就是蛇口精神，也是特区建设的写照，令人耳目一新。"

实际上，"时间就是金钱，效率就是生命"这句话最早是时任蛇口管委会主任袁庚在 1981 年提出的。在改革开放的时代潮流下，招商蛇口积极开展商贸营商活动。在香港进行一场交易时，对方在办手续时直接将汽车停在门外没有熄火，交易一完成，立即安排专人带着支票跳上汽车直奔银行，就是为了赶在当天下午 3 时之前将支票交给银行，否则将损失近万元利息。于是，"时间就是金钱"的观念开始在袁庚脑海中萌芽，并在建设指挥部领导人会议上正式提出，后来其被竖立在蛇口工业区建设指挥部所在地。

尽管稿件见报时把原稿的主标题"时间就是金钱，效率就是生命"改为了"从南山到大鹏湾"，但在计划经济向市场经济过渡的初期，要让大众接受"金钱""效率"等字眼并不容易，该稿是否刊发即使是报社内部都有不少争议，最终是总编辑亲自敲下定音锤决定刊发此稿。

稿件刊发后，立即引起很大轰动。《人民日报》下属的《市场报》、外贸部主办的《国际商报》等很快转载。《人民日报》还特派记者林里来深圳采访。但同时，也有人给这句标语贴上了资本主义的标签。一时间，到底

"姓资还是姓社"，特区到底"有没有存在的必要""要不要继续办下去"等种种问题引起了激烈争论。

1984 年 1 月 26 日，邓小平和杨尚昆、王震等中央领导同志视察蛇口工业区。邓小平在听了汇报之后，点头肯定"时间就是金钱，效率就是生命"的口号。[①] 这次视察后，邓小平为深圳题词："深圳的发展和经验证明，我们建立经济特区的政策是正确的。"

1984 年 10 月 1 日，首都北京举行了国庆 35 周年的盛大阅兵式和群众游行。在上百部彩车中，由一辆 12 吨货车布置而成的深圳特区彩车，有一个两面翻转的红色标语牌子："时间就是金钱，效率就是生命！"亿万中国人在电视屏幕上清楚地看到了这句口号。

如今，刊有这篇文章的《深圳特区报》已被蛇口改革开放博物馆收藏、展览。

二 全程追踪"深圳速度"

从 1984 年 5 月 1 日到 1986 年 4 月 24 日，《深圳特区报》对象征"深圳速度"的国贸大厦建设进行了全程跟踪报道，综合运用了消息、通讯、新闻评论等 3 种文体，共计发稿 8 篇，全程追踪国贸大厦"成长"，受到了国内外媒体和读者的广泛关注。

1985 年 12 月 29 日发表的消息《三年辛苦不寻常——国贸大厦胜利完工》，报道了当时的中国最高楼深圳国贸大厦通过技术革新，历经 37 个月日夜奋斗完工，比计划提前了 2000 多天，并首次提出了"三天一层楼"的"深圳速度"。

同时，在国贸大厦建设过程中，《深圳特区报》还先后刊发了《一曲豪迈的志气歌》《壮志凌云 勇攀高峰》等评论员文章，深入揭示了"深圳速度"的精神内涵，鼓舞了深圳特区建设和改革开放的士气。[②] "深圳速度"也从此成为改革开放的流行词。

---

① 王建柱：《袁庚：中国改革开放最初的实践者》，中国共产党新闻网，http://dangshi. people. com. cn/GB/http:/dangshi. people. com. cn/n1/2016/0317/c85037－28207679. html，最后访问时间：2024 年 7 月。

② 本书编写组编著《深圳特区报史稿》，社会科学文献出版社，2022，第 49 页。

三 记录土地拍卖"惊天一槌"

1987 年 12 月 1 日,深圳响起了土地使用权拍卖的"惊天一槌"!深圳的这一槌,带来巨大而深远的影响。

中共中央政治局委员、国家体改委主任李铁映,国务院外资领导小组副组长周建南,中国人民银行副行长刘鸿儒,广东省政府副秘书长兼省特区办主任丁励松,深圳市领导李灏、李传芳、朱悦宁等,以及上海、宁波、青岛等 17 个沿海城市市长都来到了拍卖现场观看这一历史性的拍卖仪式。从中央到地方的各级媒体,以及从我国港澳到海外 36 个国家和地区的新闻媒体纷纷报道这一"中国经济体制改革的里程碑"事件。翌日,《深圳特区报》头版头条刊登了由记者叶兆平、钟闻一采写的消息《突破国有土地传统管理方式 首次土地公开拍卖深圳举行》《卖地记》,同时还配有评论员文章《土地管理体制的重大改革》。12 月 3 日,《深圳特区报》还刊登了叶兆平采写的通讯《胸中自有丘壑——访拍卖土地首块买主骆锦星》。1988 年 3 月 27 日,《深圳特区报》又发表了记者刘廷芳反映拍卖现场的摄影报道《525 万》。

这些报道不仅引起了国内外的普遍关注,《突破国有土地传统管理方式 首次土地公开拍卖深圳举行》还获当年全国好新闻一等奖,这是《深圳特区报》首获全国好新闻一等奖。新闻摄影作品《525 万》则获当年全国新闻摄影展银牌。①

第六节 推动特区文化发展

对于纸媒的发展,欧美报业流行一句话:"新闻招客,副刊留客。"好的副刊能够引起读者长久的阅读兴趣,密切报纸与读者的关系,与其他版面形成互补。《深圳特区报》自试刊起,除了言商、咨政,从来都把活跃特区文化氛围作为一项重点工作来抓,因此十分重视文艺副刊建设,这也为提升报纸的品位和格局起到了关键作用。

---

① 本书编写组编著《深圳特区报史稿》,社会科学文献出版社,2022,第 53 页。

一　从京城借"高手"编《大鹏》

试刊期间，《深圳特区报》每期只有4个版，依然拿1个整版来做文艺副刊。与写新闻的跑线记者不同，文艺副刊的编辑需要有"圈子"，每个编辑手下都必须有一批随时能联系约稿的名家名人，刚刚建立特区的深圳显然没有这样的资源。

没有资源怎么办？《深圳特区报》就想办法去"借"，而且直接去资源最好的北京借。没想到，南下闯荡的事业心和对经济特区的好奇心，真帮助《深圳特区报》在正式创刊之前就"借"齐了一整套文艺副刊部阵容，其中包括后来作为《深圳特区报》文艺副刊部负责人的时任北京《光明日报》文艺部副主任的许兆焕。

说是"借"，其实是"刘备借荆州"。借许兆焕时先承诺"先借两年，不行，再回去"。不到两年时间，趁着许兆焕妻子和孩子来深圳过春节，时任社长罗妙亲自登门一通做工作，不仅把许兆焕留下来了，还让他举家落户深圳。① 而从北京"借"来的副刊部其他同志，皆依葫芦画瓢基本都留下来了。

充足的人才保证了《深圳特区报》副刊的质量。副刊刊名"大鹏"由著名书法家启功题写，主要刊登短篇文学作品，文艺介绍、欣赏、随笔，文艺动态，文艺界掌故，以及其他有关文学、艺术方面的稿件。戈宝权、杨沫、秦牧、叶永烈等上百位名家大家先后在《深圳特区报》发表作品。

《大鹏》办起来之后，又开办《文锦》，刊登民情风俗、地方掌故等内容。同时开辟"港台及海外华文文学"专版，集中发表一些具有海外新的视角和新的色彩的华人文学作品，为内地读者开拓新的眼界，颇受好评。不久后，专门发表美术作品的《画苑》又与读者见面。

1986年5月1日，《深圳特区报》将《大鹏》《文锦》《画苑》3个副刊合并为《罗湖桥》，将其定位为综合性文艺副刊，坚持"贴近生活，贴近群众，扶持文学，发展文化"的方针，广采博纳，及时地以各种题材的文

---

① 许兆焕：《文艺副刊：推动特区文化发展的一片热土》，陈寅主编《征与尘——深圳特区报30年往事记述》，海天出版社，2012，第99页。

艺作品反映日新月异的新时代、新生活、新思想、新道德、新风尚。3 个副刊合并成《罗湖桥》综合性文艺副刊，首先，更充分集中地体现了《深圳特区报》副刊的质量和水准；其次，在重点关注海内外名家的优秀作品的同时，也兼顾普通作者的作品；最后，更好地反映改革开放的时代脉搏，更加突出本土气息和深圳特色，同时做到了体裁的多样化。

二 《海石花》诞生记

《大鹏》见报时，《深圳特区报》还在香港印刷，1982 年底，过港办报的同事带回一本《文汇报》随报附送的杂志《百花》，报社决定也创办这样一份杂志，在周末随报附送，由文艺副刊部负责落实和出刊。

办刊首先要取一个刊名，既有文艺范儿，又能体现深圳特色，还要"软一点儿""多一点情趣，少一点说教"。经过讨论，决定采用《海石花》作为刊名。海石花即珊瑚，古人常以珊瑚之文采取义，杜甫就有诗句"飘飘青琐郎，文采珊瑚钩"。报社立即邀请赵朴初题写刊名，精挑细选了一架漂亮的珊瑚，作为回礼送给了赵老。

1982 年底才有了出刊的想法，报社要求《海石花》于 1983 年元旦即与读者见面。时间紧迫，文艺副刊部立即从副刊现有稿子中，按照办刊宗旨选稿并编辑加工。没有办过杂志，就对着《百花》照猫画虎。没有版样纸，就将报纸的版样纸裁成杂志大小，来设计《海石花》版面。一个星期日，副刊部几个人，从早干到晚，终于完成了第 1 期《海石花》的编排。铅字时代，在几乎一无所有的情况下，几个人一天工夫变出一本杂志，可以算一个小小的奇迹。

《海石花》创刊号的封面，是竖排的"海石花"三个大字，广东著名画家林墉作画《鸽戏枝头》托底，内文与当时的《深圳特区报》一样，繁体字竖排，由文汇报社制作，纸张和印刷比当时内地刊物精美，内容也迎合了改革开放初期人们想从深圳看一看外面世界的心理，《海石花》一出刊即大受欢迎。"玉立亭亭人未识，出水争看海石花。"时任总编辑张洪斌这两句诗（《海石花》第 4 期封三）真切地说出了当时读者对《海石花》从不认识到欢迎的景况。

创刊时的《海石花》属于随报赠送，但许多订户不断向报社投诉没有收到杂志，调查发现，原来是杂志太受欢迎，被邮递员或报亭私自截留，标价出售。1985 年元旦起，《海石花》交邮局单独发行。1985 年 10 月，《海石花》从副刊部分离出来，单独组建编辑部，由叶挺将军的女儿叶剑眉担任主编。[①]

1986 年 1 月，《海石花》正式更名为《深圳风采》，1996 年国庆，《深圳风采》改名《深圳风采周刊》，1999 年 7 月再次更名为《深圳周刊》。

第七节　制度改革以人为本

从酝酿创办开始，《深圳特区报》很长一段时间都缺乏人手，"十二儒生"虽然敢闯敢干，但人力明显不能支撑《深圳特区报》的正常运行，因此从一开始，《深圳特区报》就非常重视人才的引进和培养，并多次进行机构、人事和分配制度改革，确保人力资源能够适应报社运行和发展的需求。

一　用活政策打通"死胡同"

据深圳市委办公厅文件，1982 年 5 月，临时组建的深圳特区报社，有总编办公室、工业部、财贸部、政文部、农业部、广告美工科、出版发行科、值班办公室等部门。当时报社全体人员约 90 人，编辑记者仅二三十人。就是在这样一个情形下，报社还要兵分两路——抽出部分力量赴港编印报纸。

急需用人，但深圳本地适合报社各个岗位的人才不多，而且特区各方面建设都急等人用，挖掘潜力不大。市委宣传部和报社采用了灵活的政策，帮助《深圳特区报》完成初期的队伍组建。

初期的《深圳特区报》人才引进主要靠"两条腿"走路：一方面靠自己的能力陆续引进，发动一切可以发动的力量，把报社需要人才的消息传递出去，并执行一切从简的引进办法。只要有人介绍或毛遂自荐，宣传部部长李伟彦同意后即可送交组织部审批调入。之后，宣传部将人事权下放

---

① 许兆焕：《文艺副刊：推动特区文化发展的一片热土》，陈寅主编《征与尘——深圳特区报 30 年往事记述》，海天出版社，2012，第 97 页。

给报社，指定由张洪斌、曾锦棠和江式高 3 人共同审查研究决定便可调进人员。后来写出《东方风来满眼春》的陈锡添，在 1983 年还是广州外语学院的一名教师，到深圳旅游时得知特区报社在招人，跑去毛遂自荐，1 个多月后就收到了调令。从新疆日报社调来的杜吉轩也回忆："记得当时就打了个电话，寄了几份作品复印件，深圳特区报社就给我发调令了，完全不符合通行的调任程序！"

另一方面，借助上级组织的力量，积极动员其他媒体单位的新闻工作者来深圳特区报社工作。一是通过省委宣传部动员《南方日报》《羊城晚报》《广州日报》的人来深圳特区报社工作，当时通过这个渠道调入的有陶牧等人。二是由中宣部牵头在中央新闻机构物色人选，当时江式高去北京招聘人才，中宣部给联系的单位有《人民日报》、新华社、《光明日报》、广电总局等，引进了许兆焕等人。对于这部分人的调入，《深圳特区报》采取了灵活的政策，采用"先借后调"的方式，给对方留后路，打消其顾虑，同时也积极解决夫妻分居、随迁等问题，解决了《深圳特区报》创办初期的人力紧张问题。

二　用人情味凝聚战斗力

大家从五湖四海来到了深圳这座移民城市，如何将这些在不同文化下成长起来的人拧成一股绳？从建社开始，《深圳特区报》就非常重视凝聚力的加强。

《深圳特区报》的同事，就如同一个战壕的战友。出门采访，20 多个人蹬着自行车，在泥泞的道路上骑行。宿舍不够，就两家人住在一个客厅里，中间只拉一个布帘。新分来同事的行李家具运到深圳，卡车一进院子，大喊一声"新同志的行李到了！"各间房里一下子就会涌出很多人，一起动手帮忙卸货。春节期间，留守的同事还会在院子里自发组织联欢会，唱京剧的，扭秧歌的……至于单身汉，报社有传统，由社领导请吃年夜饭，席间你敬我回，畅所欲言。①

---

① 薛以凤：《那一份激情弥足珍贵》，陈寅主编《征与尘——深圳特区报 30 年往事记述》，海天出版社，2012，第 102 页。

在这样充满人情味的氛围下，团队的凝聚力自然牢不可破，也更有利于发挥最强的战斗力。

三　用新制度打破"铁饭碗"

创业阶段，《深圳特区报》在机构、人事和分配方面的制度改革，均可圈可点，整合了队伍，打破了"铁饭碗"，提高了员工的积极性，为报社的发展带来了巨大的活力。

1. 打破论资排辈，破格使用人才

1981年8月31日，深圳市委任命张洪斌为《深圳特区报》负责人。1982年4月26日，深圳市委任命张洪斌为《深圳特区报》总编辑，并从《广州日报》调来陶牧负责总编室工作，还任命王玉明为总经理，主管行政工作。这是一个大胆的任命，因为张洪斌很有才干，也有丰富的政治经验，但到深圳特区报社报到前，他只是新华社一名普通记者，只有行政19级（相当于股级干部），到了深圳便被委以重任，也开了《深圳特区报》唯才是用的风气。

这套临时班子一直干到1983年8月20日，市委组织部正式任命深圳特区报社各级领导成员：张洪斌任党组书记兼总编辑、编委，谢建琼任党组副书记、副总编辑、编委，王玉明任党组成员、总经理、编委，丘盘连任党组成员、副总编辑、编委，周光瑶任副总编辑、编委，许兆焕任副总编辑、编委，薛以凤任党组成员、编委。《深圳特区报》有了第一个正式的领导班子，不少同志相比原来的职务"连升数级"。

2. 开展优化组合　提倡多劳多得

唯才是用同样反映在中层和基层员工身上。

1988年秋冬之际，《深圳特区报》进行了首次人事制度改革——"优化组合"：对处级以下干部及所有专业技术人员实行聘任制，对工人一律实行合同制；部门领导提出本部门的用人标准及所需工作人员名单，待组合人员填写工作志愿表，部门和员工双向选择；定编、定岗、定各部门工资总额，各部门实行"减员不减工资总额，增员不增工资总额"的包干制度等9条措施，将竞争机制引进人事管理工作，充分发挥人员的积极性，挖掘内

部潜力,办好报纸。①

完成"优化组合"后,《深圳特区报》于当年 10 月进行了首次分配制度改革:设立浮动工资和内部稿费制度,并规定内部稿费不封顶,设立加班补助和夜班保健津贴;奖励好稿好版好标题,处罚差错。

1985 年 3 月实施的《〈深圳特区报〉浮动工资和超额稿费发放办法》,又对第一次分配制度改革方案进行了合理化改动。

3. 合理调整机构,减少管理层次

在机构设置方面,初生的《深圳特区报》也根据实际情况进行了多次调整。

1982 年 5 月,即将正式创刊的《深圳特区报》只有总编办公室、工业部、财贸部、政文部、农业部、广告美工科、出版发行科、值班办公室等 8 个部门,到了 1983 年 8 月,扩大到 15 个部门,分为编辑部和行政部门。编辑部下设总编室、工业部、财贸部、世界经济部、副刊部、政文部、摄影部和通联部;行政部门有经理部、办公室、行政科、广告科、出版发行部、资料室和印刷厂。分工更细致,任务更明确。

1984 年 7 月,《深圳特区报》进行首次机构改革:(1)合并政文、工业、财农三个采编部为采访部,由两名副总编辑抓采访工作,其中一人兼采访部主任,精简机构,减少层次,保证重点稿件的采访。(2)逐步将新闻通讯服务公司、印刷厂等附属单位改成独立核算的经济实体,由报社下达利润指标,下放人权、财权。(3)广告考虑采取承包的办法,超额分成。

第八节 《深圳特区报》迅速壮大

通过努力奋斗,《深圳特区报》以惊人的速度成长起来:当 2 万多平方米的办公楼耸立在深南大道旁,当自办的印厂不仅满足日报印刷还能开始创收利润,当发行量超过城市人口数量,当广告额让报社有充足的自信与财政脱钩……大家才猛然间发现,刚刚"出生"不久,《深圳特区报》就已

---

① 深圳特区报社编委会:《〈深圳特区报〉实行"优化组合"方案》《特区报社优化组合工作实施办法》,1988 年 9 月。

家大业大了。

一 一年搬了两次家

1981年6月6日试刊时，深圳特区报社还只是一个10多平方米的小平房，1982年春，市委决定，将市委宿舍区通心岭新村第11幢，作为正式创刊后的《深圳特区报》社址。6层小楼每层3户，4楼以下住人，楼上办公，刚搬去时，自来水还没接通，大家要从旁边建筑工地提水用。一栋楼不够用，就在楼前楼后的空地上搭起6间铁皮房，分别为食堂的厨房、司机宿舍和小卖部等，最大的那间100平方米左右的竹棚，同时兼任了食堂和会议室，值班室是一间用油布搭成的小房子，里面装着报社，也是当时周边唯一一部手摇电话。

摄影记者江式高曾有两张真实记录下当时场景的黑白照片：一张是一圈白铁皮房在一幢6层楼前围成一个小院，紧邻着一个斜坡，显得狭小拥挤；另一张照片是在一个白铁皮房里，围坐着好多人在召开编前会。这两张图片，是《深圳特区报》初创时期的一份宝贵的历史见证。

在这个小楼里，《深圳特区报》只住了1年多。1983年8月9日，深圳市委常委会决定《深圳特区报》不迟于1983年12月1日出日报。而深圳特区报社在更早时间就开始为出日报积极准备。出日报意味着《深圳特区报》必须建设自己的印厂，人员和办公面积需求也远高于从前。为此，在财政非常紧张的情况下，市委批了1400多万元用来为报社建办公楼、宿舍楼、印刷厂及引进印刷设备。于是，1983年"五一"期间，离出日报还有半年多时间，《深圳特区报》就迎来了第二次搬家。

这次是深南大道旁一栋办公面积超过25000平方米的苏式风格办公大楼，与市委大院仅有一墙之隔，其办公面积和设施对比当时内地各大报社都稳居前列。从1981年底平地，到1983年初，一年多一点的时间，办公楼、宿舍楼、印厂大楼等均拔地而起。尽管大楼施工尚未完成收尾，但为了赶时间，报社决定于1983年"五一"期间完成搬迁。

二 印厂投产当年实现赢利

印厂楼与办公大楼几乎同时落成。8月20日，市委组织部任命张荣为

《深圳特区报》印刷厂厂长。9 月 11 日，从瑞典引进的三台"桑那"牌轮转胶印报机（小型）安装完毕，9 月 15 日开始试机，12 月 1 日正常运作。印刷厂采用柯式胶印，生产能力为 3 万份/（时·台），两对开张，单面套红；总生产能力 9 万份/时，18 万对开张/时。

《深圳特区报》从此正式由自己的印刷厂印刷，实现了采、编、印一条龙生产。1983 年，印厂实现创收利润 7 万元，1984 年创收利润 66 万元。

此外，《深圳特区报》还先后创办了深圳市新闻通讯服务公司、海天出版社、PS 版厂等公司和企业，《深圳特区报》向着更具经济特区特点的报业联合企业发展。

三 广告发行迅速取得突破

在广告和发行等经营活动上，《深圳特区报》取得的突破也相当惊人。

继 1983 年在北京设立航空分印点之后，1984 年 7 月，《深圳特区报》又在上海《文汇报》设立航空版分印点，向上海、江苏、浙江、山东、安徽、福建、江西、四川等 8 个省市发行《深圳特区报》。

1984 年，《深圳特区报》发行量达到 11 万份，1985 年跃增至 23 万份，而当时深圳人口仅有 20 多万人，在全国城市报纸中稳居前列。

当时《深圳特区报》的发行有几个特点：（1）境外发行较多，以 1985 年为例，发行总量是 23 万份，其中我国港澳及海外发行大约 3000 份，高于其他出口报纸。（2）发行范围广，向国内北京、上海等 16 个省、市、自治区发行航空版，而且私人自费订阅户多，仅江苏省发行量就达到 1.1 万份。[①]

《深圳特区报》的广告营业额更是年年飙高。根据统计，1983 年，《深圳特区报》广告额达到 165.43 万元，1984 年跃升至 412.05 万元，1988 年更是高达 1165.87 万元，几乎白手起家的《深圳特区报》迅速实现赢利。

四 率先使用电脑激光照排等新技术

《深圳特区报》不断引进和使用新技术。1988 年 8 月，印刷厂添置了华光Ⅳ型高级台式出版系统和精密照排系统，随后建立电脑激光照排车间，12

① 本书编写组编著《深圳特区报史稿》，社会科学文献出版社，2022，第 59 页。

月 28 日正式投产，《深圳特区报》由此成为长江以南首家采用电脑照排的日报，投产速度全国最快。

1989 年 1 月 1 日，《深圳特区报》扩为 8 个版，成为全国 6 家日出 8 个版的大报之一，并且前四版采用电脑照排。4 月 1 日，电脑照排扩至 8 个版，成为全国第一家全部版面采用电脑激光照排新技术的日报。5 月 24 日，华光Ⅳ型计算机——激光照排系统在《深圳特区报》采用大屏幕组版，整版输出中文报纸，经过 5 个多月的运作正常，通过国家验收。至此，沿袭多年的铅字组版时代在《深圳特区报》结束，这不但使中文报纸印刷质量和印刷工作效率出现巨大飞跃，也为中国报业快速发展扫除了巨大技术障碍。

第二章　深圳报章队伍阔步发展

《深圳特区报》的诞生，使深圳特区终于有了自己的舆论阵地，也激活了深圳报章的发展局面，大量的报纸杂志在短时间内相继创刊，中央、省及各地方媒体也争相到深圳设立记者站和办事处，在迅速繁荣的深圳传媒领域大展拳脚。

截至 1991 年底，深圳共有刊物 32 种，综合性出版社 1 家，登记注册的内地和香港媒体记者站（办事处）35 家，形成了庞大的传媒队伍和良好的发展势头。

第一节　新创报纸去芜存菁

随着经济特区经济的迅速发展，大量报纸在深圳相继创刊，但由于各方面原因，各报的命运各不相同，有的至今仍是深圳传媒的中坚力量，有的却早已消失在历史长河中。

一　大量报纸相继创刊

1982 年，刘红军带着 8 名青年，拿着 3 万元财政拨款，借用青少年宫一间简陋的茅草屋，创办了《深圳青年报》。该报于 1982 年 3 月 8 日开始试刊，1984 年 2 月 2 日在完成 3 期试刊后正式在国内公开发行。由共青团深圳市委主办的《深圳青年报》为周刊，对开 4 个版，最高发行量达到 5 万份。《深圳青年报》以"树一代新风，育一代新人"为办报的宗旨，在宣传党的方针政策和教育青少年方面，一度发挥了积极作用。

同年，深圳市罗湖区文化馆主办的《罗湖文艺》创刊，4 开 4 个版，不定期发行，深圳市内部发行，刊登反映特区风貌的各种形式文艺作品。

1984年元月，深圳市司法局创办《特区司法》，4开4个版，内部交流，不定期发行。1986年1月，《特区司法》更名为《深圳法制报》，并于7月10日正式创刊，国内外公开发行，当年发行17期，自办发行2.3万份。

1984年，深圳市侨务办公室创办《深圳侨讯》，4开4个版，不定期发行，是深圳市侨务宣传和对外宣传的重要媒体，读者对象主要是海外华侨、港澳同胞和本市侨眷，办报宗旨为向海内外侨胞、港澳同胞和国际友人宣传侨务政策，介绍深圳投资环境和各行业建设成就，促进国内外联络交流。

同年10月，深圳市上步区委宣传部主办的《深圳湾》创刊，4开4个版，不定期发行，本市内部发行。该刊以刊登特区题材的文艺、演唱作品为主，读者对象主要是业余文艺爱好者。

同年12月8日，由深圳市总工会主办的《特区工人报》试刊，试刊4期后于1985年5月1日起正式创刊并向全国公开发行，最初为对开4个版，周刊，后改为日报，从创刊起发行量一直维持在3万份左右。《特区工人报》面向深圳广大职工，展现经济特区风貌，交流改革开放经验，传递工业经济信息，反映职工呼声和要求，为宣传党的方针政策和工人阶级的先进事迹做出了努力。

同月，袁庚在蛇口创办的《蛇口通讯》开始在工业区内部发行，周报，对开4个版，1986年1月取得刊号后更名《蛇口通讯报》，向全国公开发行。《蛇口通讯报》立足蛇口，辐射内外，沟通沿海，宣传改革开放政策，反映蛇口经验，报道三资企业经营管理情况，传播国内外特别是沿海开放地区信息，跟踪港澳台和国际市场动向。

1989年5月，由深圳电视台主办的《深圳电视报》创刊，周报，4开4个版，发行面向市内读者，预告并介绍一周的电视节目，报道新的娱乐信息。因为媒介的发展和时代的需求，根据广东省广播电视厅通知，1998年底，发行了534期报纸的《深圳电视报》停刊，从1999年起更名《南方声屏报·深圳电视》发行。

二 整顿成为分水岭

一时间，办报成为深圳的一种时尚，但因为办报格局、战略思路、市场发展等不尽相同，新创各报的前途也各不相同。

1987年，根据中央和省、市委指示精神，深圳对全市新闻出版行业进行长期整顿。针对个别报刊和出版单位的错误、偏差，市委宣传部组成工作组，到有关新闻出版单位帮助整改，进行坚持四项基本原则、反对资产阶级自由化的教育，部分报刊被严肃处理。1990年，深圳市新闻出版管理部门还加强对新闻出版队伍的培训工作，先后举办3期培训班，同时组织力量对全市报刊进行审读工作，收效明显。

创刊初期一度风光的《特区工人报》，因违反国家有关新闻宣传政策、法规，刊登有害于社会主义精神文明的言论，在社会上造成不良影响，于1987年1月12日被责令停刊整顿，并于同年3月11日停刊。4个月后，《深圳青年报》又因违反国家新闻宣传纪律被责令停刊。1989年8月，《蛇口通讯报》因违反国家新闻出版管理法规而被责令停刊。1991年，蛇口工业区再办《蛇口消息报》，以"扬改革先声，吐开放豪气"为口号，逐步形成了自身风格，并在1995年和1998年分别荣获全国业界"百优报"和"20优报"之一。

去芜存菁后，深圳的报纸得到了更加健康的发展空间。

《深圳法制报》确立"大法制"思想，坚持"立足特区、面向全国、宣传法制、弘扬民主、鞭挞丑恶、教育人民、服务经济、效力社会"的办报宗旨，提出"立足法制，面向社会，仗法执言，指导生活"的办报方针，突出法制新闻传播媒体特色，积极宣传法制、普及法律知识，勇于介入社会的难点和热点问题，反映人民群众的呼声和要求，揭露和抨击违法犯罪和各种社会不良现象，总结和介绍特区法制建设的改革成就及经验，力求办成"法制建设的信息总汇，依法治市的舆论先导，市场经济的法律顾问，普法教育的良师益友"。在特区内外产生了一定的影响，为特区的两个文明建设、民主与法制建设做出了积极贡献。长期以来，《深圳法制报》都是深圳重要的纸媒之一。1989年，《深圳法制报》开始邮发，发行量增至2.6万

份，并首次通过香港日月出版公司代理香港及海外发行。1990 年至 1998
年，《深圳法制报》逐步改为每周 6 刊，8 个版，发展为全国第一份地方法
制日报。1996 年，《深圳法制报》定为副局级事业单位，1998 年期均发行
量突破 5 万份。2000 年 4 月，《深圳法制报》改由深圳市委政法委员会主管
主办，成为深圳市委政法委员会机关报，是深圳特区政法战线的宣传喉舌
和舆论阵地，报纸改为对开 12 个版彩报，当年日均发行量达 8 万份，广告
收入 1800 万元，发行量最大时超过 10 万份。

《深圳侨讯》也因为坚持社会主义新闻价值观，得到了长足发展。1994
年 10 月，《深圳侨讯》更名为《深圳侨报》，为彩色周报，逢周三发行。
1995 年起，国务院侨务办公室正式批准将《深圳侨报》列入国家外宣报刊
系列，发行至世界 100 多个国家（地区）的驻外使领馆、华侨社团和侨界
人士，国内邮发大中城市。

第二节 期刊量质齐飞

同一时期，深圳的期刊也快速进入蓬勃发展期，并且量与质齐飞。截
至 1991 年底，深圳经济特区有各类公开发行的期刊 16 家，数量居全国各经
济特区之首。在全国各项专业展览和评比中，深圳的期刊也名列前茅。1990
年，深圳市 15 家刊物参加全国期刊展览，《现代摄影》获全国印刷质量金
牌奖，《体育大观》获全国印刷质量银牌奖。1991 年，在广东省首次优秀期
刊评比中，《特区经济》被评为"十佳期刊"；《特区文学》《现代摄影》
《深圳青年》被评为"优秀期刊"；《体育大观》《特区理论与实践》《特区
教育》《深圳大学学报》获鼓励奖。1991 年 4 月，创刊仅两年多的《深圳
青年》，在第四届全国青年报刊 1989~1990 年度好新闻、好作品评选中，一
举夺得专栏、封面、言论、通讯 4 项大奖。

一 重点期刊

这一时期，深圳的重点期刊包括《特区党的生活》《特区理论与实践》
《特区经济》《深圳青年》等。

《特区党的生活》由中共深圳市委组织部主办，于 1982 年 6 月创刊，32 开本，月刊。该刊充分发挥深圳特区改革开放窗口和试验场的优势，强化超前性和指导性，当好特区党建的喉舌、党员教育的阵地。主要刊登有关党的建设、党员修养、党史资料以及特区经济改革等方面文章，被列入全国中文核心期刊。

《特区理论与实践》为深圳市委党校校刊，创办于 1986 年，试刊 3 年，共出 10 期。1989 年 6 月，该刊发展成深圳市综合性社会科学理论刊物，改由市委党校和市委宣传部联合主办，1990 年由季刊改为双月刊，后改为月刊。2000 年 6 月，《特区理论与实践》被评为全国核心期刊（中国政治、中国经济、经济计划与管理类）。

《特区经济》于 1983 年 4 月由市委宣传部创办，市计划局主管主办，1998 年起改由深圳市新闻出版局主管主办，季刊，16 开本。1991 年和 1996 年，连续两届获广东省优秀期刊称号，被评为全国城市十佳经济期刊之一，全国经济类核心期刊。

《深圳青年》由共青团深圳市委主管主办，于 1988 年 11 月创刊，月刊，为综合性文化刊物，国内外公开发行。读者对象主要是青年，在深圳、郑州、杭州、成都、兰州、济南等 6 个城市设有分印点，是在全国具有影响力的青年报刊之一。

二　经济科技类

这一时期深圳的经济科技类期刊主要有《深圳特区科技》《引进》《特区企业文化》等。

《深圳特区科技》由深圳市科学技术发展中心主办，于 1983 年 9 月创刊，16 开本，季刊，1984 年 9 月起向国内外公开发行，1998 年 2 月改由市科技局和深圳商报社联合主管、主办。该刊宣传和贯彻党和政府有关科技工作的方针和政策，反映和交流科技成果、工作经验及科技人员的建议和要求，普及科学知识，为特区建设服务。

《引进》由深圳市科学技术委员会、广州市科学技术委员会和中国科协东方科技服务公司联合主办，于 1984 年 9 月创办，16 开本，双月刊，向国内外公开发行。该刊为引进资金、技术和管理知识服务，宣传我国的引进政策，研究引进工作的理论，传播引进工作的经验，介绍各地的投资环境，并将经过验证的引进项目加以总结报道。1989 年，《引进》杂志停刊，是深圳为数不多的因违反国家新闻宣传纪律被责令停刊的期刊。

《特区企业文化》由市委宣传部主管主办，于 1989 年 1 月创刊，双月刊，国内外公开发行。1998 年 10 月更名为《经理人》。

三　文化文学类

深圳这一时期主要文学类期刊有《特区文学》等。

《特区文学》由深圳市文学艺术界联合会主办，于 1982 年 5 月创刊，16 开本，季刊，1985 年起改为双月刊，向国内外公开发行。该刊读者对象以文学工作者、文学青年及文学爱好者为主，刊登各种题材的文艺作品，作品致力反映改革开放的成就，反映经济特区丰富多彩的生活。1994 年，《特区文学》打出"新都市文学"旗帜，以报道新都市人的新生活、新观念见长，1991 年和 1996 年连获两届广东省优秀期刊奖。

四　教育类

深圳这一时期教育类期刊主要包括《深圳大学学报》《深圳教育》《特区教育》等。

《深圳大学学报》由深圳大学主办，1984 年 11 月创办，季刊，2000 年改为双月刊，16 开本，是国内外公开发行的人文社会科学类综合性学术期刊，读者对象主要是各高等院校师生，先后被评为"首届全国双十佳社科学报""全国高校社科名刊"，系"中文社会科学引文索引（CSSCI）"来源期刊、"全国中文核心期刊"、"中国人文社会科学核心期刊"、"RCCSE中国核心学术期刊（A）"。

《深圳教育》由深圳市教育局主办，深圳市教育科学研究所和深圳市教育学会合编，1982 年 12 月创办，16 开本，1985 年下半年起在国内公开发行，主要刊登深圳市中小学校教学经验、教学动态、教材分析等方面的稿件，读者对象主要是深圳市教育部门工作人员和中小学教师。

《特区教育》由深圳市教育局主管主办，1986年初筹办，1989年10月正式出版发行，双月刊，1997年1月改为月刊，1999年下半年至2000年上半年改为半月刊，2000年下半年重新改为月刊。

五　专业类

深圳这一时期的专业类期刊主要有《世界建筑导报》《体育大观》《涉外税务》《中外房地产导报》《现代摄影》等。

《世界建筑导报》由深圳大学主办，于1985年创办，双月刊，大16开本，国内外公开发行，该刊汇集国内外现代建筑的精华，读者对象主要是各工程设计部门专业人员、高等院校建筑系师生及建筑公司专业人员。

《体育大观》由市体育发展中心主管主办，于1985年10月创刊，月刊，主要报道国内外体坛重大赛事，分析当代体育运动技术发展趋势，介绍体育运动员的奋斗历程以及港澳台和深圳市的体育动态等。

《涉外税务》由深圳市地方税务局主办，为中国国际税收研究会会刊，1988年创刊，双月刊，1995年1月起改为月刊，主要宣传中国涉外税收政策，探讨涉外税收理论、特区税收理论和征管工作实践。

《中外房地产导报》由深圳市规划国土局主管主办，1989年1月创刊，双月刊，1996年起改为半月刊。主要内容是开展房地产理论探讨，传递房地产行情，分析楼市动态，剖析房地产典型案例，追踪房地产领域的热点焦点。

《现代摄影》由深圳市文学艺术界联合会主管主办，1984年6月创办，大16开本，季刊，国内外公开发行，以刊登反映特区风貌的摄影作品为主。1998年3月更名为《焦点》，由深圳商报社主管，深圳商报社和市文联联办。

第三节　驻深新闻机构队伍发展壮大

深圳经济特区建设备受国内外关注，中央各大综合性新闻单位，全国性行业、专业类报刊，部分省、市新闻单位，以及香港部分传媒纷纷前来设立记者站、支社或办事处，经过整顿，驻深新闻机构不仅队伍壮大，而且也向着健康有序的方向发展。

一 主要驻深新闻机构

深圳的第一家驻深新闻机构是新华社深圳特区支社，于1980年10月成立，是新华社建立的第一个特区支社，主要通过反映报道深圳改革开放与经济建设的进展、成就和经验，宣传对外开放政策和党在新时期的总路线，采集特区各种经济信息，传播深圳工商企业界的新经验、新情况，并负责代理《参考消息》《经济参考》《中国经济信息》《半月谈》等报刊的广告征集，开展信息咨询、代办展销、出版印刷等经营业务。

广东人民广播电台深圳记者站于1982年初成立，通过文字消息和通讯、录音报道、录音专访、评论和特写等形式宣传深圳特区。

中国新闻社深圳支社于1983年成立，是中国向海外华侨、华人社区和我国港澳传媒提供新闻信息的通讯社，主要报道深圳特区政治、经济、文化诸方面的情况，加深外界对深圳的认识和了解。

《光明日报》深圳记者站于1984年4月成立，主要采访报道深圳的各类重大新闻事件，拓展《光明日报》在该地的发行工作，加强报社与深圳市委、市政府的沟通，与深圳各界知识分子广交朋友。

《中国日报》深圳记者站于1984年成立，隶属《中国日报》广州办事处，主要从事深圳特区的采访、报道等新闻业务，向世界宣传深圳特区的方针政策、投资环境及各方面成就。

《经济日报》深圳记者站于1984年5月设立，《经济日报》升级为中共中央直属党报后，成立深圳分社。1987年8月至1989年3月，《经济日报》深圳分社设特区记者站，统辖深圳、珠海、汕头记者站。1989年3月至1993年12月，为集中力量宣传报道深圳市，单设深圳记者站。

广东电视台深圳记者站于1984年成立，以报道深圳新闻信息为主，兼顾珠海、东莞等地。其拍摄、采写的电视新闻同时供岭南电视台和珠江电视台播出，并用微波传至北京，供中央电视台选播。

香港《文汇报》驻深办事处于1985年成立，办事处除报道深圳特区的新闻外，同时代办报社委托的日常事务。

《人民日报》深圳记者站于 1986 年 11 月成立。特区建立之初，《人民日报》就派林里为常驻记者，专门负责对深圳的报道。记者站成立后，中心任务是通过公开报道和内参，为《人民日报》提供稿件；配合市委、市政府不同时期的战略部署，宣传深圳改革开放的成就。

中央台深圳记者站成立于 1987 年 7 月。中央人民广播电台、中国国际广播电台深圳记者站，又称广播电影电视部深圳记者站（简称"中央台深圳记者站"），系广播电影电视部的派出机构。1998 年，广播电影电视部改为广播电影电视总局，该站遂改名为广播电影电视总局深圳记者站。记者站根据中央人民广播电台、中国国际广播电台和中央电视台对内、对外宣传报道要求，结合深圳市的具体情况，采访制作具有广播特点的新闻和专题节目；进行调查研究，采写内参材料；联系干部群众，搞好通联工作。中央台还在深圳设立办事处，主要任务是向国内广播电视提供新闻信息，开展信息交流、咨询与服务，为中央台代理广告业务。

《中国青年报》深圳记者站于 1988 年 10 月成立，主要宣传深圳特区改革开放的动态、成绩和经验。中国青年报社同时在深圳设有办事处，下设《中国青年报》深圳信息服务中心。

二　整顿规范重新登记

驻深单位迅速增多，一方面给特区的新闻出版事业注入了新的活力，另一方面也迫切需要整体的规范和管理。

1988 年，深圳市政府制定了《关于内地各新闻单位在深圳设立办事机构的暂行规定》，开始对驻深新闻机构进行规范化管理。这一年，深圳共批准 8 家报纸、3 家出版社在深圳设立记者站或办事处，包括《中国青年报》、《大连日报》、《河南日报》、《四川日报》、《浙江日报》、《贵州经济报》、《广西经济时报》、《建设报》和电子工业出版社、中国电影出版社、香港中国经济出版社。

1990 年，为了实施中宣部和新闻出版署《关于对报（刊）社记者站进行清理整顿和重新登记的通知》，深圳市对驻深记者站进行了整顿和重新登记，改变了过去记者站过多过滥及管理不善的状况。为巩固整顿成果，还组织力量起草了《关于加强驻深记者站管理的暂行规定的通知》，明确在深圳市设立记者站的申报手续、审批条件及记者的职责、业务活动范围等，加强对记者站的领导和管理。这一年，中央和各省市以及香港地区驻深新闻出版单位达到顶峰，为56家。

1991年底，经市新闻出版部门清理整顿后，获准在深圳登记注册的内地和香港记者站降为35家，在有序的环境下，这些记者站在宣传深圳、扩大深圳在海内外的影响方面起了积极的作用。

第三章 《深圳商报》迈步从头越

深圳的纸媒和广播电视的运行迅速步入正轨，但深圳经济特区仍急需一家经济领域的媒体为经济发展保驾护航。1988 年，《深圳商报》正式面世。

本是应运而生的《深圳商报》，却比深圳其他媒体的创业之路更曲折，创刊、停刊又复刊，好在经历了近 1 年的停刊整顿后，以全新面貌复刊的《深圳商报》奋发图强，深圳一支新的传媒主力从此崛起。

第一节 《深圳商报》两次创业

1987 年 9 月，深圳市委宣传部向广东省委宣传部和广东省新闻出版局递交《关于创办〈深圳商报〉的请示》。请示认为，深圳是经济特区，很需要一份经济报纸。

1988 年 4 月 19 日，新闻出版署批复广东省新闻出版局，同意创办《深圳商报》，接下来的两年里，《深圳商报》连续经历了两次创业。

一 创刊、停刊又复刊

市委组织部根据市委的指示，先从深圳特区报社抽调谢建琼、杜吉轩、刘汉星等部分业务骨干，同时由市人事局向北京、上海、广州等地方招聘采编人员。1988 年 9 月，深圳市委组织部发文任命《深圳特区报》原副总编辑谢建琼为《深圳商报》筹备组负责人。11 月，市机构编制领导小组办公室批复：深圳商报社定编 38 人，报社为事业单位，实行企业化管理。

根据筹备方案，《深圳商报》将与相关企业合作，以"企业筹办，政府扶持"方针办报，报道中国的改革开放，传播中外重要经济信息，剖析、评估中外经济发展态势，传播现代经济知识与经济管理经验，为中外进行经济管理与经济决策的人士服务。时任市委书记李灏曾表示："深圳作为特区、窗口，是改革开放的前沿。搞经济，办企业，加强两个文明建设，需要理论指导，需要内外信息沟通。对有关的社会科学和自然科学都要给予重视。于是，办了这个综合性经济报纸。当时设想，不是机关报，而是带有民间色彩的，办得超脱一些，能够进入国内和世界两个市场。名曰商报，就是一张经济报纸，不直接搞政治。"定位非常明确。①

初生的《深圳商报》租借八卦岭工业区 616 栋 6 楼作为办公地点，经营部则租借上步园岭计划生育服务中心大楼一层，用市政府拨给的并不多的开办经费，购置了简单的办公设备，紧锣密鼓地开始采访、约稿。编辑成版后，交给《深圳特区报》印刷厂代印。

1988 年 12 月 8 日，《深圳商报》发行试刊号第 1 期。之后，又陆续出试刊版。1989 年 1 月 20 日，《深圳商报》正式发行，报纸为对开 4 个版周报。

1989 年，在复杂的大形势下，编辑部没能把握正确的政治方向，报纸内容出现了导向性的错误。1989 年 10 月 24 日，深圳市文委发出通知：《深圳商报》出现错误舆论导向，发表了有严重政治性错误文章。为进一步严肃纪律，经市委、市政府决定，《深圳商报》即日起停刊整顿。此时，《深圳商报》刚出了 39 期。

经过近一年的停刊整顿后，广东省新闻出版局于 1990 年 9 月 1 日下达了《关于同意〈深圳商报〉复刊的批复》。《深圳商报》得以复刊。

二 创造条件，事在人为

1990 年 9 月 5 日，《中国开放报》第一副总编辑的高兴烈抵达深圳挂帅《深圳商报》，并迅速进入工作状态。9 月 6 日一早，市委宣传部部长杨广慧请高兴烈和 30 多名商报员工喝早茶，高兴烈主动提出，把《深圳商报》复刊计划中出周一刊改为周二刊。对于当时也只有 30 多名员工的《深圳商

---

① 深圳市委宣传部：《中共深圳市委书记李灏同志对〈深圳商报〉工作作重要指示》，《宣传情况》1990 年第 26 期。

报》，这一要求无疑成倍提高了复刊的工作难度，但高兴烈立下保证，"创造条件上，事在人为嘛！"

此时已到"知天命"之年的高兴烈，主动加码绝非一时冲动，做出南下深圳决定时，他已把自己和《深圳商报》的未来都想得很透彻，面前有两条路：一条是维持现状，不用花费多大气力，只要把好政治关，保证报纸不出大错，保个平安就万事大吉；另一条是开拓创业，艰苦奋斗，借助特区发展的机遇，做一头特区报坛的"拓荒牛"。高兴烈毅然选择后者，"倘若只为'交差'，我又何必千里迢迢来鹏城！倘若只为保老本、保平安，我留在京城岂不更现成！"①

"事在人为"很励志，但要"创造条件上"，对于当时的《深圳商报》谈何容易。

1. 全部家当"二四二"

当时的办公场地是租用园岭街道办事处七层小楼的一楼和七楼，共200多平方米的几间房；没有电梯，每天爬楼梯楼底楼顶上下好几趟，员工笑称"顶天立地"；没有空调，就靠几台风扇消暑；没有暗房，摄影记者在走廊的公共洗手间拉起黑布帘冲胶卷。一间大办公室中间放一张乒乓球台，既当会议桌，又当饭桌，中午还当床睡，市领导来检查工作、慰问员工，也围着球台坐成一圈。顺着乒乓球台四个方向，全体采编人员按部门靠墙落座，就是编辑部。总编辑办公室和资料室是两间连着的小套间，共用一台空调，但只能选择吹一间房，高兴烈从来都把空调让给在资料室工作的同事。没有员工宿舍，从全国各地聘来的员工几个人合租一间房，或几家合租一套房。有新到的租不到房子，就在客厅里铺个床，甚至用三合板、黄纸板把客厅隔成两间。

就这样的条件，还都是租来的，当时真正属于深圳商报社的家底，只有"二四二"：两台电脑、四部电话、两辆汽车。两台电脑是北大方正的编辑组版微机，一台组一、二版，一台组三、四版。电话机前排长龙，大家就长话短说，把电话留给后面有需要的同事。两台汽车，一台是空调已坏的旧面包车，一台是人货车，都是兄弟单位送的二手车，高兴烈坐着人货

---

① 张仲彩：《自强人生——高兴烈评传》，中国戏剧出版社，2005，第89~90页。

车去市政府开会，政府大院不让这种车入内，他只好在大门口下车，匆匆走上一段路，汗流浃背地赶到会场。

2. 复刊初期"三件宝"

尽管当时总资产只有二三十万元，但报社还是想尽办法改善条件。"复刊初期三件宝：单车、风扇、电饭煲。"当时报社员工中流传着这句话。

员工吃饭没食堂，报社给每人发一个电饭煲；宿舍没空调，给每人一台小风扇；外出采访没汽车，就每人配一辆自行车。有一次，高兴烈借员工的自行车外出给弄丢了，要赔钱员工硬不收，一旁的人听了叫起来："哇！总编成了深圳人！"因为当时社会上流传一句话："不丢自行车，不算深圳人。"

在一穷二白的基础上，在努力和谐的氛围中，《深圳商报》开始了第二次创业。

第二节 出租屋里的"强社梦"

《深圳商报》的复刊工作在拥挤的出租屋里紧锣密鼓地展开。凭着一股"拓荒牛"的精神，《深圳商报》以坚实的步伐，向着他们的"强社梦"迅速迈进。

一 "经济周报"改头换面

虽说是复刊，却完全是改头换面。根据 1991 年 1 月 3 日深圳市委办公厅和市政府办公厅联合发布的"深办发〔1991〕1 号"文件《关于〈深圳商报〉复刊的通知》，《深圳商报》由此前"企业筹办，政府扶持"变成了中国第一份市政府机关报，是由市政府主办的综合性经济报纸，是市委和市政府在经济战线的喉舌和舆论阵地。同时明确，深圳商报社属市政府编制序列，正局级事业单位，实行总编辑负责制。深圳市委组织部正式任命高兴烈为总编辑，倪元辂（深圳市委宣传部副部长兼任）、余日合同志任副总编辑。报社设办公室、总编室、一二版编辑室、三四版编辑室、采通部和报业开发部，均为正处级待遇；由于报纸改为周二刊，同意增加事业编制 42 名，报社总编制为 80 名，经费调整为按财政补差办法管理。

随后，深圳市委书记李灏、深圳市委副书记秦文俊、深圳市委宣传部部长杨广慧分别对复刊后的《深圳商报》工作进行部署和安排。他们在与报社管理层的谈话中强调指出：深圳作为"窗口"，是改革开放的前沿。外国人看中国，就想通过这个"窗口"看中国的动向，看特区给全国提供什么借鉴。因此，办一张以经济报道为主的综合性报纸，是深圳经济特区所处的战略地位和作用决定的。

二　商报在商言商

按照市委指示精神，《深圳商报》进行了重新定位，确定了"立足深圳，宣传特区，辐射内外，服务经济"的办报宗旨；制定了《关于宣传纪律的十条规定》，强调"无条件地与党中央在政治上保持一致，决不允许发表与中央的路线、方针、政策以及决议相违背的言论"；"必须坚持市政府机关报的性质，接受和服从市委、市政府的领导。当对经济战线上的耳目喉舌"。

报社很快提交了《〈深圳商报〉复刊编辑方案》，并于 1990 年 10 月 19 日由中共深圳市委、市人民政府研究同意。针对以各级经济、科技管理部门，企事业单位各级干部、职工，以及国内外关心特区建设事业的人士为主的读者群体，《深圳商报》提出突出"一特（特区）二商（经济）"的特色，体现权威性、实用性、可读性。

复刊的《深圳商报》办报方针是：以马列主义、毛泽东思想为指导，坚持以正面宣传为主，为社会主义服务、为人民服务的原则，准确地宣传党的基本路线，宣传特区发展战略、经济工作方针和各项政策法规；宣传深圳特区在改革开放和现代化建设中的业绩和经验；介绍现代化经济知识和管理方法；传播深圳和港澳台地区及海外重要商情和经济、科技信息；指导企业的经济决策、生产、经营和管理，为促进改革开放，为把深圳建设成一个多功能、外向型的综合经济特区服务。

《深圳商报》计划每周两期，逢周三、周六出报，前期的 4 个版面中，一版为要闻版，突出"重"字。以突出宣传市委、市政府的经济决策，及时报道深圳经济运行中的重要新闻为主要任务，反映深圳深化经济体制改革、建立社会主义商品经济机制的新动向、新经验；宣传特区建设中涌现的先进典型。文章有深度，体现权威性。包括"周末评论""专家话深圳""深圳改革追踪""鹏城重点工程巡礼"等重点栏目。

二版为地方经济版，突出"实"字。突出体现"立足深圳，宣传深圳，服务深圳"的编辑思想。在报道内容上，全方位、多层次、多侧面地反映深圳经济生活，拓宽报道面，增大信息量。对经济战线的不同产业、行业、企业均予以重视，并做较系统的报道。每期发表一篇有分量的通讯或调查报告。细心观察、果断捕捉深圳经济生活中的"热点""难点""冷点"，并做深入的报道。包括"经理厂长话经营""特区企业金榜""经济随笔"等栏目。

三版为海外经济版，突出"广"字。着眼于传递海外商情信息，为深圳经济发展提供借鉴和参考。包括"香港经济管理""港市国货""香港经济法""港经要闻"等栏目。此外，开辟"投资动向""西方经济一瞥""小资料""国外企业经营术"等不定期栏目。同时，理论专刊《探索》也发在三版，与"海外经济"轮流刊出，主要任务是探讨深圳经济发展过程中所面临的各种理论问题，探索有中国特色的社会主义路子，为科学决策提供理论指导，包括"深圳经济论坛""特区经济回顾与前瞻""企业管理面面观""经济理论文摘"等栏目。此外，根据深圳各时期经济发展的重点，有针对性地开辟诸如"深圳经济发展战略研究""深圳金融体制改革""深圳股份制经济的发展"等各类主题的专版。编辑时贯彻"新"（有新意）、"实"（贴近现实经济生活）、"精"（短小精悍）的原则。

四版为副刊版，突出"谐"字。作为以上3个版的延伸和补充，与整张报纸的基调相协调。集中精力办好3个专版："大都会"综合副刊专版、"企业文化"专版和"海内外"文摘专版。"大都会"突出新闻性、知识性、趣味性，力求轻松、活泼，着重发表报告文学、散文、杂文、知识小品等体裁的作品，为广大读者所喜闻乐见。"企业文化"以生动活泼的形式，展示特区企业两个文明紧密结合、共同发展的崭新风貌。"海内外"博采精摘，丰富多彩，增长知识，服务生活。同时，四版每月刊发一个"读者来信"专版，充分反映读者对经济工作的意见和要求，必要时配发记者调查附记。对读者所提问题，力争让有关单位做出实质性答复。①

三 三期试刊一炮打响

1990 年 10 月、11 月，《深圳商报》出了三期试刊。其内容主要安排了五个方面：一是市委、市政府对经济工作的新思路、新部署及由此形成的新格局；二是对重大经济政策、法令的阐述和解读，并反映其形成的过程；三是有关全国、全市宏观经济形势及其分析和预测；四是交流各级政府和企业经济工作的新动态、新经验；五是反映人民群众对经济工作的意见和要求。其较好地体现了报纸"一特二商"的特点，具有权威性、真实性和可读性。

试刊中的报道有的是取之于经济，传之于经济；有的是取之于经济，传之于社会；还有的是取之于社会，传之于经济。如《"中冠"纪事》的通讯，康佳公司成功奥妙的系列报道，外贸、赛格、发展三个集团公司总经理的署名文章等，都是取立于经济战线，传之于广大企业的，目的是对口传经，"同行"促进。再如《粮价持续疲软》《服装订单饱满》《新型报警锁面市》等市场信息，又是取之于经济，传之于社会的。

《深圳商报》试刊期间最亮眼的手笔，是发表了《九十年代仍然属于深圳》的社论。其时，改革开放的区域和格局不断扩大和深入，但是社会上少数人一次次质疑特区地位与作用，什么"深圳姓'社'姓'资'""80年代属于深圳，90年代属于惠州""特区不'特'了"等。对这些奇谈怪论，《深圳商报》旗帜鲜明地予以驳斥。1990 年 11 月 14 日，《深圳商报》在试刊号上为庆祝深圳经济特区建立 10 周年发表法人社论《九十年代仍然属于深圳》："只要我们高举改革开放的旗帜，沿着有中国特色的社会主义路子阔步前进，历史赋予的重任就一定能胜利完成。我们可以自豪地宣告：在开拓奋进的新 10 年，特区建设者们将谱写更加雄壮、优美的篇章。风云际会的 20 世纪 90 年代仍然属于深圳！"

三期试刊得到了领导的充分肯定。1990 年 12 月 10 日，市长郑良玉在

---

① 《〈深圳商报〉复刊编辑方案》，《深圳商报通讯》1991 年第 1 期。

《〈深圳商报〉复刊编辑方案》中批示："我赞成《商报》的办报思路。试刊期间你们的工作是认真负责、下了功夫的。我相信，经过你们的努力，政府和社会的支持，能够走出一条办报的新路来。"深圳市文委评价《深圳商报》试刊"高瞻远瞩，贴近现实"，"反映了深圳特区经济中的重大现实和理论问题"。①

四 "五大系列"报读者之所需

1991年1月2日，周二刊的《深圳商报》面世。1月8日，《深圳商报》在竹园宾馆举行盛大的复刊招待会，市委书记李灏、市长郑良玉等多名市委常委、中央相关部门领导以及来自北京、广州、香港等地的有关部门负责人和各界人士约500人参加。重要的是，《深圳商报》在复刊初期就精心推出的一系列专题报道，为报社的发展打响了头炮。

1. 创造"深圳效益"系列报道

几乎在《深圳商报》复刊的同时，市委、市政府提出，在前十年创造"深圳速度"的基础上，今后十年要再创造一个"深圳效益"。报社围绕这一重大决策，推出创造"深圳效益"的系列报道。

整个系列报道共分三步。第一步，采编人员带着问题请教市委书记、市长，并与专家学者座谈，从论述"深圳效益"的内容和创造"深圳效益"的意义和途径等不同角度，确定了12个评论员文章的题目，从经济工作的领导岗位和研究岗位，聘请20多名特约撰稿人和特约评论员，理论结合实践，写出12篇评论员文章。从1月2日刊出《一论创造"深圳效益"》，到3月27日刊出《十二论创造"深圳效益"》，在宣传创造"深圳效益"重大意义基础上，自然进入第二步：怎样推动创造"深圳效益"？适时刊发市委书记、市长关于创造"深圳效益"的会议讲话和署名文章，开辟"追效益"专栏，推出10多个创出"深圳效益"的典型。第三步，评选"深圳市经济效益十佳企业"。市政府办公厅、《经济日报》和《深圳商报》等9个单位联合举办"深圳市经济效益十佳企业"评选活动。市政府召开隆重表彰大会，《深圳商报》刊出评论员文章《学"十佳"企业，创最佳业绩》。

---

① 《〈深圳商报〉复刊编辑方案》，《深圳商报通讯》1991年第1期。

《深圳商报》这组报道一炮打响。《经济日报》《中国新闻出版报》和香港《大公报》《文汇报》等媒体，都以显著位置加以报道评论，给予高度评价：经济效益问题是目前中国经济迫切需要解决的问题。从经济效益指标考核评选"十佳"工业企业，在全国尚属首创。

2. "百万临时工调查"系列报道

1991年1月5日，《深圳商报》开始推出"深圳百万临时工调查"。

深圳因其高速发展引入了大批打工一族，成为"移民城市"。怎样认识"百万临时工"，他们有什么作用，他们的工作生活状况如何，政府和企业又是如何管理临时工这支队伍的等现实问题需要反映和解决。《深圳商报》以敏锐的眼光发现这个问题，与有关部门组成"市联合调查组"，深入实地调查，写出8篇调查报告。2月9日，在一版刊发"之八"《控制规模，稳定队伍，提高素质》同时，配发评论《全社会都要关心临时工》。

"百万临时工调查"，用事实说明120万临时工是一支建设特区的主力军，在评论中也明确提出"深圳临时工是我国改革开放政策和特区劳动用工制度的产物"，"没有临时工就没有深圳的今天。深圳应该为百万临时工竖一座丰碑"。同时，披露有的厂厂规厂纪苛刻、分配不公、工人人身权益得不到保障等问题。引起社会关注的这个系列报道为市委、市政府出台相关政策提供了舆论支持和必要依据。

3. "股份制问题专访"系列报道

《深圳商报》复刊不久，正赶上国有企业加快实行股份制改造的步伐。为了更好地宣传国企实行股份制的好处，引导人们积极投身到深化企业改革的大潮中，《深圳商报》先是发表了完善股份制与股票市场研讨会关于《股份制前景看好》和《深圳股市正逐步走向成熟》的消息，接着采访市委书记李灏，及时发表了李灏关于"要大大加快国有企业股份制改造步伐"的谈话。

后来，又采访了多名经济学家和专家，连续刊发6篇《股份制问题专访》，以及《强化公有制经济的伟大试验》《释放东方经济能量之路》两篇全面阐述深圳股份制改革的追踪与思考的理论文章，为深圳市政府正式颁布《深圳市股票发行与交易管理暂行办法》营造了良好的舆论环境。

4. 关于深圳"发展战略大讨论"

1991年，步入第二个十年的深圳面临的历史课题是"特区建设按什么路向发展"。市委做出2000年建成国际性城市的决策，但未来城市功能设计和经济发展路向仍有多方面不清晰，1991年7月21日，《深圳商报》以《集中群众智慧，设计深圳未来》为题，发表读者来信，揭开了深圳"发展战略大讨论"的序幕。

这次大讨论历时4个月，组织专版10多期，刊登专家、学者和各界人士的稿件30多篇。

11月20日，市委书记李灏以《广开言路，科学决策》为题，亲自撰文做研讨总结："《深圳商报》抓住了深圳发展中的重大问题，开辟专栏，集思广益，让群众献计献策，为市委、市政府确定90年代发展战略提供了有益的参考。"

在大讨论的基础上，市委确定了深圳发展战略。随后，《深圳商报》又开展了"如何实施深圳发展战略"的研讨，发表数十篇有关文章。与此同时，深圳商报社与市计划局、深业集团共同发起在香港召开的"深圳经济发展战略研讨会"，一些外国驻香港的领事和专家学者到会畅谈了对深圳在第二个十年发展城市功能、建立完善的金融体系等方面的独到见解和建议。接着，《深圳商报》发表4篇"向现代化国际性城市挺进"的述评性文章：《鹏城尚未全部展开的一翼》《深圳金融亟待与世界对接》《太平洋向深圳挑战》《把深圳的大门敞得更大些》。这些文章在调查研究基础上根据大量的事实，采用对比手法，对深层次问题做了鞭辟入里的分析。

5. 清查伪劣商品系列报道

伪劣商品泛滥是深圳一个时期的突出的社会问题。为推动清伪查劣工作，呼唤市场秩序，打击不法分子，《深圳商报》推出了"清查伪劣商品系列报道"，在社会上引起强烈反响。

1991年8月28日，《深圳商报》刊出《"上帝"的烦恼——深圳市场伪劣商品追踪》长篇通讯。文章以大量翔实的材料，揭露假冒伪劣商品肆虐的状况。接着又刊出《记者如是说——深圳市场伪劣商品探源》、《铸造惩伪利剑——深圳伪劣商品治理对策谈》以及《不给伪劣商品立足之地——李广镇副市长访谈录》、《敢抓善管综合治理——朱悦宁副市长谈清伪查劣对策》。还从市人大代表、市政协委员、市技术监督局等多角度报道"呼吁立法治劣"。在落实清伪查劣过程中,《深圳商报》设立"曝光台"专栏,于1992年3月19日,出动20余名记者,配合300多名工商、质检专业人员一起现场清查,写出《湖贝路大曝光》长篇通讯。同时又以"清查伪劣商品,整顿市场秩序"为栏题追踪报道清查进展。最后以《"上帝"在觉醒——群众自觉抵制伪劣商品采访札记》收尾,反映广大群众自觉抵制伪劣商品的新气象。

1991年11月9日,《新闻出版报》以《监督经济新闻:把打击伪劣商品作为"突破口"》为题对《深圳商报》的做法做了报道,同时配发"编后",指出"深圳商报选择打击伪劣商品为'突破口'产生了轰动效应。这个'突破口'选得好。如果各新闻单位都能选好自己的'突破口',我们的经济新闻就会赢得更多的读者"。

五 "五年计划"畅想未来

《深圳商报》上升势头迅猛,社会影响力、发行量和广告额均与日俱增,但"人无远虑,必有近忧",刚刚"出生"不到半年的《深圳商报》开始操心起未来。

据时任总编辑高兴烈回忆,1991年5月的一天晚上,他邀请几位骨干挤在办公室会谈。"'五年以后,深圳商报社应该是个什么样子?'这个说,报社要建个基地,靠租房办报总不是长远之计啊!那个说,对!要尽快把商报办成日报,还要办晚报、办英文报……我知道,人心思变是一种好现象,怕的是因循守旧、安于现状。……所以,我也就顺水推舟,因势利导,鼓励大家放胆建言……突然,喧闹声戛然而止,大伙儿不禁哑然失笑:我们是在做梦吧?我说:'人不能没有追求没有梦!何况,这个梦并非无本之木、无源之水!我深信,它一定会变成现实!'第二天,报社办公室的同志把大家议论的要点整理成文,初步形成《深圳商报社五年发展规划》。经班子讨论敲定后,作为正式文件上报市委、市政府。"①

---

① 张仲彩:《自强人生——高兴烈评传》,中国戏剧出版社,2005,第91页。

对于该规划，市领导十分重视，在市委宣传部部长杨广慧的提议下，1991 年 6 月 12 日，市长郑良玉亲自主持专题会议。会议同意深圳商报社提出的五年发展规划，在"八五"期间要把深圳商报社建成与改革开放相适应，有一支较高的经济理论和政策水平的采编队伍，设备先进、信息灵通的现代化报社，并逐步做到自负盈亏；把《深圳商报》办成在特区内外有一定影响，具有鲜明特点的综合性经济报纸。这个目标的分步实施是：1991 年出周二刊，1992 年出周四刊和电脑版，1993 年改为日报，1994 年在日报的基础上出一张晚报，争取 1995 年同时出英文版。人员编制 1992 年达到 150 人，并根据发展的需要逐年增编，最后编制为 400 人。同时，建设用地一次性给 3 万平方米，对于基建、经费、印刷厂建设等问题也一一做了规划。①

六　走出政府办报新路

仅仅一年时间，《深圳商报》不仅在报道上屡出精品，在规划上深谋远虑，在广告和发行等经营方面，也取得了可喜的成绩，根据统计，复刊仅仅 1 年时间，《深圳商报》发行量已经达到停刊前的 20 倍，广告额达到停刊前的 11.7 倍。

在《深圳商报》复刊一周年研讨会上，市委常委、宣传部部长杨广慧着重肯定了报社的三方面工作：一是《深圳商报》始终坚持政府机关报性质，已经成为党和政府在经济战线上的喉舌和舆论阵地。凡是市委、市政府的重大决策、部署，总是及时准确、集中突出地加以报道，具有很强的指导性。二是在经济报道上，《深圳商报》探出了新路子，创出了新经验。关于百万临时工的调查，关于创造"深圳效益"的系列报道和评选"经济效益十佳企业"的活动，关于股份制专访和清查假冒伪劣商品的深度报道等，材料翔实，分析有据，有理论探索，有对策措施，对深圳市的经济发展起到了一定的推动作用。围绕经济出题目，分成战役做文章，这是《深圳商报》在复刊一年中关于经济报道的成功经验。三是注重基础建设。早在筹备复刊时，报社领导对编采人员就提出了"遵守新闻职业道德，当好

---

① 深圳市人民政府办公厅：《关于〈深圳商报〉发展与建设问题的会议纪要》，1991 年 6 月 18 日。

党和人民的耳目喉舌，坚持真实性原则，杜绝以稿谋私，树立良好的《深圳商报》形象"的要求。复刊后，又制定了"《深圳商报职业道德准则》五条""《深圳商报宣传纪律》十条"。同时，健全了防止差错、评选好新闻等八项规章制度。这样，全体职工政治、业务素质不断提高，形成了坚强有力的战斗集体。

坚持正确的舆论导向，以经济建设为中心，抓住改革开放这个大主题，理论联系实际，力抓出品质量和人才队伍建设的《深圳商报》，复刊短短一年时间，就已经实现了从周二刊到周五刊的跨越，用最短的时间和最低的成本，走出了政府办报和一张以经济报道为主的综合性报纸发展的新路。

第三篇

东方风来满眼春（1992~2001）

1992 年，邓小平同志视察深圳并发表南方谈话，是 20 世纪 90 年代开端深圳最重要的事件。不仅因为邓小平是改革开放的总设计师和深圳经济特区的奠基人，更重要的是，邓小平的南方谈话深刻地阐释了一系列事关党和国家事业发展的重大理论和实践问题，打破了束缚生产力发展的意识形态枷锁，铺平了社会主义与市场经济结合的道路，推动了改革开放和现代化建设的进程，给中国大地带来了无限生机和活力。

　　南方谈话一锤定音，作为经济特区的深圳，也由此大胆推动改革进一步向纵深发展，实现了从改革开放"试验田"到"排头兵"的巨大转变。作为特区的喉舌，深圳报章事业乘着东风，抓住机遇，在深圳市委的支持下，积极大胆地宣传邓小平视察深圳特区的重要讲话精神，引发海内外轰动，在深圳媒体崛起道路上，写下了具有极其重要历史地位和意义的一篇。以此为发端，在 20 世纪 90 年代，深圳报章迎来了"飞跃的十年"。

第一章 南方谈话引东风

中国的经济体制改革与对外开放走过了最初飞速发展的 10 年后，20 世纪 80 年代末、90 年代初期，改革开放在理论上遭遇诸多难题，实践面临严重的困境，在思想文化领域更是遭遇保守势力带来的巨大的阻力，全国经济增长率也从连续多年保持 10% 以上，大幅下滑至 1990 年的 3.8%。与此同时，苏联解体、东欧剧变，严峻的事实发人深思：今后世界向何处去？社会主义命运将会如何？中国今后怎么办？

深圳作为改革开放的"排头兵"和"试验田"，这一问题尤其突出。这一时期各种批评和指责铺天盖地，外商在忧虑和彷徨中，纷纷带着资金撤走，工厂停工，工地停建。尽管深圳市委、市政府采取各种措施，但 1990 年全市生产总值 135.85 亿元，增速约 35%，为办特区以来最低。[①] 整个深圳一片迷茫，上上下下忧心忡忡："深圳特区还能不能办下去？"

面对内外交困的发展难题，改革开放的总设计师邓小平勇敢地站了出来：1992 年 1 月 18 日，一趟专列从北京驶出，奔向中国改革开放的前沿，88 岁高龄的邓小平一路视察，并发表了一系列重要讲话，史称"南方谈话"，及时深刻地回答了一系列重大理论和实践问题，力排众议，拨正船头，为改革开放指明方向。

深圳作为南方谈话的重要一站，邓小平在 5 天里马不停蹄地参观视察、发表谈话，讲出了"特区姓'社'不姓'资'""基本路线要管一百年，动摇不得""坚持两手抓，两手都要硬""多干实事，少说空话""走社会主义道路，就要逐步实现共同富裕""深圳的重要经验就是敢闯"等治国警句，极大地启发了特区广大干部群众思想，激发了改革开放活力。

---

① 吴松营：《邓小平南方谈话真情实录——记录人的记述》，人民出版社，2012，第 8 页。

作为见证者和记录者，1992年2月20日至3月6日，《深圳特区报》发表了以邓小平南方谈话精神为主旨的八篇系列评论，即"猴年新春八评"。1992年3月26日，由副总编辑陈锡添撰写的长篇通讯《东方风来满眼春——邓小平同志在深圳纪实》在《深圳特区报》头版头条刊出，详细记述了邓小平同志在深圳期间的主要言行，尤其是他对改革开放所做的重要谈话。这一通讯成为全国人民了解邓小平南方谈话精神的重要渠道。

两组稿件一经刊出，立即在社会上造成轰动性影响，获得了当时党和国家领导人的高度肯定，成为深圳新闻历史上的一个标杆，在全国新闻界开风气之先，为全国报纸评论写作的创新提供了思路，真正打响了《深圳特区报》名号，在中国新闻历史上留下了浓重一笔。

《深圳商报》也于1992年3月12日至4月3日，在一版头条位置连续发表了8篇评论"八论敢闯"，被称为新一轮改革开放的"八声春雷"，为进一步改革开放指明了方向，也为刚刚复刊的《深圳商报》在海内外打响了知名度。

深圳媒体对南方谈话的一系列报道，不仅体现了深圳人敢闯敢干的精神，还提升和扩大了南方谈话在全国甚至全球传播的速度和广度，深圳媒体也因此受到海内外广泛关注，成为新闻界在思想解放运动中的一件标志性事件，对改革开放起到积极推动作用。

第一节　贴身采访邓小平

1992年1月17日，邓小平抵达深圳前两天，深圳市委宣传部指定《深圳特区报》派副总编辑陈锡添和摄影部主任江式高参加这次采访。"光是'邓小平到深圳'这几个字就是全中国全世界极其重大的新闻了。"陈锡添敏锐地意识到，"这次采访责任重大，非同小可"。

一　详细记录邓小平举手投足

尽管在邓小平"不接见、不报道、不作正式讲话"指示的背景下，上级制定了不做宣传报道的纪律，但"小平同志在深圳5天没有作任何报告，在国贸大厦作了较长时间的谈话。其余只是在参观的过程中，在车上同陪同的省市负责人随便聊天、谈笑风生，谈话的形式随便轻松，但内容却非常重要，而且每次谈话所谈的问题都不尽相同，涉及的面很广"。① 这更需要作为深圳唯一随团文字记者的陈锡添，与同时跟团的时任市委宣传部副部长吴松营认真做好采访记录，根据组织要求尽全力完成这一次具有重大意义的采访任务。

"从 19 日早随市领导去火车站迎候，到 23 日送小平同志去珠海，我们（陈锡添和吴松营）白天随邓小平同志采访，近距离观察了小平同志在深圳的一言一行，并亲耳聆听了这位改革开放总设计师的一系列重要谈话。"② "大家坐在一起时，我几乎是屏住呼吸，调动自己的记忆力并快笔疾书，将他（邓小平）的谈话记录下来……边参观、边谈话时，我用纸片急速记下一句半句，或一两个词，再把其整段话刻在脑中，回宾馆立即趁热打铁，通过片言只字勾起整段话的回忆，迅速整理下来，写成大事记。我简直是有闻必录，他一言一行、一举手、一投足，都详细记录。"陈锡添甚至在采访时打破常规，"尽量往前挤，争取靠近小平同志，力求听到他的每一句话"。③ 晚上，陈锡添和吴松营同住一室，"每天都是凌晨 2 时以后才入睡，一起整理、核对记录，对临时因故不在邓小平同志身边的有些场合，还要找在场的有关领导追访，对重要言论及时进行补记"。

邓小平同志的谈话"涉及了改革开放和社会主义建设的多个方面，特别是那些关于方向、道路、性质的重大问题，讲得很深刻，很精辟。每一次谈话都有一个中心，都有很强的针对性。我们强烈感受到小平同志胸怀全局、高瞻远瞩，对当时国内外形势的认识非常透彻，分析极为深刻。我们深受鼓舞的同时，心里产生了一种强烈的欲望和责任感：一定要把小平同志的谈话精神及时、准确、全面地宣传报道出去，否则，我们将会遗憾终生。因此，我们又不断告诫自己，一定要慎之又慎，绝不能有丝毫马虎"。④

---

① 本书编写组编著《深圳特区报史稿》，社会科学文献出版社，2022，第 85 页。
② 吴松营、陈锡添：《春风化雨润神州——1992 年邓小平南方谈话报道追忆》，《新闻战线》1999 年第 10 期。
③ 本书编写组编著《深圳特区报史稿》，社会科学文献出版社，2022，第 85 页。
④ 吴松营、陈锡添：《春风化雨润神州——1992 年邓小平南方谈话报道追忆》，《新闻战线》1999 年第 10 期。

二 13 万字的《谈话记录》

1 月 23 日邓小平离开深圳去珠海后，吴松营和陈锡添继续在迎宾馆 5 号楼整理邓小平的谈话记录稿。"为了加快进度，还从宣传部抽调了两个年轻人来帮忙（深圳广播电台录音员游敏和市委宣传部的四川籍干部凌泳）。我们加班加点，连续奋战了将近 20 个小时，最后形成了一份《一九九二年一月十九日至二十三日，邓小平同志视察深圳的谈话记录》，一共 13 万字。"[①] 这些记录文字，后来便成了《深圳特区报》"猴年新春八评"的主要内容和论述依据，成了长篇通讯《东方风来满眼春》和深圳电视台所拍的电视纪录片《邓小平在深圳》解说词的主要素材。

第二节 大论小作的"猴年新春八评"

虽然没有报道，但邓小平同志来到深圳的消息很快就在群众中传开了，香港新闻界也打电话到特区报索要照片，并打听谈话精神。邓小平同志重要谈话精神需要尽快地、准确地宣传出去，但在宣传纪律的限制下，必须用最妥善最巧妙的方式。

吴松营向市委常委、宣传部部长杨广慧建议，"用报纸评论文章方式，把邓小平同志重要讲话精神传达出去"。[②] 两人立即与深圳特区报社社长区汇文、总编辑王荣山和副总编辑陈锡添进行沟通，大家均表示赞同。报社很快正式向市委请示，得到市委主要领导的重视和支持。"猴年新春八评"的写作序幕正式拉开。

一 "大生产方式"写评论

特区报先将写作任务交给陈锡添，陈锡添定了 9 篇评论的题目，并在春节期间赶出了两篇：《改革开放要敢闯》和《经济建设要搞快一点》（后内

---

① 吴松营：《尽自己的能力做到最好》，王穗明主编《深圳口述史》上卷，海天出版社，2015，第 145 页。

② 吴松营、陈锡添：《春风化雨润神州——1992 年邓小平南巡谈话报道追忆》，《新闻战线》1999 年第 10 期。

文经修改，见报题目改为《要敢闯》和《要搞快一点》——编者注）。2月10日（大年初七）一上班，陈锡添就拿着稿子到市委审阅，准备审定一过关大年初七就见报。杨广慧对陈锡添说："稿子我先不看，咱们先研究一下生产方式。一个人写是开作坊，要搞个大生产方式，组织一个写作小组，发挥集体的智慧来写。"①

2月12日，杨广慧向吴松营和市委政策研究室主任刘文韶传达了市委的意见：市委同意成立学习宣传邓小平重要谈话精神的写作组，杨广慧担任组长，刘文韶和吴松营担任副组长。写作组人员包括市委宣传部刘明如、于德江，市委政策研究室丁星，《深圳特区报》王初文、陈锡添、钱汉江。当天下午，写作组进驻深圳迎宾馆荔园，拟出8个题目，开始"猴年新春八评"的全脱产闭关写作。

考虑到邓小平谈话精神具有重大历史意义，深圳市委对这组评论要求非常严格，杨广慧向写作组提出6点写作要求：思想上要有新意，理论上要有深度，文章要有针对性，篇幅是千字文，不要授人以柄，文章要有点文采。

8篇评论由小组成员分别起草，每篇文稿都要集体讨论和修改，要经过6道工序：讨论提纲—分工执笔—组长初改—常委认可—集体修改—常委签发。常委即市委常委、宣传部部长杨广慧，他既当指挥员，又当战斗员，始终同写作组成员生活在一起。

在每篇文章动笔之前，小组成员都认真学习邓小平谈话内容，认真领会精神实质，集体讨论和确定文章的题目。接着研究文章的具体内容，采用哪些材料，谈什么观点。经过反复斟酌，一致认可后再动笔。②

初稿写完之后要集体讨论，作者要先讲3条：一是理论深度在哪里，二是思想新意在哪里，三是行文是否有文采。作者讲完了3条后将文章读一遍，再集体讨论。③

① 杨广慧：《"猴年新春八评"问世始末》，吴松营主编《深圳传媒业的崛起》，深圳报业集团出版社，2010，第312页。
② 杨广慧：《"猴年新春八评"问世始末》，吴松营主编《深圳传媒业的崛起》，深圳报业集团出版社，2010，第312页。
③ 陈锡添：《冒风险发表〈东方风来满眼春〉》，陈寅主编《征与尘——深圳特区报30年往事记述》，海天出版社，2012。

在审稿程序上，杨广慧在市委常委会上提议，由他一人负责审稿，拿不准的地方再向集体请示。杨广慧有两层考量。一方面，是根据自己的报道经验，要保持系列评论的文风，最好让一个人修改，这样做也能保证效率。另一方面，当时写作"八评"要承担风险，"如果文章一炮打响了，那是市委集体的功劳；如果写砸锅了，市委领导没有审查，是我杨广慧审的稿，那是我个人的责任"。①

写作组成员每天加班加点，稿子一改再改。《深圳特区报》社长区汇文和总编辑王荣山在"八评"写作期间，也积极参与选题和集体讨论修改。"猴年新春八评"系列评论的写作，不仅投入"重兵"，而且千磨百砺。"八评"中的稿件，最快的是第一篇《扭住中心不放》，三易其稿过关了。最多的一篇改了十几次，面目全非。有一篇稿子，干脆全篇推倒重来。写作时，"必须指出""众所周知"一类的空话套话一律摒弃，文章结构短小精悍、开门见山。②

对于文章署名，原本打算用"侯新平"这个笔名，表"猴年新春评论"之意，后来觉得这样一种署名容易引起误解，会致震撼力不够，遂改署名"本报编辑部"，使其达到社论的档次，增强了评论的权威性，也方便其他传媒转发文章。③

二 副总理办公室来电要全文

为增强"八评"的影响力，《深圳特区报》在第一评见报前一天就造势，预告将发 8 篇重要评论，并公布评论篇目。预告消息一登，反响格外强烈，不少外地媒体打电话打听具体内容，"看特区报预登的这些题目，就知道有来头"。考虑到当时的宣传氛围，杨广慧提出报纸陆续推出评论的同时，让深圳的电台和电视台也逐篇发预告，进一步预热"猴年新春八评"。

---

① 杨广慧等：《为时代立言，为改革助威——访"猴年新春八评"作者》，《深圳特区报》2021 年 1 月 14 日。
② 杨广慧：《"猴年新春八评"问世始末》，吴松营主编《深圳传媒业的崛起》，深圳报业集团出版社，2010，第 313 页。
③ 王初文：《让人爱读而不是硬着头皮读——从"八评"看商品经济条件下新闻评论改革》，《岭南新闻探索》1992 年第 2 期。

2月20日至3月6日，"猴年新春八评"以每隔一天见报一篇的进度，先后在《深圳特区报》一版头条刊出。8个题目《扭住中心不放》《要搞快一点》《要敢闯》《多干实事》《两只手都要硬》《共产党能消灭腐败》《稳定是个大前提》《我们只能走社会主义道路》，无一不切中时局要害。标题基本采用邓小平同志的原话，不仅准确，而且传神。在版面设置上，每篇在版面上的位置和标题字体格式均不变，加上围框套红，非常醒目。

同时，"八评"尽最大限度突破了评论写作的框框，表面上是"评"，其用意却是"报"，以评论的形式，巧妙穿插邓小平谈话的重要精神，观点鲜明，文风清新，以敏锐的嗅觉、开阔的视野、恢宏的气度，及时、准确、全面、生动地传达了邓小平同志谈话精神，进行了大胆的创新，丰富了评论文体的形式与内涵。

另外，"八评"里的每个主题都足以长篇大论，但"八评"的每篇却都只在千字上下，言简意赅，通俗易懂，可谓大论小作。

此外，"八评"里还运用了多种修辞，多种诗文、俚语、警句等，纵横捭阖，收放自如，兼具理论文章、杂文、散文等多种文体韵味，文章更显行云流水。

更重要的是，8篇评论的写作，始终脚踏实地，以实际材料来阐发具有全局意义、面向海内外宣示的观点和道理，而不是听到风就是雨，一味从概念出发猛刮风，这完全符合地方报所处的地位和宣传纪律。

"猴年新春八评"一经刊出，立即引起轰动。国内媒体纷纷转载，"仅据深圳特区报社手头资料统计，就有30多家国内外新闻媒介转发了'八评'"，①《人民日报》全文转载了第一篇评论，以详细摘要形式转发了另外三篇。在每篇评论见报前夕，《深圳特区报》分别向香港《文汇报》《大公报》提供传真稿，使其能在两家港报和《深圳特区报》上同日见报，《文汇报》在按语中反复说明《深圳特区报》的"八评"，"原汁原味"地传达了邓小平南方谈话精神。此外，我国台湾、澳门以及各外国驻香港新闻机构、通讯社也纷纷转载"八评"；日本共同社、英国广播公司（BBC）、新

---

① 王初文：《让人爱读而不是硬着头皮读——从"八评"看商品经济条件下新闻评论改革》，《岭南新闻探索》1992年第2期。

加坡《联合早报》等媒体都向报社索要"八评"传真稿。这些对扩大《深圳特区报》"猴年新春八评"在海内外的影响,在海内外掀起"邓旋风"无疑起了重要的推动作用。①

同时,国务院副总理邹家华办公室看到第一篇《扭住中心不放》评论之后,派人打电话给深圳特区报社,要求把这篇评论电传给他们,还要求把其他评论及时传过去。当时,正在筹备全国人大、政协两会,紧锣密鼓地起草政府工作报告,副总理办公室极为重视这批"原汁原味"传播小平同志南方谈话精神的评论文章。②

三 "八评"体现敢闯精神

"猴年新春八评"是当时第一组反映邓小平南方谈话精神的报道,8篇评论加起来仅约万字篇幅,但题材重大,高屋建瓴,立意深远,字字珠玑,打响了邓小平南方谈话精神宣传报道的"第一枪"。

1993年,"猴年新春八评"获得了全国改革好新闻二等奖、广东评论写作组特别奖、广东新闻奖一等奖、深圳首届新闻奖特别奖等奖项。

"猴年新春八评"如此成功,对于写作组和《深圳特区报》来说都是始料未及的,写作组成员王初文认为,"一家地方报纸的评论,在新华社没有发通稿的情况下,传播得这么广泛,在广东报刊史上是罕见的。言论有别于新闻,它不是传播新闻事实,而主要是说理论证,提倡某种政治主张或思想观念,要获得不同背景的传媒转发,是不容易的"。③

"猴年新春八评"引起如此大的社会反响,根本原因在于评论对象本身"有货"。1992年春邓小平南方谈话极富新闻价值。用区汇文的话来说:"小平同志这个关键人物在关键时刻来到深圳,说了关键的话。"④ 这一组评论,原汁原味地传达了邓小平谈话精神,针对当时的现实情况澄清错误认识、

① 吴松营、陈锡添:《春风化雨润神州——1992年邓小平南巡谈话报道追忆》,《新闻战线》1999年第10期。
② 杨广慧:《"猴年新春八评"问世始末》,吴松营主编《深圳传媒业的崛起》,深圳报业集团出版社,2010,第314页。
③ 王初文:《让人爱读而不是硬着头皮读——从"八评"看商品经济条件下新闻评论改革》,《岭南新闻探索》1992年第2期。
④ 区汇文:《"八评"的写作经过及我们的体会》,《岭南新闻探索》1992年第2期。

冲破思想枷锁，对扭转时局起到了助推作用。

　　社论被誉为媒体的旗帜和灵魂。《深圳特区报》一直以"报业改革的先行者和积极的探索者"的形象名闻于业界，总能保持特有的政治敏感和敏锐的新闻嗅觉，善于在重大政治经济问题上捕捉和发现改革的信号，并不遗余力地大力传播新事物、新观念和新经验，为中国的改革开放大业鸣锣开道。"猴年新春八评"是《深圳特区报》社论的典范之作，其生产方式与流程，在《深圳特区报》得到了很好的继承和保留，被视为《深圳特区报》的"传家宝"之一。

第三节　冒险发表《东方风来满眼春》

　　通过"猴年新春八评"这种方式报道邓小平南方谈话精神的做法取得成功，也为接下来的宣传工作开了一个好头。

　　1992年3月26日，《深圳特区报》头版头条刊出由陈锡添撰写的长篇通讯《东方风来满眼春——邓小平同志在深圳纪实》，在全国甚至海外，将邓小平南方谈话精神宣传报道推向了最高潮。

一　"开绿灯了?!"

　　1992年3月12日，《深圳特区报》以头版半个版、第四版1个整版的篇幅，推出了记者江式高现场拍摄的邓小平同志视察深圳的图片新闻。陈锡添本来写了500字的图片说明，但稿子送审时被删掉了。后来香港的《紫荆》杂志经请示北京主管部门同意，向《深圳特区报》要来这些真实、生动的独家照片，在"3月号"上大篇幅地刊登出来。①

　　在邓小平将要离开深圳时，陈锡添就曾正式向有关方面提出"发个消息或通讯"的请求，但未获批准。这次图片说明被删，说明宣传纪律仍没放开，但作为深圳唯一的跟团文字记者，陈锡添能够亲临现场，见到别人无法见到的具体情景、邓小平的言谈举止等，他还是期待能有机会发表新闻通讯，最清晰地还原邓小平同志视察深圳的一幕幕场景，将他的重要谈话准

---

①　吴松营：《邓小平南方谈话真情实录——记录人的记述》，人民出版社，2012，第146页。

确地写出来,将他的可敬可爱的形象表述出来,为此他一直在默默准备。

而随着《深圳特区报》"猴年新春八评"见报,广东媒体也开始逐步刊出邓小平南方谈话的通讯。《珠海特区报》于 1992 年 2 月 21 日和 3 月 23 日分别发表了《邓伯伯,您好》和《鼓角催征——记邓小平访问过的亚洲仿真公司》两篇通讯。1992 年 3 月 21 日和 23 日,《南方日报》分别在头版头条刊登了《邓小平在"先科"人中间》和《邓小平说:我要握握年轻人的手》两篇通讯。这些通讯尽管篇幅不长,影响有限,但为后来《东方风来满眼春》的发表做了很好的铺垫。

《邓小平在"先科"人中间》在《南方日报》见报的 1992 年 3 月 22 日,正是星期天,休息的陈锡添穿着拖鞋来到报社翻阅资料,突然翻到了这篇《南方日报》驻深记者沿着邓小平视察深圳走过的路线回头再采访写成的千字稿件,顿感震惊,"开绿灯了?"① 陈锡添立即报告社长区汇文。区汇文致电《南方日报》总编辑,得到的答复是:经请示省委领导同志,同意发表。区汇文又打电话给吴松营征询对通讯稿的意见。吴松营明确表示:"记录稿是与陈锡添一起认真整理的,并经过各方校对,是与小平同志谈话要点相一致的,哪些该上,哪些不上,都很明确。通讯稿由报社自己定,发表之后如有什么责任,我会极力承担的。"②

同日,中央刚刚下发的"〔1992〕2 号"文件也通过努力争取,由深圳市委宣传部派人从北京带回一份复印件交给特区报社,文件传达了邓小平南方谈话精神,中央已经考虑着手在全国学习和贯彻邓小平南方谈话的精神。区汇文让陈锡添依照中央文件精神把握好长篇通讯的尺度,立即开始写作。

二 两天写完万字雄文

陈锡添立即跑回家,"坐在沙发上大口地喘着气,'我失职了!'这念头像一个锤子重重地敲在我的脑袋上。我想,如果我们的老大哥报纸《南方日报》《羊城晚报》派出记者将小平同志参观过的地方一篇篇地写出来,我再发

---

① 陈锡添:《冒风险发表〈东方风来满眼春〉》,陈寅主编《征与尘——深圳特区报 30 年往事记述》,海天出版社,2012,第 28 页。

② 吴松营、陈锡添:《春风化雨润神州——1992 年邓小平南巡谈话报道追忆》,《新闻战线》1999 年第 10 期。

表通讯，不就成了'马后炮'？我胡乱地啃了几口饭，就一头钻进房间"。

但对于写好这篇通讯，陈锡添还是充满信心，因为通过早已成熟的构思，整篇通讯的写作已经成竹在胸了，"开始想，设几个小标题吧，又包含不了太多的题材，会漏掉一些重要谈话和细节，写得不全面。后来决定干脆来个'流水账'，按时间顺序写，这样可以挥洒自如。时间和地点明确，现场感强，给人以全景式的感觉，可将小平同志每天的参观安排、活动细节，在什么场合谈了哪些话，一一表述无遗，可增强感染力和说服力，使读者恍如随着小平同志的步履，听其言谈，观其举止"。[①]

陈锡添因为早已构思好，材料也已烂熟于心，所以写起来非常顺畅，文思泉涌，而且心情非常激动，手写起字来都发颤，完全跟不上思路。

为了赶时间，区汇文对于《东方风来满眼春》没有先审稿再排版，而是提出边写边排，写完再审。由于陈锡添早已丘壑在胸，自 1992 年 3 月 22 日下午开始动笔，仅用了两天时间，24 日下午，稿件的小样就出来了。24 日晚，区汇文社长审阅了全部发排好的小样，并做了修改。

25 日上午，区汇文和陈锡添把这篇 11000 多字的通讯送到宣传部审阅，宣传部部长杨广慧说："发吧。稿子我就不看了。你们自己把关，但是有一条，不要把邓小平写成神，而要把他写成人"。

没想到送审会这么简单，而且稿子恰好与杨广慧的想法不谋而合。"我对邓小平伟大的一面写得很少，邓小平的伟大谁都知道，我更多地是描写小平南巡的细节，表现小平平凡的一面。"[②]

"当然，最多的是报道小平南巡谈话的精神，而且用引号直接引用了小平很多原汁原味的话，这在当时也是够大胆的。"[③]

25 日下午，陈锡添又对稿件个别地方做了润色和改动。晚上，《深圳特区报》夜编室的编辑们又对稿件做了一些修改，场面气氛相当热烈。一会儿是编辑陈寅找陈锡添说："你稿子上写'过了猴年'，这不对，春节还未

①　本书编写组编著《深圳特区报史稿》，社会科学文献出版社，2022，第 86 页。
②　陈锡添：《冒风险发表〈东方风来满眼春〉》，陈寅主编《征与尘——深圳特区报 30 年往事记述》，海天出版社，2012，第 29 页。
③　陈锡添：《冒风险发表〈东方风来满眼春〉》，陈寅主编《征与尘——深圳特区报 30 年往事记述》，海天出版社，2012，第 29 页。

到，还未到猴年哩！应改为'过了新年'。"一会儿是值班的要闻部副主任陈桂雄来找陈锡添说："这篇通讯写得太好了，我看了很激动，但有一个词，我要改了它，这就是'人们的目光和闪光灯束都一齐投向这位领一代风骚的人物身上'，这句的'人物'要改成'伟人'。"他还说："你同意我要改，你不同意我也要改。"[①] 经过最后的打磨，这篇影响中国历史进程的鸿篇巨制——长篇通讯《东方风来满眼春》终于正式完稿。

"因为通讯 26 日见报，25 日那天晚上我整晚睡不着，有很大的压力，因为见报后的结果怎么样搞不清楚。一方面松了一口气，终于等到机会可以发表了，完成了作为一名记者的职责和市委交给的重任，但同时又很忧虑，很怕稿子中哪里有疏忽和差池，假如有，真的担不起这个责任。个人事情事小，我只是一个副省级城市报纸的副总编，小小的乌纱帽丢了不算什么，但如果影响了小平同志的形象和国家的大事，这个责任就太严重了。"[②]

三 浑然天成，情景交融

终于，3 月 26 日，《东方风来满眼春——邓小平同志在深圳纪实》面世了，以新闻通讯的体裁，详细报道邓小平同志关于中国改革开放的重要谈话。这篇新闻"雄文"彰显了鲜明的写作特色。

第一，标题韵味十足，珠联璧合。作者以唐代诗人李贺《河南府试十二月乐词·三月》中的咏春名句为标题，报道邓小平同志视察深圳，吹来加快改革步伐春风的内容，使题文达到高度的和谐统一。[③] 主题"东方风来满眼春"着重写意，副题"邓小平同志在深圳纪实"着重写实，整个标题写意与写实相结合，珠联璧合，既韵味十足又不失明白晓畅。

第二，语言似春风拂面，娓娓道来。文章开头的话语"南国春早。一月的鹏城，花木葱茏，春意荡漾"，犹如吹来一缕清新的春风，虽是铺垫，却文如作赋，不仅表述春天的自然景象，还表达了华夏大地在改革春天里

---

① 本书编写组编著《深圳特区报史稿》，社会科学文献出版社，2022，第 87 页。
② 陈锡添：《冒风险发表〈东方风来满眼春〉》，陈寅主编《征与尘——深圳特区报 30 年往事记述》，海天出版社，2012，第 29 页。
③ 赵清永：《从"东方风来满眼春"谈起——报刊标题语言文化浅议》，《汉语学习》1993 年第 3 期。

所呈现的一派勃勃生机之象。

第三，结构浑然天成，逻辑顺畅。全篇以时空转换为序，以邓小平在深圳的活动为线索，流畅地再现了邓小平在火车站月台、乘车游览深圳过程中、国贸大厦、先科激光公司、华侨城、仙湖植物园、深圳迎宾馆、离开深圳之时的情景，行云流水，毫不做作。

第四，细节兴味盎然，再现场景。《东方风来满眼春》中的若干个细节给人以强烈的现场感。如"小平同志和杨主席两位老战友在仙湖植物园相逢，自然高兴万分。'我们在一起几十年啰。'小平同志深情地说。'我们是1932年认识的。'杨主席说着扳起指头数起来：'42、52、62……92，六十年了！'这时身背三部相机的杨绍明走过来，握着小平同志的手：'邓伯伯，新年好！'邓榕说：'他是全国摄影协会副主席呀！'小平同志幽默地说：'你们杨家有两个主席啰！'全场大笑起来"。这样的例子不胜枚举。①

四　全国转载《东方风来满眼春》

《东方风来满眼春》发表后，在海内外引起了广泛轰动，它不仅是一篇新闻名作，更是影响了中国当代历史进程的重要文献。

当天下午，《羊城晚报》领导看到该报驻深记者传回的《东方风来满眼春》时，立即掂量出该稿件的分量，马上决定对已基本拼好的3月26日报纸的主要新闻版做重大调整，下午在头版刊登该稿。3月28日的上海《文汇报》《中华工商时报》和3月30日的《光明日报》《北京日报》均全文转载《东方风来满眼春》一文。3月30日，新华社向全世界全文播发《东方风来满眼春》，并以少有的规格配发一条消息："本社今天向国内外转发了《深圳特区报》3月26日发表的一篇通讯《东方风来满眼春——邓小平同志在深圳纪实》。《深圳特区报》这篇1万多字的通讯，详细记述了邓小平同志于1月19日至23日访问深圳期间的主要言行，尤其是他对改革开放所作的重要讲话。"中央人民广播电台很快根据新华社通稿，全文播发这篇《深圳特区报》的长篇通讯。当晚，中央电视台在《新闻联播》之后，于晚7时30分由主持人邢质斌口播《东方风来满眼春——邓小平同志在深圳纪

---

① 本书编写组编著《深圳特区报史稿》，社会科学文献出版社，2022，第88~89页。

实》全文，达 45 分钟。

3 月 31 日，《人民日报》等国内各主要报纸头版主要位置转载《深圳特区报》的这篇长篇通讯。与此同时，国外各大通讯社和其他主要媒体，有的播（刊）发了《深圳特区报》的长篇通讯《东方风来满眼春》，有的发了有关消息和评论。

看到邓小平视察深圳的纪实，举国上下人心振奋，在 1993 年举行的中国新闻奖评审中，《东方风来满眼春》获得了中国新闻奖特等奖。登有这篇通讯的 1993 年 3 月 26 日的《深圳特区报》，不但进了中国革命历史博物馆，还进了法国卡昂和平博物馆，进了普通高中课程标准实验教科书《语文》（必修 5）。

五　江泽民同志高度肯定

《东方风来满眼春》同时也得到了党和国家领导人的高度肯定。4 月 1 日，即将访日的中共中央总书记江泽民在会见日本驻华记者时，被问及对《深圳特区报》发表《东方风来满眼春——邓小平同志在深圳纪实》长篇通讯的评价。江泽民的回答十分肯定："邓小平同志视察南方时的重要讲话，早已在全党和全国传达。现在发表邓小平同志视察深圳的报道，可以使全国人民更好地了解他的谈话精神，以便全面地贯彻落实。"新华社当即向全世界播发了这条消息。[1]

直到这时，陈锡添悬着的心才完全放下。在他看来，文章在当时发表出来是非常冒险的，但最终取得了非常重大的成果，"它进一步推动了改革开放的进程，打碎了束缚人们头脑的桎梏，结束了姓'社'和姓'资'的争论，在全国掀起了改革开放的新高潮"。

这篇文章能够起到如此大的作用，陈锡添认为关键有两条。一是邓小平南方谈话，很精辟，很正确，针对性、指导性非常强，高瞻远瞩，指明了中国前进的方向，解决了当时阻碍中国进一步改革开放的主要问题；二是作为中国第二代领导核心，邓小平德高望重，在全国人民心目中的威望非常高。[2] 国内

---

[1]　吴松营：《邓小平南方谈话真情实录——记录人的记述》，人民出版社，2012，第 156 页。

[2]　陈锡添：《冒风险发表〈东方风来满眼春〉》，陈寅主编《征与尘——深圳特区报 30 年往事记述》，海天出版社，2012。

外公众迫切期望了解邓小平南方谈话的详细情况，这种普遍的社会期待也为《东方风来满眼春》的轰动性影响埋下了伏笔。

这篇文章能够公开发表，要归功于当年的深圳市委市政府、深圳特区报社领导勇于共同承担风险。时任深圳市委书记李灏在市委常委会上说过这样一件事，在1992年的两会上有一位中央领导同志问他这个稿子怎么出来的？李灏回答说不知道，家里定的吧。意思是他在北京开会，不知道这个稿子是怎么出来的，是在家的深圳市领导定的。这位中央领导说，你们的胆子好大啊！这种风险从陈锡添发稿后忐忑不安的心情亦可见一斑。① 在这样的情况下，一名记者如果没有强烈的政治敏感和高度的责任感和使命感，就不可能有后来的《东方风来满眼春》。作为一家地方副省级城市的党报，《深圳特区报》敢于首先刊发中国改革开放总设计师的行踪和言论，如果没有杨广慧的一句"发吧"，文章只会永远束之高阁。这句话重若千钧，反映了深圳市委市政府敢闯敢试，勇于改革，敢于冒险的精神。②

同时，还有在邓小平深圳视察期间担当记录人的吴松营，与陈锡添同一个房间朝夕相处，他们每天晚上共同整理记录到深夜，最后形成的那份记录，为陈锡添撰写《东方风来满眼春》提供了可靠的保证。当时那份复印的中共中央2号文件，也成为这篇"雄文"难得的"尺度"。还有区汇文主动替陈锡添值夜班而为他腾出写稿的时间，并细心帮他修改稿件。报社的同事纷纷为文稿建言献策等。③

对于自己的贡献，陈锡添只是谦虚地表示："比我能写，比我优秀的记者多的是，但当时偏偏是我得到了这个机会，能够随行采访小平，这不得不说是幸运。"④

每一个"幸运的机会"，只会留给"有准备的头脑"。历史给了《深圳特区报》以机遇，而《深圳特区报》之所以能够抓住机遇，连续发表"猴

---

① 本书编写组编著《深圳特区报史稿》，社会科学文献出版社，2022，第93页。
② 陈锡添：《冒风险发表〈东方风来满眼春〉》，陈寅主编《征与尘——深圳特区报30年往事记述》，海天出版社，2012。
③ 陈锡添：《春风浩荡十年间——采写小平南巡报道追记》，《报告文学》2002年第3期。
④ 陈锡添接受《南方日报》记者采访时记录。《"这个稿子发不出去，一辈子遗憾"》，《南方日报》2008年4月24日。

年新春八评"和《东方风来满眼春》,是与特区报人对党的改革开放政策和特区建设事业的特殊使命感分不开的。

第四节 "八论敢闯"为改革开放鸣炮

紧接着《深圳特区报》发表的"猴年新春八评",刚刚复刊一年的深圳市政府机关报《深圳商报》紧紧抓住邓小平南方谈话中"深圳的重要经验就是敢闯"这一重要主题,从3月12日至4月3日,在一版头条位置连续发表了8篇评论,被称为"八论敢闯"。

"八论敢闯"之后,《深圳商报》又于4月20日发表长篇通讯《敢闯,深圳之魂》,并从4月13日起,开辟版面,常设"敢闯篇"专栏,形成"敢闯"系列报道,为进一步深化改革开放鸣炮。

一 "八论敢闯"结合深圳实际

与"猴年新春八评"全方位宣传和评述邓小平南方谈话精神不同,"八论敢闯"选择了紧扣南方谈话中"深圳的重要经验就是敢闯"这一论断,结合深圳实际展开论述。

邓小平南方谈话有着深刻的创造性和鲜明的针对性,其中"改革开放胆子要大一些,敢于试验,不能像小脚女人一样。看准了的,就大胆地试,大胆地闯。深圳的重要经验就是敢闯"就是对深圳特区的改革开放进行的精辟的总结。

《深圳商报》认真学习邓小平南方谈话精神后,提出用改革开放精神宣传改革开放,为新一轮的改革开放创造良好的舆论环境。《深圳商报》总编辑高兴烈认为,宣传改革探索,就是要激励改革者的敢闯精神。作为改革开放的"试验场",深圳是敢闯的,但闯盲区、禁区、难区是有风险的。闯,需要一个全社会支持改革的舆论环境。新闻媒介责无旁贷,必须满腔热情地为改革者摇旗呐喊、擂鼓助威。①

于是,《深圳商报》紧抓主题,组织专门班子撰写系列评论。在一版头

---

① 高兴烈:《为改革开放鸣炮》,《特区理论与实践》1998年第5期。

题位置连续发表 8 篇编辑部文章。

3 月 12 日，"一论敢闯"《为进一步解放思想鸣炮》刊出，旗帜鲜明地指出："深圳的重要经验就是敢闯。闯，就是要改革，就是解放生产力，发展生产力。"接着，在半个月内，《深圳商报》又连续推出了《快马再加鞭》《防右更防"左"》《实事求是贵在"敢"》《敢用他山之石》《险处敢登攀》《胸怀大局才敢闯》《借鉴香港，互利共荣》等 7 篇评论，针对当时人们思想观念上的主要倾向，议论风生，引人深思，催人奋进。"八论敢闯"既是对深圳过去 10 多年实践经验的升华，也是为 20 世纪 90 年代的新目标导航、鼓劲。

"八论敢闯"发表后，立即在海内外引起了强烈反响。香港《文汇报》在特稿中指出，"《深圳商报》'八论敢闯'的出台非常及时，其影响决不仅仅在深圳，实际上是为中国整体改革的进一步深化造了一种声势"。《大公报》发表了主题为"深圳舆论再促大胆改革"，副题为"商报评论称墨守成规者应担心乌纱帽落地"的专电，《星岛日报》在 3 月 13 日就拿出半个版刊发《深圳舆论再掀改革潮，步伐要更快成问题核心》的专讯，同时以"进一步解放思想"为标题，全文转载了《为进一步解放思想鸣炮》。《香港商报》连续转载"八论敢闯"。此外，中国香港中国通讯社、《华侨日报》、《东方日报》、《快报》、《明报》、《南华早报》、《天天日报》、《成报》、《信报》，还有《澳门日报》、台湾《联合报》，以及泰国《新中原报》、日本共同社等，都从不同角度对"八论敢闯"进行评论。①

"八论敢闯"被称为新一轮改革开放的"八声春雷"，体现了邓小平南方谈话重要精神，为进一步改革开放指明了方向，同时，它们进一步将舆论引向改革开放、敢闯敢试的主题上去。一股"敢为天下先"的深圳改革春潮自此传向全国。"八论敢闯"不仅获得了 1992 年度广东新闻奖一等奖，也为刚刚复刊的《深圳商报》在海内外打响了名号。

二　紧扣"敢闯"讴歌时代精神

如果说"八论敢闯"是进行"思想"发动的话，那么"追述历史"，

---

① 《深圳商报"八论敢闯"引起海外媒体广泛关注》，《深圳商报》1992 年 3 月 17 日。

正是说明改革是靠闯"禁区"、跨"雷池"推进的。

作为"敢闯系列"的第二个重要组成部分,《深圳商报》4月20日发表的长篇通讯《敢闯,深圳之魂》以大量的史料概述了深圳建特区以来探索改革开放新路、闯关夺隘的艰难历程。从土地使用权有偿转让到外汇调剂市场的建立,从股份制的创立到股票市场的开通,深圳人在改革开放中闯破了许多禁区、盲区和难区。该通讯既肯定深圳过去的敢闯业绩,更着眼于未来,呼唤深圳人继续发扬敢闯精神,再创辉煌,气势恢宏,催人奋进。

而"敢闯系列"的第三个重要组成部分——"敢闯篇"专栏,也于4月13日起开设。"敢闯篇"专栏,每期以1500字左右的篇幅报道深圳人发扬敢闯精神开拓创新的典型事例,用"榜样的力量"宣传改革开放成就,讴歌时代精神。首篇是《"金融特区"从这里起步——招商银行试办离岸业务纪实》,接着又推出了《跨越雷池——深圳会计制度改革纪实》《冲破"壁垒"——深圳柏雅股份有限公司创立启示录》等20多个方方面面的改革典型。为强化这些改革的新事物,每个典型都配发大约200字的"编辑点评",就实论虚,言简意深,烘托升华出所报道事件内在的深层意义,旗帜鲜明地为改革立言,成为"敢闯篇"专栏一个显著特色。由于名曰"编辑点评",没有一般"短评""编后"常见的严肃面孔,或直抒胸臆,或辨事明理,或大声疾呼,或由此及彼,宣传效果好是十分显见的。①

此后,《深圳商报》几乎每年春季都要发表一篇关于邓小平南方谈话的纪念文章,作为深圳人交出的一份年度答卷。1994年发表的《敢向潮头驭飞舟——写在邓小平同志视察深圳两周年之际》,从建立现代企业制度到全国配套改革,写出了两年来改革开放的最新成果。1995年8月,在深圳经济特区建立15周年的时候,又发表了万言述评《深圳的证明》。深圳的经验证明"贫穷不是社会主义",出路就是通过改革开放,走出一条有中国特色的社会主义道路。

在后来多年中,《深圳商报》还在一版开辟"改革追踪"专栏,又推出

---

① 文增:《跨越"雷池"的追述——评深圳商报"敢闯篇"》,《新闻出版报》1992年7月13日。

一批新典型，使改革开放的宣传成为强势。典型报道写出了改革历程的风风雨雨，写出了改革者的酸甜苦辣，也写出了改革给人们带来的好处，给社会带来的效益。①

---

① 　高兴烈：《为改革开放鸣炮》，《特区理论与实践》1998 年第 5 期。

第二章 "改革开放的窗口"

随着"猴年新春八评"和《东方风来满眼春》的发表，海内外为之轰动，举国上下的年轻人对深圳心向往之，《深圳特区报》也一时间洛阳纸贵，影响力和竞争力均与日俱增，广告、发行等各个方面也突飞猛进，位居全国报业前列。

同时，1992年也正值《深圳特区报》创刊10周年，党和国家领导人江泽民、杨尚昆、李鹏等亲自为《深圳特区报》创刊10周年题词，尤其是江泽民总书记的题词"改革开放的窗口"，既是对《深圳特区报》的高度评价和鼓励，又是对这张刚刚10周岁的特区党报的特殊要求和期望。为深入落实"窗口"精神，深圳特区报社继续开拓进取，拉开了大变革、大发展的序幕。

这一时期，《深圳特区报》一是通过创办、并购，形成集团化的新闻舰队；二是通过建设现代报业大厦等，壮大报业实力；三是建立和做强与报业相关企业，壮大集团经济规模和实力；四是认真建立现代企业管理制度，推动报业集团加速发展；五是创建深圳特区报业集团，综合实力进入全国报业前三名。

随着《深圳特区报》的迅猛发展，其"窗口"作用愈发显著。

第一节 来自中央的殷切勉励

为迎接《深圳特区报》创刊10周年，报社给深圳市委呈送了《关于〈深圳特区报〉创刊10周年纪念活动的报告》，[1] 对庆典做了周详的部署。5

---

[1] 《关于〈深圳特区报〉创刊10周年纪念活动的报告》（深特报字〔1992〕11号），1992年5月4日。

月 18 日，深圳特区报社邀请深圳市有关部门的领导来报社座谈，听取意见并感谢他们对报社的支持，认真总结经验。5 月 20 日至 30 日在深圳市美术馆举办"《深圳特区报》创刊十周年藏书画展"，营造文化氛围。社庆前夕，广东省新闻学会举行颁奖大会，奖励"猴年新春八评"写作组。

1992 年 5 月 24 日，《深圳特区报》创刊 10 周年的盛典隆重举行。省有关部门领导、省记协、省新闻学会、《南方日报》、《羊城晚报》、《广州日报》以及北京新闻界的负责同志，海南、厦门、珠海、汕头等特区报业的负责同志应邀参加。同时，《深圳特区报》报徽也正式启用，报徽中央以"深"字拼音首字母"S"为形，下端的英文字母"SZSZD"是《深圳特区报》的英文缩写，外围是地球，象征《深圳特区报》将风行全球。庆典当天，最引人注目的还是各级领导及有关单位，特别是时任中共中央总书记江泽民给《深圳特区报》的题词。

一　党和国家领导人纷纷题词

深圳报业集团荣誉展厅陈列了众多党和国家领导人的题词，不少为《深圳特区报》庆祝创刊 10 周年期间所题写。

时任中共中央总书记江泽民于 1992 年 5 月 20 日为《深圳特区报》题词："改革开放的窗口。"据时任总编辑王荣山回忆："1992 年春天，经过报社事先的一番逐级请示和联系，中办工作人员打电话告诉说，江泽民总书记的题词已经写好了，让我们去取。当时我在北京开会，就到中办就把这个题词带回来了。江泽民总书记为一个地方报纸题词，这是对深圳改革开放成绩的肯定，是对我们报纸的肯定，希望《深圳特区报》能将特区的经验、做法推广到全国去。"[1]

早在 1992 年元月，国家主席杨尚昆视察深圳时，就为《深圳特区报》留下题词："立足深圳，面向全国。"1992 年 2 月 25 日，国务院总理李鹏题词："希望深圳特区报宣传党的基本路线，为办好特区鸣锣开道。"国务院副总理田纪云的题词"宣传改革开放，弘扬深圳精神"也同时送回报社。据时任《深圳特区报》副总编辑陈锡添回忆："当时我按照组织程序与国务

---

[1]　本书编写组编著《深圳特区报史稿》，社会科学文献出版社，2022，第 96~97 页。

院副秘书长安成信通话，提出请田纪云副总理为《深圳特区报》创刊 10 周年题词。他满口答应。接着他又问我：'要不要请李鹏总理也题词？'我说：'那当然更好了！'他很爽快地说：'那好，我代你们去请李鹏总理、田纪云副总理为你们题词。'结果，这两位领导的题词都到了，我心里十分高兴，报社同仁当然也兴奋极了。"①

此外，在《深圳特区报》创刊 10 周年之际，全国政协副主席谷牧、叶选平，国务院新闻办公室主任朱穆之，广东省委书记谢非等各级领导也纷纷发来题词，中央各有关单位纷纷发来贺信、贺电，各级领导、报界同行也亲临庆典现场表示祝贺。

二 《深圳特区报》进入中南海

随着影响日益广泛，从 1995 年起，《深圳特区报》开始向中南海赠阅报纸，当时能进入中南海的地方报纸只有两家，除了《深圳特区报》，另一家为《解放日报》。

《深圳特区报》向中南海赠阅报纸数量多，范围广。1996 年，《深圳特区报》就赠阅报纸 54 份，其中包括李鹏、朱镕基等国家领导人各 1 份。1997 年，《深圳特区报》赠阅报纸增加到 122 份，其中送中共中央办公厅 62 份，国务院办公厅 60 份。之后，中央组织部、宣传部等单位又相继发函要求当天能看到《深圳特区报》，共受赠报纸 19 份。

除中南海外，京西宾馆也是《深圳特区报》在京的重要赠阅点。京西宾馆是中央及各部委经常召开重要会议的场所。《深圳特区报》成为全国第一家进入京西宾馆的地方党报，每天送报 1000 份。党和国家召开重要会议，还会将报纸放在大厅、咖啡厅等公共区，以方便与会人员阅读。此外，《深圳特区报》还向北京饭店、首都大酒店、首都机场贵宾室每天各送报 50 份。

到 2023 年，《深圳特区报》对北京相关单位赠报的数量和范围又有所增加。《深圳特区报》向中南海赠阅报纸依然为 122 份，其中中共中央办公厅 62 份，国务院办公厅 60 份。但中央组织部和宣传部赠报分别增加为 17 份和 15 份，共计 32 份。

---

① 本书编写组编著《深圳特区报史稿》，社会科学文献出版社，2022，第 97 页。

除中南海外，《深圳特区报》给京西宾馆每天送报 700 份，另外，对首都大酒店每天送报 60 份、深圳大厦每天送报 100 份，广州大厦每天送报 30 份。

第二节　一系列新闻创新树立大报形象

各级领导的关怀，既是对《深圳特区报》10 年成就的高度评价，也是对《深圳特区报》提出的殷切期望。《深圳特区报》以此为契机，拉开大变革、大发展的序幕。

1993 年 8 月，深圳市委正式任命市委宣传部副部长吴松营为深圳特区报社长、总编辑。新的领导班子深入调研，听取各方意见，结合新的形势，提出了"立足深圳，关注珠三角，面向全国，走向海外"的发展战略，并且响亮地提出："要把《深圳特区报》办成一张在全国有影响的大报。"

说干就干，《深圳特区报》立即在版面和内容上进行了一系列大胆改革；先后创办、合资、收购、控股了一批子报子刊；各地记者站先后设立；领先涉水互联网；同时，在经营发行等各方面也成为全国报业领先集团，真正从实力上确立了《深圳特区报》的大报地位。

一　高举旗帜，勇当改革先锋

1978 年实行改革开放以来，围绕这一基本国策曾有多次大的争论，作为改革开放"排头兵"的市委机关报，《深圳特区报》始终高举邓小平理论大旗，勇当改革先锋，为改革开放的实施和推进做出了应有的贡献。

1. 抢出《号外》：《极其悲痛地哀悼邓小平同志逝世》

1997 年 2 月 19 日，邓小平逝世，《深圳特区报》迅速做出反应，不仅发行了深圳报史上第一张《号外》——《极其悲痛地哀悼邓小平同志逝世》，还刊发邓小平同志视察深圳的图片专版，并增出《92 邓小平在深圳》特辑，具有较高的历史价值，引起强烈社会反响，被众多读者收藏。

2 月 20 日凌晨 2 时 40 分，新华社播发邓小平逝世的消息，而 20 日的报纸版面已在 2 时前全部完成排版，时任社长吴松营果断决定抢印《号外》。

早上 6 时，《极其悲痛地哀悼邓小平同志逝世》就被送到深圳的街头巷尾，向市民免费派发。惊闻噩耗的深圳市民捧着《号外》，自发从四面八方络绎不绝地涌到蔡屋围的邓小平画像前悼念伟人，层层叠叠的花圈、花环和鲜花很快挤满了画像前的广场，一张广场上的市民手持着《号外》悲痛欲绝地悼念邓小平同志的照片，也凝固了深圳人对邓小平深厚感情的经典时刻。这期《号外》时效性强，发行量大，涉及面广，引起了海内外传媒的大量关注。

在抢印《号外》的同时，《深圳特区报》也立即对正刊版面进行调整，其中包括在第五版整版刊发邓小平在深圳的图片专题。由于这些照片都是《深圳特区报》的独家照片，反映了深圳人民与邓小平同志特殊的情感，这期报纸也被众多读者珍藏。

在 1997 年 2 月 24 日，也就是邓小平同志追悼大会前一天，《深圳特区报》增出特辑《92 邓小平在深圳》，5 万册特辑在推出当天就销售一空，深港两地的传媒纷纷报道了特辑发行的消息。[1]

2. 勇当"斗士"抨击"特区不特论"

20 世纪 90 年代中期，深圳经济特区建设高歌猛进，但也因此多次成为被人抨击的焦点。有人提出：东西部收入差距在拉大，还怎么实现共同富裕？有人提出，"特区的特字实质上是一种特权或垄断权"，办特区就是搞"特权"等。种种诘难，不但在国内的许多场合公开发表，还因为海外传媒的炒作而引起更多思想混乱。

对此，《深圳特区报》进行严正反驳，连续发表了《特区的"先富"与后发展地区的"共富"》《实事求是走自己的路》等重磅文章，指出"必须坚定不移地贯彻邓小平实现共同富裕的重要理论"，深刻阐明了"共同富裕不是同步富裕、同等富裕"，"快富和慢富、先富和后富的区别"等真理，一针见血地指出"认为共同富裕就是同步富裕、同等富裕的观点，是平均主义的狭隘观点，是不切合中国实际的"。

这场论争引起了中央的高度重视。1994 年 6 月，江泽民总书记视察深圳时强调："我认为有必要代表党中央、国务院郑重地加以重申：中央对发

---

[1] 本书编写组编著《深圳特区报史稿》，社会科学文献出版社，2022，第 111 页。

展经济特区的决心不变，中央对经济特区的基本政策不变，经济特区在全国改革开放和现代化建设中的历史地位和作用不变。"①

尽管中央已经表态，但"深圳特区是依靠'寻租'发展起来"的声音依然不绝于耳。1995 年 8 月 7 日，《深圳特区报》在头版头条发表了长文《特区的实践说明了什么——深圳市委书记厉有为访谈录》，在总结和回顾了特区政策的成就之后，对"特区不特"的观点进行了反驳。

1995 年 9 月 6 日，《深圳特区报》在一版发表署名秦鄂的文章《办特区是搞特权吗？》，9 月 8 日和 9 月 14 日，又先后在一版"纵横谈"中发表文章《浅议学者与学棍》《棍子向谁打来？》，批评有的学者关于"特区不特"的说法，置中国的法律和中央的决策于不顾，其矛头所指是邓小平建设有中国特色社会主义理论。

《深圳特区报》9 月 26 日发表的《地区差距不能简单归咎于特区政策》，论证了特区政策与区域发展之间的关系，认为通过取消特区政策，从而实现地区平衡发展的观点，并不符合区域长期发展规律。

为配合这一论争，《深圳特区报》还刊发了其他媒体的相关文章，并有针对性地在北京、深圳召开了全国性的邓小平理论与实践研讨会，系统地总结特区存在的必要，阐明特区的历史使命和地位。

1995 年，江泽民总书记再次视察深圳，并为深圳题词："增创新优势，更上一层楼"，② 要求深圳继续发挥对外开放的"窗口"作用，经济体制改革的"试验场"作用，对内地的示范、辐射和带动作用，对保持香港繁荣稳定的促进作用。③

1995 年 9 月 22 日，《人民日报》头版发表了《深圳，不平凡的十五年》，再次肯定了深圳特区大胆创新、敢为天下先的改革成果和两个文明建设业绩。

至此，一场关于特区还要不要"特"下去的争论，最终以中央领导人的定调而画上句号。

---

① 《经济特区要增创新优势，更上一层楼》，《江泽民文选》第 1 卷，人民出版社，2006，第 374 页。
② 《江泽民特区思想重在"发展"》，《瞭望》2010 年第 34 期。
③ 《江泽民同志寄语深圳"增创新优势，更上一层楼"》，《深圳特区报》2010 年 8 月 16 日。

《深圳特区报》在这场大讨论中发挥了新闻媒体"公共论坛"的作用，对于鼓励人们进一步解放思想，进一步探索市场经济的发展规律，进一步认识市场经济体制改革的复杂性与曲折性，具有积极的指导意义。时隔多年，时任深圳市委书记厉有为回忆这场争论时感叹："在特区改革开放建设事业中，《深圳特区报》不仅是一个'战士'，更是一个'斗士'。面对抵制改革开放路线的不正确思潮，敢于站出来驳斥，坚决捍卫改革开放路线；对于损害国家利益的不正之风，敢于坚决予以抵制，有时甚至是顶着打板子、掉帽子的压力。"①

二 重拳出击，做大热点新闻

恰逢 20 世纪、21 世纪之交，这个时期轰动全球的重磅新闻事件层出不穷。凡有重大新闻事件，《深圳特区报》都统一指挥、充分协调，投入最多的力量和版面进行报道，报道内容求真，报道形式求新。

1. 500 天倒计时报道香港回归

在 20 世纪最后几年，香港回归是举国最为瞩目的重大历史事件，地处紧邻香港的深圳，《深圳特区报》迎接香港回归系列报道，策划精心，规模宏大，内容丰富，特色鲜明，从香港回归倒计时 500 天就展开持续全景式立体报道，受到海内外读者的重视与欢迎。中央宣传部、深圳市委宣传部阅评小组都分别发文给予高度评价。《新闻战线》杂志、《新闻出版报》分别发表了介绍《深圳特区报》迎回归报道的体会文章。

从 1984 年 12 月 19 日《中英联合声明》发表，到 1997 年 7 月 1 日五星红旗在维多利亚港上空飘扬，《深圳特区报》始终是一道横跨香江的桥梁。在长期的港澳台报道实践中，《深圳特区报》已逐步形成有关香港报道的"一个方针""三个为主"的报道思想。"一个方针"即以"一国两制"为港澳台报道的基本方针，"三个为主"是在宣传方法上，以正确引导为主；在价值观上，以弘扬爱国主义精神和优秀民族传统文化为主；在日常的新闻采编工作中，以经济、文化报道为主。因此，《深圳特区报》整个迎回归报道始终坚持了正确的舆论导向。

---

① 转引自本书编写组编著《深圳特区报史稿》，社会科学文献出版社，2022，第 128 页。

　　《深圳特区报》对香港回归系列报道进行了周密的系统策划。早在香港回归倒计时 500 天之际，报社就成立了迎回归报道领导小组，由社长吴松营任组长，陈锡添、丘盘连、薛以风任副组长。报社港澳台新闻部在原有每天一版港澳台新闻、每周一期"香江之页"的基础上，每周增加了两期"香江之页"。其中"香港名人专访"栏目，采访了香港特区首任行政长官董建华、香港临时立法会主席范徐丽泰，以及多名香港特区筹委会委员，在港的全国人大代表、政协委员和其他知名人士，通过他们谈香港平稳过渡的看法，引导港人对中央政策理解与支持。"百年沧桑话香港"栏目介绍香港的政治、经济、文化、历史，帮助读者生动形象地了解香港。此外，1997 年 1 月至 7 月，还陆续在一版开辟"综合治理环境，迎接香港回归""迎回归、创三优、争一流""迎香港回归新闻摄影大赛"等多个专栏。

　　在香港回归倒计时 100 天、50 天、30 天、20 天、10 天之际，《深圳特区报》都出了对开 4 个版特刊，特别是从 6 月 21 日到 30 日，每天出 4 个版特刊，一版及其他各版也围绕回归主题组织版面，形成一个个报道高潮，把迎回归宣传推向深入。

　　此外，如文艺、理论、法制、摄影、美术等专版，也都采取不同的方式，呼应配合。其间有文艺部主编的连载纪实文学《香港回归风云录》，有理论部主编的"理论探讨"专版发表《回归后的香港将更加繁荣——宪法学家从根本上深入阐析未来香港前途》，有摄影部主编的《"迎香港回归"（灵通杯）新闻摄影大赛作品选登》，有美术组主编的《永远的回归——97 南山雕塑展作品选登》，以及"深圳新闻"版发表的《民意调查显示深圳市民热切关注香港回归》等，吸引了广大读者。

　　值得一提的是，6 月 30 日午夜至 7 月 1 日凌晨，中英两国政府香港政权交接仪式前夕，突降大雨，《深圳特区报》报道香港回归的"新闻大战"进入高潮，编辑部俨然成为"战场"。据当时在总编室值班的李剑辉回忆："凌晨 1 时后，稿子像雪片飞来，我们怀着紧张而激动的心情，划版、编稿、做标题，整个编辑部就像一个战场。一直忙到早上 7 时，印报机开动，我们才算松了一口气。"

　　7 月 1 日发行的《深圳特区报》上，全部新闻、广告、文艺作品共 185

篇，关于香港回归的各类新闻、文艺作品达 105 篇。同一天里，单个新闻事件如此密集报道，所占比例如此之高，不但在《深圳特区报》历史上绝无仅有，在全国各报的迎回归报道中也是规模最大的。

深港衔接是促进香港平稳过渡的重要一环，做好深港经济衔接报道是《深圳特区报》迎回归报道一项特色内容。报社就衔接问题，多次组织深圳、香港、广州、北京等地专家学者、企业界人士及政府官员进行探讨。同时，跟踪这一进程，大量报道口岸、交通、能源、通信、城市管理、金融体制、社会保障等方面的改革与对接情况，推出"深港经济衔接"系列报道。

《深圳特区报》在一版开辟了"迎回归，话合作"专栏，分多个专题报道，提出许多颇具操作性的建议。还在理论版连续发表了多篇探讨深港合作的论文。回归倒计时 100 天之际，分别与市委统战部和深圳市总商会合作，组织深港工商界人士座谈深港合作的问题，提出许多可行性建议，并做专版报道，引起政府有关部门及深港两地工商界人士的关注。

从 1997 年 6 月 1 日起，头版"走进回归日"专栏每天刊发报社派驻香港记者现场抓到的鲜活新闻，目的是"为读者翔实生动展现香港走近回归日最后一个月的日日夜夜"。驻香港记者站站长张炯光和记者黄启明、罗兴辉、唐亚明等撰写香港回归重要稿件 75 篇，包括《回归之夜——香港警方将更换徽章》《香港法制"双语化"见成效　530 条法例已全部译成中文》《迈向新世纪之夜》《见证历史性的一刻》等。其中《维园涌动回归情》，报道了香港人民雨中庆回归的情景；《书画同写赤子心》，报道香港华娱电视台举办的迎回归书画比赛；《千米画卷迎回归》，及时报道在香岛中学举办的深港青少年共同绘制的千米画卷。此外，特刊 A 版从各个方面反映了深圳人民为迎回归所做的贡献。这些专版大都图文并茂，有较大的信息量，有较强的可读性，如《艺术珍品献香港，同胞情谊比海深——全国各地献给香港回归祖国的珍贵礼品扫描》，既描述了艺术珍品本身的特色和价值，又记叙了各省、市、自治区人民制作这些礼品的背景故事，还写到深圳人接送礼品的负责精神。特刊 B 版既有现实的内容，如《爱国热情涌香江》，又有历史的回顾，如《香港历代同手足》，使读者可以从现实和历史的对比中，更深刻地体味香港回归的意义。特刊 C 版及文艺副刊全力配合，通过大量的诗词散文和书画艺术，表达了人民庆回归的心声。[①]

2. 高交会报道亮出深圳"名片"

高交会即中国国际高新技术成果交易会，由国家经济合作部、科学技术部、信息产业部、中国科学院和深圳市政府联合主办，是目前中国规模最大、最具影响力的科技类展会。深圳从 1999 年 10 月举办首届高交会后，每年 10 月都举办一届，高交会已经成了深圳市的一张"名片"。

1999 年 10 月 5～10 日，首届高交会于深圳市高交会馆举行。内容主要由高新技术成果交易，以"国际计算机、通信、网络产品展"为主题的高新基础产品展示交易，高新技术论坛三大部分构成。展览面积 20200 平方米，参展企业 2856 家，参展项目 4150 个，到会投资商 955 家；5 个外国政府团组、30 多家世界知名的高科技企业，全国 23 个省、5 个自治区、4 个直辖市和 2 个特别行政区及 22 所著名高校组团参加了展示交易洽谈，成交额 64.94 亿美元。

《深圳特区报》对首届高交会的报道，从不同角度强调发展高新技术产业是贯彻党中央科教兴国战略的重要举措。10 月 6 日发表的《在首届中国国际高新技术成果交易会开幕式上朱镕基总理的讲话》再次强调了党和国家科教兴国战略。10 月 7 日，又发表《高交会是科技兴贸具体行动——访外经贸部部长石广生》的专访，指出"高交会对推动传统产业的提高和发展，带动和促进我国经济结构的调整升级，提高国民经济素质意义重大"。在报道方式上注重了报道的连续性。在高交会的各阶段各有侧重，围绕着高交会的舆论氛围、参展规模、交易成果、各方评价等内容向人们展示了一幅高交会的全景图。在视角选择上，注重宏观报道和典型报道相结合，既有对高交会全景式的扫描，也有来自各省区如湖北、辽宁等地典型报道，点面结合，交相辉映。

值得一提的是，《深圳特区报》在首届高交会期间发表了一组"高交会全记录"系列报道。这组报道共 9 篇，其中《深圳特区报》记者李杰、朱文蔚、毕竟、刘秉仁参与撰写 4 篇，分别是《"高交会全记录"推介篇——

---

① 本书编写组编著《深圳特区报史稿》，社会科学文献出版社，2022，第 120～125 页。

把科技的深圳推向世界》《"高交会全记录"组织篇——万众一心万无一失》《"高交会全记录"盛况篇——科技盛会铸辉煌》《"高交会全记录"启示篇——跨世纪的激情》。这组报道用大量的文字、图片、资料及数据，全方位、全景式地记录了首届高交会从决策、筹备、开幕到闭幕的全过程，充分地展示了首届高交会的硕果和特色，获1999年深圳市新闻奖特别奖。①

三 周密策划，大节点大专题

《深圳特区报》还根据不同的时间节点和热点事件，频频策划重大专题报道，为读者述说历史，还原真相，同样受到了读者的广泛好评。

1. 市委书记授旗，两次"走京九"

1995年11月，总投资400亿元的京九铁路全线铺通。为报道这一国家重点建设工程，《深圳特区报》9月4日派出叶兆平、金敏华、唐亚明、朱文蔚等7名记者兵分两路采访：一路从北京南下，一路由深圳经东莞北上，两队在九江会合。市委书记厉有为亲自为采访队授旗并讲话。9月7日起，《深圳特区报》在头版开辟"千里走京九沿线走笔"专栏，一个多月下来，共刊登数十篇通讯、消息，以及一批图片。其中，有报道京九沿线广大群众及各级政府大力支持和积极参与铁路建设情景的《和平人的"京九"情》《可敬的"第三代"》等，有报道沿线各地风土人情、建设风貌和未来发展前景的《京九牵"姻缘"》《阜阳：中国铁路的新枢纽》等，有揭示京九铁路对沿线中国东部欠发达地区经济发展产生重大作用的《井冈山的希望在京九驰骋》《青山遮不住》等，有剖析京九铁路对加强深港澳和内地联系的《南昌人的挑战观》等。

采访活动结束后，《深圳特区报》还推出"放眼大京九"后续报道，发表了《腾飞的巨龙》《崛起的经济带》《大京九给深圳带来什么》等系列文章。

"千里走京九"系列报道推出之后，社会反响巨大。国家铁道部副部长孙永福特别提到："《深圳特区报》的'千里走京九'系列报道搞得很成功，影响很大，对鼓舞铁路建设职工和宣传沿线经济开发起了有力的促进作用。"深圳市委政研室副主任陈图深对"千里走京九"系列报道回应道：

---

① 本书编写组编著《深圳特区报史稿》，社会科学文献出版社，2022，第193~194页。

"沿线的京九热惊醒了我们。深圳麻痹不得。再不研究相应对策，工作就会被动。"对于深圳读者来说，《深圳特区报》"千里走京九"系列报道为他们开启了一个陌生的世界，看了报道才知道京九离自己这么"近"。

1997年8月19日，在京九铁路正式开通一周年前夕，《深圳特区报》特别推出"重走京九看巨变"大型采访活动，再次派出3名记者从东莞常平站出发，一路北上，先后深入粤、赣、鄂、皖、豫、鲁、冀等省20多个地市县，历时一个多月，行程近3000公里。11月26日，京九铁路沿线20多家地市级报纸的社长、总编辑云集深圳特区报社，共商京九沿线新闻报道合作大计。①

2. 行程5万里"重走长征路"

为纪念中国工农红军长征胜利60周年，《深圳特区报》与《解放军画报》联合组织"重走长征路"大型采访活动。两报各派出4名记者组成采访队。

1996年4月23日清晨，在深圳市委大院门前，"重走长征路"联合采访队的8位记者，从市委书记厉有为、《解放军报》副社长刘世民少将手中接过"重走长征路"红旗，誓师出发。联合采访组分为东西两线来展开采访：东线由《深圳特区报》记者朱文蔚、王军和《解放军画报》记者吴寿庄大校组成，由《深圳特区报》的温伟文开车，从江西的瑞金出发一路采访到金沙江；西线由《深圳特区报》记者赵连勤、邱刚和《解放军画报》的记者袁学军上校、李秋蔚大校组成，由《解放军画报》的龙敦国开车，从过了金沙江的会理县开始采访，一直到延安。

前前后后100多天的时间里，记者们追寻红军的足迹，行程5万余里，采访到大量的人和事，拍摄照片上万张。从4月30日起，《深圳特区报》在一版开辟了"重走长征路"系列报道专栏，刊发文字稿50多篇，照片100多幅。其中文字稿包括《"桂北门户"更开阔》《长征路上第一个亿元县》《今日"长征第一渡"》等，向特区人民宣传了长征精神和今日长征路上的新面貌。

---

① 本书编写组编著《深圳特区报史稿》，社会科学文献出版社，2022，第114~116页。

四 迅速响应，把握舆论导向

在社会发展进程中，突发事件甚至突发灾难不可避免，《深圳特区报》均迅速做出反应，直面应对，严守客观立场，还原事实真相，尽力做到敢于和善于报道。

1. "8·10"股票风波的教训与收获

1992年8月7日，中国人民银行深圳市分行，深圳市工商行政管理局、公安局、监察局联合发表《1992年新股认购抽签表发售公告》，全国120多万投资者立即带着身份证聚集深圳，在各发售点前通宵排队待购。但发售点内部人员出现往队伍安插熟人、私分抽签表等徇私舞弊行为，引起群众强烈不满，政府有关方面没有给予足够重视，导致事态迅速恶化，股民在深圳多地游行请愿，甚至出现砸车烧车等暴力事件。[①]

《深圳特区报》及时针对本地突发负面消息，就如何准确地报道新闻真相，引导社会舆论的问题总结经验教训，在8月11日刊登题为《市政府负责人强调：识大体 顾大局 保护改革开放成果——昨晚极少数人闹事被制止》的报道，不仅描述了"8·10"事件的梗概，而且分析了政府职能部门在处理事件中的失误和不足，对于民众情绪的宣泄起到了一定的作用。

8月12日，《深圳特区报》围绕"8·10"事件进行了专题报道，对若干不同身份的市民进行采访，"对10日晚极少数不法分子闹事的行为，表示谴责，呼吁珍惜深圳安定团结的局面，巩固改革开放的成果"。同时配发题为《维护稳定大局 推进改革开放》的评论，以及时任市长郑良玉的电视讲话文字稿，正视了政府组织工作中的缺点，又表达了改正错误，严肃处理违纪、违规现象，维护安定团结局面的决心，为顺利平息股票风波营造了有利稳定的氛围，重新赢得了读者的认可。

2. 如实报道"8·5大爆炸"加强传媒公信力

1993年8月5日下午1时26分，深圳市清水河化学危险品仓库突然发生剧烈爆炸并引起大火，1小时后发生第二次爆炸。事故造成15人死亡，873人受伤；炸毁和烧毁仓库12栋，面积2.4万平方米；炸坏消防车15辆，

---

① 李灏：《关于深圳几项重大改革的回忆》，《特区实践与理论》2008年第3期。

留下 3 个 24 米宽、10 米深的大坑。共造成直接经济损失 2.5 亿元人民币。用一位中央领导同志的话说："这是共和国成立以来发生的最大的一次爆炸事故。"①

事件发生后 1 小时，几乎是第二次爆炸的同时，《深圳特区报》就召开中层以上干部会议，成立"清水河突发事件报道指挥中心"，明确 24 小时值班制度，各路采访人员也组成报道组赶赴现场。

《深圳特区报》随后针对"8·5 大爆炸"，推出规模宏大、信息立体的系列专题报道，至 8 月 17 日共刊发文字稿件 152 篇，新闻图片 25 幅，做到了快速、全面、平衡、客观，有效保护了受众的知情权，尊重了新闻规律，也加强了深圳传媒的公信力。

在北京开会的广东省委书记谢非闻讯赶赴深圳查看灾情时说："在飞机上就看了《深圳特区报》，已清楚了解火灾情况。《深圳特区报》这次报道真实全面，报道得好。"②

五　开展监督，弘扬社会正气

作为深圳市委机关报，《深圳特区报》不仅时刻唱响正面宣传的主旋律，在舆论监督方面也对城市发展中的严重问题敢于碰硬，对群众高度关注的热点难点问题穷追不舍、毫不手软，为弘扬社会正气发挥了积极有效的作用。

1998 年 7 月 27 日，《深圳特区报》刊发一则题为《糊涂医生开错药：过敏注射氯化钾；明白护士开了腔：患者捡回一条命》的社会新闻，通过深入细致的调查，揭露了某医院值班医生，为病人开处方时，错把氯化钾当作葡萄糖酸钙注射液开给病人，险些铸成大错。报社领导经过认真审阅稿件，认为可以抓住这一典型事件，促进医疗行业医德医风的转变，于是在报纸显要位置刊登。

这篇报道引起市民强烈反响。市委书记张高丽在当天召开的全市创建文明市、文明区动员大会上，就卫生系统医德医风存在的问题提出了整顿

---

① 深圳市史志办公室编著《深圳改革开放纪事（1978~2009）》，海天出版社，2009，第 357 页。
② 本书编写组编著《深圳特区报史稿》，社会科学文献出版社，2022，第 108~109 页。

要求。8 月 3 日，《深圳特区报》在一版推出"整顿医德医风，跟踪报道医院的整改情况"栏目，发表病人对医院的批评意见，跟踪报道医院的整改行为等。同时还针对医德医风问题发表多篇评论，着重查找原因和提出解决问题的办法，对于医疗系统的整顿工作产生了良好的社会效果。

六　报道典型，引领时代潮流

《深圳特区报》积极宣传报道特区建设中的先进典型，引领时代潮流，树立社会新风尚，给予"两个文明"建设强大的舆论引导和有力的支持。

1. 推动"志愿者之城"建设

义工，是深圳的一张闪亮的名片。从 1990 年 6 月 16 日"义工联"成立以来，《深圳特区报》就不断跟踪报道这个爱心组织。1992 年 7 月 10 日，一篇《飘扬在特区的"义务"旗帜——记深圳市义务社会工作者联合会》的通讯，第一次详尽报道了深圳义工无私奉献的动人事迹。他们秉承"送人玫瑰，手有余香"的宗旨，带头参加"无偿献血""义务服务"等活动，为无数遇有烦恼的青少年送去了温暖和慰藉，为无数青年临时工争得了应有的权益，进行了"房改与青年""中学生问题大家谈""蛇口地区警民关系状况""青少年犯罪问题"等调研，还向政府提交了诸多颇有说服力的社会调查报告。

2. 歌颂模范人物

为歌颂深圳模范人物，弘扬无私奉献高尚精神，《深圳特区报》也频频通过深入采访，报道了一个个特区建设的先进典型人物。

1995 年 3 月 4 日，《深圳特区报》发表长篇通讯《奉献爱心的陈观玉》。陈观玉自 20 世纪 60 年代以来，坚持义务为沙头角的大人、小孩理发。每当镇内有老人过世，她也总是前去为死者擦身、换衣、理发，送老人入殓。她长期照料的"五保户"有 13 人之多，有 10 多个春节，她都是和这些孤寡老人一起度过。她有 159 名干儿女，都是她从各个方面帮助过的孩子。1987 年，深圳发行首批股票，陈观玉响应号召，踊跃认购，之后，她把赚得的钱分别寄给希望工程办公室、敬老院、福利院、贫困山区和灾区，总额有 30 多万元。从 1983 年开始，陈观玉先后获得全国三八红旗手、省优秀共产党员等荣誉称号。市委书记、市长厉有为说，《深圳特区报》宣传的这个典型很好，"陈观玉的精神是深圳精神的体现，要号召全市人民向陈观玉学习"。报社于 3 月 8 日至 16 日特派记者刘众赴河北省张家口张北县采访陈观玉帮助过的失而复学少年张素珍，发回 7 篇稿件，产生了良好的宣传效果。

第三节　一系列特色版面接连推出

随着《深圳特区报》采编队伍的不断壮大，以及广告和发行量的成倍增长，原有的 8 个版面已远远无法满足需求。为给读者提供更多更好的新闻信息，《深圳特区报》不断进行版面的扩充和革新，报纸的厚度与日俱增，一系列特色版面接连推出，信息量不断增加，可读性不断增强。

一　《深圳特区报》不断增厚

1993 年 1 月 1 日，经深圳市委同意，《深圳特区报》扩大为 12 个版。增加的 4 个版分别为 1 个"金融信息"版，1 个"经济贸易"版和 0.5 个专刊版，另外 1.5 个版用来刊登广告。"言商"机关报的形象持续增强。

1994 年 1 月 1 日，《深圳特区报》扩版至 16 个版，成为我国内地当时版数最多的两家大型日报之一，新增的版面主要集中在"金融·证券"专版和侧重反映深圳市社会主义精神文明建设的专版。

继 1996 年 1 月 1 日开始推出"双休特刊"后，1997 年 4 月 7 日，《深圳特区报》再度调整版面，逢星期五增至 20 个版。新增"经济视野"版、1 个"金融·证券"版、1 个"行情信息"版，恢复"国际副刊"版。

1998 年 1 月 1 日，《深圳特区报》更换新报头。周一至周五，由对开 20 个版扩大至 28 个版，增加和扩充"体育新闻""金融·证券""小说连载"等版面，而且天天出彩页。1999 年 12 月，改为日出对开 28 个版。

进入 21 世纪后，《深圳特区报》的扩版进一步提速，从 2000 年 3 月至 2001 年 5 月短短的 14 个月，就进行了 4 次大规模改版扩版，使《深圳特区报》拥有 50 个各类版面和 300 多个专栏的规模，成为集新闻性、知识性、服务性、娱乐性于一体的大报。

二 "报中报"《鹏城今版》

1995 年，"报中报"形式的《鹏城今版》在党报增强可读性方面的尝试引人注目，被称为党报践行"三贴近"原则的发轫之作。《鹏城今版》的出现，直接带动了《深圳特区报》零售量的上升和广告的增加。

1995 年，许多党报另辟蹊径，申请刊号，办起都市类的子报。《深圳特区报》为应对报业激烈竞争，也试图增设下午版。1995 年 1 月 20 日，报社编委会决定编委杜吉轩为创办《鹏城今版》的负责人，并派他到《长江日报》和《杭州日报》考察。杜吉轩发现那些下午版"只解决了时段问题，但从内容和报道风格上却延续着党报的传统，尚未解决贴近性问题。于是我们决定从内容上进行革新，通过办《鹏城今版》来把党报的正确引导舆论和都市报的满足市场需求统一起来。但是新闻出版署当时不再批新刊号，于是《鹏城今版》就成了报中报。这是《深圳特区报》的独特创新，把机关报和都市报的优点整合为一体"。①

在招兵买马后，杜吉轩在筹备会议上强调，"《鹏城今版》是《深圳特区报》的一部分，但不是现有版面的简单扩充和延伸，它将在版面内涵和适应读者层次方面有别或更宽于其他版面，将通过反映与群众精神文化生活和物质生活密切相关的内容，来体现党的方针政策，弘扬社会正气，培养高尚情趣，丰富生活，美化生活"。②

一张全新的报纸内容设计，在三番五次的争论中明晰起来：《鹏城今版》把"伴着百姓走，与您同乐忧"的宗旨明示在报头；头版刊发大特写，记录老百姓的故事，把舆论引导的功能隐含其中；版面以模块版式为主，大图片、大标题、大留白；彩版善用色彩。同时明确了"四句话，四个一"的办刊要求。一版四句话：版面出新，标题抓人，每天一条干货，半月一个典型。副刊版四个一：一个好专栏，一篇好文章，一条精彩标题，一幅好图片。

---

① 陈冰：《党报自觉探索"三贴近"的发轫之作——杜吉轩谈〈深圳特区报〉〈鹏城今版〉演进史》，《晶报》2008 年 7 月 10 日。

② 李强：《〈鹏城今版〉创刊记忆》，陈寅主编《征与尘——深圳特区报 30 年往事记述》，海天出版社，2012，第 215 页。

1995 年 3 月 3 日，《鹏城今版》正式创刊，当天的《鹏城今版》就发行了 16 万多份。创刊第 1 期头版的新闻特写是《人间至诚是孝心》，反映来深圳创业的年轻人"筑巢"后赡养父母尽孝心的故事。图片前一天在世界之窗门口广场拍摄，照片占据对开 1/3 个版面。发刊词宣布"我们的目标：贴近群众，深入生活，注重服务，进入家庭"。紧随其后的"现代风""老百姓""大世界""艺海潮"等版面，内容新鲜，风格各异，面貌清新。

《鹏城今版》多年来组织策划了许多重大报道，如深圳人的就业问题，外来务工人员子女受教育问题，出租车行业改革问题，对娱乐场所的"毒、黑、黄"违法行为的报道等，都是极具深圳特色的社会素描，同时也表现出了报纸的深入思考，被认为是党报大众化实践的又一尝试。

《鹏城今版》创办第一年就实现了赢利，同时还创造了报纸的许多"最先"：它是党委机关报中最先使用大图片的报纸之一，是最先在头版公布热线电话的报纸之一，是最先把天气报道放在头版的报纸之一，是最先在头版开设"导读"的报纸之一，是最先使用中国新闻社电讯的报纸之一，是最早开辟整版社会新闻的党报之一，是最先设立"分类广告"的报纸之一，是最先采取"不转版"的报纸之一，是最先设立"本版主持人"的报纸之一，也是把文艺、体育率先"娱乐化"的报纸之一。

概括起来，《鹏城今版》的创办，具有两个重要意义：第一，它是党报自觉探索"三贴近"的发轫之作。第二，它还开创了"党报+都市报"的办报模式。浙江大学教授邵培仁认为，《鹏城今版》"对百姓生活、底层疾苦的关注程度，它对舆论监督的重视，它带给读者丰富多彩的体育、娱乐信息，它的'周末版大餐'，它对言论和新闻图片的重视程度，它对诸种新闻的处理手法，它大气而多变的版式风格，其实更像一张都市报。其中有的版面栏目，会有读者觉得它像中央台的'焦点访谈'，有的像'东方之子'，有的像'新闻调查'，有的又像'老百姓自己的故事'"。①

三　《今日广东》搭桥飞架海内外

《今日广东》新闻专版是广东省"借船出海"搞外宣的一块前沿阵地，

---

① 邵培仁：《论〈深圳特区报〉的办报模式及版面特色》，《当代传播》2007 年第 3 期。

由中共广东省委外宣办和广东省政府新闻办主办、《深圳特区报》承担具体
编辑和传版任务。《今日广东》由时任副总编辑陈锡添分管，抽调骨干成立
"今日广东新闻部"。著名书画家关山月为《今日广东》题写刊名。广东省
内的《南方日报》《羊城晚报》以及汕头、湛江、中山、江门等地方党委机
关报指定专人负责向《深圳特区报》供稿。

从 1995 年 7 月 1 日起，由《深圳特区报》编辑的《今日广东》每天定
时向美国《侨报》传送，实现了内地编报、海外出报，走出了一条"借船
出海"的办报之路。以美国《侨报》为桥梁，《今日广东》新闻专版还在巴
西《南美侨报》、法国《欧洲时报》两报刊出。2006 年 1 月起，《今日广
东》新闻专版又加传彩色繁体版，每周一至周六各一个整版在加拿大《现
代日报》刊发。2007 年 3 月起，通过加拿大《现代日报》牵线搭桥，《今
日广东》新闻专版加换报头每周一至周六各一个整版，在具有近百年历史
的马来西亚著名华文媒体《光华日报》刊发，影响力覆盖新、马、泰三国。
至此，《今日广东》一个专版，三种版样，由五大境外主要华文媒体刊发，
覆盖美洲的美国、加拿大、巴西，欧洲，东南亚。

1992 年 1 月邓小平同志南方谈话时，《侨报》曾第一时间转载"猴年新
春八评"，对《深圳特区报》印象良好。1994 年 11 月，《深圳特区报》副
总编辑王初文率团到美国访问，同《侨报》社长熊斐文拿出一个开设"中
国专辑"的计划，内列广东、深圳、福建等十多个专版，由中国相关省市
报纸和部门负责编报，他们出版面，并希望《深圳特区报》率先上马，合
编《深圳快讯》。后来，广东省外宣办拟与《侨报》合作创办《今日广
东》，并委托《深圳特区报》组建编辑班子，编《深圳快讯》的计划改为创
办《今日广东》。①

《今日广东》秉承"说好广东话，报好广东事，结好广东缘"的办刊宗
旨。"说好广东话"，要使《今日广东》新闻专版成为华侨的亲切"乡音"，
角色定位、报道语调和版面编排上下功夫，与华侨形成共鸣；"报好广东
事"是抓好广东题材，抓好广东角度，讲究广东特色；"结好广东缘"是指

---

① 顾志杰、郭法鲁：《〈今日广东〉"借船出海"十五年》，吴松营主编《深圳传媒业的崛
起》，深圳报业集团出版社，2010。

除经常报道侨乡新貌、侨乡群众生活、侨务政策、侨乡文化资源的发掘和保护、姓氏宗亲聚会等外，对侨乡重大活动也不惜篇幅，加以详细介绍。

《今日广东》一方面积极地宣传了中国的改革开放，宣传了广东的发展新貌；另一方面也增强了《深圳特区报》在海内外的影响力。国务院新闻办、国务院侨办充分肯定《今日广东》闯出了一条我国对外宣传的新模式，创造了一个既适合海外读者口味，又充分反映地方特色，既经济又见实效的外宣范例。1995年7月24日，中共中央政治局委员、广东省委书记谢非说："'今日广东'版我和森林同志都看过了，编得不错，既有广东特色，又合华侨的口味，希望以后多加强侨乡的报道。"①

2010年3月31日，《今日广东》移交给广东省南方报业传媒集团承办。《今日广东》创办近15年，共刊发新闻专版4485期。

四 竞争激烈的版面招标

随着《深圳特区报》的不断扩版，其至1999年已经拥有50个各类版面和300多个专栏，成为集新闻性、知识性、服务性、娱乐性于一体的大报。在这个过程中，报社每次在扩版的时候，都充分发动全体员工，既对品牌版面进行新创意，又鼓励新创意的版面，并在部分部门有针对性地开展了版面招标工作。有两次版面招标影响较大。

1. 以"增量"为特色

1993年以"增量"为特色的版面招标。《深圳特区报》在下半年向上级申请，拟从1994年起由十二版扩为十六版。为了迎接这次扩为十六版的大动作，报社对版面设置做出相应调整，并鼓励全体员工对新设置的专版提出创意，可以提出新的专版版名、报道内容、运作方式等。报社从此展开了一次以"增量"为特色的版面招标。

参加招标活动的编辑们十分踊跃，提出了许多新鲜的专版创意和出版方案。经过报社编委会审定，决定新推出的专版包括"打工世界""读书""家庭"等；原"深圳市场"改为"金融·证券"。创意方案入选的编辑获

---

① 程兆民：《深圳编辑纽约出版广东八报与美国同行合出〈侨报〉"今日广东"版》，《新闻记者》1995年第12期。

得相应奖励。

2. 以"提质"为标志

1995年以"提质"为标志的版面招标。这次版面招标，一是针对一些老版面老面孔，需要改革创新以提高报道质量；二是为了配合1996年1月1日全国实行周六和周日双休制度，提前进行版面预演。

这次版面招标，所有部门员工均可参与竞标。报社专门成立评定小组，对参与竞标的方案进行评定、评奖。成功"招标"的责任编辑，根据版面的分值拿奖金。经过角逐，文艺部王笑园策划的"罗湖桥"版方案获一等奖，黄汗青策划的"家庭"版方案获二等奖。7月1日起，招标获胜的编辑上岗，一批新的专版也随之纷纷登场。

3. 集思广益增强可读性

版面竞标使得报纸版面更加活泼，可读性更强了。在持续的扩版过程中，《深圳特区报》着力打造品牌版面，给读者带来全新的阅读体验。

"打工世界"专版创办于1994年1月2日，每周五一期。开设的专栏有"快乐一族""工间白话""打工日记"等。

"打工世界"的创办，在当时全国的新闻媒体中尚属首例，受到了广大打工一族的喜爱。该版将打工者的思想、工作、生活、感情、事迹融入了版面中。有人从这里找到了人生坐标；有人从这里寻觅到了知己；有人从这里感受到了人间温情；有人从这里学会了善待生活；有人从这里增长了知识；有人从这里鼓足勇气，重新扬起生命的风帆……"打工世界"被读者称为既是打工者抒发喜、怒、哀、乐的舞台，也是打工者疲惫心灵返航的港湾。"打工世界"几乎每期都配有言论，针对劳务工的社会保障等热点问题展开讨论。2001年5月19日，随着《深圳特区报》的版面调整，"打工世界"出刊最后一期。

1994年1月1日发刊的"读书"专版，宗旨是"以书为中心，传递各种文史哲经图书信息"，设有"墨海杂话""书与天下""书与人生""我喜爱的书""编辑谈书""著述者说"等栏目。创版以来，作者队伍既有特区内的，也有特区外的；既有"无名小卒""打工一族"，更有名作家、名诗人、艺术家、大学者，如铁凝、萧乾、厉以宁、刘心武、贾平凹、舒芜、叶永烈等。

1994 年 1 月 2 日设立的"家庭"专版，开设的专栏有"一家之言""名人之家""我的太太"等，内容涉及家庭的方方面面。该版策划开展过"关于中年人婚姻的讨论""岁月留香"征文，发起"关于第三者的讨论""争当贤内助""关于黄璐璐事件的讨论"等话题，在社会上引起广泛关注。专栏"名人之家"刊发过吴祖光、新凤霞夫妇，冯巩、牛群、宋丹丹等为读者熟知的名人家庭生活或健康之道。2004 年 10 月 30 日发行最后一期。

第四节　不断革新引领报业发展

从创刊开始，《深圳特区报》就始终致力于在技术上和观念上不断更新升级，利用新技术新观念新方法提升生产力，革新传播模式，扩大传播范围，提高传播效率。这一阶段，《深圳特区报》也用超前的思维抢先拥抱互联网，不断升级生产工具，创新生产模式，站在发展潮头，引领报业发展。

一　初涉互联网，走出领先一步

《深圳特区报》是中国最早注重网络媒体建设的报社之一。

1998 年 12 月 3 日，《深圳特区报》启用了因特网址。1999 年 1 月 1 日，《深圳特区报》、Shenzhen Daily、《投资导报》、《深圳青少年报》、《深圳风采周刊》、《深圳汽车导报》全面上网。《深星时报》也借助《深圳特区报》服务器进入因特网，成为首家在内地上网的香港报业机构。

2000 年 8 月 22 日，深圳特区报业集团网站更名为"人间网"并推出新版，成为综合性新闻网站。除更新集团子报子刊的电子版和 PDF 版之外，网站还添了不少新板块，如"人间深圳""人间电脑""纷纭新闻""珠玑财经""蔚蓝 IT""热烈竞技""璀璨科技"等。

伴随着网站的开办，《深圳特区报》报网联动开始频繁。一方面，《深圳特区报》利用人间网资源，创办了"网际来风"版，开辟"网事网眼""网闻集锦""在线心情""个人主页""论坛趣话"等专栏。另一方面，人间网也积极配合《深圳特区报》做好工作：在每年的两会期间，开设两会网上论坛；为配合《深圳特区报》推出的"深圳的医患关系为何如此紧张"大讨论开设"深圳医疗"论坛；在大规模市容环境整治期间，与市城管办网站开通专题讨论栏目"城管论坛"等。

2002 年 12 月，《深圳特区报》的人间网和《深圳商报》的深圳新闻网合并成立新的深圳新闻网。

二 实现采编电脑化、行政经营管理办公自动化

1993 年 5 月 8 日，《深圳特区报》开展电脑培训，报社领导和各部门主任齐聚一堂，兴致勃勃地上了电脑培训第一课——表形码汉字输入法。随后全体员工分批进行电脑培训及考试。5 月 25 日，报社成立技术进步领导小组，组长区汇文，副组长王荣山、姜开明，办公室主任何木云。1994 年，报社成立技术处，专门负责全社的电子技术进步工作，在人员编制、技改经费上给予充分支持，保证技术改造顺利进行。

1995 年初，《深圳特区报》采编网络安装调试完毕交付使用。为使网络尽快地利用起来，报社决定采取先易后难、逐步推行的方法。首先要求记者在规定时间内告别纸和笔，在网络上写稿发稿；专刊版和采编合一的编辑部编辑要在网络上传稿组稿和组版；总编室和新闻版编辑因是当天编稿组版，时效性强，稍后实施。经过几个月的实际操作训练，采编人员很快上手，采编网络系统开始运作起来。当时技术处先自购元件组装了 20 台 386 电脑用于培训，报社专门发文要求全体采编人员都必须脱岗参加培训，并进行考试，不合格者继续参加下期培训并扣发奖金，直到合格为止。新分配大学毕业生和新聘用的采编人员都必须先学会电脑操作，再分配工作岗位。从 1994 年 6 月到 1997 年 5 月的 3 年时间里，报社共举办电脑汉字录入和组版培训班 25 期，参加培训的有 380 多人次。[①]

1995 年以来，报社建立了计算机采编网络，报纸的采编制作流程基本上实现了电脑化管理；文字和摄影记者外出采访，分别使用笔记本电脑和数码相机，及时将文件传回编辑部；通过微波专线和卫星通信接收新华社

---

① 何木云：《计算机网络化建设亲历记》，陈寅主编《征与尘——〈深圳特区报〉30 年往事记述》，海天出版社，2012。

的图文稿件，编辑可以直接在采编网上调阅稿件；《深圳特区报》电子版于
1996 年 6 月接入深圳大众信息网，扩大了读者面；印刷厂子网上的卫星二
级主站可直接向北京、上海、武汉、成都四个分印点传送报纸版面，使当
地读者能看到当天的《深圳特区报》；广告制作管理网络系统提高了管理水
平，简化了报纸的生产流程，提高了工作效率，增强了报社的竞争力；稿
件录入、组版等一部分过去由工人做的工作，改由记者或编辑完成，节省
了人力物力，降低了报纸成本。[①]

三　《深圳特区报》印刷质量全国第一

1993 年，报社先后购置 3 台中小型的美国高斯牌高速印报机，所费
6100 万元都是报社靠积累解决，没有向财政伸手。该年度印刷厂创收利润
473 万元。

1995 年 6 月 5 日，位于深南大道的新址印厂大楼启用，并引进了一系
列先进设备，印刷厂进入光电时代：激光电脑照排，彩色图片扫描，图文
合一出片，卫星远程传版。采用先进排版技术使《深圳特区报》印刷技术、
印刷质量、印刷效率、分印点数量都处于全国领先地位。

1998 年 12 月 1 日，《深圳特区报》印刷厂获全国分印点质量评比第一
名。2001 年 6 月，《深圳特区报》印刷厂更名为深圳特区报业印务有限公
司。2003 年 5 月，深圳特区报业印务有限公司与深圳商报社印刷厂合并，
统称为深圳报业印务有限公司。在全国报纸印刷质量评比中，《深圳特区
报》获中国报协印刷优质级荣誉，即国内报纸印刷最高奖。2008 年 12 月 27
日，全国报纸印刷质量评比揭晓，《深圳特区报》印刷质量以总分 95.99 分
名列全国第一。

四　记者站遍布成网，异地采访发行工作前置

为实现"立足深圳，关注珠三角，面向全国，走向海外"的发展战略，
《深圳特区报》早在 1983 年 12 月就在广州设立记者站，同时，《深圳特区

[①] 何木云：《打造采编技术　增强竞争实力——深圳特区报社技术改造的做法和体会》，《中
国新闻科技》1997 年第 5 期。

报》也派驻香港记者，并在香港《文汇报》帮助下成立《深圳特区报》驻香港记者站。

1993 年 2 月 15 日，《深圳特区报》惠州办事处正式成立，负责惠州、河源、汕尾、梅州 4 个市的新闻采访、发行和广告工作。

1995 年 3 月 8 日，《深圳特区报》成立北京记者站，1996 年 1 月 10 日成立上海记者站，此后 3 年多时间里，又先后在成都、武汉、东莞、汕头、西安等城市成立记者站，形成密集珠三角，遍布全国各主要区域的记者站和办事处布局。《深圳特区报》在内地发行量直线上升，其中上海的发行量增长 96%，北京的发行量增长 58%，沈阳的发行量增长 4 倍，在深圳对口扶贫的贵州省的发行量则增长了 5 倍。

五　购置世界最先进摄影器材

为推动《深圳特区报》新闻摄影作品跃上新的台阶，1995 年，市委、市政府领导亲自批给报社 50 万元美金的外汇指标，专项为《深圳特区报》摄影部购置世界最先进的摄影器材。包括在德国徕卡公司定制的 400 毫米长镜头，号称"亚洲第一炮"；购置徕卡 135 "机王"相机，其镜头锐度、光线和色彩还原指数当时排名世界第一；购置全国第一台彩色数码相机，其由尼康和柯达两家公司合作制成，当时居世界顶级水平；购置一套苹果系列的彩色摄影数码传真、照片制作设备。这些器材使《深圳特区报》的新闻摄影质量发生一次飞跃。1995 年，摄影记者郑东升采访天津世乒赛，带着崭新的数码彩色照相机，因为全国仅有这一部，轰动一时。1996 年，郑东升扛着 400mm 徕卡镜头采访广州举重世锦赛，因为进场晚了没有摄影位，来自美联社、法新社和路透社的 3 名摄影记者见到中国记者竟然拥有如此先进的"大炮"，热情地挪出一个机位给他。《深圳特区报》摄影记者依靠这些先进的摄影设备和忘我的工作热情，在重大活动、抗灾前线、体育赛场等拍摄了大量的优秀摄影作品。

第五节　经营发行进入黄金期

1992 年到 2001 年，被誉为"中国报业发展的黄金 10 年"，中国报业百

舸争流，商潮汹涌、各显神通，其间报纸数量继续增长，1992 年为 1657
种，到 2001 年为 2111 种，广告营业额从 1992 年的 67.87 亿元猛增到 2001
年的 794.89 亿元。[①] 在全新的发展形势下，《深圳特区报》提出并坚持"以
报兴业，以业强报"的崭新经营发展战略。1993 年 4 月 12 日，市委思想文
化工作领导小组通过了《关于深圳特区报社深化改革，发展报业的方案》
改革方案，深圳特区报社与财政脱钩，实行事业单位企业化管理。《深圳特
区报》大胆、积极地进行内部体制改革，建立、健全各项规章制度，坚定
不移地走质量效益型的道路，努力实现社会效益和经济效益的统一和双丰
收，由此进入快速发展期，走上规模经营之路。

一 广告量逐年猛增，雄踞全国前列

1992 年《深圳特区报》全年广告刊登额 7500 多万元，比上年增长
47.8%。

到了被称为"中国广告年"的 1993 年，《深圳特区报》的广告量实现
爆发式增长，广告种类也有新的突破，全年共发布广告约 1700 个版，全年
广告刊登额首次破亿元大关，达 2.1 亿元，位列全国报纸第五。[②]

1994 年起，《深圳特区报》开始试行广告代理制，并于 1995 年全面实
施，广告创意、制作和发布水平大大提升，广告量年年大踏步向前，多年
稳居全国报纸前五位。

1998 年，《深圳特区报》广告开始细分行业，并根据社会热点和百姓需
求来进行大型的活动策划。尤其亮眼的是，地产部利用节假日，并依托住
交会、国际花园城市评比等大型活动策划的系列房产活动，取得较好的广
告收益，使得广告收入节节攀升。1999 年 7 月，《深圳特区报》开设"特别
通广告服务中心"，推出"一个电话，上门服务"举措，大大方便广告客
户。1999 年，《深圳特区报》广告量达到 8.4 亿元，从此正式迈入全国报纸
广告量三强行列。

---

① 郝振省主编《中国新闻出版业改革开放 30 年》，人民出版社，2008，第 102 页。
② 陈寅主编《广赢策——深圳特区报 30 年广告营销沿革及案例精选》，深圳报业集团出版
社，2012，第 32 页。

二 发行覆盖全国 98% 市县，开拓海外市场

《深圳特区报》的发行也在这一阶段增长迅猛。据统计，1991 年《深圳特区报》日发行量为 15.6 万份，而在报道南方谈话后，短短 9 个月就增加了 9 万份，使 1992 年的日发行量达到 25 万份。①

《深圳特区报》根据市场的需要，一是在市内面向家庭和社会大众，扩大零售与自费订阅读者群。二是设立市外省内发行机构，扩大市外省内发行市场。三是在北京、上海、武汉、成都设立发行机构（站），扩大省外发行市场，继续开展为家乡订报，为两院院士、在京政协委员赠报活动，并动员深圳企业为其在内地的机构和对口扶贫地区、扶贫单位订报。四是利用毗邻港澳的有利条件，不断扩大在港澳地区及境外市场的发行。

1995 年 10 月 28 日，报社在香港召开新闻发布会，宣布《深圳特区报》从 11 月 1 日起进入香港 "7·11 便利店" 集团旗下的 200 个分店零售，每份 2 元港币，香港的 50 多家传媒到会采访，并给予大量报道。以后，《深圳特区报》又陆续进入香港的 "OK 店" 和书报摊零售。有不少香港政府机关、企业单位和家庭固定订阅《深圳特区报》。最多的时候，《深圳特区报》每天在香港及澳门的发行量超过 20000 份，固定订阅有 2000 多户。台湾的不少研究机构，文化、新闻单位，则通过香港订阅《深圳特区报》邮寄回台湾。

1997 年 8 月，报社成立全资的报业发行公司，建起 800 人的发行队伍，开始自办发行，在深圳、广州、东莞、惠州、汕头、珠海、中山等地建起近 300 个发行站，与 80 多个中心城市的报社签订了合作协议，初步建立了一个全国性的自办发行网络。1998 年《深圳特区报》发行量大幅飙升 32.51%，同时报纸的发行成本也大幅降低。

到 2000 年前后，《深圳特区报》已经形成了覆盖全深圳市、辐射珠江三角洲、面向全国的发行网络，有着较为成熟、高效的发行及物流配送服务体系，发行范围覆盖全国 98% 的市县，至 2000 年，《深圳特区报》发行

---

① 何田：《在改革开放大好形势下〈深圳特区报〉发行量大幅上升》，《深圳特区报》1992 年 5 月 24 日。

量达到 45.13 万份。①

三 "巨舰"驶入深南大道 6008 号

走进黄金期的《深圳特区报》，实现了扩版与发行量增加、广告营业额增长的良性循环，但与此同时，500 多名干部职工却还蜗在深南中路不足 1 万平方米的 9 层旧楼里办公，硬件已明显跟不上《深圳特区报》的迅猛发展。时任社长吴松营认为，深圳特区报社必须有一座现代化的办公大楼，而且必须达到"三个一流"：建筑形象一流、文化品位一流、技术硬件一流。

几经选址，报社新址定在新洲河旁深南大道北侧一块 2.9 万平方米的地块。1993 年 12 月 23 日，吴松营带领全体编委在新址上挖下第一锹土，新报社建设正式开工，现代化印刷厂、职工公寓和报业大厦随之拔地而起。

但三大建筑及配套设施的建设资金约需 10 亿元，而当时已经与财政"断奶"的深圳特区报社账面资金只有 2 亿多元，向银行贷款又遇到报社只有事业单位登记证明没有企业证照、旧址办公楼没有土地证和房产证等诸多问题，几经周折，在多家单位的支持下完成了工商注册并找到担保单位，最终拿到贷款。②

申请贷款的同时，设计方案也开始公开招标。1994 年 6 月 8 日，吴松营作为业主代表，向参与投标的 5 家设计院阐述了他对这座大厦建筑风格的要求及理念：深圳特区报业大厦各方面要起码保持 20 年不落后，他心目中的深圳特区报业大厦要表现出"在蓝色的大海上乘风破浪"这一主题思想。经过两轮评审投票，深大建筑设计院优秀青年建筑师龚维敏与卢旸合作的设计方案中标：一叶风帆冲天而起，4 层裙楼组成巨大的船体，船头增设象征风浪的水池和喷泉，塔楼顶部的造型有"桅杆"的意味。有了"船"，有了"帆"，深圳特区报业大厦的主题就呼之欲出了：新闻巨舰正扬帆起航。

1998 年 12 月 26 日，深圳特区报业大厦正式启用，引来众多赞誉，"这是深圳最出色的标志性建筑之一""在全国新闻界首屈一指""世界报业第

---

① 本书编写组编著《深圳特区报史稿》，社会科学文献出版社，2022，第 210 页。
② 刘塞飞：《追忆特区报业大厦建设历程》，陈寅主编《征与尘——深圳特区报 30 年往事记述》，海天出版社，2012，第 294 页。

一高楼"。更重要的是，这是全球第一家采用"5A"系统管理的报业大厦，即通信自动化（CA）、办公自动化（OA）、管理自动化（MA）、楼宇自动化（BA）、保安自动化（SA），楼内的"新闻眼"、空中花园等设计均独具匠心。由于《深圳特区报》广告经营收入提升迅猛，加之物业租售快速回笼资金，工程款项很快结清。1999年10月1日，在中华人民共和国50周年华诞的隆重庆典上，犹如一艘巨舰张弦昂首、劈波斩浪的"深圳特区报业大厦"模型彩车，作为深圳的城市形象，缓缓驶过天安门城楼，显示着中国经济特区建设的辉煌成就。自此，报业大厦作为特区的新地标被人们所熟知，并广泛使用于明信片、画册、城市形象宣传片中。

四 展开多元化经营

报业求生存、求发展，实现规模经营，靠单一的主业经济显然是不够的，必须开辟新的空间，寻找新的利润增长点，以营造持续竞争优势。深圳特区报业集团提出了报业经营多元化的主张，即报业必须围绕主体开展多元化的经济活动：在横向上不断扩大报业经济主体的规模，在纵向上不断开发报业经营的新内涵。其开展的多元化经营项目有报业俱乐部、乘长风健康城、报业发行公司、人间网等。此外，还相继投资成立了《深圳特区报》经济信息咨询有限公司、《深圳特区报》连锁超市、报业国际旅行社、小梅沙度假村、鹏城发展有限公司（香港）。

深圳特区报业集团成立后，在进一步巩固和不断扩大《深圳特区报》的社会影响与市场占有率的同时，还形成资源优化配置机制，建立发行中心（公司）、广告中心、印务中心（公司）、新闻中心、编辑中心、人才培训中心、管理中心、投资中心、结算中心。在报业集团外部，对报业集团规模的扩张主要采取资产经营方式，通过采取并购、托管、承包、租赁、上市等多种方式实现报业集团规模的扩张。

2001年，深圳特区报业集团采取果断的"关、停、并、转"措施，减轻报业主体的经济负担，集中精力发展优势明显的媒体相关产业。

五 注重品牌形象建设

《深圳特区报》历来重视品牌形象建设，尤其重视公益广告的投放，并频繁通过跨领域的活动，扩大《深圳特区报》的影响力，推广《深圳特区报》品牌形象。

1994 年 5 月 23 日，为纪念毛泽东《在延安文艺座谈会上的讲话》发表 52 周年，《深圳特区报》与中央电视台联合举办"大地深情"大型文艺晚会。同月，《深圳特区报》赞助 100 万元，支持成立"中国人权基金会"。

1995 年，《深圳特区报》出资 50 万元，成为深圳足球队史上第一个胸前广告赞助商，当年深圳足球队球员身穿胸前印有"深圳特区报"的球衣征战甲 B 联赛，以第一名"冲 A"成功，实现中国足坛"两年三级跳"的奇迹。

1995 年 11 月 5 日起，为配合深圳市无偿献血宣传月活动，《深圳特区报》先后发布了《滴血汇成河，为了生命不再苍白》《滴血之恩，相报人间无限的爱》等 6 幅公益广告，取得良好的社会效果。其间深圳市民无偿献血人数达 8000 人以上。11 月 5 日，中央电视台在晚间新闻播出了《深圳特区报》刊登公益广告及市民无偿献血的新闻。

1995 年 11 月 20 日，《深圳特区报》与国家铁道部、中央电视台、江西电视台联合摄制 30 集的大型电视纪录片《大京九》隆重推出。

1996 年《深圳特区报》以"中华好风尚"为主题，进行一个月的公益广告宣传，不仅体现了党报的社会责任，也提升了《深圳特区报》的品牌形象。

1996 年开始，中央电视台的"天气预报"节目，每当播报深圳时，就会展现"深圳特区报业大厦"的形象。这一广告，《深圳特区报》一做就是两年。

1998 年 10 月，人们在"国门第一路"的首都机场高速路上，惊讶地看到一块 60 平方米的巨幅广告路牌，上面竟然是《深圳特区报》的形象广告！《北京青年报》还专门刊发图片给予报道。

《深圳特区报》的品牌形象建设，一方面说明《深圳特区报》具有很强的现代传媒意识，另一方面说明报社已经拥有了大跨度发展的实力。

第三章　深圳特区报业集团成立

随着《深圳特区报》的不断发展壮大，深圳特区报社从一张报纸到五报两刊，从党报"一枝独秀"到都市报、专业报、合资报"百花争艳"，从办报到多元经营，实现了从小到大、从弱到强的转变，成为深圳新闻宣传的主阵地，文化产业发展的主力军。而原有的机制和模式，已经无法满足日渐壮大的深圳特区报社的发展需求，更无法让深圳特区报社旗下的媒体群形成合力。

1999年11月1日，深圳特区报业集团举行挂牌仪式，标志着深圳特区报业集团正式成立，成为中国报业集团试点之一，也成为中国经济特区首家报业集团，《深圳特区报》从此开始走上集团化发展道路。

第一节　集团化时机已成熟

随着队伍的不断壮大，集团化是最切合深圳特区报社实际的一条发展道路。正好当时，中央正在大力推进书报刊音像出版单位集团化改革，国内也有多家报社率先开展集团化试点，对于深圳特区报社，集团化的时机已经成熟。

一　集团化是政策也是趋势

深圳特区报业集团的成立，是中央政策引导下的听令而行，也是全国报业集团化大趋势下的顺势而为。

1992年，中国共产党第十四次全国代表大会提出了建立社会主义市场经济体制的目标，这给中国新闻事业带来巨大影响。从计划经济转变为市场经济，成为这一时期中国传媒经营管理观的核心内容。

1994 年，中国主流报媒加快了报业经营机制转换的步伐，进而提出了组建报业集团的设想。新闻出版署〔1994〕356 号文件《关于书报刊音像出版单位成立集团问题的通知》，吹响了报业集团化运作的号角。同年 6 月份在浙江杭州召开的全国首次报业集团问题研讨会，标志着报业集团化运作进入实质性阶段。

1996 年 1 月 15 日，中国第一家报业集团——广州日报报业集团正式成立。1998 年 6 月，南方日报报业集团、羊城晚报报业集团、经济日报报业集团、光明日报报业集团宣告成立。同年 7 月，上海的新民晚报社与文汇报社获批合并成立文汇新民联合报业集团。

从 1996 年开始，深圳特区报社就提出组建报业集团的设想。1998 年，报社向深圳市委宣传部、广东省委宣传部、广东省新闻出版局、新闻出版署递交《关于组建深圳特区报业集团的请示》。

当时，深圳特区报社已具备集团化的基础。据中国报协的评估，深圳特区报社当时已经跃居全国报业前三名。1999 年，深圳特区报社拥有资产总额 20 多亿元，同时拥有五报两刊。经过资源整合和体制改革，报社形成"多报互动，优势互补"的报业格局。物资设备方面，深圳特区报社已拥有独立的印刷厂和现代化照排、胶印设备，建立了包括广告业、新闻服务业、印刷业、物业经营及管理、金融投资、休闲度假等实业群体。至此，深圳特区报社组建报业集团的条件已趋于成熟。

二 深圳特区报业集团挂牌

深圳市委对组建深圳特区报业集团高度重视，两次召开常委会议专门讨论。1999 年 8 月 19 日，中共深圳市委常委会批复同意深圳特区报社组建深圳特区报业集团。10 月 22 日，广东省新闻出版局批准同意组建深圳特区报业集团。国家新闻出版署在 1999 年 10 月 20 日《关于同意建立深圳特区报业集团的批复》中指出："深圳特区报社在传媒实力、经济实力、人才实力及发行实力等方面已具备组建报业集团的条件，同意组建深圳特区报业集团。"

1999 年 11 月 1 日，深圳特区报业集团挂牌成立。集团完全实行独立核算、自负盈亏、自主经营、自我发展、自我约束。发展目标是：立足深圳，关注珠三角，面向全国，走向海外，建设成为具有广泛影响力和强大经济实力的现代化报业集团。

深圳特区报业集团领导班子架构如下：社长吴松营，副社长、总编辑陈锡添，副社长、总经理陈君聪，社委会委员、副总编辑为丘盘连、薛以凤、钱汉江、杜吉轩，社委会委员、副总经理为董向玲。

从横向划分，报业集团的组织架构分为三个层次：第一层为决策领导层，主要是社委会；第二层为指挥运作层，主要是由总编辑、副总编辑和总经理构成；第三层为业务操作层，主要由主报各采编部室、子报子刊编辑部和下属企业构成。从纵向划分，报业集团的组织架构分为采编管理和经营管理两大系统。

第二节　报业舰队初步成形

通过 15 年的奋斗，《深圳特区报》一步步确立了在全国有影响的大报地位，报社还频繁通过创办、并购、联办和参股等多种形式，形成以《深圳特区报》为"旗舰"的"传媒舰队"。

一　《深圳青少年报》：蹲下来听孩子们说话

1994 年，深圳市委副书记林祖基提出，要为深圳的孩子们办一份属于他们自己的报纸，并将这个任务交给了深圳特区报社和深圳市教育局，由深圳特区报社具体筹办。

1994 年 3 月 31 日，《深圳青少年报》试刊号面世，为对开 4 个版，以中学生为主要读者对象，兼顾小学生、大中专学生，全面报道深圳青少年的思想、学习和生活。1995 年 9 月 22 日，《深圳青少年报》获得全国正式刊号，开始面向全国发行，当年发行量逾 10 万份。

创刊时的《深圳青少年报》，大部分员工是初出茅庐的记者，也没有少儿报刊的工作经验。但他们用真诚的态度，"蹲下来听孩子们说话"，与孩子们打成一片，赢得了孩子们的喜爱。《深圳青少年报》有两个明星栏目："雷哥对对碰"和"波哥问答"。孩子们通过短信、QQ、博客等平台，跟"雷哥"和"波哥"聊生活、学习，分享成长中的快乐和烦恼，这些成为办报的重要素材。

《深圳青少年报》根据不同年龄读者群的需求，进行内容细分，衍生出多个版本。《深圳青少年报》率先在全国少儿报刊中实现无纸化电脑排版，打破传统的线条式排版模式，采用图案和不规则线条分割版面，令人耳目一新；版面风格新颖活泼、多姿多彩，符合小读者的阅读习惯。

二 *Shenzhen Daily*：深圳国际化的一条漂亮领带

1997 年 7 月 1 日，经新闻出版署批准，由深圳特区报社主办的中国经济特区第一张英文报纸 *Shenzhen Daily* 创刊，每周一期，逢周三发行，为每期 4 开 8 个版。

Shenzhen Daily 的前身，是创办于 1994 年 1 月 2 日的《深圳特区报》英文专版 English Page。主要读者对象为常住深圳的外国人、来深圳或经过深圳的境外游客、外企员工及涉外工作人员、大中学校师生及有志于掌握英语的各阶层人士。发行范围除广东省外，还扩展至北京、上海、武汉、成都、南京等内地省市及香港。除要闻版、深圳新闻版、国内新闻版、国际新闻版和体育新闻版外，还辟有财经板块、教育板块、文化板块及人物特写、境外趣闻、专题、服务信息等专版。*Shenzhen Daily* 长期聘请外籍英语报纸专家从事编辑工作，依照英美报纸风格对标题、正文字体、栏宽等做了改进，视觉效果与外国报纸无明显区别。报社还定期主办英语培训、英语沙龙等活动，促进了深圳市民英语水平的提高。

Shenzhen Daily 经过多次扩版，到 2002 年 7 月 1 日发展为每周 5 期，每期 16 个版的规模。在内容上做足"涉外"文章，头版报头不再使用红色，版式定位为一幅主图，配三条文字稿，并设立文字和图片导读，增强视觉冲击力，同时增辟珠三角、外商招聘、今日资讯、中国娱乐版和外国人在深圳、外国人学中文、天气服务等专栏。

Shenzhen Daily 不仅深受本地中外读者喜爱，也被新华网、中国日报网

站、南方网等国内英文媒体大量转载。与英文版《中国日报》《上海日报》并称中国三大英文媒体。

1998 年 4 月，国务院新闻办公室主任赵启正在参观深圳特区报社时，赞扬 Shenzhen Daily 是"国际化进程中深圳打上的一条漂亮领带"。

三 《深圳汽车导报》：提倡时尚前卫汽车文化

1998 年 6 月 25 日，《深圳特区报》宣布正式收购《车报》，其更名为《深圳汽车导报》，每月一期。

《深圳汽车导报》面向中国汽车消费者，以资讯的本地化、权威性、专业性以及提倡时尚前卫的汽车文化理念见长。"试车报告""新车到埠""车主完全手册""汽车 T 型台"等 30 多个精品名牌栏目分别由行业资深人士操刀主持。

四 从《海石花》到《深圳周刊》

1986 年 1 月，《海石花》正式更名为《深圳风采》，刊物更具可读性和国际视野。1996 年国庆，《深圳风采》改名《深圳风采周刊》。1999 年 7 月，再次更名为《深圳周刊》，并以"比消息更生动的内幕，比内幕更深刻的见解"为办刊宗旨。2004 年 3 月，《深圳周刊》改为《本色生活》。

这份杂志刊发了大量深度报道。1994 年敏感的香港媒体对当时港资密集的深圳黄贝岭村进行了大篇幅炒作报道，称黄贝岭村已成为"二奶村"。《深圳风采》两名记者深入黄贝岭村调查真相，以事实进行澄清，报道刊出后，在海内外引起强烈反响，刊物热卖，港报转载，一度萧条的黄贝岭村重新热闹起来。

1997 年 2 月 24 日《深圳风采周刊》发行《92 邓小平在深圳》特辑，第一次印刷 12600 册当日售完。1997 年 7 月 1 日，为迎接香港回归，记录1997 年 7 月 1 日零点这一庄严时刻，《深圳风采周刊》第 186 期以"97 珍藏本"形式出版发行，受到社会各界的欢迎。1999 年 4 月，《深圳风采周刊》被新闻出版署报刊司选为优秀期刊，参加在美国洛杉矶举办的"99 美国中国期刊展览会"。

由《海石花》演变而来的《深圳风采》《深圳风采周刊》《深圳周刊》，在记载城市历史的同时，也为这座先锋城市留下了值得回味的印迹。

五 《投资导报》：高品质实用经济读物

《投资导报》原由深圳市投资促进中心和深圳企业估计合作协会于1993年11月创建。1995年11月，促进中心和合作协会将《投资导报》80%的股权转让给深圳特区报社，先后得到深圳市委宣传部、广东省委新闻出版局、新闻出版署批准。1996年3月，深圳特区报社正式出资接管《投资导报》，并加大投资，增加采编力量，改出周报，突出财经深度分析和报道，力图打造一份综合性的大型财经周报。

《投资导报》旨在为企业和商务人员提供一份优质、生动、稳健、能满足其视野和需求的高品质实用经济读物。开设"财源聚焦""财源评论""财源证券"等专版，以其敏锐、前瞻的眼光，直触当代经济生活。

1999年，《投资导报》发行遍及全国主要大中城市及港澳地区，发行量达5万份。2001年7月30日，《投资导报》发行了最后一期，宣布停刊。

对于《投资导报》的停刊，很多业界人士表示疑惑和惋惜。吴松营这样解释：《投资导报》的停刊一是因为《深圳特区报》的财经报道、财经新闻已经成形。二是为了创办《晶报》。集团想创办一份定位高端的都市报，但苦于拿不到刊号，就下决心把《投资导报》停掉，《晶报》用的就是《投资导报》的刊号。

六 《深星时报》和《香港商报》

在《深圳特区报》提出了"立足深圳，关注珠三角，面向全国，走向海外"的发展战略时，吴松营就表示，将原来的"沟通海外"改成"走向海外"，因为要真正当好"改革开放的窗口"，不但要面向全国，而且要勇于走向海外，参与海外的竞争，占领海外阵地，扩大海外市场。

1993年，《深圳特区报》开始与香港星岛报业集团洽谈合作创办覆盖香港和珠三角地区的报纸。1994年3月18日，双方合作的报纸试刊（当时初定名《深港经济时报》）分香港版、深圳版。1994年12月29日，国务院新闻办公室正式下文，同意《深圳特区报》以"深圳新闻出版中心"名义同香港星岛（中国）有限公司在香港登记注册，联合创办《深星时报》。1995年10月12日，《深星时报》在香港正式发行，主要在香港及海外发行，并经国家有关部门批准，可以在中国内地通过有报刊进出口权的机构征订发行。1998年9月25日，深圳特区报社与香港星岛（中国）有限公司正式签署合同，《深圳特区报》拥有《深星时报》51%的股权。1年后，由于香港一方原因，《深星时报》停刊。

1999年6月，中央人民政府驻香港联络办的领导专门约见吴松营，肯定了《深星时报》的成绩，同时希望深圳特区报社接管《香港商报》，并通报中央已批准《香港商报》可与内地报社合作经营，深圳特区报社是重点选择对象。

吴松营回到深圳后，即向报社领导班子通报，取得共识后，向市委递交了《关于参股〈香港商报〉的请示》。① 不久，中央政治局委员、国务院副总理钱其琛，国务院港澳办主任廖晖就同深圳市委书记张高丽谈话，要求市委支持《深圳特区报》在香港接管《香港商报》。

1999年9月初，中央批准深圳特区报社注资控股《香港商报》。1999年9月19日，深圳特区报社全面接管《香港商报》，开创了内地报业对香港报纸进行参股改革的第一范例。

《深圳特区报》主持《香港商报》以后，重新调整了《香港商报》的定位和办报理念：一为"立足香港"，二为"在商言商"。这八个字既涵盖了《香港商报》在香港生存的条件，又在香港报业之中独显特色。《香港商报》在经营方式上也进行了调整。一是改在《深圳特区报》印刷厂印刷，凌晨送到香港市场发行，提高了印刷质量、发行效率，并节约了成本；二是人员管理实行双轨制，留用的香港100多名员工的工薪、劳保完全按香港制度办，从深圳外派到《香港商报》的工作人员，则按深圳特区报社的人事制度和福利待遇管理；三是广告经营与《深圳特区报》及其子报密切联合，充分发挥各自优势，形成强大市场合力。

《深圳特区报》控股《香港商报》，使其拥有其他港报不具有的国内主

---

① 《关于参股〈香港商报〉的请示》（深特报社字〔1999〕38号），1999年7月26日。

流权威媒体的背景优势和内地新闻资源和新闻人才优势。《香港商报》连续3年分获香港最佳新闻奖两个冠军一个优异奖，标志着其报道质量开始在传媒圈与受众圈中得到高度肯定，成为港人了解内地经济、内地读者了解香港及海外的权威性报纸，同时在维护香港的稳定、促进香港的政治民主和经济繁荣方面做出了重要贡献。

同时，《深圳特区报》控股《香港商报》，使自身拥有了香港及海外的特殊新闻、广告资源。通过《香港商报》购买的外国大通讯社的稿件，在报道重大国际事件时，成为《深圳特区报》《晶报》的重要参考，[①] 在外汇调剂、纸张进口、印刷零部件进口等方面，可以享受国家优惠政策。《深圳特区报》有了一块特殊的阵地，在探索当好"改革开放的窗口"方面，可以更大胆而稳健地前进，从而探索出深圳文化产业在海外生存和壮大的新发展模式，开创中国报业海外发展的深圳样板。2003年，李长春同志在会见香港新闻界高层人士访京团时，称赞《深圳特区报》是贯彻"一国两制"、实现两地紧密合作的典范。[②] 中央政治局委员、中宣部部长刘云山称赞《深圳特区报》是中国媒体走向海外的"排头兵"。[③]

七　《晶报》问世

进入21世纪，中国传媒业迅猛发展，多家都市报相继面世。2001年3月，湖南《潇湘晨报》创刊；5月，广州《信息时报》改版转型为都市报；同月，《人民日报》旗下的《京华时报》创刊，标志着党报创办都市报、中国报业市场化改革进入了一个全新阶段。而在深圳，《南方都市报》开始布局深圳市场。

吴松营认为，深圳特区报业集团在将党报舆论导向功能向纵深拓展与提升的同时，还要尽可能满足现代都市人群日趋多元的生活资讯与娱乐休闲的精神需求。为了增强整体竞争力，必须下决心创办一份有竞争力又高品位的都市报。

---

① 香港中联办行财部和深圳市政府财政局联合调查组的报告。
② 吴松营：《加快改革步伐 做强报业集团》，《深圳特区报·通讯》2003年5月。
③ 吴松营主编《深圳传媒业的崛起》，深圳报业集团出版社，2010，第18页。

于是，《晶报》横空出世。

《晶报》从筹划到正式创刊，仅用了 39 天！

2001 年 6 月 23 日晚，吴松营将集团副总编辑陈寅召至办公室，提出准备把《投资导报》转型并改名，办一份类似都市报又要比都市报更高品位的报纸，希望陈寅挑起重担，并要求 8 月 1 日出报。当时不满 39 岁的陈寅毫不犹豫答应下来，7 月 1 日正式挂帅创办新报纸。

新报纸最初的队伍由三部分构成：一是从《深圳特区报》抽调的毛维会、李佳琦、冯景、吴文超、林航、郭洪义、李鸿文、管姚、姚宇铭、习风、许礼强、丁为民、吴伟、李瑶音、刘爱莲等 15 人；二是原《投资导报》的胡宝祥、颜石泉、张敬武、高巍巍、张晓斌等人；三是新招聘一部分人。

对于新报纸的报名，吴松营提出，集团控股的《香港商报》麾下有一份名为《晶报》的香港报纸，已基本不出刊，可用其名。① 报名由此敲定，紧急上报新闻出版署。7 月 26 日，《晶报》发行 32 个版的试刊号，只印刷了 300 份，未公开发行。7 月 28 日，新闻出版署同意批复文件以加急特快邮到深圳。3 天后，《晶报》正式创刊。

《晶报》发刊词上写道："晶，三日成辉，三阳开泰；晶，镂冰雕琼，清莹剔透。《晶报》由此立意，有志创办一份阳光媒体。"《晶报》LOGO 的设计也大有讲究。"晶"字由三个不同字体的"日"字组合而成，上面为楷体，下左为宋体，下右为柳体，"报"字则为颜体。为让三个"日"不至于分离，又用"《晶报》色"即"100%黄、70%红"，在"晶"字后衬上一轮初升的太阳，生机勃勃，不落俗套。

迎着 21 世纪朝阳诞生的《晶报》，创刊后一路沐浴阳光、高歌猛进。由创刊当日零售 1 万多份，到突破 20 万份，《晶报》用时不到两个月；而到 2002 年 1 月 1 日，《晶报》出生才 5 个月，总发行量就突破 50 万份，成为深圳发行量最大的报纸之一；书写此等奇迹的团队当时仅 60 余人，平均年龄 30 岁。

在竞争激烈的深圳报业市场，《晶报》之所以能一炮而红，根本原因就

---

① 陈寅：《阳光媒体的非常之道》，吴松营主编《深圳传媒业的崛起》，深圳报业集团出版社，2010。

是 8 个字——"阳光媒体，非常新闻"。这一办报口号充分反映了《晶报》的品牌理念和定位："阳光媒体"表明思想、境界和格调，说明《晶报》要给读者温暖，要充满人文关怀，以关注民生为己任；"非常新闻"讲报道的内容、手段和形式，说明《晶报》在运作状态、新闻价值取向、表达方式和制作过程上都要打破常规、做非同一般的创新性报道。

"阳光"要以人为本，《晶报》时刻谨记紧贴民生。在 2001 年 8 月 1 日的创刊号中，《晶报》就把整个头版留给了民生——《告别"一线天"，生活更敞亮》。

创刊当天，《晶报》就展开了"阳光媒体寻找阳光宝宝"的记者行动，瞬间拉近了与读者的距离。此后，《晶报》大量报道与市民生活息息相关的信息，如 9 月 2 日的"关注学位"系列报道，9 月 29~30 日连续推出的针对国庆假期的大型服务手册《黄金周大参考》等，都被读者叫好。

更为《晶报》赢得民心的，是这份报纸勇于开展舆论监督报道，以人民健康保障和公共安全为基本诉求，建构了一套从发现问题、深入调查、追寻真相、溯源探究、化解问题，到引导制度建设的舆论监督报道范式，形成了相对成熟的舆论报道机制，屡屡引起社会强烈反响，推动相关案件得以侦破、相关问题得到解决。

《晶报》重视实用信息，在国内率先推出气象版，在日出报 32 个版时即每天 1 个版刊出深圳和全国各地及世界大城市气象预告，强调报纸对读者的服务性。

"非常"就是求新求变，《晶报》每天都在追求创新。

第三节　制度改革铺平前进道路

初生的深圳特区报业集团以改革创新的精神、奋发有为的姿态进行了多次制度改革尝试，其中以 2001 年"小梅沙会议"后实施的改革方案最为声势浩大，而且效果显著，为深圳特区报业集团铺平了集团化发展道路。

一　打破终身制，岗位实行公开竞聘

2001 年 3 月，"小梅沙会议"对报社的干部人事管理体制提出改革措

施。"小梅沙会议"最后达成了共识：第一，打破终身制，实行全员聘用合同制，只保留合同工和劳务工两种身份，促使员工合理流动，能进能出；第二，建立公开竞聘、双向选择、优化组合制度，保证干部轮流上岗，能上能下；第三，完善考核激励机制，全面实行末位淘汰制，打破讲资历、讲学历的职称管理模式，将职称聘任与岗位需要和实际业务水平挂钩，鼓励出好报刊、出人才、出成果；第四，整合资源，精简机构，缩短管理链条，将以前的数十个部门简化为新闻采访、新闻编辑、专刊副刊和新闻研究4个采编中心。

二 改革分配制度，绩效面前人人平等

为配合采编系列人事制度、组织机构、分配原则的重大改革，深圳特区报业集团还按照各尽所能、按劳分配、效率优先、兼顾公平原则，改革分配制度。

报社从2001年6月起对所有采编人员以计分形式发放稿酬、版酬，每日见报稿件或版面均按甲、乙、丙等论酬，月底评定月度好稿和"星"稿、"星"版，年终进行被考核人员奖励总分（由高到低）和差错率（由低到高）综合排序，实行5%末位人员下岗制度，并在此基础上形成了较为完善的量化考核和管理模式。

在薪酬管理上采取技能薪酬、业绩薪酬、市场薪酬相结合，薪酬与职位、工作量、工龄、单位效益挂钩的方式，因此，员工收入结构包括基本工资、奖金、业绩工资、津贴、补贴等部分。薪酬总额与当月广告额、薪酬层级有关，而且薪酬级差达到27级。

新的考评体系，不再以"大锅饭"即结果的平等为中心，而是代之以起点的平等，即所谓的"绩效面前人人平等"，绩效考核的唯一指标是稿件或版面本身。

第四章 《深圳商报》的"深圳速度"

同样是借着邓小平南方谈话的"东风",刚刚复刊一年的《深圳商报》也迅速驶入了快速发展的轨道。报道南方谈话的"八论敢闯"可谓是《深圳商报》的成名之作,《深圳商报》的一个显著特点,正是敢于大胆地试、大胆地闯。

1994年,为了实现"办一流报纸,出一流效益,创一流管理,建一流队伍"的既定目标,总编辑高兴烈提出了"崛起三基点"——政治家办报、企业家经营、创业者开拓。《深圳商报》找到了高速发展的钥匙,报社规模、质量和影响力节节上升,实现了跨越式发展。到21世纪初,这张创刊时仅有几十万元资产的对开4个版周报,已发展成总资产超过10亿元、品牌价值超过30亿元的现代化、集团化报社,跻身于"广东五大报""全国报业十强"行列。[①]

同时,深圳商报社建成包括有全国晚报界"新四小龙"之称的《深圳晚报》在内的三报两版(海外)四刊及深圳新闻网为主体的"媒体群";以现代化的印刷厂及控股或持股管理多家公司为主体的"企业群";以占地3万平方米、建筑面积10万平方米的报社大厦及广场为主体的"建筑群"。

1999年6月21日,全国记协主办的《中华新闻报》报道深圳商报的实践与经验,标题为《创中国报业史上的"深圳速度""深圳效益"》,称赞《深圳商报》创造了中国报业发展的"深圳速度"。

---

① 李灏:《坚实的足迹,深刻的启示》,高兴烈主编《鹏城报事:深圳商报社创业档案》,深圳报业集团出版社,2016,序。

第一节　政治家办报，构筑"顶天立地"办报格局

政治家办报，首先是坚持正确的舆论导向。《深圳商报》在复刊之初就制定了"正确舆论导向五原则"：党性原则，真实性即实事求是原则，团结稳定鼓劲、正面宣传为主原则，疏导"热点"、化解矛盾原则，体现商报宗旨原则。《深圳商报》还明确了"顶天立地"的办报格局。"顶天"就是在政治上、思想上强调无条件与党中央保持一致，把宣传邓小平理论和党中央的路线、方针、政策始终放在第一位，绝不允许发表与中央精神相违背的言论；"立地"就是贴近实际，贴近基层，贴近群众，体现"群众办报"和"开门办报"的方针。"顶天立地"的格局，使《深圳商报》成为深圳改革开放历史进程的记录者、见证者、推进者。

一　改出日报连续扩版

之所以被称赞为创造了中国报业发展的"深圳速度"，首先是《深圳商报》版面的扩张速度惊人，从1991年到1998年，《深圳商报》共计完成了10次扩版，发展为日出20~36个版，形成"七大板块"的报纸规模。

1. 不到两年，实现"三级跳"

从1991年1月2日正式复刊，到1992年10月1日改出日报，《深圳商报》只用了不到2年时间，就实现了从周二刊、周五刊到日报的"三级跳"。

《深圳商报》在1992年1月2日复刊一周年之际，宣布报纸由周二刊改为周五刊，其中周六为"周末版"。

1992年3月26日，深圳市政府办公厅正式批复，"同意《深圳商报》提前于一九九二年十月一日改为日报"，[①]《深圳商报》改出日报时间大大提前于市政府批准的《深圳商报社五年发展规划》中预计的1993年。

1992年10月1日，《深圳商报》改出日报，其中每周一出彩报。时任深圳市委常委、副市长林祖基在香港召开的新闻发布会上表示："《深圳商报》复刊以来，完成了从周一刊到周七刊的过程，不仅赢得了读者的口碑，

---

① 《关于〈深圳商报〉提前改为日报的批复》（深府办复〔1992〕227号），1992年3月26日。

而且在社会上有相当的知名度、美誉度。"

2. 三天两次扩版，创办《深圳证券》

1993年7月1日，《深圳商报》扩版为每日8个版，并在3天后的7月3日再度做出调整：报纸改为全彩报，并推出与深圳证券交易所合办的《深圳证券》特刊，以对开4个版在每周三、周六发行。

4个版的特刊中，一版为要闻版，报道深圳、全国以及世界证券市场重大事件；二版为证券市场综合新闻版，以中观、微观信息为主，兼顾证券知识普及，重点报道市场主体行为及市场现象；三版为理论研讨、市场分析及市场行情版，以图表、调查报告、署名文章等形式，探讨证券市场建设，进行投资分析，披露市场行情；四版为副刊版，以轻松、幽默的风格，传播证券文化，反映证券界工作者、经营者、投资者的心态与精神境界。

3. 创办《大公报·深圳新闻》借船出海

1994年1月2日，复刊3周年的《深圳商报》改为日出12个版，1年后的1995年1月2日，又改为日出16个版，设有要闻、深圳经济新闻、社会新闻、国内新闻、国际新闻、体育新闻、证券新闻共7个新闻版，信息量大增。在新闻版之外，还开辟"四海采风""海外市场""环球博览"等系列副刊，增设"锦绣中华""中国特区""五区专版"等特色专版，加上"信息与行情""鹏城市场"等专版专栏，让读者一报在手尽知天下事。

1995年1月12日，由《大公报》与《深圳商报》联合采编的《大公报·深圳新闻》版创刊，随香港《大公报》要闻版发行至世界140多个国家和地区，并进入国际互联网。

这种形式在国内报界尚属首创，因此，《大公报·深圳新闻》一经发行，立即引起深港两地各界的广泛关注。时任新华社香港分社社长周南为《大公报·深圳新闻》版创刊题词："加强深港交流，促进两地繁荣。"时任深圳市委书记、市长厉有为在第1期的《大公报·深圳新闻》版上题词："深港合作，共创繁荣。"

香港《大公报·深圳新闻》是以传播政治、经济新闻为主的综合性专版。新闻性、实用性和可读性是专版的基本特征；传播信息，沟通地缘，架起桥梁，促进共荣，为专版的编辑宗旨。专版开辟有"政情简报""深圳焦点""商贸战线""投资信息""旅深指南""鹏城新貌""特区人物""深港缘"等栏目。[①] 稿件主要由《深圳商报》提供,《大公报》深圳办事处提供部分稿件,统一由《深圳商报》发稿组版,每天晚 12 时前传至《大公报》。[②]

《大公报·深圳新闻》版的创办,既是深港两地政治经济形势发展的需要,又适应读者的要求,是外界认识深圳的"窗口",全面反映了深圳市改革开放和两个文明建设的新面貌,树立了深圳的良好形象,增强了外商来深投资兴业的信心。据测算,每天有 50 多万人阅读《大公报·深圳新闻》版,并有近 11 万人上网阅读该版,扩大了深圳在海内外的影响。[③]

4. 从"三大板块"到"七大板块"

1995 年 8 月 28 日,《深圳商报》把每日 16 个版分为新闻、周刊、专刊"三大板块",其中,彩色周刊每周 6 期,分别为《社会纵横》《经济瞭望》《百姓生活》《青春旋律》《环球博览》《文化广场》。

1997 年 6 月 20 日,《深圳商报》扩版为每日 20 个版,形成"五大板块":"商报要闻""商报经济""商报财经""商报广角""商报周刊"。

1998 年 3 月 23 日,《深圳商报》再度做出大规模改版扩版:日出 20~36 个版,除原有的"五大板块"外,不定期增出"商报服务"板块,双休日推出"深圳周末"板块,以"七大板块"形成不同于国内各报的版面结构。

5. 扎根群众抓质量出精品

围绕扩版,《深圳商报》时任总编辑高兴烈撰写过《扩版五原则》《扩版的要害是质量》等多篇获奖论文,提到扩版的指导思想是"质量"二字。《深圳商报》正是因为坚持抓质量出精品,立足特区土地,扎根人民群众,坚持正确的舆论导向,高扬改革开放主旋律,围绕中心,服务大局,体现"三个代表"重要思想和科学发展观,办成了上下都满意的全国名报。

1997 年,面向全国的大型问卷调查显示,《深圳商报》深受广大读者欢

① 《〈深圳商报〉与香港〈大公报〉今日携手推出〈大公报·深圳新闻〉专版》,《深圳商报》1995 年 1 月 12 日。
② 李龟孜:《"深圳新闻"专版在香港受欢迎》,深圳商报社档案室资料,1995。
③ 王庭僚:《加强对外宣传工作 搞好两个"借船出海"》,《深圳商报通讯》1998 年第 1 期。

迎。20多个省市读者寄来调查表，94.2%以上的读者对报纸质量表示满意和基本满意。武汉市读者徐景厚来信说："《深圳商报》思想性、指导性、服务性、知识性、趣味性都很强，我很喜欢，经常把精品文章剪下来装订成册。"香港居民高丽娟在信中说："《深圳商报》是我了解特区的窗口，认识特区的瞭望塔，我已经连续4年订阅。"

《中国新闻出版报》（1999年9月22日）刊出长篇通讯《奇迹，是这样创造的——深圳商报探索报业发展新模式纪实》，写道："人生8岁正是充满幻想的年龄，而8岁的《深圳商报》却已将许许多多的幻想变成了现实。"

二　高奏时代旋律，为改革鸣锣开道

《深圳商报》复刊时，总编辑对采编人员提出"一特""二商"的要求。因此在报道中，《深圳商报》突出改革的"试验场"、开放的"窗口"，高奏主旋律。一是宣传改革形势，鼓舞人民的改革信心；二是宣传改革理论，为改革实践提供指导；三是宣传改革探索，激励改革者的敢闯精神；四是宣传改革经验，为创业者提供借鉴。

七谈领导干部"讲政治"

江泽民同志在党的十四届五中全会上提出："领导干部一定要讲政治。"1996年1月20日，《深圳商报》在头版刊发深圳市委学习这一讲话的消息，题目是《领导干部要堂堂正正做人》。接着又刊发市委关于学习江泽民重要讲话通知的全文，还及时报道全市组织学习的动态和经验。紧接着，《深圳商报》由总编辑挂帅，组织写作班子，10天内推出7篇"讲政治"的系列评论——《旗帜鲜明讲政治》《党的事业第一，人民的利益第一》《首先要把领导干部管好》《堂堂正正做人》《围绕中心讲政治》《领导干部要成为政治家》《特区更需讲政治》，累计2万多字。在"七谈领导干部一定要讲政治"基础上，又在"探索"理论专版上开辟专栏发表学习"讲政治"的体会，把"讲政治"落实到实际工作中去。《深圳商报》关于讲政治的系列报道受到市领导的肯定。省委宣传部《交流》以《跟得紧，抓得准，搞得活》为题，介绍《深圳商报》关于讲政治报道的经验。

三 深入调查研究，为科学发展鼓与呼

调查研究是新闻工作者社会责任感的一个体现。《深圳商报》推出系列调查、系列报道有个规范的决策与实施过程：第一步，整体考量、整体把握、整体策划，从新闻工作的客观规律出发。第二步，用化整为零和合零为整的办法确定选题和逻辑结构，把一个大主题细化，多角度，小口径，深开掘，大思辨，再加以组接整合成一个系列，大题连做，客观上造成一种连续的、反复的、密集的冲击，有利于强化宣传效果。因此，调查研究报道成为《深圳商报》的品牌报道之一。

1. 深入基层贴近实际推进系列报道

《深圳商报》每年都组织记者深入基层开展大型采访调研活动，包括1992年组织3名记者，为期1个月，骑自行车进行"深圳边界行"采访活动；1993年组织"深圳十八镇"采访；1994年组织"深圳海岸线调查"和"中国特区行"采访；1995年组织了"山区百村行""小区采风""居委会巡礼"等。

1996年的"南粤市县行"是一次涉及地域广、时间跨度大的采访活动。《深圳商报》将采访组分为5个小组，均由副总编辑带队，采访活动从1996年5月22日开始至1997年1月21日，历时240天，采访了19个地级市、80个县级市和县，行程4.2万公里，发稿240多篇，共计35万字。

2. "深圳商报调查"促进解决"老大难"问题

《深圳商报》于1992年8月31日在一版开辟"深圳商报调查"专栏，每周见报一次，每次调查一个问题。专栏发稿200多篇，为有关部门发现问题、解决问题提供了有益参考，促进了很多"老大难"问题的解决，成为《深圳商报》一个响当当的品牌栏目。

1995年5月23日发表的《亟待梳理的龙头》就是记者孙中海通过"隐性采访"写出的长篇通讯，揭开职业介绍市场的"面纱"。他用了一周时间，把自己装扮成求职者，既体验求职者的辛酸，又搞清了非法职业介绍机构的经营方式、收费标准、欺骗手段。接着又找市、区两级工商部门负责人，探讨清除非法职业介绍机构的困难和对策，到劳动部门核对调查材

料等。时任市委书记厉有为读罢此文亲笔批示"这是一篇很有分量的调查"，要求市长组织力量研究管理对策。市长李子彬、常务副市长李德成和政府办公厅都对这一问题做了批示，并召集劳动、人事、工商、公安等部门共同研究对策。

3. "十大体系"为深化改革铺路

1992 年 11 月，党的十四大正式提出了建立社会主义市场经济体制的改革目标。深圳作为全国改革开放的"试验场"，对此进行了积极的探索，逐步形成了社会主义市场经济的"十大体系"。《深圳商报》立即组织 8 名记者，到改革第一线进行深入调查研究，连续推出 10 篇关于"深圳社会主义市场经济体制基本框架"的系列报道。《深圳商报》第一次全面总结了深圳经济特区创立以来的基本经验，系统描述了深圳社会主义市场经济的基本框架；第一次从理论和实践相结合上界定了各个体系的内涵，并准确地介绍了各个体系的形成过程和运作状况；第一次从国内市场的孕育、发展和国际市场变动的高度，阐释了"十大体系"对深圳市场的作用以及相互关系。这一系列报道引起了社会强烈反响，得到市委领导和广东省委领导的肯定与赞扬。

1997 年 3 月，国家体改委调查组到上海和深圳两地调查，全面总结两市社会主义市场经济体制的改革经验，并向国务院提交报告，该报告指出："深圳作为改革开放的先行试验区，提供了初步建立社会主义市场经济体制框架的范例，值得借鉴学习。"1997 年 9 月，《深圳商报》和市体改委合作，出版了长达 25 万字的《十大体系——深圳社会主义市场经济体制的基本框架》（张思平、高兴烈编著，海天出版社，1997）一书，成就一部理论和实践相结合的著作。该书被认为是邓小平理论思想的一个实证性研究，理论层次较高，可操作性较强，并实事求是地提出了存在的问题和进一步深化改革的方向，为全国的改革深化提供了可资借鉴的经验，对今后的理论探索也有一定的前瞻性。该书首印 1 万册不到两个月即脱销，成为当年的畅销书。

四　坚持辅政亲民，成功实践民主监督

《深圳商报》作为经济特区一张以经济报道为主的综合性报纸，同样关

心民生建设，坚持辅政亲民，勇当特区建设的推动者。

1995 年 10 月，深圳市政府制定了关于加强机关建设的 22 条规定，《深圳商报》和深圳市企业协会经过充分协商，共同策划了评选"企业最满意的政府部门"活动。由全市企业对各政府部门就服务态度、办事效率、廉政建设三个方面做出评价，填写选票，评出最满意的政府部门。1996 年 3 月 29 日，《深圳商报》以"向全市人民汇报"为主题，连续用 6 个版刊登 37 个政府部门的述职报告。7 月 12 日，市公安交通管理局、劳动局、市政府办公厅、市工商局等 9 个单位被评为"企业最满意的政府部门"。根据评选的结果，深圳市政府发出了《关于表彰企业最满意的政府部门的决定》，号召全市政府各部门向先进单位学习，进一步转变职能，改进作风，面向基层，搞好服务，提高办事效率，改善深圳市的投资环境。

整个活动，《深圳商报》都进行了充分报道。这次活动体现出三个成果：其一，增强了民主监督意识，并和新闻舆论监督结合起来。其二，推动了全市政务建设，真正树立起勤政为民、廉洁高效的形象，为深圳的第二次创业奠定了一个良好基础。其三，带来广泛的社会影响，开创了"民评官"的创举。《人民日报》、中央电视台、《光明日报》等中央新闻单位对这一活动突出报道并给予高度评价。香港《大公报》报道："这次活动是评价、监督政府的一次突破。"

五　开展全民讨论，变民智为生产力

大讨论是新闻宣传的一个好形式。《深圳商报》围绕市委、市政府中心工作，多次组织大讨论，用大讨论促进大提高，用大讨论推动大发展，取得良好效果，达到了全民参与，献计献策，把民意、民智转化为生产力的目的。

1.45 期专栏为"第二次创业"大造声势

1995 年 4 月，中国共产党深圳市第二次代表大会做出了"再用 15 年或者更长一点时间进行第二次创业"的战略部署。从 11 月起，《深圳商报》开设大讨论专栏并推出一组相应的系统评论，声势大，有深度，产生了广泛深刻的社会影响，为"第二次创业"大造声势。

11 月 15 日至 18 日，《深圳商报》连续推出 4 篇"井冈山纪行"，用革命老区的精神激励深圳人投身二次创业，拉开了这次系列报道的序幕，并根据读者建议开辟专栏，展开深圳人应"以什么姿态投身二次创业"的大讨论。

这次广泛开展的群众性大讨论历时两个半月，各行各业人士积极踊跃地谈看法、表观点、提建议、献良策，活动共收到各界来稿千余篇，编发专栏 45 期，共发稿件 200 余篇。同时，《深圳商报》配发"深圳第二次创业系列谈"系列评论 26 篇，还请专家撰文推出 5 篇"深圳精神系列谈"评论：《开拓，闯出发展新优势》《创新，领先一步天地宽》《团结，"人和"方有向心力》《奉献，人尽其力再拓荒》《弘扬深圳精神，创造新的辉煌》。整个系列评论也达到了相当的广度和深度。最后，市委书记厉有为发表署名文章《弘扬深圳精神，投身二次创业》，市长李子彬接受专访，发表《让深圳精神发扬光大》的谈话，为这次系列报道做了小结。

2. 三个月讨论怎样"增创新优势，更上一层楼"

1994 年 6 月，江泽民同志在考察深圳时做出"增创新优势，更上一层楼"的重要指示，1998 年 3 月参加第九届全国人大第一次会议广东代表团审议时发表重要讲话，又一次提出"增创新优势，更上一层楼"的殷切期望。

3 月 10 日，《深圳商报》发表通讯《总书记情牵广东》，并连续推出 8 篇系列评论。3 月 19 日，《深圳商报》在一版刊出《怎样增创新优势，更上一层楼》大讨论，从 3 月 19 日到 6 月 22 日，历时 3 个月的大讨论共收到来信来稿数千件，发表稿件 100 多篇，共计 10 万余字。配合大讨论，还推出《论建设经济中心城市》8 篇评论员文章，从理论和科技创新上论述怎样去"增创"以达到"更上一层楼"的目标。6 月 22 日，《深圳商报》头版刊出本报编辑部"大讨论结束语"《集群智，争一流，创新业》，时任广东省委副书记、市委书记张高丽在《深圳商报》大讨论结束语《集群智，争一流，创新业》一文上批示："《深圳商报》办得不错，影响和作用越来越大。希望牢牢把握政治大方向，围绕中央、省、市的中心工作，发挥自己的优势和特色，办出新水平，作出新贡献。"①

---

① 王庭僚：《特区建设的舆论先锋》，《深圳商报通讯》2010 年第 5 期。

六　大事件大手笔，记录历史传承文化

记录历史、传承文化是媒体的主要功能之一。每逢重大历史事件发生，《深圳商报》均有大手笔报道。

1. 记录回归脚步百篇佳作成大观

1997 年 7 月 1 日，是香港回归日。《深圳商报》抓住这一彪炳史册的大事件，开展了声势浩大、形式多样的宣传活动。先后推出了"香港基本法问答""回归大趋势""深圳河两岸""图说香港百年""迎回归，创三优，争一流"等专栏。其中，从 1997 年 3 月 23 日倒计时 100 天开始，《深圳商报》在一版开辟"回归的脚步"专栏，报道角度独辟蹊径，报道内容秀外慧中、个性鲜明，是《深圳商报》香港回归报道中投入最多、影响最大的专栏。

"回归的脚步"专栏由王茂亮、张家勇两名副总编辑先后率领 5 名记者赴香港现场采访，从 1997 年 3 月 23 日到 7 月 11 日的 111 天中，每日发表一篇专稿。采访组走遍香港，遍访各行各业、各阶层人士，紧扣香港回归的时代脉搏，全面而及时地追踪报道香港回归的各项进程，迅速准确地传递我国的"一国两制"、港人治港、高度自治政策的最新动向。专栏文章一方面始终贯穿"雪洗百年耻辱，扬我中华志气"的线索；另一方面又从各个侧面介绍香港发展史，介绍香港的百业百态、社会生活、经济活动、人文地理、风土人情、文物古迹，做到新闻性与知识性有机结合，现实感与沧桑感相互映衬，形成了具有新闻价值、政治价值以及收藏价值、鉴赏价值、研究价值的香港回归历程真实记录。其中，4 月 1 日发表的《夕阳西照港督府》，介绍了 1855 年建成的港督府的情况，指出："港督府作为英国统治香港的一个象征，也将于 1997 年 6 月 30 日子夜时分，完成其历史使命。这一天，对于这座百年老楼来说，与其说是一段历史的终结，毋宁说是一个新时代的开始。"记者告别被采访的港督府时，正近黄昏，所以就以"夕阳西照"为标题，含意深刻，一语双关。该专栏后结集成《回归的脚步》一书出版。《新闻出版报》曾以《聚百篇佳作成大观》为题，推介《回归的脚步》。

2. "三大战役"为首届高交会造势

1999年初，经党中央、国务院批准，每年在深圳举办一次由国家外经贸部、科技部、信息产业部、中国科学院和深圳市人民政府联合主办的"中国国际高新技术成果交易会"，简称"高交会"。

深圳商报社把"高交会"的宣传报道作为一场"战役"来打，并分为三个阶段。第一阶段，会前造势做准备。1月29日，头版头条报道北京新闻发布会，并开辟"高交会倒计时"专栏。在倒计时100天时，发表社论《百日冲刺，办好盛会》。2月10日，全文刊发深圳市《关于进一步扶持高新技术产业发展的若干规定》，同时推出评论员文章《深圳未来的最佳选择》。3月29日，商报记者和新华社记者共同采写了《政府主导是加速器——深圳市发展高新技术产业的启示》，为高交会加油。接着报道高交会各项筹备工作的进度。在报道深圳创业环境和引进高科技人才时，推出了"牛憨笨院士落户深圳"系列报道。"理论探索"专版发起"邓小平科技理论与深圳高新技术产业发展征文"，还编发30多个"高交会特刊"。

第二阶段，主要是反映高交会盛况与成果。10月6日，通栏发表高交会隆重开幕消息和朱镕基总理的致辞，并配发社论。会议期间，编发文字稿件387篇、新闻照片76幅，还在"高交会特别报道"专栏刊出6篇通讯。11月11日，刊出闭幕消息并配发社论。

第三阶段，虽是"尾声"，也是"重锤"。市委宣传部提出组织《深圳特区报》《深圳商报》共同采写"高交会全记录"系列报道，由宣传部副部长张春雷牵头，《深圳商报》派出5名记者，与《深圳特区报》的3名记者组成采访组，先后推出决策篇、推介篇、拓展篇、建设篇、晚会篇、组织篇、盛况篇、传媒篇等8个篇章，5万多字。这组"高交会全记录"的系列报道，社会反响好，荣获"深圳新闻奖"特别奖。

七 创立"全球脑库论坛"，引发世界级"头脑风暴"

"2001年全球脑库论坛"在深圳举行，也是《深圳商报》参与主办的一次国际盛会，主题内容是汇集全球知识与智慧，探讨"新经济和亚洲"。《深圳商报》会前发稿20余篇，预告全球50多个智囊机构将聚集深圳，申请采访的媒体上百家，采访记者近 300 人。这些报道为"全球脑库论坛"造势，为会议召开鸣锣开道。

论坛开幕后，《深圳商报》连续推出"全球脑库论坛"特刊 20 期，把论坛报道推向了高潮。深圳搭建国际论坛大讲台，也是借助"外脑"推动深圳和中国经济发展。实践也证明，这次论坛确实引发了世界级的"头脑风暴"。

八　创办《深圳晚报》打破"一社一报"局面

1994 年 1 月 1 日，伴随着新年的第一缕曙光，《深圳晚报》正式诞生，并迅速崛起为全国晚报界的"新四小龙"，成为日后的深圳报业集团的四主报之一。

1. 办市民最喜爱的报纸

1993 年 6 月 21 日，深圳市委、市政府决定：由深圳商报社负责创办《深圳晚报》工作，力争在 1994 年元旦创刊，指出《深圳晚报》是在市委、市政府领导下，由深圳商报社主营主办的综合性晚报，同时要求《深圳晚报》要探索一条改革的新路。

1993 年 8 月 26 日，也是深圳经济特区成立 13 周年生日当天，《深圳商报》在头版显要位置刊登了《深圳晚报》即将创刊的新闻稿，《深圳晚报》的创刊工作从此进入倒计时。但此时，《深圳晚报》还仅仅是写在纸上的一个称号，编采队伍、办公场地甚至组版机器都是一个"零"，距创刊只剩下几个月时间，面对千头万绪的筹备工作，一切都只能与时间赛跑。

《深圳商报》立即成立《深圳晚报》筹备组，总编辑高兴烈担任组长，后担任《深圳晚报》总编辑的王田良受命赴京办理出报所需的手续。各部门也在帮助《深圳晚报》争分夺秒，新闻出版署当月就发出"新出报〔1993〕1086 号文件"，同意创办《深圳晚报》，紧接着，深圳市机构编制委员会下发"深编〔1993〕58 号"文件，明确《深圳晚报》为副局级待遇。

拿到"准生证"的《深圳晚报》，立即在《人民日报》《中国新闻出版报》等重要报刊刊登招聘广告：全国有志于开辟报纸新天地的记者编辑们，来吧，让我们一起组成一个光荣的团队，让我们一起办一张市民最喜爱的报纸——《深圳晚报》。"办市民最喜爱的报纸"这句话，此后很长一段时间被印在深圳晚报人的名片上。

2. 从开关电脑到"技术革命"

广告的效应，加上筹备组到全国首届人才交流大会现场招贤纳士，很快就有超过1500份简历如雪片般飞来深圳，经过"选秀"，1993年10月15日，51位平均年龄只有26岁的年轻人从20多个省市全部会聚到深圳，在租用的皇岗北路现代电子大厦6楼开始为期3个月的集训。大厦后面一栋简易的两层小楼就是宿舍，屋内一桌一椅一床，每人一辆自行车和一个电饭煲。

《深圳晚报》要办成全国第一张采编全程电脑化的报纸，但当时电脑在很多人眼里还属于"科学仪器"，会操作的人不多，集训的第一课，就是学习电脑开机、关机，然后分小组练习打字，学习电脑组版……办公室几乎每晚都彻夜通明，噼噼啪啪的键盘敲击声连绵不断，所有人都干劲十足。

当时使用北大方正的新闻综合业务网，是彻底实现录入、排版、组版、检索、稿件传输等全部过程计算机化的最新的新闻综合处理系统，对于电脑"小白"入门难度不低，但靠着不懈的坚持，这批年轻人用了不到3个月时间，就具备了全程电脑化出版的能力。作为整个系统的设计者，北京大学计算机所所长王选教授在《深圳晚报》创刊前来到编辑部，兴奋地表示："《深圳晚报》的实践，意义重大，它标志着中国报业告别纸和笔的开始。用不了多久，就会为许多报纸效仿的。"[1]

经过1993年12月17日和12月20日的两次成功试刊，世界报坛出现了第一家由编辑记者亲自完成编辑组版全部流程的中文报纸，光和电代替笔和纸，中国实现了新闻历史上的一次技术革命。

3. 飞入寻常百姓家

1994年元旦，《深圳晚报》正式创刊。

《深圳晚报》的创刊号，至今仍被很多人珍藏，因为它不仅是给自己的一份意义重大的生日礼物，也是给所有读者的一份满怀诚意的新年礼物。

---

[1] 王田良：《十年创业路 十载晚报情》，吴松营主编《深圳传媒业的崛起》，深圳报业集团出版社，2010，第129页。

《深圳晚报》创刊号的头条，是献给所有深圳市民的一串新年的数字"礼花"：晚报记者在 12 月 31 日晚一直守候在深圳市财政局，守候出了深圳 1993 年的财政收入大结算，一个个外表枯燥的数字，装满了深圳人一年来的付出与回报。

《深圳晚报》创刊号出街当天就确定了 5 名获得赠报 18 年待遇的幸运读者，是晚报记者在新年的凌晨一直守候在深圳各大医院产房门口，守候出了这些《深圳晚报》的同龄人。

《深圳晚报》创刊号还在采写编排时，读者热线就已提前开通。通过电话线，了解群众疾苦；通过新闻纸，反映百姓诉求。

"祈愿深圳总是湛蓝蓝的艳阳天。风雨，不再肆虐无忌惮，即便有火，也只应是建设者创业的朝天热火；即便有烟，也只应是清晨里远山蒸腾的雾霭祥岚……"在《深圳晚报》第一篇编辑部寄语《新年祈愿》中，晚报人写明了他们与所有市民相同的淳朴愿望，《深圳晚报》与读者没有距离。

从此，《深圳晚报》这只"春燕"，飞入了寻常百姓家。

4. 格调清新的"精神食粮"

创刊阶段的《深圳晚报》为日报 4 开 8 个版，每天下午发行，包括要闻版、经济新闻版、体育看台版、社会新闻版、文化新闻版、台港澳新闻版、专刊副刊版和国际新闻版，最初的发行方式是"捆绑发行"，即订一份《深圳商报》赠送一份《深圳晚报》。

根据《深圳晚报》的创刊方案，该报的办报宗旨是立足深圳，辐射内外，面向家庭，服务社会；主要读者对象是城市居民。在坚定不移地贯彻党的新闻工作基本方针、准确地宣传党的基本路线的前提下，突出"经济特区"和"毗邻港澳"两大地方特色，侧重报道深圳乃至全国重要的经济、文化、教育、科技、卫生、体育和社会新闻，集中反映深圳特区改革开放带来的各方面的发展与成就，以及特区人民的开拓、创新、团结、奉献的精神风貌，透视社会，指导生活，针砭时弊，反映群众的愿望和呼声，寓思想性、指导性、知识性、服务性、趣味性于一炉。要求文章短小精悍，版面新颖活泼，做到雅俗共赏、可读性强，为读者提供一份格调清新、内容丰富的精神食粮。

归纳总结，就是要在坚持正确舆论导向的前提下，尽最大努力贴近实际、贴近生活、贴近群众。《深圳晚报》开辟的"记者一日""深圳你早"等栏目，专门采写深圳的普通劳动者，写群众身边熟悉的人，群众看起来亲切、读起来生动，报纸也渐渐成为读者生活的一部分。"民生热线""民生服务""今晨连线""24 小时目击"等专版和栏目，作为倾听群众呼声的沟通渠道，反映市民日常生活遇到的困难、群众的想法和意见，让群众关心的事成为报纸上的新闻。"晚报聊天室""情感热线""周末约访"，都是群众身边的"知心大姐""情感专家""心理医生"，群众有什么话，都可以向《深圳晚报》倾诉，并得到最耐心的指引和开导。同时，"24 小时目击""今晨连线"，总是守在最后一刻，给读者献上最新鲜的新闻，"生猛海鲜"加上"秘制佳酿"，献给读者的就是一桌丰盛的"精神食粮"。

《深圳晚报》的服务是实实在在心系百姓，真真切切关注民生。他们开辟了 24 小时"要装修找晚报"录音电话、"晚报车友"、"美丽有约"、"千人看楼团"等一系列专为读者服务的专栏，只要是读者需要的，他们都会尽力提供。

在 1994 年 1 月 3 日的《深圳晚报》上，头版头条《随意宰客何时了 冤钱花得知多少 中小巴收费多犯规》、经济生活版头条《加利煤气，该给消费者一个"说法"》、读者来信版头条《民工也要吃饭为何不给工钱?》，全部与人民群众的疾苦息息相关。

5. 携手读者共同认识深圳

除了在文字和版面上贴近读者，《深圳晚报》还频繁举行亲近读者的活动，以报纸为媒，到现实中，与读者亲切互动，让读者更彻底地认识《深圳晚报》，与读者一起更完整地认识深圳。

1999 年 11 月 30 日，深圳雕塑院和《深圳晚报》联合组织了为大型城市公共艺术"深圳人的一天"街头寻访活动，寻找 18 名群众模特。从早上 6 时到晚上 10 时，晚报记者与雕塑家分成 4 个小组，为这组大型街头雕塑寻找真人模特。这是深圳特区第一次以真人为模特反映城市社会历史发展面貌的群雕。后来，刊发寻找消息的 1999 年 11 月 30 日那一天的《深圳晚报》一版的版面，也被镌刻在雕塑墙上，与 18 个深圳人塑像，一起成为这座城市的永久纪念。

2000 年 2 月，《深圳晚报》派出记者组，发起了寻找深港界碑活动。在梧桐山下，沿深港边境的山谷，寻找早已湮灭于丛林中的深港界碑。这是历史上首次重新考察深港边界文化的活动，并得到深圳公安边防六支队和香港边境联络官的大力配合。在山间小路的角落里，在没膝高的草丛中，记者组发现了一块块几乎被人遗忘的界碑。同年，《深圳晚报》还发起了梧桐山自然考察活动，是历史上首次对深圳最高峰——梧桐山及附近山脉进行的自然考察，发现了恐龙时代的植物——大型桫椤等许多珍贵植物，受到植物专家的重视和赞赏。一个报社在一年中获得如此重大的历史与自然发现，在深圳新闻史上是罕见的。

2000 年 12 月 31 日傍晚，《深圳晚报》组织了一支 50 多人的自行车、汽车混合编队，从位于深圳最西端的宝安区西海堤出发，一路东行，于 2001 年元旦凌晨，抵达深圳最东端的龙岗区南澳镇东冲村海边，在深圳历史上首次完成了东西大穿越，并联合深圳气象局，首次确认了深圳东西两端最精确的经纬度。由于穿越时间跨过了 20 世纪与 21 世纪更替的夜晚，同时也成为一次世纪大穿越。穿越队伍在东冲海滩见证了深圳 21 世纪的第一缕曙光，竖立了穿越纪念碑，放漂了寄予深圳 100 个家庭的 100 个心愿的漂流瓶，现场颁发了深圳 21 世纪第一缕阳光见证书。

6. 荣膺晚报"新四小龙"，向海外进军

有了读者的喜爱和支持，《深圳晚报》不断改版扩版丰富内容，广告和发行更是蒸蒸日上。在 1994 年的第九届全国晚报年会暨第十一届晚报经验交流会上，创刊不到一年的《深圳晚报》，与《钱江晚报》《扬子晚报》《武汉晚报》一起，被全国近百家晚报的 100 多位总编辑及代表推举为全国晚报界的"新四小龙"，晚报协会对《深圳晚报》的评价是"不同凡响"。

从 1997 年起，《深圳晚报》与上海《新民晚报》合办《新民晚报美国版·深圳新闻专版》，每月定期向美国华人社会报道深圳新闻，真实、客观地宣传深圳在两个文明建设方面的新成就和日趋完善的投资、旅游环境，在美国华人中引起较好反响。这是继《深圳商报》与香港《大公报》合办"深圳新闻"专版后，深圳媒体又一个"借船出海"的成功举措。

至 2003 年，《深圳晚报》发行量已增至 49.5 万份，创下广告年增长 130% 的纪录，广告刊登额突破 3 个亿。[①]

九 创办《深圳都市报》构建"三项齐全"报业体系

2001 年 3 月 15 日，深圳商报社创办的《深圳都市报》正式创刊。这是深圳商报社在 21 世纪全面构建"日报、晚报、都市报"三项齐全报业体系中孕育的又一份全新子报。

《深圳都市报》依托强大的深圳商报社，另辟蹊径，精雕细琢，致力创办"都市人的生活消费服务完全手册"，全彩印 4 开 64 个版，版面内容以贴近市民、服务市民为出发点，广泛涉及生活消费的方方面面，凸显"消费报""服务报""青春报"的鲜明个性。内容以报道深圳人的时尚、娱乐、消费、情感及生存状态为主，栏目有城事、娱乐、阅读、情感、丽人、生活、时尚等。

《深圳都市报》创刊以来，凭借其独特的定位得到了社会各界的好评，在深圳的报业市场迅速壮大，发行量最高达到 25 万份。其经营由深圳都市传媒股份有限公司全权负责，以现代企业制度为规范，机制灵活、贴近市场，受到了众多品牌代理商的青睐。

2006 年 12 月 15 日，《深圳都市报》休刊。2012 年 2 月 14 日，《深圳都市报》复刊，隶属深圳报业集团全媒体公司，接力 2011 年 2 月 14 日创刊的《地铁早 8 点》。

第二节 企业家经营，探索集团化发展道路

"企业家经营"是用企业家的思维勇于创新探索报业经营新路子，解放和发展新闻生产力，为"政治家办报"提供坚实的物质基础。《深圳商报》较早地意识到了集团化模式是现代报业管理模式演变的新方向。早在 1993 年 6 月，报社就正式提出了"建立报业集团的目标"，开始了报业管理集团化模式的探索。

[①] 王波：《南国有"女"初长成》，《中国新闻出版报》2003 年 12 月 31 日。

《深圳晚报》的诞生打破了"一社一报"的旧有格局,《深圳晚报》的迅速走红,给深圳商报社走向集团化提供了充足的信心,在 20 世纪最后几年,一个由"媒体群"和"企业群"组成的现代化集团化报社,逐渐成长起来,在探索报业集团化发展的道路上,《深圳商报》又迈出了较为领先的一步。

一 建设商报广场树立深圳新地标

迅速崛起的《深圳商报》在报道质量,员工素质,在读者心目中的地位、影响、权威性均迅速提高,赢利能力不断增强,在硬件方面的投入也不遗余力,短短几年时间,深圳商报社花费巨资引进了两套彩色拼版激光照排系统,数十台大屏幕组版计算机,一套与《人民日报》联网的卫星传版系统;从日本引进了高档摄影机、PS 版晒版机、冲版机,从美国引进了高斯彩色印刷机,从德国引进了两套中型罗兰彩色印报机、海得堡彩色印刷机等,同时实现全程电脑化。

随着报社的不断壮大,原有的办公场地已经无法适应进一步发展的需求。"商报广场"的规划、设计和建设,几乎与复刊后《深圳商报》的成长同步。

1991 年 6 月 12 日,经市委常委、宣传部部长杨广慧提议,市长郑良玉主持召开关于深圳商报社发展与建设专题会议,一次性拨给 3 万平方米用地。

1993 年 5 月 12 日,"商报广场"举行基地奠基仪式。1995 年 8 月,一期工程完工,深圳商报社举行新社址挂牌仪式。1995 年 10 月,"商报广场"二期工程开工,并于 1997 年 7 月封顶。市邮电局为了纪念深圳新闻界这一盛事,特意制作发行了"深圳商报社大厦封顶首日封"。

1999 年 7 月 18 日,深圳商报社大厦正式启用。从此,"商报广场"屹立在了莲花山下、新洲河畔。放眼望去,就像一艘驶向新世纪的巨型战舰。

"商报广场"的主体建筑——深圳商报社大厦建筑面积为 7.5 万平方米,呈舟形,东座 26 层的板式楼为编采综合大楼,是新闻出版编采业务运作中心,西座 33 层点式楼奥林匹克大楼设有深圳中国奥委会新闻中心等机构，与两座大楼连体的裙楼设有国际会议厅、经贸洽谈展览厅、业务培训中心、健身俱乐部等。三栋大楼浑然一体，高低错落有致。

这座 5A 智能化大厦是报社现代化的全面体现。位于编审大楼 6 楼的数据中心机房，是整座大厦的智能化中心，市电信公用网以大对数的光纤直接通达程控交换机，不间断电源为编采出版部门提供持续稳定的电力支持。大厦的千兆以太网系统和计算机网络安全系统，获中国报业协会电子技术进步委员会技术进步一等奖。采编流程管理系统实现了全员计算机工作，广告管理系统获深圳市科技进步一等奖，发行多元业务一体化平台获深圳市科技进步三等奖。采编流程管理系统建成时被权威部门认定是深圳少有的全优工程之一。

为大厦配套的印务楼，引进了罗兰、高斯高速印刷机，建成了先进的组版、拼版、制版、传版系统。在 1993 年全国 61 家省级以上报纸评比中，刚出彩报的《深圳商报》的印刷质量名列前十。

二　广告发行并重齐飞

搬进先进的报业大厦，家大业大的《深圳商报》意识到，创业难，守业更难，想要实现可持续发展，必须一手抓住报纸不放，一手抓住经营不丢。

《深圳商报》要求全社员工要有经营意识，用市场经济的观点、用经营工作的特有规律对待经营工作。在广告经营中，《深圳商报》按照"广告经营与实业创收"相结合的思路，采取品牌策划、广告投入、销售代理的方式，把报纸的广告版面"经营"起来。在实行企业化管理过程中，《深圳商报》实行目标责任管理。一是组成一个既懂报纸又懂经营的广告领导班子；二是建立激励机制，把目标落实到人，实行效益工资，奖金和目标挂钩；三是加强广告质量管理，提高广告设计水平，并购置新的电脑设备，实现了广告管理、策划、经营、设计电脑化，进入全国先进行列；四是加强组织策划，开拓广告市场。同时，达成两点共识：一是搞经营就有风险，出了问题由编委会负责；二是为了规避风险，广告部必须做好充分的市场调查，做出充分的论证。

《深圳商报》还积极探索"报邮结合，自主发行"的新发行模式。既保持"邮发"所具有的全国邮政网络健全、稳定的优势，又吸收了"自办发行"所带来的投递质量高、发行费率低的长处。报邮双方经过反复协商，签订了"联合发行合作协议"，成立了"深圳市联合报刊发行公司"。根据约定，报邮双方联手协作，采取以邮局为主、报社协助、共同参与征订的办法，开办了预约征订、跨区订阅、上门收订、现场收订、分期订阅等新的服务项目。经邮电部邮政总局批准，在深圳市邮电局率先推行异地订阅《深圳商报》的试点。报邮双方联手向社会做出"奉献一流报纸，提供一流服务"等七大承诺，包括办好报纸，出早报，早送报、送准报，免收 15% 投递费，免收延伸服务费、特需服务费，发现差错当班补投，公布投诉电话等，受到读者的热烈欢迎。报邮联合发行后，《深圳商报》发行量大幅度增加，1998 年度，深圳市内发行量比上年增加 71.2%；全国各地比上年增加 5.8 倍，且实现在国内 2348 个县市，县县有订户，市市有增加。

深圳商报社广告和"非报业经营"收入和利税额同步飙升，从 1991 年 1 月复刊到 1999 年 11 月底，经过 9 年的努力，《深圳商报》广告量从一年几十万元增加到突破 4 亿大关，广告额增加 809 倍，同时，报社资产总额增加 210 倍，发行量增加 105.5 倍，实现利税增加 160 倍。报社经济实力雄厚了，不仅断了"奶"，而且成为全市的"纳税大户"。

三　组建"媒体群"形成"大舰队"

深圳商报社在创建现代媒体机制方面，改单一为多样，改分散为集约，从"一社一报"发展到"一社多报"，再到建成多个媒体共同发展的媒体中心，报业集团化迈出坚实步伐。

1992 年 7 月 27 日，"深圳商报电子信息屏"在罗湖口岸建成并正式开播，这是全国第一个全彩色电子大屏幕，每天为过往行人提供最新的新闻和各种服务信息。

1995 年 9 月，深圳商报与深圳广播电视台合办"商报直播室"专题节目开播，为读者和记者的双向交流提供了一个机会，进一步密切了报纸同读者的关系。

1996年2月28日由深圳商报社和中国奥委会新闻委员会合作创办的"深圳奥委会新闻中心"挂牌成立，成为国家体育总局、中国奥委会向港、澳地区及海外发布体育新闻及信息的常设机构。

1998年，原由广东省湛江农垦局、茂名农垦局合办的湛江《企业市场报》加盟深圳商报社，专事企业与市场的报道。这是广东省首例跨市联办报纸的举措。

《焦点》杂志加盟深圳商报社，由深圳商报社、深圳市文联联合主办。《焦点》杂志以"聚焦天下热点，反映民众呼声，披露新闻背景，鞭挞丑恶灵魂"为办刊宗旨，对社会、生活、经济、科技、国际等方面进行深度报道。

由深圳市科技局与深圳商报社共同主办的科普月刊《深圳特区科技》同年面世，月刊以"构筑科学堡垒，缔造精致生活"为办刊宗旨，着力体现新闻性、社会性、实用性、知识性等特色。

1998年8月，深圳商报社与报人营销有限公司联合创办新闻培训学院。同月，深圳商报社经济研究所成立。

1998年9月10日，由深圳商报社主办的深圳新闻网正式成立发布域名，进入国际互联网，深圳商报社"三报两刊"电子版全部上线，并实现一键繁简转换。

1999年元月，深圳商报社与陕西日报社、陕西省新闻研究所联合主办《新闻知识》杂志正式创刊。《新闻知识》是全国新闻学核心期刊，以开展新闻研究、交流办报经验、沟通新闻界信息为宗旨。

2000年，"中国记协新闻培训中心深圳基地"在深圳商报社挂牌。

加上《深圳商报》与香港《大公报》合办的《大公报·深圳新闻》，以及《深圳晚报》与上海《新民晚报》分别合办的《新民晚报美国版·深圳新闻专版》成功"借船出海"，一个由多个媒体组成，拥有日报、晚报、杂志、网络、新闻中心、培训学院、研究机构的"媒体舰队"，由此诞生。

四 创建"企业群"走出新路径

营利虽不是中国报业的目的，却是保证报业不断发展壮大的重要手段。

这意味着，报业不仅仅是一张报纸一项事业，而且是一种产业，产业经营必须从事经济活动、参与市场竞争，因此，必须按经济规律办事。

以经营报纸的成功经验为基础，深圳商报社开始充分发挥自身的传媒优势、公共关系优势和智慧优势，组建"企业群"，增强产业的赢利能力。另外，深圳商报社摸索走股权管理之路，对公司的管理体制分为三种类型：第一种是全资公司，如印务公司、明天形象策划公司、深圳市商懋实业有限公司等。报社法人代表将经营权委托给各个实体，把法人财产权与经营自主权分离，使报社与经营实体变成委托授权的关系。第二种是控股公司，如国门广告公司，投资1000多万元，报社占有约60%的股份，并派人经营。第三种是参股公司，1995年7月，由深圳商报社发起，由京、津、沪等12家省级报社共同投资成立的报人（联合）营销有限公司，就是深圳商报社参股的一家公司。

以上三种公司，虽说资金所有形式不同，但共同的一点，就是面向市场、参与市场竞争。深圳商报社对这些公司，按照《公司法》对其股权进行管理。各个经济实体实行经理（厂长）负责制和目标管理责任制，报社年初提出各经济实体的利润计划，年终进行全面检查。在经济上，各企业实行独立核算，自负盈亏。在人事制度上，各经济实体实行聘用制。在分配制度上，各企业内员工按岗位进行工作量考核，与效益挂钩，充分体现多劳多得。企业化的管理办法和激励机制，使经营人员的积极性得到充分发挥。新的路径迅速带来了新的成效。以深圳市明天形象策划公司为例，最初投资仅30万元，3年时间创利20倍，达到600万元，另外，还为报纸带来了3000万元的广告收入。[①]

根据深圳中衡会计师事务所1999年12月26日出具的"审计报告"，自复刊至1999年11月30日期间，深圳商报社各项管理制度比较健全。经审核，各项费用支出均由经手人及审核人签字，做到了逐级审批。财务把关较严，较好地执行了国家财经法规。为提高经济效益，报社以高度的使命感和责任心，狠抓经营管理，从严治社。坚持在保证社会效益的前提下，把提高经济效益放在经营工作的首位，正确处理政治家办报与企业家经营

---

① 高兴烈：《走股权管理之路》，《新闻战线》1997年第7期。

的关系，开创"报邮联合，自主发行"的新路子，1999 年实现了《深圳商报》年发行量比复刊前增长 105.5 倍，各项收入比复刊前增长 574 倍，年平均发展速度达到 203.6%，实现税利总额 210036625.65 元，初步形成了以市政府机关报《深圳商报》为核心，包括多个媒体在内的集报业、出版、实业经营于一体的综合产业集团，成功地创造了中国报业发展史上的"深圳速度""深圳效益"。

第三节　创业者开拓，构建企业文化

商报人深深感悟到，办报之道在于树人，而人是有精神、有追求、有创造力量和人格力量的。因此，《深圳商报》坚持创大业与创报理念相结合，致力于构建"深圳商报文化"，认为其是兴报之基。

创业者开拓，是《深圳商报》的人才培养、队伍建设和商报文化的核心。《深圳商报》围绕办报逐渐形成了一系列观念以及与其相适应的行为规范与制度，书写了"忠诚、团结、开拓、求精"的商报精神，"人一己百""办报，没有成功的一天，只有一天的成功"的商报理念，"一流的队伍、一流的管理、一流的报纸、一流的效益"的商报目标，"政治家办报、企业家经营、创业者开拓"的商报战略设计，以及体现这些精神的社歌、社徽，"商报园林"种植的"团结树""功勋树""同心树"，每月初举行升国旗仪式，年年评选"商报之星"，每月组织一次集体过生日活动等，共同构成了商报文化，铸造了商报之魂，并真正建立起一支政治强、业务精、纪律严、作风正，特别能战斗的采编、经营队伍，促进了深圳商报社的崛起。

一　健全规章制度，管出好队伍好单位

报社成员来自全国各地，经历和思想状况差异较大，为适应特区的环境和办好报纸的要求，深圳商报社在狠抓思想和职业道德教育的同时，逐步建立和健全了一系列的规章制度，并形成《深圳商报社规章制度汇编（1990~1999 年）》，根据工作需要，从宣传纪律、编采出版、报业经营、行政管理、队伍建设等九个方面，共制定有 205 项规章制度。

通过严格管理，报社建立了良好的工作、生活秩序，形成了安全文明的环境，办出了名牌报纸，提升了经济效益，培养出一批高素质的新闻队伍。

二 构建管理机制，为"办一流报纸"铺路

《深圳商报》从运作机制、经营机制、竞争机制、激励机制、约束机制、质量机制、人才机制、文化机制、创新机制和决策等十方面进行梳理，理论与实践相结合，构建出了一整套经营管理机制，护航报社向"办一流报纸，出一流效益，创一流管理，建一流队伍"的既定目标加速前进。

系统化的运作机制：整个报社分为五大系统——编采系统，报章服务系统，报业经营系统，市场促销系统，人事、财务等直属管理系统。五大系统互相配合、有序运作，实现了组织机构及其职能的系统化。

市场化的经营机制：对所兴办的企业，包括全资公司、控股公司和参股公司，按《公司法》分别实行股权管理。报社的广告经营，闯出广告创收与实业经营相结合的新路子，以实业经营带动广告开发，以广告开发促进实业经营。

有序化的竞争机制：报社内部逐步实行领导干部竞争上岗制和全员聘任制；经常开展以出精品、创效益为主要内容的社会主义劳动竞赛。通过竞赛、评比、竞争上岗等形式，激活竞争机制，营造竞争环境，健全竞争手段，对内激活人的才智、提高团队水平，对外参与整个报业的有序竞争。

绩效化的激励机制：在全报社五大系统分别建立科学的量化考核体系，奖优罚劣，通过合理分配和榜样鼓励，使全员积极性和创造性得到最大限度的挖掘和发挥。

制度化的约束机制：制度建设到位，思想工作到位，全方位监督到位，以此维系报社五大系统的健康运转。

标准化的质量机制：围绕政治质量、信息质量、文化质量、出版质量、广告质量、发行质量，制定质量标准和检查制度，并成立质量检查部门，开展群众性"消灭差错月"等活动，严把质量关。

优选化的人才机制：既要构建人才脱颖而出的环境，又要实现人才群

体结构的优化。深圳商报社经营战线上的骨干多是从编采队伍中选拔的，既精于新闻业务又通晓报业经营，这就从根本上扭转了采编队伍与经营队伍"一大一小""一轻一重"的畸形结构。

群体性的文化机制：通过创建"商报文化"，增强全社员工的向心力和凝聚力，从而释放出巨大的潜能，创造深圳商报社的辉煌。

规范化的创新机制：一是1997年成立了技术处，公开招聘处长，配备专职人员，负责全社的技术管理和技术创新工作。二是1998年9月，建起深圳商报社网站（1999年4月更名为"深圳新闻网"）。面对"第四媒体"的挑战，深圳商报社作为传统媒体当自强，努力在变革和融合、转化中寻觅机遇。

科学化的决策机制：超前性发展决策，如《深圳商报》复刊5个月就制定"五年发展规划"；结构调整决策，如报业结构的调整、管理结构的调整、经营结构的调整。这些都需要及时、科学的决策。

十大机制的形成和创新，大大地解放和发展了《深圳商报》的生产力，为其探索集团化、现代化之路提供了强大的动力。

第五章　报章市场继续壮大

经过 20 世纪 80 年代末到 90 年代对新闻出版行业的长期规范和整治后，深圳的报章事业发展进入新阶段，报刊队伍也在之后 10 年里进一步壮大。除《深圳特区报》和《深圳商报》两大报社相继创办和接管的《深圳晚报》、《深圳青少年报》、*Shenzhen Daily*、《晶报》等众多报章外，其他不少报刊也在这个时期相继创刊。截至 2001 年，全市有公开发行的报纸 17 种，全年发行报纸 7.09 亿份，每期发行量在 10 万份以上的有 6 种，包括《深圳特区报》《深圳商报》《深圳晚报》《证券时报》《晶报》《深圳青少年报》。经新闻出版署批准，《南山日报》《龙岗报》《宝安日报》3 份区委机关报 2001 年转为公开发行。全市期刊 38 种，全年出版杂志 2563.04 万份，其中社科类 29 种、科技类 9 种，并且有 7 种期刊入选"中国期刊方阵"。另有驻深新闻单位 88 个，这一时期是驻深新闻单位数量的最高峰。

第一节　社区报的创办与演变

作为针对社区发行的分众化报纸，社区报在 17 世纪末就在西方创办，并逐渐盛行且发展为纸媒的一股重要力量。20 世纪 90 年代，随着中国社会转型、新闻变革、报业竞争等诸多因素交织，社区报开始在国内出现，而中国最早的社区报，就诞生在深圳。

一　消失的《南山报》

不同于众多打着社区报旗号的都市报，中国第一张真正履行社区报职能的区域性报纸，就是深圳的《南山报》。1990 年 9 月，南山区和蛇口工业区合并成立南山区，开始筹备搭建宣传平台。1992 年 5 月，广东省新闻出版局批准创办《南山报》，由南山区委、区政府主管主办，隶属于南山区委宣传部，时任区委常委、宣传部部长陈禹山任社长兼总编辑，全额事业编制 5 名。6 月 28 日，《南山报》创刊，对开 4 个版，始为月报，后逐渐发展为半月报、旬报、周报。

初创期的《南山报》只有广东省新闻出版局发放的出版号，并没有全国统一刊号，因此属于内部发行机关报。2001 年 3 月，经新闻出版署批准，《南山报》更名为《南山日报》，使用全国统一刊号 CN-0015，4 开 24 个版。5 月，南山报社更名为南山日报社，升格为区委直属处级事业单位。《南山日报》一度在深圳市各区报中发行量居第一名，是国内第一份真正的社区报，遗憾的是，在 2004 年《南山日报》因政策原因停刊。

二　从《宝安报》到《宝安日报》

1993 年，宝安撤县建区，新任区委、区政府领导决定创办一个指导和推动本区各项工作与建设的区级党委机关报，经过紧张筹备，《宝安报》于 1993 年 7 月 1 日创刊。

《宝安报》创刊时，在借来的三室一厅里办报，初为对开 4 个版的旬报，当年 10 月，改为周报，每周二发行。1997 年 8 月 28 日，《宝安报》发行《周末》专刊，用 4 个版篇幅，以多角度、多侧面、生动活泼的形式为读者提供较强可读性的精品。1997 年 10 月，报社搬入宝城 76 区印刷大楼，拥有两万多平方米的办公场地。1998 年 2 月，《宝安报》实现彩色印刷。2000 年，宝安报社组建 80 多人的发行队伍，设立了 8 个发行站，实现了自办发行。2001 年 3 月 26 日，经新闻出版署批准，《宝安报》正式编入国内统一刊号公开发行，改名为《宝安日报》。同年 11 月，《宝安日报》进行大幅度改扩版为 4 开 16 个版，分别在龙华、沙井两镇设立了记者站，还投入 40 万元安装了区信息中心宽带网，配备了计算机 45 台（套），实现了办公网络化。2002 年，《宝安日报》广告经营首次突破千万元大关，拥有先进的美国高斯印刷设备 6 台（套）的印刷厂，成为深圳第二大轮印基地。

2004 年 9 月，《宝安日报》以有偿兼并方式改由深圳报业集团主管主办，是深圳报业集团旗下唯一一份社区报，同时承担深圳市宝安区、光明新区和龙华新区机关报职能。经过 3 年管理体制变更过渡期，2007 年 9 月，《宝安日报》正式加入深圳报业集团，《宝安日报》迎来了全面发展的崭新时期。

《宝安日报》加入深圳报业集团后，扎根基层，锐意改革，突出社区、亲民特色，坚持以"立足宝安、宣传宝安、服务宝安"为办报宗旨，依照集团"办中国最活的机关报和中国最好的社区报"的精神，拟订并坚决执行"不求替代他人，但求不可替代"的办报目标。

结合宝安区的城市化进程，《宝安日报》突出社区报的鲜明特色，以"离你最近，当然更亲"为口号，以 80% 左右的版面做足、做深、做透本地新闻，记录市井百态和宝安区全速发展的历史进程，报道老百姓自己的"时政新闻"，增强报纸的区域性特征。

《宝安日报》的社区新闻出发点和立足点主要放在弘扬先进社会道德风尚和先进文化、树立良好的社会风气和促进社会进步上，报道教人向善、感人肺腑的人间真情、友情、亲情和引人向上、催人奋进的生活历程、道德故事、开创精神，成功推出了《老李推车上北京为奥运加油》《卖报小伙走进央视非常"6+1"》《身价千万老板寻找昔日恩人》等发生在社区、小区的新鲜事，受到读者欢迎。

同时，《宝安日报》还与各社区联合推出了"桃源社区""楼村社区"等专版，写居民身边人、身边事，讲述来自街巷间的人情风俗、社情民意。

《宝安日报》的另一大特色是强调服务性，坚持以"服务立报、新闻强报、精细办报"和"服务政府、服务读者、服务生活"体现"三贴近"原则，坚持"时政新闻民生化、经济新闻生活化、社会新闻人性化"的采编思想，完善报纸的服务功能，反映民情、服务民生，具体、细致、贴心地为区域内市民的生活服务，突出实用性，重点报道与本地读者息息相关的经济类、生活类服务信息，从投资理财到衣食住行、吃喝玩乐，再到就业教育医疗，应有尽有。在版面安排上，《宝安日报》专门设置了"社区新闻"板块，包括便民、邻里、社会、热线等新闻版面，以及"情感"和"话题"等周刊，强化读者对报纸的归属感，提升受众的忠诚度，努力开拓更大、更为稳固的生存空间，不断扩大报纸的市场。2008 年，《宝安日报》和宝安区委宣传部、区广电中心联合创办的"民生访谈"栏目，区领导直接上栏目与群众对话。

在宝安区内，《宝安日报》的固定入户率为 93%，企业发行率达到 50%，常住人口拥有《宝安日报》为 3.6 人/份，成为宝安地区发行量最大、影响力最强、区域内最具优势的传播平台。同时，它还辐射到了市内和周边地区，以及全国各大城市。据统计，在全国同级同类报纸中，《宝安日报》发行量、出版规模、印刷质量均处于领先地位。

三　从《龙岗日报》到《深圳侨报》

1993 年，宝安县撤县，成立宝安区和龙岗区。在组建龙岗区委宣传部、各镇各单位宣传系统的过程中，龙岗区意识到要组建新闻宣传平台。于是，龙岗区委宣传部向区委区政府提议办一份报纸，在得到省、市新闻出版局批准后，《龙岗报》于 1994 年 1 月 1 日创刊。

最初，报社仅有的 10 多人既当记者又当编辑，既是广告员又是发行员。后来，报纸从旬报变成周报、周二刊、周三刊。1995 年初，办公地点从破旧的房屋搬到了新建的龙岗区政府大院里。报社总人数也增至 30 多人，成立了采编、广告、发行等部门，办报质量进一步提升，长篇重大题材的系列报道层出不穷。

2002 年 8 月 1 日，《龙岗报》更名为《龙岗日报》，每周发行 6 期，由对开版改为 4 开版，并扩版到 16 个版，同时有了自己的印刷厂和发行公司。"每一届龙岗区领导都给报社很大支持，员工也非常努力。当时在全国县市区报综合实力排名中，《龙岗日报》位居第 13 名。"龙岗日报社老社长关心说："我们有了自己的印刷厂和发行公司，印刷时间自主，发行投递更精准。"

但就在实现独立运作不久，2003 年底，《龙岗日报》在全国县市报刊整顿中停刊。2003 年 12 月 31 日，《龙岗日报》发行了最后一期报纸，完成了历史使命。

2004 年 1 月 1 日，龙岗区委区政府与深圳市侨办、深圳市海外交流协会正式合办《深圳侨报》，接过了《龙岗日报》的"接力棒"。2006 年 12 月，《深圳侨报》文化传播有限公司成立，以更加灵活的体制机制深耕龙岗、走向市场。

多年来，《深圳侨报》不仅立足于龙岗、深圳的新闻报道，还寄托了祖籍龙岗、深圳的海外侨胞及港澳台同胞的浓浓乡愁。在他们眼中，《深圳侨报》就是一封家书、一份礼物、一种特产。《深圳侨报》还与法国《欧洲时报》、澳大利亚《新快报》、美国《星岛日报》、南非《中非新闻报》、印尼《讯报》等多家海外华文媒体合作发行《深圳版》，海外宣传阵地覆盖了全球五大洲。《深圳侨报》成为深圳主要外宣报纸、广东省优秀侨刊，还成为国务院侨务办公室指定向我国驻外使领馆、海外重点侨社团赠阅的侨刊，是国内规模最大、影响力最大的侨报。

2011 年 8 月，世界大学生运动会在深圳举行，《深圳侨报》采编团队在零差错的基础上出色出彩，借助联系海外的特色优势，让世界各地感受到不一样的龙岗精彩。此后的东进战略、东部中心、"双核引领多轮驱动"……《深圳侨报》始终紧扣时代发展脉搏和区域发展大势，用手中的笔记录了龙岗历史上每一次重大变革，记录了东部中心加速崛起的发展历程，记录了百姓幸福生活的点点滴滴。

自 2013 年底起，《深圳侨报》坚持每年组织改版升级，收获不少市、区领导及读者点赞。

《深圳侨报》还与时俱进，集聚专业精干力量，从 2014 年开始全面布局融媒体转型发展，现已建成报、网、微、端、刊、播、户外"七位一体"融媒体矩阵，拥有《深圳侨报》、《七彩阳光》学生报、《宝宝熊·幼儿画报》、龙眼视频、两微一端等约 20 个平台，总粉丝量超过 300 万人次。其中，《深圳侨报》代运营的"深圳龙岗发布"微信公众号粉丝量超过 97 万人次，月均阅读量达 100 万次，综合指数从 2016 年 7 月开始至今，连续位居全市各区（新区）官方微信之首；"掌上龙岗"微信公众号粉丝量 40 多万人次，月均阅读量超过 40 万次，在全市同类微信平台中排名前列；"掌上龙岗"头条号连续两年获评"全国最具影响力区县政务头条号"。

2018 年底，《深圳侨报》融媒体项目获评"中国报业融合发展优秀案例"。融媒体产品创作方面，《深圳侨报》打造了一批优秀原创系列视频，《知味龙岗》《龙岗"怪楼"》等数十个原创作品先后被"学习强国"平台收录。

第二节　报刊精准定位市场

《深圳特区报》《深圳商报》等综合性大报的迅速发展，加上办报办刊经验的积累，以及长期的规范整治，深圳报刊事业发展摆脱了上项目"一窝蜂"的局面，新创报纸的定位更加明确。

一　金融类报纸命运各异

随着经济特区建设深入，深圳证券交易所成立于1990年12月1日，成为改革开放后中国第一家集中交易的证券交易所，深圳证券市场蓬勃发展，一批投资金融类报纸相继在深圳诞生，包括《证券时报》、《金融早报》和后来被深圳特区报社出资接管的《投资导报》，但同样精准定位于红火的证券市场，各家报纸的命运却各异。

1. 《证券时报》成四大证券报之一

《证券时报》1993年11月创刊，由《人民日报》与深圳证券交易所主办。创刊时，每周1刊，对开4个版；1994年，扩为每周5刊；1997年12月，扩为每周7刊日报，对开16个版。

《证券时报》为中国证监会指定披露上市公司信息的报刊，与《上海证券报》《中国证券报》《证券日报》并称为"中国四大证券报"。其办报宗旨是坚持正确的舆论导向，宣传党和国家有关政策法规；客观、准确、及时传递证券市场信息；为广大投资者、上市公司、证券经营及中介机构服务。根据证券发行与市场营销特点，该报设置了要闻版、市场版、综合新闻版、公司版、专刊版、数据版。1997年，经国务院新闻办公室批准，其网络版进入国际互联网。

《证券时报》积极拓展发行渠道，实行自办发行。1994年1月，该报建成卫星传版地面站；3月，开通北京、上海两地分印点。1998年，通过卫星传版，陆续在海口、成都、武汉、西安等 29 个大中城市设立分印点，并在香港、澳门设点发行；是年还相继组建了上海、海南、北京、广州、四川等 11 个记者站，设立湖南、福建、青海联络处，日均发行达 50 万份。2000 年，《证券时报》改由《人民日报》主管，《人民日报》华南分社主办。

2008 年，证券时报网正式开通，是中国资本市场信息披露平台。网站全面整合各种财经新闻、财经资讯，24 小时不间断提供全方位的财经信息服务。设有股票、公司、基金、创业板、港股、期货等近 30 个频道。股票、公司、基金等特色频道在信息的专业性和全面性方面领先于国内同类网站。

2.《金融早报》资不抵债宣布停刊

1993 年 5 月创刊的《金融早报》比《证券时报》面世更早。《金融早报》由 8 家金融机构联合创办，中国人民银行深圳经济特区分行主管主办，国内外公开发行。创刊后，初为每周 1 刊，对开 4 个版，后改为每周 2 刊、4 刊；1995 年元月扩为每周 6 刊。

《金融早报》是国内第一张彩色印刷的全国性金融行业日报，中国人民银行指定其为对香港宣传的公告载体。该报坚持"立足金融，面向经济，提供信息，服务社会"的办报方针，以"早"字为特色，突出新闻的时效性，经济政策的敏锐性，信息传递的超前性，报道面的广泛性。重点报道经济界、金融界关心的金融新闻、经济热点及社会问题，并依托毗邻港澳的优势，迅速传递华南三省（区）和国内国际最新金融财经新闻和信息。在广东、广西、海南和全国其他地区建立了采编通联网络，在北京、广州和国内区域金融中心设有记者站。

2002 年 12 月 18 日，《金融早报》在头版右下角以公告形式宣布：由于严重资不抵债，根据《中共中央办公厅、国务院办公厅关于调整中央国家机关和省、自治区、直辖市厅局报刊结构的通知》和新闻出版总署《报纸管理暂行规定》等有关法律法规，定于 2002 年 12 月 19 日停刊。

二 《红树林》成少儿好伙伴

相比前十年大量期刊的涌现，深圳在这个时期创办的期刊数量并不多，但办刊质量明显提高，《红树林》就是其中的杰出代表。

　　《红树林》是由共青团深圳市委主管主办，深圳市委、市政府支持创办的综合性少年儿童月刊，由深圳红树林杂志社出版发行，于1993年1月创刊，1994年第11期开始获全国统一刊号，大16开本，彩色胶印，自办发行。

　　该刊主要读者对象是少年儿童，以"提高儿童的素质，提供丰富多彩的精神食粮"为主要任务，办刊宗旨是提倡现代观念，推崇健康人格，促进全面发展，致力于培养高素质的新时代新少年，努力把刊物办成拓宽儿童视野的阵地。

　　1996年，《红树林》对版面进行较大调整，开本由大16开改为正16开，页面增至48页，半彩半双色。同年发行量由原来的月发行2.5万册增加至8万册。1999年，《红树林》月发行量增至10万册，发行地区辐射至珠三角乃至全国。从2002年起，《红树林》改为全部彩色排版印刷。2003年9月起，《红树林》出版上下半月刊，上半月刊名《红树林·都市少儿》，下半月刊名《红树林·芝麻开门》。从2007年起，《红树林》出版上中下旬刊，上旬刊名《红树林·都市少儿》，中旬刊名《红树林·绿色未来》，下旬刊名《红树林·儿童知识画报》，三刊合计月发行30万册。目前，《红树林》还发行了适合幼儿园和小学一年级的亲子阅读好伙伴《红树林·童趣画报》、广东省首家校园科普杂志《红树林·科普少年》等刊物。

　　《红树林》杂志坚持精品意识，荣获深圳期刊奖优秀期刊和广东省期刊奖优秀期刊称号，2001年荣获中国期刊方阵社会效益、经济效益双赢的"双效期刊"称号，2009年、2010年新闻出版总署向全国少年儿童推荐阅读，2011年、2013年连获第四届、第五届中国优秀少儿报刊优秀奖和金奖。截至2023年，该杂志发行量每期在20万册以上，已经成为深圳市乃至珠三角地区最具有影响力的少儿刊物。

三　《女报》堪称妇女之友

　　于1994年1月创刊的《女报》，由深圳市妇女联合会主管主办，月刊，国内外公开发行。办刊宗旨为：歌颂亲情、爱情、友情，弘扬正义、良知、爱心，致力建设积极健康的妇女文化。

该刊以关爱女性生活，维护女性权益，弘扬女性文化，展示女性风采，促进女性进步，繁荣女性事业而受到妇女读者的欢迎。经过近 30 年发展，《女报》杂志社目前编辑出版的期刊有《女报·生活纪实》《女报·时尚》《女报·魅力情感》，同时与湖南省文联合作出版《新故事》红版、《新故事》绿版，发行量 220 万册。其作品在全国历届妇女报刊评奖中获奖数量和等级均名列前茅，曾先后获得广东省品牌期刊、国家邮政总局"中国最畅销的 80 种报刊"之一、全国妇联"中国十大女性品牌"之一的称号，入选国家新闻出版署的优秀期刊方阵，是深圳经济特区发行量最大、影响力最广的第一期刊品牌。

四 《开放日报》 出版了 270 期

《开放日报》由国务院经济特区办公室主管，国务院特区办公室对外开放培训咨询中心和中共深圳市南山区委员会联合主办，国内外公开发行，以"全面宣传对外开放，发展国际经济合作交流，反映和交流国内经济特区、经济技术开发区和开放地区的经验和发展动态"为宗旨，是面向全国经济特区和开放地区的综合性日报。《开放日报》于 1994 年 1 月试刊，同年 7 月 1 日正式创刊，对开 12 个版。由于定位精准，《开放日报》一度大受欢迎，创刊 1 年后，每期发行量就超过 5 万份。但因创办时未报请上级主管部门批准，《开放日报》于 1995 年 7 月 29 日停刊，共发行 270 期。

五 内部报刊渐成流行

20 世纪和 21 世纪之交，各级机关、企事业单位出版内部报刊或内部资料性出版物渐成流行趋势。2000 年，深圳市经登记注册的内部资料性出版物共 196 种，其经费来源有主管或主办单位全额拨款、主管或主办单位差额拨款、部分差额拨款、办刊经费全部自筹 4 种。

除了前期属于内部报刊，后获得全国统一刊号的《南山报》《宝安报》《龙岗报》3 家区级机关报外，至 2000 年底，旨在宣传行业情况，交流工作信息，反映业务动态的机关事业单位创办的内部报刊还包括深圳市政协的《鹏程》、深圳市财政局的《特区财会》、深圳市法制局的《特区法制》、深圳市公安局的《深圳警察》等。

此外，作为企业文化和企业品牌的重要载体，大量企业也创办了众多内部报刊。1994年6月，在市新闻出版局的指导和支持下，30余家企业报刊发起成立深圳市企业报刊协会。协会成立后，组织培训，开展评好新闻活动，举办协作联络会议，探讨如何办好企业报刊。至2000年，企业报刊协会会员单位有100多家，报刊数量超过100种，包括万科公司的《万科周刊》、宝安集团公司的《宝安风》、华侨城集团的《华侨城》、华为技术有限公司的《华为人》等。

第四篇

乘风破浪正当时（2002~2011）

深圳报业集团坚持政治家办报，牢牢把握舆论导向，服务党和政府中心工作。强调"以报兴业、以业强报"的理念，既注重报业的意识形态属性，又注重报业的产业属性、经济属性；既当好党和人民的喉舌，又始终不忘面向市场提高效益；既强调政治意识、责任意识，又强调市场意识、成本意识、效益意识，努力争取实现社会效益和经济效益双丰收。

　　作为改革开放的急先锋，深圳传媒在集团化的浪潮中也敢当先锋，勇立潮头。

第一章　集团化巨舰启航

2002 年 9 月 30 日，深圳传媒业发展史上矗起了一个新的里程碑，经中共深圳市委研究决定，中央和省主管部门批准，由深圳特区报业集团和深圳商报社合并组建的深圳报业集团，在深圳特区报业大厦举行了隆重的深圳报业集团成立暨挂牌仪式。

全国政协副主席霍英东，中宣部副部长徐光春、李从军，全国人大常委会委员曾宪梓，中联办宣传文体部部长赵广廷，香港知名人士李嘉诚，中华全国新闻工作者协会等分别发来题词、贺信和贺电。

受市委书记黄丽满委托，市委副书记庄礼祥代表市委、市政府发表讲话，他表示，深圳特区报业集团和深圳商报社合并成立深圳报业集团是市委、市政府为适应形势发展的需要，抓住机遇，迎接挑战，深化新闻业发展，提高党报竞争力，把党的新闻事业做大做强而做出的一项重要决策。

两大报系的强强联合，标志着深圳报业真正步入集团化发展的正轨。深圳纸媒由此开始形成合力，共同发展，深圳报业集团这支庞大的"媒体舰队"，从此开始扬帆起航，乘风破浪。

经过 10 年的发展，深圳报业集团抵御了全球金融危机和网络、移动媒体等新媒体的双重冲击，广告额持续上升。在中国报业中，深圳报业集团采编系统电子化科技水平处于领先地位，印刷设备印力和报刊发行物流能力名列前茅；相继开发了地铁广告、直递广告、国际会展、酒店、旅游、房地产等经营项目，成为集报刊、出版、户外广告、网络新媒体等于一身的综合型跨多种文化领域的多媒体传媒产业集团，是中国目前经营规模最大、现代化水平最高的报业集团之一。

第一节 集团化是发展的必然之路

对于报业集团化运作，深圳特区报业集团和深圳商报社都曾进行有益的尝试，但并不彻底；同时，深圳报业更深入进行集团化发展的内部和外部条件均已成熟，因此，组建深圳报业集团，是大势所趋，也是深圳传媒发展的必然之路。

一 坚实的区域基础

报业必须依托城市生长，城市的经济发展水平越高，人口数量越多，人均收入越高，报业越发达。深圳的报业有幸依托于深圳这座现代化大都市，作为中国最早的经济特区，深圳生产总值、地方财政收入、进出口贸易连年飞速增长，人均 GDP 常年高居全国第一位。随着大量的工作机会出现和经济发展的需求，大批流动人口涌入深圳，这座曾经人口不足 3 万的边陲小镇，很快发展为经济在全国处于领先地位、人口超过千万的一线城市。深圳的报业不仅伴随着这座城市的成长始终处于高速发展，深圳雄厚的经济实力、超大城市规模以及优越的区位优势，也为深圳报业以集团化做大做强奠定了坚实的基础。

1999 年 8 月，由广东省委宣传部、广东省委政策研究室、广东省社会科学院和深圳市委组成的联合课题组，在《深圳建设有中国特色社会主义和率先基本实现现代化示范市研究》报告中，明确提出深圳"必须把文化立市战略作为跨世纪发展的基础战略"。深圳市委、市政府大力推进深圳文化体制改革和文化产业发展，加强媒体建设是其重要举措之一。"文化立市"的政策，给深圳报业集团化发展提供了战略支撑。

二 严峻的媒体竞争

成立报业集团的另一个原因，是同业竞争严峻。从 1982 年《深圳特区报》创刊到深圳报业集团成立之前，深圳先后有超过 130 家报刊创刊。这些报刊，一方面顺应深圳特区不同时期改革开放的新闻宣传需求，群雄并起，声势浩大；另一方面，为了生存也必须日益扩张，激烈争夺新闻、发行和广告市场，展开"没有硝烟的战争"。

经过时代的洗礼和优胜劣汰的过程，到 2000 年前后，深圳报刊的角逐较量，就主要集中为深圳特区报业集团和深圳商报社两大报系的竞争。那种激烈程度使双方都不敢懈怠。据原《深圳商报》总编辑高兴烈回忆，他每天早上洗漱完做的第一件事，就是把当天的《深圳特区报》和《深圳商报》摊开来看，看到《深圳特区报》上的报道有好过《深圳商报》的，就赶紧给同事打电话，所以同事们都怕早晨接到他的电话。后来，高兴烈听说《深圳特区报》的吴松营社长也是如此。

两强在千方百计的对峙中，各自也都承受了自身的扩张与发展的极大压力，导致经营成本提高，广告资源流失。

而且几乎在同一时期，来自广州的媒体也开始"觊觎"深圳庞大的市场。1999 年，《南方都市报》在深圳建立了 30 多人的记者站。2000 年 3 月 1 日，《南方都市报》启动"深圳战略"，在 48 个版的基础上增加 8 个版。这 8 个版从新闻报道到生活副刊，内容全部深圳本地化，同时主打广州和深圳两个中心城市。随后，《广州日报》也办了深圳版，并向深圳派驻了 20 多名记者。《羊城晚报》也曾投入大量资源，发行地方版，开拓深圳市场，对深圳本土传媒形成冲击。

同时，境外媒体也对深圳的媒介市场垂涎欲滴，伺机而动。由于深圳与只有一步之隔的香港民间交往频繁，长期以来香港报刊在深圳都能看到，尤其在罗湖和福田这两个较多香港人居住的区域，许多西餐厅都在显著位置摆放着香港报刊，供客人翻阅。深圳居民也能收听、收看香港的电台和电视节目。实际上香港媒体已占据了相当一部分深圳市场。中国加入 WTO 以后，外资传媒开始抢滩深圳。广东作为中国入世后外资传媒进入的"试验田"，华娱电视、凤凰卫视等节目和频道都已获得在广东有线电视的落地权，凤凰卫视更是把制作基地设在深圳。作为全国经济最发达的地区之一，深圳无疑是外资媒体重点抢滩的目标。

无论是对内还是对外，深圳都需要拥有更强的力量去面对竞争，让深圳特区报业集团和深圳商报社携手，一针见血，也持续有效。深圳报业集团——中国规模最大的报业集团的成立，标志着深圳纸媒从群雄纷争转到强强联合，使深圳的传媒业更加健康，发展更加迅猛，集团化发展构成了生机勃勃的城市媒体生态。

三　成功的他山之石

在中央一系列政策相继出台后，1996 年 1 月 15 日，广州日报报业集团成为中国第一家报业集团，拉开报业集团化的序幕，南方日报报业集团、羊城晚报报业集团、经济日报报业集团、光明日报报业集团等先后宣告成立。至 2002 年底，经中央宣传部和新闻出版总署批准组建的报业集团，已覆盖了国内大部分的省、自治区、直辖市和计划单列市。

其中，特别是文汇新民联合报业集团的成立，给深圳报业集团的成立起到良好的示范作用。1998 年 7 月 25 日，创刊 60 年的《文汇报》和创刊 69 年的《新民晚报》联合组建成立文汇新民联合报业集团，成为中国最大的报业集团之一，也在中国开创了同城两大报业集团合并的先例。文汇新民联合报业集团的成立以及良好的运行效果，给一直想在文化产业领域做大做强的深圳提供了有益的启示，深圳市委、市政府主动促成了深圳两大报系的携手，深圳报业集团由此诞生。

第二节　初生的深圳报业集团

2002 年 7 月，新闻出版总署批复同意深圳特区报业集团和深圳商报社合并后更名为深圳报业集团。

2002 年 9 月 30 日，深圳报业集团正式成立。深圳市委决定，吴松营任深圳报业集团党组书记、深圳报业集团社委会社长，黄扬略任党组副书记、副社长、编委会总编辑兼《深圳特区报》总编辑，王茂亮任党组成员、副社长、编委会副总编辑兼《深圳商报》总编辑，陈君聪任党组成员、副社长、经管会总经理，加上其他党组和社委会成员，整个领导班子一共 16 人。后又任命陈向平为深圳报业集团党组成员、纪检组组长，领导班子增至17 人。

深圳报业集团正式成立当天，《深圳特区报》《深圳商报》同时发表题为《建设具有国际竞争力的强大报业集团》社论，指出深圳报业集团的成立，是贯彻落实党中央关于深化新闻业改革精神的新成果，是深圳新闻事业发展的重要里程碑。深圳两报的合并重组，是强强联合、珠联璧合，目标是建设有深圳风格、中国特色、国际竞争力的社会主义现代化报业集团。

一　规模最大的"开路先锋"

由深圳两大报系组建的深圳报业集团，拥有《深圳特区报》、《深圳商报》、《深圳晚报》、《晶报》、*Shenzhen Daily*、《深圳青少年报》、《深圳都市报》、《香港商报》等八报和《深圳周刊》《汽车导报》《焦点》《游遍天下》等四刊，以及 10 多家二级公司。日总发行量超过 200 万份，约为深圳报刊市场总量的 90% 以上，覆盖率达到 100%。

新组建的深圳报业集团 1+1>2 的效应迅速放大。2003 年，深圳报业集团的广告营业额比两报合并前的 2002 年增长 20%，净利润增长 115%，纳税总额增长 13%，国有净资产增长率达 13.43%。集团资产总额近 50 亿元人民币，年营业收入近 30 亿元人民币，其中年广告收入 23.8 亿元，仅低于央视，居全国媒体第二位，在全国报业机构中居于榜首。[1] 2004 年 9 月 4 日，全国纳税百强排行榜出炉，深圳特区报社纳税额居全国报纸出版业第二位。

其后，经有关部门批准，《深圳法制报》《宝安日报》《特区教育》《中外房地产导报》分别以行政调拨、有偿兼并等方式先后并入集团，深圳报业集团的规模进一步扩大，成为国内报业集团中规模最大、现代化水平最高、综合经济实力最强的报业集团之一。

2002 年 11 月，中共十六大召开，提出了继续深化文化体制改革的战略任务。2003 年 6 月 27 日，全国文化体制改革试点工作会议在北京召开，对全国文化体制的改革试点工作做出全面部署，深圳报业集团社长吴松营在会上做了专题发言，同时，深圳报业集团与新华日报报业集团、大众日报报业集团、河南日报报业集团等 4 家报业集团被列入中央文化体制改革试点

---

[1]　吴松营主编《深圳传媒业的崛起》，深圳报业集团出版社，2010，第 38 页。

集团。

2003年1月8日，中共中央政治局委员、广东省委书记张德江专程到深圳报业集团考察新闻宣传工作，向深圳报业集团赠言：开路先锋！

2003年2月4日，中共中央政治局常委李长春同志亲临深圳报业集团视察，称赞《深圳特区报》"多年来导向很好，而且有比较好的经济效益"。"通过你们的实践证明，中宣部组织的报业集团这种改革方式是可行的，是有效的。"①

二 "有统有分，统分结合"

两大报系此前的企业文化、管理方式和行事风格都有较大差异，新的集团干部职工超过5000人，家大业大，前进的路上困难更大。

2002年10月15～16日，深圳报业集团社委会在集团小梅沙度假村召开。会议确定的总体思路如下：在优化资源配置，尽快形成合力，努力使集团做大做强的同时稳妥推进，尤其是对机构合并和人员去留问题，一定要妥善处理，要吸取国内兄弟报业集团的经验教训，制定集团长远战略发展规划，尽快建立健全规范化、制度化、科学化的管理体制和运行机制。集团系列报刊在明确定位的基础上，要积极努力，把报刊办得更好更活。

"梅沙会议"最后形成了"有统有分，统分结合"和"三个统一"的共识。深圳报业集团很快步入"统分结合，统出合力，分出活力"的快速发展轨道。

"有统有分，统分结合"的管理模式，既保证集团统一高效的调控指挥权，又保证集团内各子系统的相对独立性、灵活性，建立和完善法人治理结构，明确和规范各子系统的责、权、利关系。

1. 分工明确，合作密切

深圳报业集团实行党组集体领导下的社长负责制，集团党组、社委会是最高决策机构，设集团编辑委员会和集团经营管理委员会，分别由总编辑和总经理主持工作。两个委员会功能相辅相成，做到了分工明确、合作密切、运转协调。

---

① 刘秉仁：《特区拓荒牛 报业领航人》，《深圳特区报》2003年5月1日。

在发挥媒体功能上，深圳报业集团突出强调做大做强《深圳特区报》，作为集团的核心与龙头。同时，强调《深圳商报》《深圳晚报》《晶报》《深圳特区报》都是集团的主报，都是党报，都必须发挥党的舆论工具的作用。四大主报是党报舆论导向功能在不同社会层面、不同市场的延伸，要互相补充、互相支持，要形成合力，唱响主旋律；其报道的最重要之点，就是第一时间报道党和国家有关改革开放的重大决策；报道改革开放的新举措和新事物，为改革开放鼓与呼，为学习和贯彻邓小平理论、"三个代表"重要思想和科学发展观做出更大贡献。在重大政治活动报道和政府重大工作部署宣传时，以主报奏主调、其他报刊奏和声的"新闻交响乐团"阵势，合力奏出动人心弦的新闻交响乐章，发挥出党报集团的舆论主导作用。

2. 错位竞争，优势互补

为了避免内部竞争，深圳报业集团不断优化调整对所属各报网的定位，进一步明确各自的功能和任务，最大限度发挥各报网的能量。

《深圳特区报》作为市委机关报，强调要增强可读性和权威性，强化党报的社会影响力和公信力；《深圳商报》强调丰富经济视野与文化内涵，提高推动社会经济与文化大发展的服务水平；《深圳晚报》要发挥进社区的优势，增强服务民生的功能；《晶报》要强化都市品位和时尚色彩，有效扩大受众群体；Shenzhen Daily 要拓展社会联谊活动，扩大外宣服务领域；深圳新闻网要强化报网联动、网网互动的立体传播水平；其他各子报子刊子网则尽可能扬其所长，突出个性魅力以增强感染力等。

集团在具体的领导、组织工作中，积极促进各报网形成"特点分明、错位竞争、优势互补"的传播格局。

3. 统出合力，分出活力

"有统有分，统分结合"是手段，"统出合力，分出活力"则是需要达到的效果。

为了实现统出合力，深圳报业集团明确在制度上要保证人事统一、财务统一、经营统一。具体有五方面：一是成立集团人力资源中心，负责对整个集团的人才和劳动资源的统筹、开发、合理调配使用；二是组建集团财务中心，全面梳理原两个报系的财务制度，取其优者，形成统一的集团财务制度，在产权、投融资、预算、成本控制管理等方面，形成统一的行为规范；三是以广告协调会制度，发挥经营管理委员会对整个集团广告资源的统筹、协调、指挥作用，全面整合广告资源，凸显集团合并重组后的广告规模效益；四是完成信息与技术保障系统的整合规范，办公场所网络联通，信息资源共享，节省费用，提高工作效率；五是原来分属两个报系的发行、印务公司等重要经营性企业完成机构、人员、设备、流程、管理等方面的合并、重组与对接。

为了实现分出活力，深圳报业集团明确在坚持"三个统一"的同时，赋予各独立核算单位充分的日常管理自主权，鼓励内部良性竞争，明确各自的目标、责任。具体有以下三方面。

第一，决策指挥分为相互递进、职责分明的三个层次，党组对集团重大的人、财、物、战略事项进行决策与指挥；集团编委会和经管会则分别对宣传报道业务与经营业务进行管理决策与指挥；各报刊、各下属企业作为集团内部独立核算主体，对本单位日常运营管理进行决策与运营。这从体制上保证了集团在行使统一的宏观调控权的前提下，各子系统应有各自相对的独立性与灵活性。

第二，以目标责任方案将各自的责、权、利及奖惩条款分别明确给集团内各个独立核算单位，每一年度集团的整体任务和指标都进行逐级分解，并以此制定各独立核算单位的具体目标责任方案，对各单位的社会效益目标、经济效益指标及相对应的责任、权利、奖惩标准等均进行定性定量描述，赋予各独立核算单位相应范围的人事任免权、调配权、费用审批权、收益分配权，使其围绕各自目标任务积极投入市场、参与竞争，并切实建立起内部有序公平竞争、优胜劣汰的经营机制。做到层层有目标、事事有考核、人人有责任，充分调动起各方面积极性。

第三，广告分开由各报刊独立经营。各报刊均成立广告部，在接受集团广告中心的统一管理和协调的同时，发挥各自优势，针对差异化受众目标突出各自营销特点，实行错位竞争，使整个集团广告经营呈现蓬勃生机。

第三节　阳光报业　和谐报业　效益报业

2005年1月19日，吴松营因为年事已高退休，深圳市委短时间内两次对深圳报业集团领导班子进行调整。2004年12月31日，深圳市委决定黄扬略任深圳报业集团党组书记、社长，王茂亮任集团党组副书记、总编辑，陈君聪任集团党组副书记，杜吉轩任《深圳特区报》总编辑，王田良任《深圳商报》总编辑，李丽任集团党组成员、纪检组组长，杨黎光任《深圳晚报》总编辑，周斌任集团副总编辑、《深圳法制报》总编辑。

2005年7月5日，深圳市委决定黄扬略任深圳报业集团党组书记、社长，王田良任深圳报业集团党组副书记、副社长、编委会总编辑兼《深圳特区报》总编辑，刘明任党组副书记、副社长、集团总经理，杨黎光、陈寅、林青、张兴文、侯军任集团编委会副总编辑、《深圳特区报》副总编辑。

2005年1月，深圳报业集团提出建设"阳光报业、和谐报业、效益报业"的发展目标，不断完善经济目标责任制，建立政治目标考核机制。集团首先从健全各类管理制度抓起，清理和修订了100多项规章制度，强化了内部监督机制和责任追究体系，实行社会效益和经济效益两个综合指标的目标责任考核体系，为报业管理与运营注入了活力和生命力，确保集团在健康平稳中高速发展。

一　思路进一步明确

"阳光报业、和谐报业、效益报业"让深圳报业集团进一步明确发展思路：首先制定科学的发展战略，向跨地区、跨媒体方向发展，力争建立起多元化、立体化、国际化的大型传媒集团；其次，积极贯彻"节流降本，增收创效"经营方针，创新运营机制，确保集团经济效益稳中有升；同时，加大资本运营力度，加快重大项目建设，提升集团的整体实力和各报网的品牌价值。

1. 制定科学的发展战略

2005年全国报业广告收入首次全面下滑，深圳报业集团主动调整、积极求变，2005 年 4 月 7 日，深圳报业集团党组会通过《深圳报业集团改革发展的战略思路》。

对于未来的发展方向，深圳报业集团强调坚持突出"一个主业"，即坚持以平面媒体产业主体为中心，凸显核心竞争力；"两个融合"，即改变传统的报业模式，与新媒体、新技术融合，增强战略资源的整合力；"三个扩张"，即实现跨媒体扩张、跨行业扩张、跨地区扩张；"四个转变"，即通过市场的作用，向媒体产业群体转变，向集约化的规模经营方式转变，向深化运营模式创新转变，向现代企业制度转变；"五大支柱"，即要在集团旗下形成报刊平面媒体、出版发行、印刷、网络信息、户外广告媒体五大支柱产业；"六大延伸"，即抓紧打造延伸广电立体媒体、会展经济、资讯内容运营、媒体投资运营、电讯增值业务、存量房地产开发等六大产业领域。努力形成一个"上游开发、中游拓展、下游延伸"的纵向一体的传媒集团运作模式，造就多梯次的盈利结构，保持集团近期和中远期盈利链条的连续性和创新发展。

2. 创建高效的运营机制

深圳报业集团成立不久，就遇到全球金融危机和新媒体的双重冲击，集团及时调整应对措施，加大增量业务拓展力度，力争广告收入主业经营运行平稳，同时，努力培育新的利润增长点。

2005 年 2 月 3 日，深圳报业集团成立集团盘亏节流工作委员会，当日注销长期处于歇业或停业状态的 14 个下属企业。

2005 年 7 月 29 日，深圳报业集团为加强对系列报刊的管理，决定恢复集团系列报刊编辑委员会，同时决定对扭亏无望、没有前途的系列报刊予以关闭。从 2005 年 11 月 5 日起，《深圳法制报》和《本色生活》杂志停刊，刊号保留。2006 年 12 月 15 日，《深圳都市报》和《中外房地产导报》休刊。

2006 年 10 月 31 日，深圳报业集团成立深圳报业房地产经纪顾问有限公司，注册资金 1000 万元，将房地产租赁开发业务从集团物业管理公司中剥离，根据市场变化，调整租赁营销策略，可租赁房产的整体出租率保持在 95% 以上，收入稳中有升。

2006 年 11 月 18 日，深圳报业集团四大报开设的房地网、深圳车城网、深圳搜购网、问工网等 4 个特色网站正式上线开通，采用积极主动的手段应对新媒体广告分流。这 4 个特色网站于 2007 年获中国数字报业实验室颁发的"中国数字报业创新项目奖"。

2008 年 5 月，按照深圳市国有文化资产监督管理指导原则，深圳报业集团对目标责任管理、薪酬管理、资产管理等制度做了相应调整。一是将目标责任人年收入的增长与其所在单位利润指标的增减紧密挂钩，目标责任奖励额与完成利润实际数额挂钩；二是依据所属单位在社会中承担的角色，设定社会效益目标责任与经济效益目标责任占比合理的考核体系，对各报网的考核增大社会效益比重，对印刷、发行等企业的考核增大控制成本费用的比重，并进一步量化，以进一步提高报业经济的收益能力，确保国有文化资产的大幅增值。

此外，深圳报业集团还先后推进了旅游、酒店、汽车修理、教育培训、再生资源回收等相关产业发展，取得了良好的社会效益和经济效益。

3. 加快重大项目的建设

深圳报业集团还加大力度，加快传媒科技园、文博大厦和创意信息港等重大项目的建设。

2002 年，深圳报业集团在市、区政府的支持下，在龙华清湖工业园购买 11 万平方米工业用地使用权，2004 年决定将该用地的建设项目提升为传媒科技园。2004 年 5 月 15 日，传媒科技园项目举行开工奠基仪式。一期工程于 2006 年 9 月破土动工，投资约 7 亿元，占地 4.48 万平方米，总建筑面积 5.55 万平方米，被列为深圳市"十一五"规划文化产业重大项目。

2008 年 1 月 18 日，龙华印务中心举行印刷设备试机启动仪式。龙华印务中心是高科技现代化的报纸印刷生产基地，是全国乃至东南亚规模最大、现代化程度最高的传媒科技产业基地之一。龙华印务中心的建成，彻底解决了深圳报业集团印刷瓶颈问题。

2008 年，深圳报业集团又通过竞拍方式拿下 2 万平方米地块使用权，开发龙华二期工程。该项目建筑总面积 12.89 万平方米，投资 5.5 亿元，拥有深圳市印刷博物馆、书刊印刷基地，以及为一期配套的新闻纸储备调剂中心和生活服务中心，在打造高端印刷产业园的同时，发挥文化产业带动效应。该工程于 2008 年 4 月被深圳市政府列为重大文化产业发展项目。

2005 年 7 月 29 日，深圳报业集团正式接手"文苑大厦"项目，更名为"文博大厦"，集团成立文博大厦工作小组，加快文博大厦承建工作。作为深圳市"十一五""十二五"文化产业规划重点项目的文博大厦，于 2015 年 3 月 26 日实现主体工程顺利封顶，建筑总高度为 208 米，建筑总面积达到 10.47 万平方米。2008 年 11 月，深圳报业集团成立深圳市文博大厦投资发展有限公司，负责文博大厦的日常运营管理。

4. 加强资本的运营力度

深圳报业集团领导层深刻意识到，报纸不再是单一的新闻纸，集团拥有的与新闻相关的广告、发行、印刷、信息、出版等产业，所经营的其他产业，都是可运作资本。面对新的发展趋势和竞争形势，深圳报业集团必须积极利用资本手段，通过资本的技巧性运作，优化媒体资源配置，扩张媒体资本规模，增强自我造血机能，实现价值增值、效益增长。

2003 年 8 月 22 日，深圳报业集团党组会议决定注册成立"深圳报业控股（集团）公司"，属集团独资企业，注册资本为 10 亿元。2004 年 2 月 3 日，为加快集团资本运作步伐，深圳报业集团成立集团资本运作领导小组。2007 年 3 月 6 日，深圳报业集团党组会议决定，成立集团资产管理部，对集团的有形和无形资产实行统一管理。

控股公司和领导小组成立后，深圳报业集团立即推进了集团改制上市准备工作。2004 年 8 月 25 日，深圳报业集团党组决定深圳报业集团上市为整体上市，路径为 IPO 方式。2009 年 5 月 12 日，深圳报业集团党组审议《关于深圳报业集团组建上市公司的计划》和《关于集团部分核心资产整合上市的报告》。同时，对《香港商报》在香港上市也进行积极探索，引入中介机构，着手完成股份制改造工作。

2004 年 8 月 13 日，深圳报业集团与深圳证券信息有限公司合作，推出"深圳报业指数"，包括"深圳报业"综合指数和"深圳报业"成分指数。这是内地综合类报刊推出的首个股票指数，受到证券市场与媒体同行的普遍关注，发挥了深圳经济"风向标"的作用。

2010 年 2 月 10 日，深圳报业集团按深圳文化产权交易所有限公司总股本的 15% 出资 150 万元，成为该公司的发起股东之一。同年 4 月 9 日，深圳报业集团决定向文博会公司增加出资 3000 万元人民币，参与设立中国文化产业投资基金，并成立"集团创意文化产业大项目领导小组"，以主动为深圳拟建立的前海媒体与信息服务产业的发展做好服务。

二　阵容进一步壮大

在深圳报业集团新的发展思路中，与新媒体、新技术融合，增强战略资源的整合力，实现跨媒体扩张、跨行业扩张、跨地区扩张是其重要组成部分。深圳报业集团积极实践，壮大了报业集团的队伍，也为未来融合发展打下了坚实的基础。

1. 深圳报业集团出版社延伸传媒产业链

长期以来，深圳只有海天出版社一家综合性出版社，2004 年 6 月 19 日，深圳报业集团出版社正式挂牌成立，标志着深圳报业集团正式进军出版市场。

深圳报业集团出版社是全国第一家由新闻出版总署按照企业批准新建的出版机构，出版社以强大的深圳报业集团作后盾，创新体制机制和经营理念，以出好书、创名牌、实现良好的社会效益和经济效益为目标，始终贯彻"建队伍、创品牌、增效益"的既定方针，坚持以社会效益为首位，实现社会效益与经济效益双丰收的原则，建社以来出版了新闻类、社科类、文化类、经济类、教育类等数百种具有影响力的图书，荣获多项重要出版奖项。已形成"主题出版""我们深圳""深圳文典""共同体文库""教育教辅""自然生态""史志年鉴"等多条成熟且独具特色的图书产品线，每年出版有关新闻类、社科类、文化类、经济类、教育类等图书近百种，旗下运营"共同体 Community"和"重点帮+"两个微信公众号、一个官方网站，以及视频号、有声书等多种新媒体平台，并努力实现数字出版转型，深度推动融媒发展，延伸了报业集团的传媒产业链。

2007 年 1 月 17 日，由市委书记李鸿忠作序，市委副书记李意珍，市委常委、宣传部部长王京生为特邀顾问的《效益深圳——深圳发展模式转型观念与实践》一书出版发行。2008 年 12 月 26 日，由陈寅主编的《先导——影响中国近现代化的岭南著名人物》出版发行。2010 年，深圳报业集团出版社围绕深圳经济特区建立 30 周年及迎接"大运会"出版一批有影响的图书，包括《新起点再出发——深圳经济特区回答广东省委书记汪洋"三道题"报道汇编》《深圳传媒业的崛起》《大道 30：深南大道上的国家记忆》等。2011 年 5 月 18 日，由时任深圳市委书记王荣作序，市委常委、宣传部部长王京生主编的《深圳十大观念》一书出版，该书在 2011 年 11 月"深圳读书月"中高票入选"年度十大好书"，并荣获唯一"年度推荐好书"称号，产生了良好的社会效益和经济效益。深圳报业集团出版社出版发行的《深圳自然笔记》获 2021 年度广东省环境保护科学技术奖（科普类奖）并荣获首届广东出版政府奖（图书奖）；"我们深圳"系列三部书《最后的"珍珠"：深圳大鹏东山村调查》《大转折：深圳 1949》《街巷志：行走与书写》获广东省有为文学奖；历年出版年鉴均有获评省、市优秀等级年鉴，《光明年鉴》获第九届中华印制大奖（银奖）。

2. 地铁传媒寻找全新业态

在深圳报业集团成立后不久，深圳也进入了地铁时代。2004 年 12 月 28 日，深圳地铁 1 号线正式开通运营，深圳成为中国第 8 座开通轨道交通的城市（统计未含港澳台）。

地铁的出现，为深圳市民提供了便捷的出行方式，也为深圳的媒体提供了全新的发布和传播方式。深圳报业集团敏锐地洞察到这一点，在深圳地铁正式开通运营之前，就积极与深圳地铁集团展开合作。

2004 年 6 月 18 日，深圳报业集团参与深圳地铁集团一期工程广告经营权招标，取得深圳地铁 1、4 号线站台、站厅灯箱 15 年的广告经营权。7 月 9 日，深圳报业集团党组会议决定，合资成立深圳报业地铁广告有限公司。8 月 5 日，深圳报业地铁广告有限公司注册成立。

2010 年 12 月 6 日，深圳报业集团参加应标深圳地铁 1、2、5 号线广告经营权的招标，成功中标深圳地铁 1、2、5 号线站内主要广告资源经营项目，合同经营期限为 7 年（2011 年至 2017 年），合同总金额 14.1 亿元。第一年（2011 年）经营权费 1.6 亿元。12 月 28 日，深圳报业集团地铁传媒有限公司正式成立。

3. 深圳第一份免费报纸《地铁早8点》

作为深圳报业集团与深圳地铁集团战略合作的又一项重大成果，《地铁早8点》于2011年2月14日面世。《地铁早8点》是深圳本地第一份免费报纸，由深圳报业集团主管，《深圳晚报》主办，逢周一到周五发行，每天24个版，初期发行10万份，每周一至周五的上午在深圳地铁各站口免费向乘客派发。首批派送点为地铁1、2号线已开通运营段的29个车站，后随着深圳地铁网络的延伸，《地铁早8点》发行量增至20万份以上。

《地铁早8点》的创刊，是为提高地铁运营服务，向市民乘客献出的一件礼物，是深圳新闻发展中一个重要标志性事件，是深圳报业品种创新的一次有益探索，也是报业集团和地铁集团在深圳"文化强市"战略下联手推出的重大文化建设新举措。该报在倾力打造短小、快捷、精彩的新闻资讯的同时，努力为广大乘客提供方便实用的服务资讯。

4.《深圳手机报》贴身服务800万用户

2006年1月9日，深圳报业集团《深圳特区报》与中国移动深圳公司合作开发的一种通过无线信道传递资讯的新型传媒——《深圳手机报》正式问世。

步入21世纪后，迅速普及的手机已经成为人们生产生活的必要工具，2005年底，深圳的手机用户突破800万人。同时，随着科技手段的不断创新，以手机作为载体的新型传媒工具也应运而生，开始进入人们的生活，并成为信息社会的标志性特征之一。

作为一份单体数字报纸，《深圳手机报》依托深圳报业集团雄厚的信息资源和深圳移动庞大的客户优势，将报业集团主报和新闻网的信息进行精选，并精编成新闻简要，为深圳广大手机用户滚动播发本市及全球最重要的新闻资讯，配以图片，同时还播发气象、交通、出行等资讯。每天清晨，深圳手机用户打开手机时，一份浓缩新闻精华、提供贴身资讯的《深圳手机报》就第一时间跳入眼帘。

《深圳手机报》运作模式是用户订阅手机报后，通过接收彩信获得手机报后离线浏览，而且可以在线点播新闻，包月的订户每月收费10元，单条收费 1 元。《深圳手机报》上线当日用户即超过 6000 人。在智能手机彻底普及之前,《深圳手机报》成为深圳人获取资讯最快捷的方式。

2007 年 3 月 1 日,《深圳手机报》正式向全国发行,从区域性媒体跨入全国性媒体行列。

5. 深圳文化单位首家博士后工作站

2008 年 6 月经人力资源和社会保障部、全国博士后管委会批准,深圳报业集团正式设立博士后工作站。2009 年 9 月 30 日,深圳报业集团博士后科研工作站正式挂牌,标志着深圳市第一家文化企事业单位的博士后科研工作站开始运作。

深圳报业集团博士后工作站采取与复旦大学新闻传播学博士后流动站联合招收博士后入站的方式开展课题研究。媒体与高校强强联合培养博士后的协同创新模式,促进了产学研用深度融合,一方面充分发挥媒体资源优势,为进站博士后在薪酬福利待遇和科研经费、科研条件方面提供可靠保障;另一方面,深圳报业集团博士后工作站还负责博士后在站期间的日常管理和考核评价工作,以及组织专家对博士后在站期间取得的科研成果进行评审鉴定。而高校方面,则充分发挥其学术和科研优势,由高校导师指导博士后的科研工作,参与检查、考核和评估,并组织科研成果评审鉴定。

建立博士后工作站,满足了深圳报业集团对高端人才的强烈要求,推动了集团进行知识创新,构建传媒自主创新平台,在提升媒体业务研究能力与学术水平、提升自主创新能力、创新内容生产模式、探索经营变现、助推融合转型、促进科技成果转化等方面起到重要作用。

第二章 集团化战斗力

在经过了近 10 年集团化的发展后，深圳报业集团拥有十报五刊两个出版社七个网站，报纸日总发行量超过 300 万份，占深圳报刊市场总量 92% 以上。这些标志着深圳报业集团新媒体格局已初具雏形，强大的媒体阵容也爆发出了强大的战斗力。

在深圳报业集团强大实力的支撑下，各报网同时按下发展加速键。

第一节 《深圳特区报》的核心气质和精神追求

深圳报业集团成立后，立即调整了《深圳特区报》的功能：以政治、经济、文化报道为主的大型综合性日报，特色是大力传播特区"试验场"的新观念和新经验，积极为中国的改革大业鸣锣开道，以浓郁的"窗口"色彩和鲜明的改革精神满足读者的需要。作为中国经济特区的权威主流媒体，《深圳特区报》致力做大做活政治、经济、文化主流新闻，作为集团内甚至整个深圳权威大报的"领头羊"地位更加突出。

2011 年 3 月 11 日，中央政治局委员、中央书记处书记、中宣部部长刘云山在与深圳市主要领导的谈话中表扬了《深圳特区报》。他指出："《深圳特区报》我的办公室有一份，每天都看，所以对深圳的各方面情况都能及时了解到。这份报纸办得很好，在党报里面是办得一直最平稳的，很有政治敏感性，把握大局。对于传播深圳形象起了很好的作用。""《深圳特区报》一直很稳定，说明深圳的宣传工作把握得好。"①

---

① 翁惠娟：《新出发再远航——写在〈深圳特区报〉创刊 30 周年之际》，《深圳特区报》2012 年 5 月 23 日。

2011 年 10 月 31 日，刘云山又在《深圳特区报》头版消息《在市委书记王荣一封信的感召下廖天野长跪父母面前悔泪满面》和配发评论《道德感召当如春风化雨》上批示，充分肯定深圳市对此问题"春风化雨般的引导""社会效果很好"，认为这种"立足于化解、立足于建设、立足于解决问题"的做法值得借鉴。

时任总编辑的杜吉轩在 2005 年《新春寄语》中指出：《深圳特区报》要"传递受众最急切想知道的信息，用读者最易接受的方式采编新闻，将主旋律演奏得高亢嘹亮又悦耳动听，让党报的色彩既鲜明生动且温暖宜人"。这段话很好地概括了《深圳特区报》的内在气质和精神追求。

一　当好党和政府的参谋与助手

作为深圳市委机关报，《深圳特区报》的权威性和影响力是无法取代的。2002 年 5 月 24 日，《深圳特区报》举行盛大的"纪念江泽民总书记为《深圳特区报》题词 10 周年暨《深圳特区报》创刊 20 周年"庆祝活动。会上首先宣读了时任中共中央政治局常委、全国人大常委会委员长李鹏专门为《深圳特区报》题的词："坚持先进文化发展方向，推动深圳社会全面进步。"①

社长吴松营具体汇报《深圳特区报》创刊 20 年来的发展情况：经过一代又一代人的艰苦创业和努力奋斗，《深圳特区报》不但一贯地坚定不移地坚持正确舆论导向，为深圳的改革开放和社会主义现代化建设创造良好的舆论环境，而且在报业经营管理上不断开拓前进，获得两个效益双丰收。

坚持正确舆论导向和创造良好的舆论环境，《深圳特区报》首先将自身定位为"党和政府的参谋和助手"，当党和政府下决心推行某些政策，特别是做出事关全局的重大决策时，《深圳特区报》就会积极发挥宣传组织作用，及时把党和政府的声音传达到群众中去，使其为群众所理解和接受，同时帮助推动落实，当好有力助手。在推动过程中，《深圳特区报》还不断发现热点、难点问题，包括政府推出的举措哪些方面有不足，政策在执行中遇到什么困难、阻力，及时准确地向上反映，以便党和政府跟进落实、

---

① 本书编写组编著《深圳特区报稿》，社会科学文献出版社，2022. 第 185 页。

督促检查。《深圳特区报》服务于党和政府，充分发挥党报的主观能动性，想党和政府之所想，急党和政府之所急，主动分忧、主动作为，而不是简单被动地满足于做党和政府的"传声筒"。

2007 年深圳市委 1 号文件《中共深圳市委深圳市人民政府关于加强环境保护建设生态城市的决定》出台。在 1 号文件出台前，《深圳特区报》就以评选"深圳年度十大环保新闻事件"为载体，把上一年 50 件有关环保的大事梳理了一遍，展示了深圳在生态城市建设方面取得的成就。文件出台后，《深圳特区报》记者专访主管环保的副市长，把文件出台的前后背景详细告诉百姓，也将深圳当时存在的环保问题呈现在读者面前。同时记者还采访了政府相关部门，请教环保专家，开设"一号文件高端解读"等专栏，通过专访、通讯、言论等报道形式向读者展示深圳之后 15 年环境保护的详尽规划，描绘深圳未来的美好画卷。

2007 年 3 月 3 日，《深圳特区报》推出"科学发展观在广东"大型报道，受到广东各城市领导的高度评价，得到省委宣传部的充分肯定。

《深圳特区报》的重点报道，是践行新闻单位当好"党和政府的参谋和助手"的鲜活实践。

二　党报要让读者喜闻乐见

作为党报改革的先锋，《深圳特区报》一贯坚持"顶天立地"的办报思想，既能唱响主旋律，服务好党和政府，同时也能契合市场，报道读者爱看的内容。

1. 办全国最好看的党报

2006 年 4 月，《深圳特区报》在研究今后五年的发展道路时，提出了"办全国有影响的大报，办全国最好看的党报，办全国两个效益最好的机关报"。其中，"办全国最好看的党报"对党报做"活"主流新闻提出新要求，既要履行服务于党的中心工作，宣传党的主张的政治使命，又不能忽视最广泛的读者群，办老百姓喜欢看的报纸。

2006 年 4 月 24 日，《深圳特区报》以编辑部名义发表《办全国有影响的大报　办全国最好看的党报——〈深圳特区报〉改版致读者》，指出：

"办全国有影响的大报，办全国最好看的党报，就是要力求让经济、社会、国际、国内、文化、娱乐、体育新闻和各类生活资讯更广更活更贴近。这里所说的更广，就是每天要提供海量信息，让您一报在手，尽知天下事；这里所说的更活，就是要让我们的报纸充满趣味、品位高雅、语言生动鲜活，每天都能为您带来一些惊喜；这里所说的更贴近，就是要通过内容、形式和手段上的创新，运用引导和服务的艺术，让我们的新闻更加贴近实际、贴近生活、贴近群众。我们将悉心倾听您的声音，表达我们鲜明的观点，正确履行舆论监督的责任，讴歌所有美好的情感，扶助弱者，捍卫真理，关注民生，表达民意。让党报走入大众中间，做百姓最贴心的朋友；让阅读成为人生快事，在快意之中面对世态人生。"

为了做到"办全国最好看的党报"，《深圳特区报》首先加强政务报道，尽量让政务报道贴近老百姓的生活，并增强可读性；同时将周末版作为"试验田"，启动报纸的全面改版，围绕服务性、实用性和可读性大做文章；另外，《深圳特区报》还充分利用资源扩展平台，如与珠三角报业联盟共同推出大型策划，从政府、企业、读者多角度全方位地报道推广，发挥导向作用，取得多赢效果。

为使党报做到领导满意、群众喜欢，《深圳特区报》大力倡导做"积极的社会新闻"，并提出了三个原则。一是负面新闻正面报，以正面的、积极的、阳光的心态去推动处理问题、解决问题，从而堵住漏洞，从推动工作改进提高、推进社会和谐进步的角度去报道负面新闻，而不是一味地渲染和暴露社会阴暗面。二是消极现象个别报，对社会上的各种消极现象，哪怕是某个地区、某个时段发生比较多的，也不要集中起来去搞大统计、大综合。三是敏感问题内参报，对事关敏感部门、敏感政策、敏感话题的，或者事关地区形象、国家大政方针的重大问题，通过内参向领导部门反映。这样的原则得以确立，既为民众反映了民声、民情、民意，又把握住了报道分寸，维护了大局，使报纸较好地把握了报道的方向与格调。

在2007年全国音像电子和网络出版管理工作会议上，新闻出版总署署长柳斌杰指出："《深圳特区报》是党报，但办报很贴近群众，既坚持了正确的舆论导向，又深受群众欢迎，在处理一些重大新闻上和别的报纸不一样。报纸处理得灵活，版面上下了功夫。党报要进一步贴近读者，改变党报与老百姓不亲近的毛病，关注民生，以人为本，增强可读性和吸引力。"①

2007 年 4 月，在《深圳特区报》创刊 25 周年之际，《人民日报》原总编辑、清华大学新闻与传播学院院长范敬宜在接受记者采访时说："我很佩服《深圳特区报》，能在不违反基本的原则下，想办法办得有声有色，许多做法值得包括中央报纸借鉴和学习。党报的性质不能改变，在政策范围之内做到喜闻乐见，则是可以做到的。党报自身的改进有很大的空间。"

清华大学新闻与传播学院常务副院长李希光教授指出，《深圳特区报》的成功经验在于"把重要的新闻变成人民群众想看的新闻"。他认为，《深圳特区报》是内容上最好看的党报之一，它的办报经验为我国党报怎么办提供了有益借鉴，即在中国报纸当前的商业化运作环境下，主动改革、创新，迎接挑战，把重要新闻变成老百姓喜闻乐见的新闻，大力培养读者忠诚度，重建并发扬光大了主流媒体的公信力。②

2. 广告拍卖形成多赢局面

《深圳特区报》突破报纸的常规广告模式，主张为客户创造价值，为客户的广告投放提供增值服务。针对广告客户的具体需要，策划组织主题活动达到推广客户产品或提高其美誉度的目标。活动+广告+新闻报道的形式往往效果很好。以金融广告市场为例，2004 年《深圳特区报》金融广告营业额仅为 600 多万元，到 2006 年已有 1300 多万元，2007 年有 2400 多万元，之后因金融危机影响广告营业额略有下滑，但每年仍有 2000 多万元。2007年，香港大福证券希望能够进入深圳市场为投资者介绍其产品和服务。《深圳特区报》当时为其策划了一场 A 股和 H 股联动、如何投资股指期货的理财沙龙，请香港的投资专家来深演讲。这场沙龙吸引了数百名深圳投资者的参与，现场与专家互动，加上该公司在报纸投放的广告，达到客户预期的效果。

《深圳特区报》还尝试通过竞标方式确定部分特约授权广告公司。拍卖

---

① 参见《像春风化雨般抓道德建设——深圳近期一起社会热点问题得以化解的启示》，《深圳特区报》2011 年 11 月 4 日。

② 《党报怎样使政府和读者都满意？——新闻界著名专家以深圳特区报为例阐述五妙招》，《新闻阅评》2007 年第 5 期。

比竞标更公开、更透明、更市场化，也更能令广告公司实现与媒体的深度合作。2005 年 8 月 30 日，《深圳特区报》周末、节假日的广告拍卖非常成功，16 个行业广告对外竞拍，总成交额以版面价值计高达 1 亿元。拍卖直接令报社的广告实现了增量，并令广告营业额的支柱行业形成梯队组合，更符合经济规律。事实证明，拍卖对整合广告公司，形成有规模、有实力的广告代理商有实际的推动作用，也使报社将来的广告投放总量、版面、价格更趋合理，与广告公司和客户的合作关系更加和谐，最终形成多赢局面。

三　办有强大传播力的新型城市党报

2009 年 11 月 6 日，市委决定组织部发出"深组干〔2009〕164 号"文，对深圳报业集团领导班子进行调整：黄扬略任深圳报业集团党组书记、社长，宣柱锡任党组副书记、副社长、总编辑，陈寅任集团副总编辑、《深圳特区报》总编辑，姜东南任深圳报业集团党组成员、《深圳商报》总编辑。

《深圳特区报》随后推出了一系列改革举措。2010 年 7 月 22 日，报社将"办一份有强大传播力的新型城市党报""报道改革强音，传播权威资讯""立足深圳、关注南粤、辐射全国、影响海外"作为推广口号，大胆创新传播内容、渠道、模式，通过改版等一系列有力措施贯彻落实"新闻立报、文化强报和服务兴报"理念。

新闻立报，是要充分利用党报在诸多领域的新闻采访、发布、监督优势，大力增强党报的新闻传播功能，不断提升报纸的新闻含量，优化新闻编排，加强报道的贴近性、可读性、时效性，做透焦点、热点、难点新闻，做活政务新闻，做大民生新闻，做好社会新闻，做强国际新闻。

文化强报，主要是彰显《深圳特区报》的文化内涵和品位。特别是在系列周刊上，以大文化视角建构人文关怀等前沿重大课题，从大众文化生活的角度，分享创新、创造、创业的快乐和智慧，追求鲜明的特区特色；搭建与读者平等交流的平台，关注舞台、绘画、声乐等高雅文化，共同塑造《深圳特区报》的人文特色。

服务兴报，首要是加大本地民生新闻报道力度，为读者提供贴近、贴身、贴心的民生服务；同时，办好与市民读者互动的版面和栏目；还要从深圳、东莞、惠州一体化的实际需求出发，为市民提供丰富的实用信息。

1. 频推高端访谈，拓展报道深度

随着资讯日益发达，主流报纸向深度拓展，是全媒体语境下的必然选择。《深圳特区报》强调对人物、政策、现象的深度解读，力求把新闻做深做透，适时推出系列高端访谈，加强新闻评论并增设理论周刊，以增强思想性，吸引更多高端读者，这些举措有力地提升了报纸的影响力、权威性和品牌价值。

2009 年末，《深圳特区报》开始酝酿推出"高端访谈"，采访了深圳改革开放事业的决策者、参与者和见证者，回顾深圳改革开放所走过的波澜壮阔的岁月和经历的重要历史事件，对深圳如何进一步落实科学发展观、建设中国特色社会主义示范市提出建议和希望。采访对象包括文化部部长蔡武、科技部原部长徐冠华、新闻出版总署署长柳斌杰、四川省委书记刘奇葆、澳门特首崔世安等中央和省部领导、现任和历任深圳市领导等，从 2010 年 3 月 18 日推出第一篇，至 12 月 14 日见报最后一篇，共发稿 35 期。

《深圳特区报》在 2010 年改版后的半年时间内即重点策划了 35 个专题："学习贯彻胡锦涛总书记重要讲话精神""聚焦深圳市'十二五'发展规划咨询会"等政务专题 10 个，"聚焦'十一'黄金周""重阳节特别策划"等节日策划专题 6 个，"聚焦圆明园罹劫 150 周年""纪念鸦片战争一百七十周年"等纪念专题策划 4 个，"绝地大营救""聚焦日本非法扣押中国渔民渔船事件"等重大突发性事件专题 6 个，"聚焦深圳电单车乱象连续报道""记者调查：深圳养老之困"等社会民生专题 7 个，以及典型人物专题"孙影先进事迹系列报道"和异地报道大型策划"珠三角绿道尝鲜行"。这些专题策划加大了深度报道的比例和分量，包括解释性报道《如何消除公众对统计数据的质疑》《中国学者点评诺贝尔经济学奖》等，追踪报道《聚焦深圳山寨公交现象》《你有"限购令"，我有"过墙梯"——民间应对楼市新政歪招令人咋舌》等，调查性报道《三旧改造的成功范例——深圳南岭村调查》等，拓宽了报道视野，令《深圳特区报》面貌一新。

2. 加大改版力度，推出 3+X 模式

经过多次召开社内外座谈会征求意见建议，并根据读者调查情况，《深圳特区报》于 2010 年 7 月 8 日推出了新的改版方案，9 月 20 日起正式改版。这次改版使报纸的结构形成相对固定的 3（新闻、财经、副刊）+X（"理论周刊""艺文周刊""乐活周刊""创享周刊""博闻周刊""阅读周刊""财道周刊"）模式。

这一方案总体目标是强化新闻纸的功能，增加深度和重点报道，增强党报社会影响力和权威公信力。同时通过整合新闻板块，使报纸板块清晰，时政、社会、经济、文化版面相对固定，便于读者阅读。改版的原则是做强时政新闻及评论，做大民生新闻，做优财经新闻，做精社会新闻，丰富文化新闻。

《深圳特区报》新设了部分版面。AⅠ叠 A2 版设立了"导读"和"评论"版，在 AⅠ叠要闻中新设"重点"版。"评论"版旨在加强《深圳特区报》对重大新闻的话语权。"重点"版旨在做好国内国际及本地重大新闻的深度解释性报道。整合新闻板块，强势升级本地新闻容量。将原来安排在不同叠的本地新闻，整合到 AⅡ叠共 8 个版，板块名称"大都会新闻"，做好做强本地新闻，使 A 叠 24 个版整体为新闻板块。将原来的"文化星空"改造调整为"综艺"板块；"今日财经"板块增加评论版。D 叠调整为周刊板块，对原有的周刊进行全面梳理。停出"美周刊""健周刊""情周刊""星周刊"，保留"理财周刊"，改造"博周刊"为"博闻周刊"。开辟"创享周刊""阅读周刊""理论周刊""乐活周刊"。这样，周一至周五分别设置了"博闻周刊""理论周刊""创享周刊""艺文周刊""阅读周刊"，并且在周五增出 4 开 16 个版的"乐活周刊"，为读者准备了可供周末阅读的深度报道和生活资讯。

3. 新版式时尚庄重

为了吸引更多年轻读者，《深圳特区报》对内容的呈现方式也进行了改进。

一是在版式设计上，借鉴目前国内外主流报纸版式元素，进行模块化设计，对板块单元、版别、报头、报眉、栏目、字体、字号、线条、图片等制定统一规范，形成基本版面语言。版头、日期恢复绿色，各版标题基本统一采用宋体，更加注意留白。版面在保持稳重风格的同时，在视觉上清新舒服。各版面主打标题由过去的方正超粗黑体改为方正粗宋体，为整个版面清秀大方的风格定下了基调。主图片、色彩、线条等版面语言规范使用，减少了呆板和过度装饰等问题。总体上，《深圳特区报》经过2010年改版后的版面更加清新高雅、疏朗大方，年轻活泼而不失庄重。

二是整合推出"大都会新闻"板块，将都市新闻熔铸一体。该板块以深圳、东莞、惠州、香港和澳门为一个大都会圈，将此相邻五地的都市新闻一网打尽，是一种新颖、贴切、超前的整合与划分，也符合深圳这座国际化大都市的功能和定位。

三是内容更时尚。一方面，在日常报道中密切跟踪时尚动态；另一方面，对一个时期的潮流，率先介入，深入解读，契合现代都市人尤其是深圳年轻人的生活方式。

四 一大批知名版面推出

随着《深圳特区报》不断改革创新，逐渐形成了报纸内容和版面的新风格，一大批知名版面在此期间推出，受到读者的广泛欢迎，赢得了业内的普遍好评。

1. "直通车"获评中国新闻奖"新闻名专栏"

2005年11月9日，《深圳特区报》与深圳市纪委、市监察局、市信访办联合主办"直通车"专栏，由深圳报业集团深圳新闻网和市纪委深圳明镜网提供网络支持。

2006年1月4日，"直通车"专栏正式与读者见面，此后每周一刊出。"直通车"专栏从舆论监督入手，围绕市委、市政府的中心工作，以"为市民服务、替百姓解忧"为己任，大胆创新了舆论监督模式，将报纸新闻与政府政务相融合，让党纪监督、政纪监督、群众监督、舆论监督四合为一，这种做法在党报发展史上是一个创新，在全国尚属首例。

在"直通车"专栏酝酿时期，深圳市纪委和监察局就联合下发深纪发〔2005〕39号《关于在深圳特区报开办"'直通车'专栏"的通知》的文件，明确了专栏的领导机构及成员，并把专栏的宗旨目标和特色定位具体化，即倾听民声、了解民意、汇集民智、凝聚民心、实现民愿，促进深圳市政治文明建设。"直通车"专栏由《深圳特区报》总编辑亲自指挥，组织采编骨干成立"直通车"工作室。每期选题事先研究，周密策划。总编辑亲自定夺主打稿件，并调配全报社的资源和力量通力打造。

"直通车"专栏具体的运作模式：每周安排一名市领导或一位有关单位"一把手"，作为接访嘉宾参加"民意直通车"现场接访；每天通过热线电话、电子信箱、短信平台等渠道收集市民反映的问题和意见，并将这些问题和意见进行编号，然后通过"网络直通车"转交相关部门办理，办理结果在网上进行公示；接访活动以及市民反映的具有代表性的问题和相关办理结果，则在专栏中刊发。

"直通车"专栏下面设置有若干小栏目："民意直通车"，主要内容为现场接访群众、接听市民电话等；"服务直通车"，宣传相关单位为民服务、切实有效地解决市民反映问题的积极态度、进展情况和效果；"监督直通车"，以明察暗访、现场调查等形式对市民反映的问题进行重点突出报道；"本周督办"和"督办回馈"，精选市民反映的问题若干条以表格的形式刊出，督促相关部门落实解决，下一周的专栏则将上述问题及结果用表格的形式如实刊登，给市民一个回复。按照深纪发〔2005〕39号文件的规定，"直通车"专栏所反映督办的问题，有关单位应在5日内给出处理结果或做出答复（情况较复杂的不得超过10个工作日），并将结果或答复以电话等方式通知当事市民。对于整改不力、互相推诿、阻挠采访的，将在专版上曝光；对造成不良影响和严重后果的，要根据有关规定，追究责任人和有关领导的责任。

时任市委书记李鸿忠出席了"直通车"专栏启动仪式，并先后两次担任"直通车"嘉宾。他表示，对于"直通车"专栏曝光的一些问题与不足，各级部门要自觉接受监督，积极加以整改，切实改进工作，并希望"直通车"专栏继续关注民生问题，特别是对于行政不作为、责任不落实、办事拖沓、吃拿卡要等不正常现象，要敢于拿起武器，依据事实，及时曝光。"直通车"还开进市直单位。每一个单位对于举办"直通车"活动都十分重视、精心组织。许多市民通过电话、信函、网络和接访等多种途径，热情参与"直通车"活动，纷纷提出各种意见和建议，"网络直通车"最高单日收集到的市民诉求有120余条。

随着一个个关系市民切身利益的问题得以解决得到答复，"直通车"专栏的知名度和美誉度不断提升，迅速成为《深圳特区报》的品牌栏目，社会各界对"直通车"专栏也给予了一致好评，认为它畅通了群众表达合理诉求的渠道，推进了深圳民主政治建设，化解了大量社会矛盾，有力促进了深圳的社会和谐。

2006年，广东省先进办、省委宣传部确定"直通车"为广东先进性教育"十大亮点"之一。2007年8月28日，"直通车"专栏获第十届中国新闻奖一等奖，同时被评为中国新闻奖"新闻名专栏"一等奖。

2.《大都会新闻》一览深港都市圈

2010年9月20日，《深圳特区报》改版正式推出。其中的《大都会新闻》将《深圳特区报》原来的《大公报·深圳新闻》、《鹏城今版》与港澳和莞惠新闻资源整合在一起，形成一个范围更广的《大都会新闻》，更好地体现了"立足深圳，关注南粤"的宗旨。

《大都会新闻》单独成叠，大报头非常醒目。在版式设计上，《大都会新闻》在封面版以后的各个版面报眉处均以《大都会新闻/××》格式做出提示。这种位置目标指向的唯一性有利于《大都会新闻》品牌的培养，也会在潜移默化中培养出固定的读者群。

做全本地新闻是《大都会新闻》的目标之一。在版面数量上，《大都会新闻》从周二到周五，每天保持8个版面；在内容上，其涵盖了综合、经济、社会、民生、文教、法治、热线、调查、深度、视觉、资讯、港澳以及莞惠等13个方面的题材，服务不同阅读需求的读者。做强民生新闻是《大都会新闻》的另一个目标，及时报道深圳及周边城市的社会民生热点。"民生热线"一直是《深圳特区报》的名牌栏目之一，之前位于《鹏城今版》，改版后专门设置"热线"版，放在《大都会新闻》封底突出位置。新设置的"资讯"版是在之前"天气资讯"版的基础上改进而来，覆盖的内容包括"健康""提醒""收藏""考试""讲座""展览""演出""出行"

"彩票"等专栏,力求为读者提供全方位的信息。

3.《人文天地》旨在为时代立心

2011 年 11 月 23 日,《深圳特区报》"综艺副刊"改版,推出全新"大副刊"板块《人文天地》(C1～C8 版)。刊名由 96 岁的国学大师饶宗颐先生题签。2011 年 12 月 14 日,陈寅总编辑专程前往香港拜访饶宗颐。当饶老听说"为我们的时代立心"是《人文天地》不凡的追求和高屋建瓴的立刊宗旨时,竖起大拇指连声说:"很好!很好!"

《人文天地》以提升文化品位为目标,全面整合了《深圳特区报》原有的文化、娱乐、周刊版面资源,形成完整、高端、鲜明、统一的文娱副刊新形象。改版后的《人文天地》每周共 37 个版。周一 4 个版,周二 5 个版,周三、周四、周五每天 8 个版,周六、周日每天 2 个版。

与过去的综艺副刊相比较,《人文天地》有几个特点:一是目标定位明显提升。《人文天地》报头下一行字"为我们的时代立心",开宗明义表明新版的办刊目标,立意不俗,定位高端。二是版面有整合有创新。"前海""娱人谷""综艺场"是对以往版面的延伸和整合,"窗外风"与"首发",则更强调对"引进"与"独家"的侧重。三是版面设计视觉统一。版面有整体设计感,且有连续性;以温暖的浅色衬底铺出版面主体,显出从容气质和文化气息,版面清晰度更高;图片剪裁及版面留白分寸得当,风格统一。

五 大手笔推出大策划

大手笔的特刊策划一直是《深圳特区报》的拿手好戏,深圳报业集团成立以来,《深圳特区报》成功策划推出了众多大型专题报道。

2003 年 12 月 26 日,《深圳特区报》推出极富创意的大型特辑——《国际深圳》,全方位展现了当年深圳市各行各业在建设国际化城市进程中取得的骄人成绩。当日版面总数达 200 个版,创下了全国单日报纸发行数的新高。

2003 年 3 月 7 日,《深圳特区报》推出《创新深圳——深圳重点行业发展(潜力)报告》(总计 96 个版)。这一专刊历经两个多月策划、采编,以其综观全国的高度,客观公正地展示并评论了深圳重点行业发展的现状和潜力,具有较高的权威性和前瞻性,是各界人士了解深圳社会、经济发展趋势的重要资料。3月30日，以"创新深圳"为主题的策划活动又推出124个版。

2005年11月4日，推出"深圳生活质量蓝皮书"，根据影响城市生活质量的"衣食住行、生老病死、安居乐业"这几大关键要素，并结合此次城市生活质量评比的考评指标体系，分为22卷，共51篇。11~12月，《深圳特区报》陆续发行上百个版的全行业专辑，全面展现深圳社会各界共建和谐社会所取得的成果，凸显深圳现代城市生活的价值和魅力。

2006年5~6月，为配合即将召开的文博会，《深圳特区报》出版了以中英文进行双语推介的《服务"文博会"——深圳消费指南》，文博会召开期间集中宣传文化产业及相关产业链。

2007年9月23日，中国媒体企划奖在青岛第十四届中国广告节闭幕仪式上揭晓并颁奖。《深圳特区报》选送的"深圳十大生活方式征选"荣获品牌策划奖两个金奖之一。

2011年，正值辛亥革命百年祭，《深圳特区报》推出了大型系列策划报道"辛亥先贤·南粤身影"。历时10个月，用46个整版连续推出45位辛亥先贤的独家专题报道，新浪网、人民网、中新网等网站及相关报刊竞相转载。

1. 长达半年的深圳精神大讨论

《深圳特区报》一贯重视针对精神文明建设的报道，其中以关于"深圳精神如何与时俱进"大讨论最典型。

20世纪80年代，深圳精神是"开拓、创新、献身"，集中反映了特区建设初期，人们敢闯敢试、艰苦奋斗、勇于牺牲的精神风貌；20世纪90年代，深圳人把自己的城市精神扩充为"开拓、创新、团结、奉献"，针对移民城市特点，在价值观上倡导讲团结、讲奉献、爱岗敬业、助人为乐；进入21世纪，深圳该如何定义自己的城市精神？

2002年3月5日，《深圳特区报》刊发《我市"两会"代表委员热论重新提炼深圳精神》一文。由此，一场长达半年的"深圳精神如何与时俱进"大讨论在全市展开。

大讨论通过"回顾深圳精神""对照深圳精神找差距""重新提炼大力弘扬深圳精神"三个阶段的主题讨论，在全市上下引起极大的回响。

深圳精神大讨论在机关、学校、企业、部队引起了强烈共鸣，机关干部、老领导、学校师生、学者、企业家、离退休老同志、外来务工人员都积极参与。大讨论期间收到的关于如何丰富深圳精神的建议数以千计。11月8日，《深圳特区报》一版刊发评论《居安思危　务实图进——从深圳精神大讨论到走出深圳找差距》，深刻分析深圳在经过 20 多年的高速发展之后，面临许多新的问题：深圳的政策优势没有了，地缘优势已趋弱化。在这样的背景下，深圳要有更高更快的发展，困难很多。更令人担忧的是，部分同志对于面临的困难并没有足够的思想准备，过去那种艰苦创业、开拓创新、无私奉献的精神减弱了，深圳的发展就会失去前进的动力。该文分析透彻，推动了深圳精神大讨论的深入进行。

11 月 25 日，市委常委会集中民智，将深圳精神重新概括为"开拓创新、诚信守法、务实高效、团结奉献"。长达大半年的大讨论使广大市民经受了一次精神洗礼和升华。

2. 启动"省部级领导访谈"

2005 年 8 月 26 日，深圳迎来经济特区建立 25 周年，《深圳特区报》策划了多个纪念专题，开设了"深圳故事""深圳辉煌 25"两类专版共 45 版，策划"纪念深圳经济特区建立 25 周年——深圳拥抱未来""省部领导访谈"等 72 个专栏，刊发文字稿件 441 篇、相关图片 526 幅。

其中，从 8 月 17 日起推出的"省部级领导访谈"专栏，刊登了对全国多个省部级领导的专访。时任中共中央政治局委员、新疆维吾尔自治区党委书记王乐泉在接受《深圳特区报》记者专访时，勉励深圳把"春天的故事"写得更精彩。[1] 科技部副部长尚勇认为"深圳已成为国家自主创新一面旗帜"。[2] 文化部部长孙家正高度评价深圳经济特区的文化建设，认为"深圳是有着生机勃勃、洋溢时代精神的中华民族文化的地方"。[3] 国务院国资

---

[1] 李文生：《中共中央政治局委员、新疆维吾尔自治区党委书记王乐泉勉励深圳 把"春天的故事"写得更精彩》，《深圳特区报》2005 年 8 月 23 日。
[2] 罗勤：《国家科技部副部长尚勇高度评价深圳自主创新的探索与实践 深圳已成为国家自主创新一面旗帜》，《深圳特区报》2005 年 9 月 17 日。
[3] 杨波等：《国家文化部部长孙家正接受本报记者专访 高度评价深圳经济特区的文化建设 深圳是个有文化的地方》，《深圳特区报》2005 年 9 月 1 日。

委主任李荣融寄语深圳，继续发扬敢为天下先精神。①

时任浙江省委书记习近平在接受《深圳特区报》记者专访时认为，特区最宝贵的经验是"敢闯敢试"，并深情寄望深圳特区"生命之树"常青。② 中共河南省委书记徐光春寄望深圳，继续为内地改革开放领跑。③ 湖南省省长周伯华接受采访时对百万在深工作的湖南人深情寄语：三湘子弟要为深圳发展再立新功。④ 四川省省长张中伟衷心祝愿深圳明天更美好，川深两地互补双赢共展宏图。⑤ 安徽省省长王金山高度评价深圳 25 年发展成就并热诚希望皖深加强合作携手共创未来⑥。⑦

在接受记者专访时，省部级领导们都对《深圳特区报》给予高度评价。人民日报社社长王晨介绍说，在他的办公桌上，每天都摆放着一份《深圳特区报》。他称赞《深圳特区报》"办出了方向，办出了影响，办出了特色，办出了效益"。他说，以《深圳特区报》为代表的特区媒体为推动特区建设和发展，统一了思想，凝聚了力量，为丰富特区人民的精神文化生活发挥了不可替代的作用。⑧

3. 挖掘典型人物　弘扬社会正气

《深圳特区报》善于发掘典型，通过正面宣传弘扬社会正气。"好人"丛飞、大医郭春园、当代孝媳李传梅等先进人物的报道，取得了良好的反响。

---

① 徐香梅：《国务院国资委主任李荣融寄语深圳 继续发扬敢为天下先精神》，《深圳特区报》2005 年 8 月 30 日。

② 沈清华、李文生：《浙江省委书记习近平在接受本报记者专访时深情寄望深圳 愿特区"生命之树"常青》，《深圳特区报》2005 年 9 月 9 日。

③ 李文生：《中共河南省委书记徐光春寄望深圳 继续为内地改革开放领跑》，《深圳特区报》2005 年 8 月 17 日。

④ 刘美贤：《湖南省省长周伯华接受本报记者采访时对百万在深工作的湖南人深情寄语 三湘子弟要为深圳发展再立新功》，《深圳特区报》2005 年 8 月 25 日。

⑤ 周瑰容：《四川省省长张中伟接受本报记者专访衷心祝愿深圳明天更美好 川深两地互补双赢共展宏图》，《深圳特区报》2005 年 9 月 7 日。

⑥ 沈清华、李文生：《安徽省省长王金山在接受本报记者采访时高度评价深圳 25 年发展成就并热诚希望 皖深加强合作携手共创未来》，《深圳特区报》2005 年 9 月 19 日。

⑦ "省部级领导访谈"专栏系列报道，《深圳特区报》2005 年 8 月 17 日起共 72 篇。

⑧ 杨波、陆云红：《人民日报社社长王晨寄望深圳继续发扬特别能创新的精神 再折东风第一枝》，《深圳特区报》2005 年 9 月 25 日。

郭春园是深圳平乐骨伤科医院院长，一代名医，曾将 13 个家传秘方无偿献给国家。2004 年 11 月 27 日，一篇 4000 多字的《大爱无言——记深圳好医生郭春园》登在《深圳特区报》一版显要位置，并配发评论《大医者有大爱》。随后，在一个多月里，记者徐华写出了十几篇通讯，从多个侧面展示郭春园不平凡的人生境界。在版位的处理上，在要闻版（版面允许时就安排上头版头条）与"鹏城今版"交叉推出，务求报道覆盖的读者群达到最大。在报道文体方面，通过消息及时报道各界的动态及反馈，通过通讯深入报道郭春园医生一个个感人的故事，通过评论从理论的高度表达报社的观点，通过摄影画面向读者展示郭春园医生的风采。2005 年 2 月 26 日，郭春园因积劳成疾，抢救无效逝世。2 月 27 日，《深圳特区报》一版再次刊发长篇通讯《生命铸医魂》，众多读者被这位仁心大医的事迹所感动。

2005 年 4 月 5 日中午，特约通讯员韦建诚打电话给徐华，说有一位叫丛飞的歌手省吃俭用，在 10 年的时间里资助了 100 多名贫困山区的孩子读书，花光了全部积蓄，如今自己身患重病却无钱医治，处境十分艰难。徐华意识到这绝对不是一个普通的求助电话，她立即着手对这条新闻线索进行调查与核实。徐华先后采访了丛飞资助的孩子和照顾了多年的残疾人，采访了深圳义工联领导以及随丛飞多次前往贵州贫困山区为希望工程筹集学费的文艺界人士。接受采访的几十个人说起丛飞，脸上都会展现出惊人一致的复杂表情：敬重、爱戴、痛惜，还有点伤心无奈。有人心疼地说："像他这么好的人，真是太少见了。他是一个有名气的歌手，演出的出场费高达两万元。他完全可以过上很富足的生活，可为了帮助那些贫困山区的孩子和残疾人，他花光了自己三百多万元的积蓄，还欠下了十几万元的外债。如今，他身患重病大口吐血，却连几千元钱的医疗费都拿不出来，躺在家里靠吃一些草药维持着。"徐华含泪写出 4000 多字的长篇通讯《有点伤心，但不后悔》。在这篇报道里，徐华客观地描述丛飞走过的 10 年奉献路，既没有刻意拔高，也没有将他的伤心事刻意隐瞒。

2005 年 4 月 12 日稿子见报当天，热线电话立即火爆起来，读者们情绪激动地表达着自己的强烈感受以及对丛飞的无比敬佩。《深圳特区报》次日又以《不能让好人伤心》为题，报道了读者对丛飞的无限关爱之情。在接下来的 10 天里，徐华连续发表了 7 篇大特写，从不同侧面反映丛飞的无私奉献精神和高尚品德。丛飞的事迹感动了成千上万的人，中宣部、团中央领导，时任广东省委书记张德江，时任深圳市委书记李鸿忠和广大市民，纷纷赶到医院看望丛飞；深圳团市委将丛飞资助的贫困孩子全部接下来。丛飞被评为"2005 感动中国年度人物"。新华社、《人民日报》等全国核心媒体的几十名记者来到深圳深入采访，丛飞的感人事迹很快在各大报纸、电视、电台和网络上传播。中央电视台通过"新闻联播""焦点访谈""面对面""艺术人生""经济半小时""文化访谈录"等节目，将丛飞的感人事迹传遍全国。

2007 年 11 月 26 日至 12 月初，《深圳特区报》连续刊发《贤惠媳妇谱写新时代人间孝道》《侍奉老人是我这个儿媳的责任》《李传梅是爱老敬老扶老的好榜样》《李传梅的孝行是一曲道德赞歌》等多篇报道，并刊发社评和多幅照片，热情讴歌好媳妇李传梅的动人事迹。2007 年 10 月中旬的一天，徐华在一次采访中，意外获得孝媳李传梅这一新闻线索。当时，几位被采访对象都对现今许多年轻人不尽孝道感到忧虑。一位市民黄女士插话说："现在孝顺的儿女少，孝顺的儿媳更少。我听说布吉雪象村有一位来自重庆农村的孝心儿媳，背着婆婆来深圳，一边打工挣钱养家，一边精心照料聋哑失明又瘫痪的婆婆，比亲闺女还要亲，让人很感动。"徐华随即进行了深入调查采访，发现李传梅嫁入夫家 15 年来，不仅一直精心照料聋哑失明后又瘫痪在床的婆婆，还赡养照顾着 80 多岁的太婆婆、身患癌症的公公。由于这三位老人长年患病需要治疗，而家中只靠她的丈夫在外打工来维持，于是她自己省吃俭用，让太婆婆和公公度过了一个愉快幸福的晚年。为这两位老人养老送终后，她为了还债背着婆婆来到深圳，一边打工挣钱，一边精心照料婆婆。徐华把李传梅的情况向报社汇报后，编委会决定用大版面连续强势报道。这些报道在读者中引起了强烈反响，被众多网络媒体、报纸和电视台转载，受到了广泛赞誉。

伴随着这一系列典型人物报道的推出，《深圳特区报》记者徐华也脱颖而出，她先后荣获"全国优秀新闻工作者"称号和"全国五一劳动奖章"，2010 年 9 月 6 日，亲临深圳参加深圳经济特区建立 30 周年庆祝大会的胡锦涛总书记，在接见深圳"三十年三十位杰出人物"时，作为深圳"三十年三十位杰出人物"的《深圳特区报》记者徐华代表深圳报业集团全体员工向总书记问好："总书记，我代表深圳报业集团、《深圳特区报》全体采编人员向您问好！"总书记一边与她亲切握手，一边高兴地说："好，请转达我对大家的问候！"①

4. "深圳企业闯天下"策划描绘深企群英

"深圳企业闯天下"大型采访报道，是深圳媒体第一次向读者全面展示"走出去"的深圳企业的整体风貌，从持续时间、报道规模和社会影响来说，都堪称大手笔。

从2006年6月1日采访组奔赴首站成都采访，到其后的8个多月里，记者马不停蹄，足迹遍及四川、上海、湖北、湖南、江西、福建、云南、甘肃、陕西、山西、山东、天津、北京、辽宁、黑龙江等21个省市区，采访了96家闯天下的深圳企业，专访了12位内地省市区领导。相关报道总计268篇。

"深圳企业闯天下"每期都放在深度报道版见报，除了主打稿，还推出了几个相对固定的栏目。"连线总部"是请公司总部老总从战略高度分析公司为何"走出去"，如何"走出去"，以及今后的规划等。"记者手记""记者点评"是从记者的角度，对公司闯天下做出分析评价，起到画龙点睛的作用。

接受访谈的省市领导高度评价深圳和《深圳特区报》。长沙市委书记梅克保说："我办公室就有《深圳特区报》。《深圳特区报》形式好、内容活，在反映深圳改革开放，传播新的资讯、新的发展上，都起到很好的作用。"② 沈阳市委书记陈政高说："我是你们的忠实读者，每天工作再忙，我都会看《深圳特区报》，不是随便翻翻，而是看得很仔细，从中获得了大量信息，也感受到了深圳人的开放思维和创新勇气。"③

---

① 徐华：《总书记：请转达我对大家的问候 胡锦涛接见深圳"三十年三十位杰出人物"时本报记者徐华代表深圳报业集团全体员工向总书记问好》，《深圳特区报》2010年9月8日。
② 冯庆、张晓：《梅克保高度评价本报"深圳企业闯天下"大型采访报道 我经常从特区报获得新资讯》，《深圳特区报》2006年8月22日。
③ 冯庆、张晓：《辽宁省委常委、沈阳市委书记陈政高接受本报记者专访时表示沈深合作潜力巨大 深圳是沈阳对内开放的重点》，《深圳特区报》2006年10月31日。

在这组大型采访报道即将结束之际，《深圳特区报》别出心裁，组织了一个"深圳企业闯天下群英会"，近百家接受过采访的企业闻讯而来，200家希望加入闯天下行列的企业纷至沓来，29家内地招商团结队而来，其中有6家招商团由当地市领导带队。群英会为企业搭起了一个商务交流的大平台，成了一次规模空前的招商会。"深圳企业闯天下"报道也达到了高潮。

5. 策马扬鞭珠三角　策划推动区域一体化

2009年3月初，《深圳特区报》报道了广东省《珠江三角洲地区改革发展规划纲要》（以下简称《纲要》）的出台并对《纲要》进行了解读，在社会各界产生了巨大反响。接着，深度报道部派出精干记者组深入珠三角9市进行采访，正式启动"策马扬鞭珠三角"大型报道，重点报道各市贯彻落实《纲要》的思路和措施等。

这一大型采访报道是与珠三角主要城市的领导对话，谈对《纲要》的理解和认识，以及贯彻落实《纲要》的设想和规划。4月8日，《深圳特区报》用5个版做了"策马扬鞭珠三角"系列报道第九站——深圳的报道。根据当天全省贯彻落实《纲要》深圳现场会上，省委书记汪洋号召全省向深圳学习，切实贯彻落实《纲要》的精神，4月10日的报纸展开了"向深圳学习，深圳怎么办"的大讨论。报社主动派出记者赴天津、上海、浙江、河南等先进地区采访，推出"他山之石　攻深圳之玉"专栏，报道各地区的先进经验。该专栏4月19日刊出第1期——《天津在建项目规模超万亿/大资金大项目凸显环渤海经济圈》，20日刊出第2期——《长三角一体化大步提速/江苏、浙江、上海两省一市多个领域开启纵深合作大幕》，21日再报道《国际级临港工业区崛起渤海湾/天津投资650亿元建渤海化工园，集海化石化煤化于一体项目全面启动》。4月27日、28日又相继报道了《长三角三省市资本和企业自由流动》和《郑东新区崛起中原展现迷人魅力》。这些都是推动区域一体化发展的经验，对推动珠三角一体化发展有参考价值，受到了珠三角各市领导和读者的好评。

第二节　《深圳商报》的经济视野与文化追求

深圳报业集团成立后，《深圳商报》的定位改为强调丰富经济视野与文化内涵，提高推动社会经济与文化大发展的服务水平，《深圳商报》不断进行版面调整，在做好党和政府喉舌、大力宣传精神文明建设的前提下，以"力求成为全国有影响的经济文化大报"为改革重心，以"经济视野、文化追求"为办报思路，着力提升经济和文化品牌栏目质量，使经济、文化报道各展所长、相得益彰，办成了在全国有影响力的权威性、综合性的主流媒体。

一 专业权威的经济报道

《深圳商报》的报名，就直接决定了经济报道是这张新闻纸上的重中之重。组建深圳报业集团后，《深圳商报》进一步强化经济类报道的分量，重磅推出"国际财经热评""国内经济快评"等固定栏目，观点新颖，分析透彻，可读性强。

2007 年党的十七大期间，《深圳商报》结合自身定位陆续推出了《代表建言》《部长纵论》《区长对话》《问策局长》《企业家访谈》《市民有话说》等专题系列报道，并在"商报眼"刊发《十七大报告新提法权威解读》等述评，以实践与理论紧密结合的方式传播了党的十七大精神。

2008 年恰逢改革开放三十周年，《深圳商报》借机推出《改革开放 30 年之编年史》《改革开放 30 年之风云深商》《改革开放 30 年·从深圳开始》《深圳向前看——权威经济学家论坛》等大型系列报道，展现改革开放 30 年深圳的巨大成就。在"全球金融市场大动荡"新闻报道中，该报不仅全面报道全球金融危机的情况，还深刻分析金融危机可能给中国和深圳带来的影响，以及深圳企业应如何把握危中之机；相继推出"全球金融危机之深圳视点""深圳如何应对金融海啸"等新闻聚焦，在"商报眼"版的"商报圆桌之金融海啸"专栏连续推出"中国经济能够渡过难关"和"把握大转型中的深圳机会"等话题，分析透彻，针对性和指导性强，读者关注度高。

2009 年，《深圳商报》调集精兵强将 60 多人投入深圳市、广东省和全国两会采访，用 46 个版面重点宣传深圳两会，重点报道百姓关心、政府关注的经济热点话题，关于代表和委员提案中的"深圳迈向后工业经济时代"

"股份合作公司如何突围""买新能源汽车应享政府补贴"等的报道反响强烈，利用"商报圆桌"栏目通过记者与代表和委员"开会"共同探讨抵御危机、经济突围等问题，与深圳新闻网合办的"两会信使"栏目成为市民向两会建言献策平台，其热议跟帖频频攀升。年内，《深圳商报》还与《东莞日报》《惠州日报》联合采访报道三市交通、旅游、治污等方面情况，携手为深、莞、惠一体化建设创造舆论环境。全新推出"证券周刊"专版，包括"纵深调查""大家才智""个股擂台"等 8 个栏目，融服务性、实用性、互动性于一体，深受读者欢迎。

二　视野宽广的文化空间

文化报道是《深圳商报》的另一个重要特色。早在 1995 年 9 月 3 日，当时只有 8 个版的《深圳商报》，就推出了 3 个版规模的周刊——《文化广场》。

最初 3 个版的《文化广场》，一版围绕"点"做文章，透视文化热点，分析文化现象，研讨文化趋势，专访文化人物。二版为"新语林"，注重文化内容的"面"，从各个角度谈论文化。三版为"读书人"，走的是读书这条"线"，供大家在此品书、荐书。后来，《文化广场》从周刊、周末版发展到日刊，版面也从 3 个版增加到 4 个版、8 个版……《文化广场》逐渐发展为深圳影响力和规模最大的文化专刊之一，在深圳文化建设中的角色，也由观察者、思考者，经由争论者、批评者、建言者，变为动员者、介入者、参与者、实践者、创造者。

2006 年 12 月 20 日，《文化广场》头版发表了《深圳：全球第三个"设计之都"？》。这篇文章介绍了深圳成为联合国教科文组织创意城市网络的可能性。文章见报后受到市有关领导的高度重视，责成《深圳商报》就此展开调研，评估深圳成功的可能性。此后，《深圳商报》成立文化创意中心，考察论证"申都"之路。2008 年 12 月 7 日，深圳正式成为联合国教科文组织创意城市网络的第 16 个成员，并被授予"设计之都"称号。这一荣誉的获得，《深圳商报》特别是《文化广场》功不可没。申请成功的第二天，《深圳商报》以 10 个版的篇幅推出"亲历申都"专题报道，以独特的角度和亲历全程的生动描述受到读者好评。

2008 年是改革开放 30 周年，为配合深圳市"30 年 30 本书"评选，《文化广场》从 9 月起推出大型系列专访"我读 30 年"，报道 34 位名家从个人阅读的角度梳理中国 30 年阅读文化的变迁，并在 2008 年读书月期间结集成《1978~2008 私人阅读史》一书，颇为畅销。《文化广场》主办的"30 年 30 首歌"活动，让普通深圳人站在深圳的音乐殿堂上放声讴歌改革开放，由全国网友进行网络投票，掀起极高热度；举办的"纪念改革开放 30 周年 30 深圳家庭"相册展征集活动，对每一个参展家庭进行翔实的采访报道，从家庭巨大变化展示深圳改革开放的历史画卷。

2009 年，《文化广场》开设"广场导报"专栏大幅增加深圳本地文化动态新闻，开设"鉴藏周刊"增强知识性和服务性。

此外，《文化广场》还先后参与策划和实施了"画梦""四方沙龙""深圳文化沙龙""书立方""演出季"等多个文化品牌活动。

除了 C 叠的《文化广场》集中报道文化新闻外，深圳商报的头版也注重对文化新闻的报道，一些重要的文化新闻也屡屡被安排在头版头条，"商报眼"开设的"文化评论"等栏目，也是专家和读者发表讨论文化话题的重要阵地。

三 "头脑风暴"搭台，经济文化唱戏

《深圳商报》的经济视野和文化追求，并不仅仅简单停留在报纸的版面上，而是主动出手，深入经济和文化各个领域，洞察经济和文化发展的各种问题，通过举办一系列活动，吸引专家学者献计献策，最终推动深圳乃至全国的经济文化发展。

继 2001 年后，《深圳商报》又于 2002 年到 2004 年先后举办了两届"全球脑库论坛"，吸引了包括美国前副总统戈尔、欧盟前主席桑特、澳大利亚前总理基廷、菲律宾前总统拉莫斯等政界名人及斯蒂格里茨等诺贝尔经济学奖获得者到会发表演讲。

2002 年 12 月 7 日至 9 日，由联合国工业发展组织、国务院发展研究中心、深圳市人民政府主办，综合开发研究院（中国·深圳）、《深圳商报》承办，中国国际经济技术交流中心协办的首届"全球最具活力的城市和地

区创新与学习过程"国际研讨会举行，来自联合国、欧盟，以及美、英、法、南非、巴西等国家和地区的近30位嘉宾到会发言，对世界各地20个城市的创新与发展逐一进行剖析，为城市创新与发展提供了宝贵的经验与借鉴。

2002年12月20~25日，《深圳商报》与美国"美中传媒出版与交流协会"共同主办的"哈佛与我面对面——中美校园文化交流活动"，为深圳学子架起了了解世界、走向世界的桥梁；同时，也使来自世界各地的哈佛学子进一步了解了中国，认识了深圳。

2003年，《深圳商报》围绕国家和深圳的一些重大问题主办了一系列论坛，如以"增强深圳国际竞争力，建设国际化城市"为主题在北京召开专家论坛；CEPA签署后10天，即邀请京、沪、粤、港专家主办"深圳与CEPA"论坛；针对入世后面临的新问题，在京主办"反倾销论坛"；十六届三中全会后，携手中国经济体制改革研究会举行"中国改革论坛"，吸引了全国400名经济学家参加；11月至12月，又接连参与主办或承办系列论坛——中印经济论坛、孙冶方经济科学奖颁奖大会、中国港口经济论坛等。

2004年8月28日，《深圳商报》联合中国企业家论坛组委会、香港总商会、综合开发研究院（中国·深圳）一起在深圳五洲宾馆举办了中国企业家论坛首届深圳高峰会。

2004年12月11日，由博鳌亚洲论坛与深圳市政府共同举办、《深圳商报》独家承办的博鳌亚洲论坛2004年国际物流大会在深圳揭幕，600多位国际名流、政界高官、学界权威、企业精英等嘉宾欣然赴会。

2007年1月19日，由深圳市商业联合会、深圳广电集团、深圳商报社联合主办的首届"深商风云人物"评选揭晓。袁庚等5人获功勋奖，招商银行行长马蔚华等10人获卓越奖，腾讯集团总裁马化腾等10人获新锐奖。

2008年11月24日，《深圳商报》与深圳市政协等单位联合举办走进东盟论坛暨实施自由贸易区战略研讨会，为深圳企业在东盟找到更宽广市场空间提供了有效渠道，也为广东实施产业转移提供了更多的新机遇。12月21日，由深圳报业集团承办的中国经济50人论坛深圳研讨会"中国发展新阶段与特区新使命"在深圳召开，《深圳商报》积极参与论坛前期筹备工作，并于第二天推出特刊，报道研讨会内容。

《深圳商报》搭建国际论坛，引来世界级的"头脑风暴"，不仅丰富了《深圳商报》的报道，还产生了许多对策建议，推动了深圳甚至中国的经济文化发展，受到政府、学术界和广大读者的广泛关注，同时也极大地提高了《深圳商报》的国际影响力。

四　搭建民心工程，以慈善助民生

《深圳商报》充分利用媒体平台搭建民心工程，以慈善助民生，进一步提升《深圳商报》的知名度和形象。

2006年2月，深圳民营企业家许凌峰率先发起民间出资招募教师扶贫支教活动，《深圳商报》进行了连续报道。8月，许凌峰"募师支教爱心联盟"在深组建，与深圳市关爱办、《深圳商报》、深圳市慈善会共同主办"募师支教"行动。2007年3月，新一轮"募师支教"在全国五省启动，逐渐影响到全国，至2010年3月，"募师支教"行动先后招募了8批共362名支教志愿者。他们的足迹遍及湖南、贵州、四川、江西、河南、陕西、甘肃、广东、西藏等全国9省区的山区，惠及山区学生3万多人。2010年12月6日，在广东省政府、中国扶贫基金会主办的2010全民公益启动大会暨全民公益（广东）论坛上发布的主题报告之一《引领中国公益事业发展的潮流——广东省社会组织扶贫创新研究》，将《深圳商报》发起的深圳"募师支教"行动列为"广东省社会组织扶贫创新五大模式"之一。2011年7月15日，在北京人民大会堂举行的第六届"中华慈善奖"表彰大会上，"募师支教"行动获得中国公益慈善领域最高荣誉"中华慈善奖"。2011年9月20日，由《深圳商报》挖掘报道的重大人物典型"80后"支教志愿者孙影荣获中央宣传部、中央文明办等六部委授予的第三届"全国道德模范"殊荣，成为继丛飞之后深圳市第二个"全国道德模范"，也是广东省唯一的第三届"全国道德模范"。

2006年12月21日，《深圳商报》以《最后时刻，我想捐建十所希望小学》为开篇，对爱心港商承明感人事迹进行系列报道。随后，《深圳商报》派出多名记者分赴内蒙古、贵州、安徽等地深入采访承明先生的事迹，在历时数月的报道中，共发稿40多篇。中共中央政治局常委李长春等领导分别就承明先生的事迹做出重要批示。该组系列报道后获2007年度广东新闻奖特别奖。

2007年11月16日，《深圳商报》启动中国首个媒体慈善基金，和深圳市慈善会联合推出"慈善深圳'感动'大行动"，筹集的善款建立深圳商报慈善基金。

由深圳市关心下一代工作委员会、深圳市老龄委、深圳商报社联合主办，《深圳商报》从2009年7月开始推出了《托起朝阳——深圳"五老"故事》100期系列报道，以及《托起朝阳——深圳关心下一代工作聚焦》专刊，共120多篇文章，百余幅照片，近30万字，事迹生动，催人奋进。深圳3万多名老干部、老战士、老专家、老教师、老模范，本着对党忠诚、对后代负责的精神，积极投入关心下一代事业中，引导下一代健康成长，对促进和谐深圳建设发挥了不可替代的作用。在宣传"五老"先进事迹的基础上，《深圳商报》和深圳市关工委共同总结出"情系后代，赤诚关爱；志在未来，力传薪火；殚精竭虑，辛勤耕耘；无私奉献，甘为人梯"的"五老"精神。2010年4月《托起朝阳——深圳"五老"故事》一书出版。

2011年，《深圳商报》联合多家单位又推出"妈妈食堂""关爱白衣天使"等十多项慈善活动。

第三节 《深圳晚报》贴近群众服务民生

按照深圳报业集团"统分结合"的战略思路，作为集团四主报之一的《深圳晚报》，要发挥进社区的优势，增强服务民生的功能。对此，《深圳晚报》意识到，只有贴近实际，才有可能让读者在宣传中受到教育，受到感染，受到启迪；只有贴近生活，才可能使宣传报道亲切、吸引人，让读者认真去读；只有贴近群众，才能使宣传报道与读者息息相通、心心相印。

一 用报纸写群众身边的人

《深圳晚报》有这样一段宣言：我们的报纸始终牢记神圣职责，永不放弃社会良知。我们不会为了取悦低俗的趣味和病态的好奇去夸张和渲染新闻事实；我们不要只看到别人的悲伤，而不去支持他们战胜悲伤；我们不需要猎奇别人的隐私，而不去帮助他们解除痛苦。我们仅仅是把这座城市当成一个和睦的大家庭，而不是当成一个上演虚构故事的舞台，所以，我们保持素面朝天的质朴，鄙视浓妆艳抹的轻浮，我们崇尚生活的真实、新闻的真实。

因此《深圳晚报》的报道，都是素面朝天的百姓身边人和事，因为只有这样，才能最紧贴实际、紧贴生活、紧贴群众。

1. 深入基层挖掘典型

《深圳晚报》以宣传好新时代典型人物为己任，把眼睛瞄向基层人物，多从群众可亲、可信、可学、可参与的角度去开掘其丰富的内涵。

《深圳晚报》先后开设过"鹏城儿女""平凡人的故事""深圳百家录"等栏目，推出过数百位先进人物报道，引起较大反响。

2002年，《深圳晚报》率先报道了好姑娘黄慧为来自广西的壮族青年程金波捐献骨髓的事迹，感恩不尽的程金波一家4人都报名愿做骨髓捐献者，父亲程汉青、大姐程丽平、二姐和哥哥分别在桂林、广州等地红十字会报名，在当地引起轰动。

之后，《深圳晚报》相继报道了3位英雄民警浴血斗歹徒的英雄事迹。被砍断手筋后与战友合力击毙持刀歹徒的杜天宋，用身体挡住罪恶的子弹、死死拖住歹徒不放的朱晓华，勇斗走私分子、血染大鹏湾的章飞云，鹏城一时争相传颂。

2003年5月，《深圳晚报》记者文海笑独家采访了为追赶抢劫嫌疑人被撞伤的宝安区民警熊木春的英勇事迹。熊木春被撞成植物人之后，晚报每天都以整版篇幅报道他的病情，深深感动了广大读者。

2. 伸出援手帮扶解困

《深圳晚报》想读者所想，急读者所急，帮助读者解决身边事、困难事。

2002年，经《深圳晚报》多方奔走呼救，身患血癌的8岁女孩郑琪得以在天津找到与其血液相配的脐带血，她收到各界捐款10多万元。

白血病人钟祝在北京大学附属人民医院进行干细胞移植手术后，在无菌仓中通过对讲机对专程赴北京采访的《深圳晚报》记者黄啸说："谢谢《深圳晚报》，谢谢你和你的同事，记者很伟大，救了我的命。"

对于"脆弱小花"陈彦琳、患脑瘫的盲童阮婧、"命运遮住了半边脸"的斑面女青年"艾美"来说，《深圳晚报》就是他们的救命恩人。而地中海贫血患儿小郑彦和她的"漂亮妈妈"的故事，更是让人潸然泪下。

2002 年 3 月 29 日，《深圳晚报》一篇《8 岁女童拉父走天涯》感动了无数读者，深圳龙华一位不愿意透露姓名的读者跟《深圳晚报》联系，表示愿意捐资供养张美丽学习和生活，她的家乡湖北十堰市民政部门找到了张美丽，不久后传来佳音，小美丽已经上学读书了。

3. 新闻话题紧贴群众

《深圳晚报》报道的新闻事件，抓住群众最关心、最能调动群众情绪的话题做文章，紧贴群众，同时寓法治教育、道德教育、社会风尚教育于其中。

2002 年 4 月，《深圳晚报》记者吴攀柱接到读者投诉，称有人在贩卖一本傻瓜辞典，能顺利通过全国职称英语考试。记者顺藤摸瓜，先后采写了《买本傻瓜辞典也能过关》《全国查封作弊辞典》等消息，并专程赴北京采访，得到了国家人事部人事考试中心的支持和肯定，开始在全国查封作弊辞典，晚报文章由新华社转发全国各地媒体，此文获得当年度中国晚报新闻大赛特等奖。

2003 年 2 月，正值深圳两会，《深圳晚报》把关系百姓民生的新闻摆在重要位置。比如，出租车司机的休息问题，女厕所排长队的问题，以及一系列有关市民生活的温馨提案，用《深圳晚报》独创性的会内新闻，会外延伸采访配合的报道方式把一个个热点"炒热"，让一个个冷点"爆冷"。"3·15"消费者权益日这天，《深圳晚报》推出大型特刊《诚信深圳》，为消费者的权益鼓与呼。"记者亲历""记者暗访""新闻调查"等栏目，发扬《深圳晚报》深入生活、深入实际、挖掘社会深层新闻的传统，更使一批优秀的彰显社会良心、关心群众困难的社会新闻脱颖而出，赢得了市民的称赞与喜爱。

4. 重大题材现场直击

对于重大新闻事件，《深圳晚报》倾尽全力提供读者最希望看到的现场直击，让读者了解到最全面最鲜活的新闻动态。

2002 年 11 月，《深圳晚报》特派记者孙霞、吴攀柱专程赴三峡采访。在奉节古城爆破的采访中，记者在当地老乡的帮助下，选取了一家民宅，主人让出了角度最好的房间供记者拍照，爆破在上午 11 时开始，晚报记者 11 时零 5 分便传回了稿件。在大江截流的采访中，由于现场离有电话的地方十几公里远，晚报记者说服三峡工程负责人，专门为晚报拉了一条电话线到主席台边，保证了第一时间发回照片稿件。

2003 年 10 月 15 日，神舟五号飞船实现了我国载人航天的千年梦想。晚报特派记者吴擎柱于 10 月 13 日飞往兰州，当晚通宵乘火车赶赴酒泉，又驱车 300 公里赶到飞船发射现场。由于现场方圆 40 公里实行手机信号屏蔽，记者在第一时间拍到照片之后，驱车 40 公里，在车上赶写文字稿，在戈壁滩上发回了现场照片稿件，这些珍贵的文字和图片，经过千辛万苦于当日的《深圳晚报》上见报。

二 用活动抓群众关心的事

《深圳晚报》在全面提高采编、策划质量的同时，在与读者的互动上也大胆尝试和创新，抓群众关心的事，通过各种活动的组织和开展，编织成连接政府与百姓的温情纽带，建设成广大商家和消费者之间沟通与交流的桥梁。

于是，深圳有了"万人牵手""感动深圳""3·15 诚信深圳""绿色行动日"……做好每一次社会活动，需要调兵遣将，需要周密组织，需要点射式的精确宣传，也需要排山倒海式的轰炸报道。每一招、每一式、每一步，《深圳晚报》都精确到位，逐渐产生了聚变式的社会效果。同时，《深圳晚报》也实现了经济效益和社会效益双丰收，报纸的知名度和美誉度不断上升，营业收入连年猛涨。

1. 一片爱心成就一份事业

深圳是一座移民城市，全国各地的青年怀着梦想来到这里奉献青春，但由于各种原因，许多人一直没找到自己的另一半，这成了各企业、单位乃至全社会都很关注的问题。

为此，《深圳晚报》推出《万人牵手》专版，专门为单身人士牵线搭桥。版面一经推出，反响十分热烈。在读者的强烈要求下，《深圳晚报》专门设了一个部，常年举办"万人牵手"活动。每一次牵手活动，《深圳晚报》都派出几十名工作人员，现场主持的、联络的、采访的、服务的，各司其职。会场气氛热烈，而且第二天通过《深圳晚报》的报道，将社会效果也扩大到极致。因此，"万人牵手"活动越做越大。其中2002年5月在深圳海上田园组织的牵手活动，报名参与的有8000多人，再加上亲友团，当天实际到场的人数超过了2万人。

"万人牵手"还通过中央电视台多次播出，在海内外特别是港澳地区都引起了热烈反响。《深圳晚报》的两名记者被央视请到直播间，专门讲述这个活动的创意、经过以及中间发生的各种故事，社会反响热烈。

作为"万人牵手"的延续，《深圳晚报》每半年或一年筹备一场盛大的婚礼，让那些通过"万人牵手"走到一起的人们，在人生最重要的时刻有一个热闹美好难忘的回忆。当初的一片爱心，通过精心经营之后，已经成为《深圳晚报》一个叫得响的品牌，也成就了一份充满甜蜜的爱心事业。

2. 一个创意启动一个市场

2003年，非典肆虐。深圳的零售商业遭受前所未有的冲击，生意非常冷清。非典刚过，《深圳晚报》策划举办一次规模宏大的购物节，媒体直接参与主办，全程跟踪报道。经过与深圳市经济贸易发展局、深圳零售商业行业协会沟通，大家一致称好。深圳首届购物节诞生。

百家商场联动，百万市民参与，百万种商品促销让利。深圳首届购物节丰厚实惠的奖品让消费者喜出望外，据统计，深圳零售业2003年7月份的销售额比上一年同期猛增了14亿元。

购物节的举办不仅让深圳零售业迅速恢复元气，而且让深圳商家实现了首次大联合，提升了深圳商业的整体形象，也使得节庆这种营销模式被广泛认可。

2004年，参与购物节的商家更多，热情更高。不仅深圳的市民走进商场，超过30万的香港人也穿过罗湖桥涌进了深圳各个购物旺区。香港的《明报》《东方日报》《大公报》等媒体不吝笔墨大幅报道。作为第二届购物节中的一个子活动，《深圳晚报》还策划了"今天全城大降价"活动。新闻预热提前一周启动，全城百姓的热情被充分调动。8月21日虽然下雨，但市民购物热情却持续高涨，整个城市万人空巷，降价迎客的商家获利颇丰。

3. 一个专栏服务一群读者

以"办市民最喜爱的报纸"为宗旨，《深圳晚报》实实在在心系百姓，真真切切关注民生，不断加强观念创新、体制创新、方法创新，推出一系列为读者服务的专栏。

2001年4月19日，《深圳晚报·家周刊》在同行中率先开通了24小时"要装修找晚报"录音电话，为广大消费者郑重推荐信誉、价格、服务三项兼优的装饰设计公司，并保证在接到读者求助电话后，在最短的时间内将其装修需求通知深圳数十家优秀装饰设计公司，读者在第二天便会接到装饰设计公司的来电及服务。同时，《深圳晚报》又与参加推介的各家优秀家装公司签订了"质量、信誉保证书"，热线开通的当天下午，留言时间可达25分钟的录音电话便一再被消费者求助声占满。2002年，"要装修找晚报"应读者要求推出"升级版"，成立了"读者装修俱乐部"，每周组织优秀家装公司和材料城与晚报读者举行见面会，让业主自己挑选合意的家装公司。

21世纪初，《深圳晚报》和深圳市高戍达车会有限公司联合发起成立了"晚报车友会"，成为深圳第一家由媒体参与组织的车会。"晚报车友会"不以收取会员的会费为目的，却使会员享受种种买车、养车、修车等相关便利。利用《深圳晚报》强势媒体平台，开辟"会员车主"窗口，将车主提出的各种疑问及时公布，寻求社会支持与帮助，同时组织车主沙龙，并举办联谊活动。

《深圳晚报》和深圳市土地房地产交易中心联合发起了"千人看楼团"活动，带领市民参观热门楼盘。此活动受到众多深圳市民的瞩目，几天下来，报名就达数千人。《深圳晚报》千人看楼团大军分乘近10辆看楼大巴，奔驰在深圳的大街上，带领购房者找到好房子，帮助房地产商找到真买家，受到购房者和房地产商的欢迎。

4. 一台晚会感动一座城市

深圳虽然是一座新城，但孕育了不少唱响全国的歌曲和优秀的词曲作家。

2004 年 1 月是《深圳晚报》创刊 10 周年，《深圳晚报》决定推出一台特别的晚会，把 20 多年来激励深圳人、唱响全国的歌曲汇集起来，奉献给多年来热情关注和支持《深圳晚报》的深圳市民。

《深圳晚报》与中央电视台共同主办了这台名为《感动深圳》的大型晚会。中央电视台派出了 150 多人的阵容，在深圳安营扎寨。《深圳晚报》四处走访，把建特区以来从深圳唱响全国的原创歌曲的演唱者、词曲作者请到了一起，把深圳特区最早的建设者代表请到了一起，还把接受过《深圳晚报》帮助的特别家庭等请来了。

2004 年 1 月 2 日，可容纳 6000 多人的深圳体育馆座无虚席，国内演艺界知名人士悉数到场。这台晚会于春节期间在中央电视台 3 套和 4 套连续多天播出，在海内外引起强烈反响。后来，这台晚会作为综艺类优秀节目入围中国电视金鹰奖。

第四节　《晶报》的都市品位和时尚色彩

在深圳报业集团"统分结合"的战略思路中，《晶报》的定位是强化都市品位和时尚色彩，有效扩大受众群体。以"阳光媒体，非常新闻"作为办报理念的《晶报》，在深圳这座年轻时尚、激情饱满的城市里，以青春、新锐、时尚、绚丽的形象，一路阳光，高歌猛进。

一　保持创业激情

没有梦想，何必来深圳！闯荡市场，弄潮浪尖，是勇敢者的游戏，是开拓者的性格，也是深圳人的精神，《晶报》用自己的实践，同样诠释了这一精神内涵。

2002 年 6 月，《晶报》记者王志明在宝安区石岩暗访注水牛窝点，经过白天的踩点后，记者深夜化装成"打工仔"深入腹地观察和拍照，冒着被 30 多名持刀大汉围堵的风险，守了一个通宵后发回了报道，报道引起有关部门高度重视，非法屠宰场当即被取缔。

2005 年元旦是深圳有史以来最冷的一个元旦，当天凌晨 5 时，《晶报》

记者杨政、温文锋和覃忠武带着相机、温度计和《晶报》报旗，摸黑爬上深圳最高的大梧桐山顶，在-2℃的气温中，记录下新年深圳的第一次日出，以及山顶的冰晶。

《晶报》创刊以来，晶报人始终保持危机意识和拼搏精神，始终保持着"定力恒常、动力未减、压力自加、创造力持续、竞争力增强"的创业气势，希望办深圳最优秀的都市报。

为长久保持创业激情，《晶报》一直实行能上能下、能进能出、不唯文凭、重在表现的用人制度。创办之初，《晶报》最多一年曾陆续淘汰不胜任者40余名。有多位曾担任部门领导职务的人员，因业绩平庸或出现严重失误，被降职或撤职，也有降职后表现优秀而又获擢升的业务骨干。

同时，《晶报》建立了较完善系统的激励机制。内部奖项除了传统的年终评先外，还有每月一评的"策划新闻奖""独家新闻奖""最佳版面奖""每月之星"，还有每年一次的"《晶报》年度新闻奖"，该奖参照了国际通行的新闻奖项设置，奖项有最佳独家新闻奖、最佳策划报道奖、最佳公共服务奖、最佳深度报道奖、最佳特稿报道奖、最佳团队协作奖等。

《晶报》采编人员计件取酬不封顶，内部设立了行政管理与专业技术两条晋升通道，业绩优秀者可升任部门主任、副主任、主任助理，或竞聘首席记者、首席编辑、首席评论员，实行一年一聘。

二 坚持改革创新

与阳光同质的《晶报》，每天都在求新，让"非常新闻"永不褪色。

"非常新闻"关键在于敢于打破题材、体裁、形式等各种既有界域的限制，立意新、奇、异、妙，结构工、精、特、巧，不一而足。通过运思、跨界杂交，发现新视角、新思维，拓宽报道新领域，成为《晶报》新锐特质的一个标识。

全维度集束性报道，是《晶报》"非常新闻"理念的重要体现，在当时国内报纸中绝无仅有。几乎每年，《晶报》都有全维度集束性报道轰动全城。2002年的《满足》《异军》，2003年的《非典之典》，2004年的《大体力作》《踢爆黑诊所》，2006年的《萨达姆别传》，2008年的《汶川大地震》《奥运〈晶报〉》等。

异类专题报道，是《晶报》打造的一个新闻新品种，是新闻与副刊创作杂交的全新品种。2002 年 5 月 11 日，有媒体报道，俄国科学家认为，地球生态环境恶化的罪魁祸首是月亮，计划把月亮炸掉。各报争相报道，但《晶报》做的却是追问："要是没有月亮，地球、世界与我们的生活将是什么样子？"由此出发，浮想联翩，于 5 月 19 日推出题材与体裁特异的专题策划《失月猜想》，共 16 个版，包括能不能炸成（专家版和民间版）、就让我们一起干、谋杀月亮的 N 种方式、中秋节还过不过、诗歌怎么写、歌儿怎么唱、恋爱还谈不谈、嫦娥故事如何讲、太阳会哭泣吗、当世界只剩下春天等。见报当天，好评如潮，有同行说："没想到新闻还可以这样做！"《失月猜想》衍生了一种新文体——异类专题报道，有专家称，《失月猜想》为新闻策划贡献了全新的运作概念。

此后异类专题在《晶报》频繁出现，成为《晶报》新锐特质的一个标识。如 2002 年的《娱乐性"高考"》、2003 年的《非典时期的话剧——我的眼睛为什么饱含泪水》、2007 年的《奔月——献给"嫦娥"》、公益性专题《地球！地球！》等。

《晶报》还善于通过"媒体+"打通线上线下，报里报外、线上线下形成叠加效应，放大传播效果。创刊第二年起，《晶报》就办起了公益性的"《晶报》名人演讲周"活动，采取"报纸+讲坛"的形式，将现场、报纸、网络有机融合，每届邀请多名全国知名专家，就社会热点话题或他们最擅长的领域做专场演讲。贾康、钟南山、杨利伟、吴建民……为深圳读者奉献了一桌桌文化大餐。该活动已成为《晶报》一个品牌、深圳一张文化名片。此外，还有"晶报模拟世界杯"、"阳光奖"、"阳光达人"评选、"作文英雄"等，均受到读者热捧。

在采编流程上，《晶报》着力打造"主动的编辑部"，把主动性落实到每个记者、编辑手上，他们在日常的烦琐采访中仍能保持敏锐的新闻触角，压力下仍能保持平和与理性，面对权威声音仍有怀疑精神。

2006 年 7 月，著名物理学家霍金在网上提出了一个问题："在一个政治、社会、环境都很混乱的世界，人类如何走过下一个 100 年？"后来，霍金通过电子语音合成器把他的答案公之于众。《晶报》国际部从网站上监控到霍金的音频文件后，立即进行编译，结果，《晶报》这一报道在当天的国内媒体中堪称绝无仅有，与国际报纸保持了同步。

2006年10月13日，王光美女士在北京解放军305医院逝世；15日，这条消息出现在香港大公网上，《晶报》总编室编辑监控到这条新闻，当即向北京媒体询问，请他们供稿，结果他们竟然都不知此事。深圳报业集团驻京记者赶到了医院，采写了这条消息，17日《晶报》报道出炉，成为内地首家刊发这一消息的媒体。作为一条并非发生在深圳的新闻，《晶报》能抢到一个独家新闻，正是编辑部主动出手的体现。

《晶报》的板块设置及周刊演进，也充分体现出强烈的创新精神。它不断优化板块结构，以前瞻性的思维，为读者创造阅读新世界。《晶报》提出"做精深圳新闻，做强国际新闻，做活文体新闻，做优财经新闻，做好建设性时评"，着力建构每个板块的阅读中心。各个板块齐头并进，没有明显短板，形成了各板块内容饱满、特色鲜明的结构单元。

《晶报》的周刊有过多次调整，从起初的《纵横深圳》《多维深圳》，到《星期六〈晶报〉》，继而代之以《人文周刊》，改《环球周刊》为《天下周刊》，增设《〈晶报〉图书评论》、《娱乐周刊》、时尚周刊《超心动》等，以及时适应受众新偏好、社会新趋势为取向，视野日益开阔、思想敏锐、品位不凡。

《晶报》的言论，从无到有，从少许到一个版，到3个版，紧跟首读版之后，增加的不只是容量，更体现出价值选择的盎然生态。社论版表达报社立场，讲场版优化选择专栏观点，议苑版汇聚各方声音，这样具有层次感、立体感的版面组合，构成了表达的张力，提供了思想的盛宴。

自2007年起，《晶报》专设深度报道版，常以两个整版的规模，推出独家调查，大幅增加了报纸结构中的深阅读元素。

《晶报》格外重视实用信息，在国内媒体中率先推出气象版，在日出报32版时即每天1个版刊出深圳和全国各地及世界大城市气象预告；2007年，《晶报》开设实用资讯板块，每天4个版，包括最新吃住用行生活信息、公共文化娱乐信息、心理咨询和气象电视信息，内容详尽具体，很受欢迎。

在时效以秒计的新闻时代，重要的不是一两次创新，而是让创新成为常态。《晶报》创刊总编辑陈寅认为，《晶报》的新闻创新，不是个别的、偶发的，而是全面的、不间断的、自成体系的创新。

三 保持敏锐直觉

《晶报》始终保持高度敏锐性，善于从生活立场、百姓角度，深入报道时政要闻，突出亲近性、可读性、服务性，聚焦市民生活、微观社情民情，服务社会各界，关注弱势群体。

长久以来，《晶报》以贴近民心、关心民瘼、服务民生为安身立命之本，每遇重大会议、决策等重大时政新闻，《晶报》都会高度重视，结合报纸的特点精心策划，全力报道。2007年，党的十七大召开前夕，《晶报》以50多个版面连续奏响喜迎十七大报道"三部曲"：一是从8月28日至10月10日，专版推出22期"科学发展，共建共享"系列报道，直书弱势群体民生问题，关注政府纾解之策，拉近市民与政府在民生感知上的距离；二是自10月11日至10月14日，以专栏形式推出4期"轨迹"，所发名家访谈，紧扣热点、难点、疑点，直面现状、多谈问题，一扫往昔理论报道之严肃刻板、冗长沉闷的氛围；三是10月15日以专辑形式推出12个版的特刊《路标》，勾勒深圳发展征途上的一个个重要瞬间，引人共鸣。

重大政治历史事件的纪念性报道不容易做出新意，但《晶报》却从百姓视角深入浅出，创意独到，已成品牌。2002年1月14日推出纪念小平南方谈话10周年特别报道《春风满眼十年间》，1月19日再推《春风十年》特辑，全城争睹；2005年9月3日，纪念抗日战争胜利60周年特辑《V60胜利》面世；2006年8月21日至10月21日，举行纪念长征70周年"长征路上新希望"大型采访活动，历时2个月，23名记者兵分六路，分赴红军长征经过的江西、广西、贵州、四川、甘肃、陕西六省（区）数十个县深入采访，采写各类新闻作品200多篇，发排70余个版。

在纪念重要政治人物方面，《晶报》报道同样可圈可点。2004年围绕纪念邓小平100周年诞辰，《晶报》则先后推出大型系列报道《追寻小平的足迹》、特刊《怀念小平》，受到读者追捧。

四　秉持新闻情怀

《晶报》的情怀，来自新闻报道的温度。新闻报道的温度，表现为报道充满人情味，彰显了生活中的人性光辉与人道关怀；表现为以悲悯情怀关注和扶助弱势群体，弘扬爱心；表现为关心人的命运，重视人的价值，高扬人的精神，呵护人的心灵。

2002 年 6 月 25 日，在"国际禁毒日"前一天，《晶报》跨版刊发摄影报道《我要戒毒我要活着》，记者用镜头记录了吸毒女阿丽一天的起居生活，捕捉到她在出租屋注射毒品、溃烂的伤口、渴望新生的眼神等震撼人心的画面。

随后，《晶报》带动全社会展开了一系列营救行动，两天后阿丽被送进戒毒所，两个月后走出戒毒所。该系列报道引起海内外反响，法国《摄影家杂志》、香港《明报周刊》、山东卫视等数十家报刊、电台、电视台转载刊播。两年后，央视播出禁毒片《聚焦金三角》，阿丽的戒毒经历成为其中一个典型事例。

在 2008 年南方大雪灾、汶川大地震等重大事件中，《晶报》刊发了大量有温度的报道和评论，如《寒凝大地发春华——深圳抗冻救灾保春运全景纪实》《伸出援手，灾区人民的疼痛就是我们的疼痛》等。

从 2007 年 4 月 24 日起，《晶报》每周二新增出版《人文周刊》，刊头上标明"筑渠引水，润泽人心"，这 8 个字不仅是这份周刊的办刊宗旨，更体现了整张报纸的人文情怀。

《晶报》善于挖掘人文大家，袁机、常秀峰、饶宗颐、蒋庆……《晶报》均曾在显要版位大幅报道，揭秘其历程、走入其内心、体悟其精神，读者也因此得以浸淫于深邃的人文大海之中，启迪人生，净化灵魂。

第五节　系列报刊动能足成长快

深圳报业集团成立后，深圳报业整体实力地位显著提升，不仅四主报受益，其他子报子刊也在深圳报业集团社会影响、办报谋略、经营方针的带动下，得到充足的营养和动力，找到正确的方向，得以迅速成长。

一　《香港商报》重获新生

深圳报业集团成立时，《香港商报》已经 50 岁"高龄"，这位略显暮气的新闻"老兵"在报业集团的带动下很快获得了"新生"。2005 年 5 月 19 日，《香港商报》进行了 53 年来最大的改版动作，确立了"精品报、桥梁报、服务报"的办报宗旨，出报质量和经营发行都迅速改观。2007 年 5 月 16 日，《香港商报》和《深圳商报》联合发起成立"全球商报联盟"，并在香港都会海逸酒店举行成立大会，来自中国以及亚洲其他国家、欧洲国家的 20 多家商报的高层人士出席，《香港商报》的业界地位进一步提升。

2010 年 3 月 4 日，《香港商报》与信息技术商务发展（香港）有限公司共同注资 2500 万元，成立"全球商报网络有限公司"。7 月 18 日，《香港商报》独资成立"香港商界民意调查有限公司"。《香港商报》开始向产业多元化进军。

2011 年 11 月 19 日，《香港商报》正式迁入九龙观塘道 332 号的香港商报大厦。香港商报大厦楼高 7 层，总面积 32000 平方英尺（约 2793 平方米），成立 59 年后，《香港商报》终于有了一个真正属于自己的家。

2011 年 12 月 19 日，香港商报出版社编辑出版了《36 条与香港》一书，以帮助读者理解李克强副总理访港带去的中央挺港"36 条"政策措施，受到香港读者热捧。

二　《宝安日报》健康发展

2007 年 9 月正式并入深圳报业集团的《宝安日报》，是深圳报业集团旗下唯一一份社区报，同时也承担了深圳市宝安区、光明新区和龙华新区机关报职能。2009 年 7 月 8 日，深圳报业集团支付宝安区 4073 万元，正式完成对《宝安日报》的有偿兼并。此时，与其几乎同时创刊的《南山日报》却已因为政策原因停刊。

进入深圳报业集团大家庭，《宝安日报》不仅得到了新生的机会，还得到了健康的发展。2011 年 11 月 11 日，中共中央政治局常委李长春到深圳市宝安区考察时，称赞《宝安日报》、《打工文学》周刊"打工者写，写打工者，打工者看"的办刊宗旨，为地方政府紧密联络地方作家、业余作者，帮他们实现人生价值、创造出更多更好的文学作品提供了良好服务。[1]

三　各报各刊携手并进

深圳报业集团其他报刊同样成绩显著。2003 年 11 月 10 日，《深圳青少年报》在全国 200 多家少儿报刊大评比中，荣获"首届中国优秀少儿报刊奖金奖"。

作为深圳唯一的英文日报，与英文版《中国日报》《上海日报》并称中国三大英文媒体的 *Shenzhen Daily*，在 2003 年 5 月 22 日与香港主流媒体《南华早报》联合推出"深圳外销楼盘"整版彩色广告，开创了深港两地英文媒体合作出版的先河。

2007 年 6 月 28 日，*Shenzhen Daily* 举行创刊 10 周年纪念晚会，市有关部门领导及 200 多名中外嘉宾与会祝贺，国际大体联主席基里安先生发来贺电。2010 年 2 月 4 日，以色列驻华大使安泰毅一行在访深期间专程来到 *Shenzhen Daily*，就加强两地科技合作与文化交流充分交换意见。

2005 年 4 月 20 日，《深圳汽车导报》第 2、第 3、第 4 期获得被誉为全球印刷界"奥斯卡"的"美国印制大奖"。

第六节　"集团军"合力攻坚重大事件报道

深圳报业集团的成立，使各报刊网都获得了更好的发展平台，但仅仅是让各报刊携手成长，绝不是成立报业集团的初衷。在面对重大新闻事件时，充分发挥各"兵种"的功能、作用和特点，形成合力，以"集团军"强大兵力攻坚，才是深圳报业集团追求的目标。

一　地震灾区唱响大爱主旋律

2008 年 5 月 12 日下午 2 时 28 分，四川汶川发生 8.0 级特大地震，近 7

---

[1]　徐东：《宝安打工作家白李长春赠书》，《宝安日报》2011 年 11 月 15 日。

万人丧生，近1.8万人失踪，37万余人受伤，这是新中国成立以来破坏性最强、波及范围最广、救灾难度最大的一次地震。

深圳报业集团迅速做出反应，5月13日凌晨，各主报第一批特派记者李伟文、林勤、赵青等人，就乘南航专机与广东边防赴汶川抗震救灾救护队一起赶赴汶川地震灾区。此后，集团各报又派出多批记者前往汶川和陇南等重灾区，同时组织大批记者深入深圳各行各业采访，报道深圳人心系灾区、全力支持抗震救灾的行动。

在报道上，深圳报业集团各报在地震灾情爆发期快速反应，及时、全面、客观地报道了抗震救灾的情况，全方位披露灾情信息，防止了各类谣言、小道消息的传播，稳定了社会秩序，鼓舞了士气，凝聚了民心。

《深圳特区报》在5月13日头版拿出2/3个版刊发相关报道，并在A2~A6版刊发了5个"关注汶川大地震"专版，各有侧重，层次分明，报道全面，版面统筹布局合理，反映了《深圳特区报》在灾情突发状态下的应急能力。5月19日，《深圳特区报》推出重头长篇通讯——《大灾当前，我们与灾区人民心手相连——深圳全市情牵灾区支援抗震救灾七日纪事》，全面记录了深圳支援四川汶川抗震救灾的事迹。从5月13日至6月24日，《深圳特区报》共刊登汶川抗震救灾报道341个版，发表文章和图片3780篇（幅）。2009年5月12日，为纪念抗震救灾一周年，《深圳特区报》推出《5·12地震灾区回望》特辑。

《深圳商报》和《深圳晚报》也派出多名记者，在抗灾第一线与参战官兵一起摸爬滚打、连续奋战20多天，第一时间报道了深圳官兵救援杨柳、卿静文、李春阳等学生的消息，报道了救援队转战德阳、都江堰、汶川和北川参与救援和重建的事迹，报道了救援部队受到党和国家领导人接见的令人振奋的消息。一篇篇报道感动了整个深圳，激发了全城关注、捐助灾区的大爱之情。

《晶报》派出16名记者陆续前往抗震救灾一线采访，持续推出全维度集束性报道《汶川大地震》特刊。2008年5月23日，《晶报》以《温家宝总理93小时灾区行》为题，以一个随行记者的视角，报道温总理首次四川灾区之行，展示了一幅幅共和国总理夙夜在公、心系群众的感人画面，极具感染力。同时，《晶报》的《伸出援手，灾区人民的疼痛就是我们的疼痛》等评论，让读者在无情的大灾大害面前，充分感受到人性的温度。

在地震发生后两周时间，《晶报》就出版了诗集《汶川——"5·12"诗抄》，同类图书国内最早出版；5月31日，《晶报》举行"爱向汶川——'5·12'大地震诗歌朗诵会"和诗集首发及义卖活动，吸引大批读者到场参与。

深圳报业集团不仅在报道上全力支持抗震救灾，2008年5月18日，在中央电视台赈灾义演晚会上，还向四川灾区捐款650万元。

2008年5月21日，深圳市文明办、深圳市关爱办和深圳报业集团联合邀请26家深圳房地产企业的负责人，在报业大厦发起成立深圳房地产界赈灾同盟，现场为四川灾区重建认捐达4470万元。当日，深圳商报社携手深圳市慈善会，通过国内首个媒体慈善基金——深圳商报慈善基金筹集善款支援灾区，共捐款（物）达2620万元，同时深圳商报社还拿出100个版面全部无偿提供给赈灾募捐企业刊发赈灾广告。同时，深圳商报慈善基金决定全力支持甘肃地震灾区。经考察，深圳商报慈善基金决定出资1500万元，捐建深圳市对口支援的武都区城关中学这一重点项目。2009年9月3日上午，新建成的陇南市武都深圳中学举行了隆重的开学典礼，该校成为陇南市武都区最漂亮也最现代化的学校。

2010年4月20日，在央视直播的《情系玉树，大爱无疆——抗震救灾大型募捐活动特别节目》现场，深圳报业集团捐款300万元。

二　大运会东道主的大"兵团"作战

2011年8月12~23日，第26届世界大学生夏季运动会在深圳隆重举行，作为东道主，深圳报业集团在这一盛会上不仅扮演宣传报道的角色，而且深入大运会筹备和举办的方方面面，力助深圳大运会实现"不一样的精彩"。

1. 赛前的方方面面

从2006年深圳决定申办大运会开始，深圳报业集团就进入"大运时间"，先后发表逾千篇富有深度的大运会相关报道和评论，激发了市民参与大运会建设的热情，推动了市民的个体参与和城市管理的完善。同时，深圳报业集团还组织人员参与撰写申办报告，并在申办成功后组织强大队伍进入大运会执行局，直接参与大运会的各项筹备工作。

2006年8月30日，国际大体联主席基里安访问深圳，《深圳特区报》辟出8个版的大型中英文双语特刊《深圳，与世界没有距离》，介绍深圳优美的城市景观、优越的地理环境和便利的交通条件，展示了深圳人民对申办大运会的渴望与热情。

2007年1月17日凌晨2时38分，当申办成功的喜讯从都灵传来，深圳报业集团各报刊网均以最快的速度记录下这一历史性的时刻，其中，《深圳特区报》推出4个版的号外，刊发17幅照片、12篇文章。

2009年8月12日，在大运会开幕倒计时两周年之际，深圳报业集团与深圳大运会执行局签约，成为大运会官方合作媒体，在未来两年内力助深圳大运会和深圳城市品牌推广。

2009年10月13日，深圳市委常委会会议确定"办赛事、办城市、新大运、新深圳"主题，向世界展示深圳人的青春朝气和进取精神。从10月14日起，深圳报业集团各报刊网全力展开"两办、两新"活动的宣传报道，从不同角度诠释举办大运会与发展深圳的关系，吸引广大市民积极支持并投入其中。如《办城市，怎么办？新深圳，何以新？》的评论员文章，提出要以世界眼光"办"出特色，"新"出中国特色、中国风格、中国气派。各报刊网还与大运会执行局等联合发起各种专题活动，如邀请市民分站式参观市容整治典型，感受环境变美丽的效果，激励共建新深圳的信心。

从2011年3月开始，《深圳特区报》组织开展20多批次网友参与"办赛事、办城市、看变化"系列活动，每场都引来大批网友积极报名参加，《深圳特区报》在大运会开幕前带网友走进大运中心、深圳湾体育中心，走访深圳正在为大运而更新的角角落落。面对记者，网友们谈印象、谈变化、谈感受，现场拍照片、上论坛发言、发微博，把所见所闻传播出去，与更多网友、读者分享。

2011年1月23日，《深圳特区报》联合大运会执行局、共青团深圳市委、市城管局，共同发起"新年行大运"活动，以健康步行的方式，共同迎接大运会倒计时 200 天，并预祝《深圳特区报》发行 10000 期。同时，发表《市民健步深圳湾畔争创文明喜迎大运》报道，以及大运会系列评论，从动感、科技、绿色等 6 个方面，为"大运年"定下基调，也宣告深圳报业集团"大运年"宣传工作正式启动。

从申办大运会至大运会开幕前，深圳报业集团各报刊网分工合作，从各个维度报道大运会筹备进度，开展大运会文化建设，营造大运会热烈氛围，彰显深圳"办赛事、办城市"的办大运会理念，各报常设大运会专版 13 个，近百个大运会栏目，共推出报道 2 万多篇。

2011 年 7 月 11 日，由深圳报业集团发起、《晶报》承办的"全国都市类报纸总编深圳大运行"正式启动，活动以"深圳·不一样的精彩"为主题，组织来自全国 30 家主流都市报的总编辑和记者齐聚鹏城，参加大运会倒计时一个月系列活动，包括专访深圳市和大运会执行局负责人，了解大运会筹办情况，实地探营大运村和大运场馆，感受和见证深圳为大运会所做的各种富有成效的工作，通过文字与镜头，为即将开幕的大运会掀起一轮舆论热潮，广泛传播深圳"办赛事、办城市"和"争一时更争千秋"的理念，吹响大运会宣传"集结号"。

8 月 6 日至 10 日，《深圳特区报》在头版每天推出一篇"写在第 26 届世界大学生运动会开幕前夕"的系列综述，喜迎大运会召开，并号召全市为迎接大运会做好最后冲刺。深圳市政府及大运会组委会委派的大运会新闻服务、大运会官方图片社、大运会官方新闻网、大运会官方报纸《大运行》、大运会英文会刊等专业项目也同时启动。

2. 赛时的新闻细节

8 月 12 日晚，大运会开幕式在深圳湾体育场隆重举行，深圳报业集团数百名持证记者出动，正式展开了大运会的赛时报道。12 天的赛时阶段，深圳报业集团各报刊网组织了全方位、全媒体、规模空前的全景式报道，仅《深圳特区报》《深圳商报》《深圳晚报》《晶报》四主报，就动用超过 1400 个版面，刊稿件 6700 多篇、图片 5240 多幅报道大运会盛况，对于开幕式的报道，《深圳特区报》破天荒地推出两个跨版，营造深圳市民喜迎盛事的激情氛围。

同时，深圳报业集团通过报网融合启动即时新闻报道。《深圳特区报》充分利用80名前线持证记者的资源优势，由新媒体部策划并组织实施"大运快报"计划，前后方紧密配合，对每一场比赛进行文字、图片或视频现场直播，使得刚刚组建不到一年的特网成为大运会赛事信息的首发平台。

除赛事报道外，特网还开设了大运会直播间，邀请包括钢琴家郎朗在内的大运火炬手、形象大使等嘉宾，进行网络访谈直播，得到网民广泛关注。

深圳报业集团各报刊网也投入大量版面，关注赛场以外的深圳"大运时刻"。大运会上，深圳共有2.6万名赛会志愿者、25万名城市志愿者和100万名社会志愿者，这约128万人的志愿服务队伍，用灿烂的笑容和真诚的服务打动了世界，向世界展示了深圳这座"志愿者之城"的魅力。《深圳特区报》开设了"致敬志愿者"专栏，充分展现了志愿者和深圳市民的风采。同时，通过特网专为赛事志愿者、建设者和工作人员举行"我的大运日记"活动，响应热烈，好评不断，不仅为大运会参与者搭建了直抒胸臆的平台，也使《深圳特区报》和特网的影响力得到彰显和提升。

为响应深圳市委市政府发出绿色出行志愿行动的倡议，从2011年7月19日开始，《深圳特区报》发起了"绿色出行 微博助力"活动，产生强烈反响，包括时任万科董事会主席王石在内，深圳、北京、上海、香港等地一大批知名人士、演艺明星、作家、学者等纷纷通过微博转发该活动内容，号召众粉丝和亲友共同接力"绿色出行"。据统计，在活动启动后的7天时间里，《深圳特区报》在新浪微博和腾讯微博的粉丝、特网微博的粉丝激增45000多人次。

《晶报》也同全市62家单位、社会组织一道，发起"绿飘带"行动，倡导市民自愿参与绿色出行。在绿色出行正式施行的首个工作日，有超过38万名机动车主自愿申报停驶，全市拥堵路段和拥堵时间减少约30%，成为大运会交通畅通无阻的有力保障。

在深圳报业集团的努力下，举办大运会同城市发展有机地结合在一起，对深圳而言，大运会不仅是一场世界性的运动会，城市也因大运会而凝心聚力。

第七节 大"兵团"大策划，奏出改革强音

作为中国先锋城市，深圳每年都有丰富多彩的大型展会和品牌活动：高交会、科博会、物博会、读书月、深圳关爱行动、文博会等。深圳报业集团积极参与和策划这些大型展会和社会活动，一方面获得大量的新闻报道内容，开展声势浩大的立体新闻报道，成功引导市民的视线和舆论；另一方面以此提升集团和所属各报网的品牌价值。

一 文博会的承办方

2003 年 1 月，中共深圳市委三届六次会议第一次正式提出了实施"文化立市"战略。2003 年 11 月，深圳联合中央有关部委，创办"中国（深圳）国际文化产业博览会"（简称"文博会"）。

文博会是中国国家级、国际化、综合性的文化产业博览交易会，以博览和交易为核心，全力打造中国文化产品与项目交易平台，促进和拉动中国文化产业发展，积极推动中国文化产品走向世界，被誉为"中国文化产业第一展"。

2004 年至今，文博会在深圳每年一届持续成功举办，规模不断扩大。深圳报业集团在历届文博会上，不仅突出地展示报业作为文化产业的龙头风姿，对展会报道方面也不断突破。2005 年第二届文博会开幕期间，深圳报业集团各报网陆续推出《让中国文化产品大踏步走向世界》《勇于到国际文化市场赚大钱》《市民的节日》《把文化"买卖"做得更大》等系列评论，对举办文博会的非凡成就热情赞扬。仅《深圳特区报》就发表 606 篇报道，围绕文博会做足了文章。该报"高端访谈"采访了内地 20 个省、市参展团的团长，把他们的观感、意见、建议等一一详细记录下来，新颖可读。"展馆走笔"专栏以 100 余篇记者所见所闻，再现了六大展馆所带给人们的丰富多彩、叹为观止的"文化盛宴"。之后，集团各报网对文博会的报道又不断有所突破，有新亮点。如倾听参加文博会的中央、各省区市领导，国内外知名参展商、专家学者等 55 人发表看法，为每人发表一篇专访。如

专访国家新闻出版总署署长柳斌杰的《文博会要继续助推中国文化走出去》，对阿曼国民经济大臣马基、德国辛德芬根国际会展集团总裁霍恩斯坦等 22 名国外政要、知名参会商等的专访。2004 年从 3 月下旬开始，集团各报网提前推出了"走近文博会"和"走进创意时代"等栏目，重点报道了深圳原创动漫集体亮相、深圳被联合国授予"设计之都"称号等新闻，加大深圳文化品牌的推介力度。

深圳报业集团不仅是参与者和报道的主力军，同时也是重要的承办方。

2004 年，深圳报业集团与深圳电视台共同承办首届文博会，并成立集团文博会承办工作领导小组。

2004 年 6 月 15 日，由深圳报业集团、深圳广播电影电视集团、深圳发行（集团）公司联合投资的深圳国际文化产业博览会有限公司正式挂牌成立，其中报业集团出资 1800 万元，占 60% 的股份。

2005 年 7 月 29 日，深圳报业集团接手"文苑大厦"项目，更名为"文博大厦"，并成立文博大厦工作小组，加快文博大厦承建工作。

2006 年 5 月 9 日，深圳报业集团决定出资经营管理国家文化部的中国文化产业网站和中国文化产业服务工程（数据库）。12 月 16 日，中国文化产业网正式启动，并于 2007 年 5 月 13 日更名为"文鹏网"。

2010 年 4 月 9 日，深圳报业集团对文博会公司参与设立中国文化产业投资基金，由深圳报业集团向该公司增加出资 3000 万元人民币。

二　高交会的造势者

首届高交会于 1999 年 10 月在深圳举办，此后每逢金秋，高交会就会成为深圳媒体的一个报道热点。深圳报业集团成立后，历年都精心策划高交会，全力报道好"中国科技第一展"。报道来自全国所有省、自治区、直辖市和港澳地区以及近 30 家中国知名高校参加的展示交易洽谈活动，派记者专程跟踪报道来自美国、德国、俄罗斯等国家的高科技代表团，报道微软、IBM、甲骨文、西门子、英国电讯、三星等 40 多家国际知名跨国公司参会动态。推动高交会成为国家级、国际性的科技成果交易平台。

三　读书月的领读者

读书月活动是由深圳市委市政府于 2000 年创立的一项大型综合性群众读书文化活动，时间为每年的 11 月。经过 20 多年的发展，深圳读书月已成为市民的文化庆典、城市的文化名片。

对历年的读书月活动，深圳报业集团都积极报道和宣传，甘当读书月的领读者。从 2002 年起，各报刊网还积极报道深圳市民读书、换书、赠书、征文、绘画、书法等多种活动，报道向希望小学捐赠爱心图书，"深圳读书论坛""藏书与阅读推荐书目""经典诗文朗诵""中小学生现场作文大赛""赠书献爱心""学习在社区"等品牌活动。

向公众推荐当代优秀诗作一直是《晶报》努力在做的事情。自 2007 年起，《晶报》每年在深圳读书月期间举办大型诗歌活动"诗歌人间"，先后邀请了多多、洛夫、梁小斌、徐敬亚、王小妮等 50 多位诗人及诗评家参加。2010 年起，"诗歌人间"活动转为由《深圳特区报》主办，活动规模进一步扩大。

每年读书月，也是《深圳商报》的《文化广场》大做文章之时。2005 年起，《文化广场》发起并主办了"十大好书""深圳十大书香企业"的评选，至今已成为每年深圳读书月最具分量的活动之一。2007 年第八届读书月，《文化广场》推出"读书种子"专题、"文化闹钟"系列评论、"读书月日志"三大专栏，广受好评。

此外，《深圳晚报》的《阅读周刊》、《晶报》的《读书评论》也都结合读书月的各项活动，开设专版专栏推荐好书。

四　关爱一直在行动

2003 年 12 月 3 日，深圳报业集团决定，从集团内部抽调人员参与深圳关爱行动组委会办公室工作。

2003 年 12 月 19 日，深圳关爱行动正式启动。深圳报业集团连续 20 年精心策划报道和组织活动，使深圳关爱行动成为深圳的城市名片。

深圳报业集团作为此次关爱行动的承办单位，统筹所属各报网拿出大量版面，进行全方位、多角度、大容量的追踪报道，努力挖掘报道深圳关爱行动中不断出现的新热点。深圳关爱行动仅仅启动两个月，就成为深圳舆论和报道热点，先后收到中央精神文明指导委员会办公室、广东省精神文明建设委员会办公室的贺信表扬。

每年集团各报网都充分发挥深圳关爱行动宣传者、组织者、推动者的作用，注意发现和报道深圳爱心人物，树立了郭春园、丛飞、李元成、张国玖、孙影等一大批典型人物。

2011年3月24日，深圳市关爱行动公益基金会正式在深圳市民政局登记设立。

此外，深圳报业集团还主办了"关爱论坛"等活动，采用了"媒体+讲坛"的形式，丰富了报道内容，强化了深圳报业集团的人文特色，树立了责任媒体的形象。

第八节　积极拓展市场，效益稳步提升

集团化给深圳报业带来了更好的媒体形象、更大的发展空间、更高的品牌价值和更多的经济效益。借着集团化的东风，深圳报业集团勇敢开拓，成绩显著。

一　统一形象统一管理

从2005年2月起，深圳报业集团开始整合集团及各报驻外机构，设立集团驻北京、上海、广州、香港办事处，将原珠三角各报记者站整合成集团珠三角办事处，并将采编、经营整合到各驻外办事处，实行统一集团形象展示、统一物产管理与配置、统一党务和行政管理、统一广告政策、统一财务管理。

2008年9月14日，深圳报业集团驻甘肃记者站挂牌成立，成为全国设在对口支援灾区的首个记者站。

2010年8月8日，作为大陆第5家获准在台湾驻点采访的地方媒体，深圳报业集团首批驻台湾记者启程赴台。2011年6月23日，深圳报业集团

设立集团驻台新闻中心。

二 强强联手扩建平台

深圳报业集团积极拓宽渠道，拓展市场，与兄弟单位强强联合，积极进军更广阔的市场，搭建更大平台。

2005年4月14日，深圳报业集团广告中心牵头组织召开"珠三角报业广告联盟"成立大会，珠三角地区12个城市的19家主流报纸媒体出席大会。同年5月12日，深圳市直递广告有限公司注册成立，深圳报业集团进军直递广告领域。

2007年5月17日，深圳报业集团与广州日报报业集团签署协议，华南地区最具影响力的两大城市主流媒体进入实质性战略合作联盟阶段。2007年8月14日，两大集团携手推出"广深版联合广告"创新形式，共同搭建全面覆盖珠三角的强大传播平台。

一系列组合拳后，深圳报业集团将经营的"主战场"从深圳拓展到了整个珠三角。

三 品牌价值跃升

形象和市场的拓展，使深圳报业集团及旗下各媒体品牌价值跃升。2005年8月世界品牌大会发布《中国500最具价值品牌》排行榜，《深圳特区报》以36.9亿元居第168位，《深圳商报》以31.1亿元居第203位，《深圳晚报》在全国285种晚报都市类报纸中综合指数列晚报界第6位。

在2007年《中国500最具价值品牌》排行榜中，《深圳特区报》品牌价值为42.65亿元，排名跃至第147位；《深圳商报》的品牌价值为34.68亿元，排名跃至第193位。《深圳特区报》和《深圳商报》在传媒行业品牌中的排名分别为第11位和第18位。

7月5日，中国首部报业蓝皮书发布，深圳特区报社利税总额在中国报业经济第一方阵中排名第二。

2009年12月29日《哥伦比亚新闻评论》中文版评选"中国标杆品牌"在北京揭晓，57个媒体品牌脱颖而出，深圳报业集团作为唯一的报业集团类标杆品牌榜上有名。

2011 年 1 月 8 日，在 2010 中国传媒年会上，深圳报业集团荣获"2001~2010 中国报业集团领军品牌"称号。

6 月 28 日，世界品牌实验室在北京发布了 2011 年（第八届）《中国500 最具价值品牌》排行榜，深圳报业集团旗下两大主报再次入围前 200强，品牌价值稳步提升。《深圳特区报》以 85.91 亿元品牌价值，居第 151位；《深圳商报》品牌价值为 71.69 亿元，居第 190 位。

四 经营效益稳步提升

强大品牌和市场，效果立竿见影。2005 年，深圳报业集团实现主营业务收入 17.3 亿元，净利润 1.2 亿元，比上年增长 10%。

2006 年 11 月 10 日，在"2007 深圳报业集团金牌客户战略合作协议签约仪式"上，集团与首批 20 家重点广告客户签约，合同总额近 8 亿元。深圳报业集团全年总收入升为 17.8 亿元。

2007 年 11 月 16 日，"2008 深圳报业集团金牌客户战略合作协议签约仪式"举行，来自各地的 20 家外埠广告代理公司和重点广告客户与深圳报业集团签署合作协议，合同总额 8 亿多元。

2008 年 10 月 31 日，"2009 深圳报业集团金牌客户战略合作协议签约仪式"举行，24 家重点广告客户和外埠广告代理公司与深圳报业集团签署合同总额近 9 亿元。

2009 年 1 月 5 日，《中国报刊 2007~2008 广告投放价值百强》排行榜发布，深圳特区报位列前五强。中国报刊广告 30 年纪念大会上，《深圳特区报》荣获"改革创新卓越贡献媒体"称号。12 月 1 日，在"2010 深圳报业集团广告推介会暨媒企战略合作协议签约仪式"上，集团与七大行业的 16家企业签署广告投放协议金额达 12 亿元。

第三章　全面进入互联网时代

2002 年 12 月 31 日，深圳报业集团将《深圳特区报》人间网和《深圳商报》深圳新闻网并轨组建深圳新闻网，构建深圳跨媒体文化传播平台和地方新闻门户。经国务院新闻办批准，深圳新闻网成为深圳唯一的重点门户网站、深圳市首家网络新闻媒体。网站容纳深圳报业集团旗下的《深圳特区报》《深圳商报》《深圳晚报》《晶报》等所有报刊的各类资讯。这意味着深圳报业集团全面进入互联网时代。

第一节　报网互动展开舆论监督

这一时期，国内网络媒体已比较繁荣，相比一般商业网站，深圳报业集团最大的优势就是有报有网。为了同时发挥网络的时效性和纸媒的报道深度，深圳报业集团积极开展以解决民生问题为重点的舆论监督，通过深圳新闻网与各报知名栏目合作，培育和形成民生报道的一系列强势品牌：《深圳特区报》的"直通车"——民生话题，《深圳商报》的"商报眼"——你说我说，《深圳晚报》的"民生热线"——帮你办，《晶报》的"记者博客"——深圳线料。此外，深圳新闻网还与《深圳特区报》合办了"市民论坛"，与《深圳商报》推出了"直播车在行动"，与《深圳晚报》合办"万人牵手"网上交友社区，与《晶报》推出了"两会议事厅"等栏目，都增强了深圳报业集团在深圳市民中的影响力，大大拓宽了报业集团引导舆论的空间。

"深圳市民论坛"是《深圳特区报》与深圳新闻网在 2004 年推出的报网互动报道方式，也是国内媒体中的首创。每次话题在深圳新闻网上公布后，邀请嘉宾与网民对话沟通当下热点问题，网上即时直播，网民跟帖十分踊跃，通过网络视频和文本（帖子）传播，每期论坛有 5 万~13 万人次的网民参与。《深圳特区报》以"深圳市民论坛"专版进行报道，报网联动，使"深圳市民论坛"成为推进社会和谐进步与发展的名牌栏目。如第 2 期以"交通堵塞，出路何在"为题，邀请了市交管局相关人员、律师和市民代表作为嘉宾，与网友展开热烈讨论，吸引了 11 万多人次的网友参与。综合了广大市民的意见后，市交管局废止了关于"禁止在车窗内悬贴任何警示语"的规定。

2007 年 2 月 14 日，深圳新闻网与深圳市政协合作开通"政协委员博客"，成为政协委员网上议政的重要形式之一。

第二节 集团网媒迅速扩张

深圳报业集团始终重视网络媒体的发展，不断提高网络媒体在集团中的地位。2006 年 9 月 5 日，深圳报业集团成立集团新媒体发展中心，由时任社长黄扬略亲自分管，负责统筹和规划集团所有新媒体的发展工作。

2006 年 11 月 14 日，市委明确深圳新闻网为市委、市政府重要的舆论阵地，是"党网"。

2006 年 11 月 18 日，深圳报业集团做出重要决策：深圳新闻网与《深圳特区报》《深圳商报》《深圳晚报》《晶报》合作，分别推出房地网、车城网、搜购网、问工网四个垂直网站，实现集团报网联动，改变了单一网站经营的局面。

2007 年 1 月 9 日，深圳报业集团成立网络舆论引导策划中心，黄扬略兼任该中心主任，该中心划归深圳新闻网管理。

2010 年 12 月 14 日，深圳报业集团党组会议决定成立"深圳市全媒体投资发展股份有限公司"。

紧接着，深圳新闻网相继承办了 2011 年世界大学生运动会官方网站、深圳关爱办官方网站、深圳文明网、深圳政协议政网、光明网、人居网、爱支教网等重要网站的建设和运营工作，完成罗湖社区家园网、龙岗新闻网、盐田网、福田网、南山网、宝安网和坪山网建站工程，初步形成以深圳新闻网为"龙头"的网群，已走上自我造血、自我发展的良性发展之路。

深圳新闻网在硬件、软件技术方面保持了行业领先水平。很快建成工作区域面积近3000平方米，高水准机房占地300多平方米，2间100多平方米的网络视频演播室，可以实现虚拟背景直播。同时，深圳新闻网还率先装备了可实现现场访谈、视频直播的演播车。同时拥有互联网新闻信息服务许可证、互联网电子出版许可证、网络传播视听节目许可证，成为三证齐全的新闻网站。

2008年，在第四届文博会和第十届高交会上，深圳报业集团投资组装的网络直播车开进展馆，采用网络视频直播切换、多路摄像等设备进行现场报道及车内嘉宾访谈等视频直播。

深圳报业集团的报捷呼叫服务中心开通100多项便民服务，并开展了呼叫平台资源租赁服务和电子秘书服务；为中小企业提供产品集散直销平台——"都市通城市服务联盟"，显示出其市场赢利潜力。

集团新媒体业务很快覆盖了网络端口、手机端口、门户网站、电子商务等方面；在电子商务运营模式上，有B2B、B2C、B2B2C混合等模式；在赢利渠道上，有线上广告收入、线下活动收入等。集团新媒体业务日益成熟，赢利模式日渐清晰，舆论影响力、技术水平、管理水平和赢利能力全面提升。至2011年12月，该网站每天新发稿件点击PV数达380万次，每天总点击PV数达1600万次，在alex新闻类网站国际排名上升至前300，国内新闻网站排名第22，在深圳报业集团立体传播信息中发挥了重要作用，同时新媒体收入超过3000万元。

2004年2月20日，深圳新闻网被文化部网络文明工程组委会评为中国新闻类优秀文化网站。2007年荣膺"中国十大创新新闻网站""中国十大最具投资价值创新传媒""中国最具影响力新闻网站"，与《深圳特区报》合办的"直通车"栏目被评为"2007年度中国十大创新栏目"。

2008年，在国务院新闻办、北京奥组委共同发起的"我的奥运"亿万网友祝福北京奥运会作品大赛中，深圳新闻网获"最佳互动奖"，成为广东省唯一获此殊荣的网站。

　　2010 年 3 月，深圳新闻网参加"我的 2009"博客大赛，获国务院新闻办网络局颁发的"最佳人气奖"；6 月在第二届（2010）中国品牌与传播年度颁奖大会上获"影响中国 2009~2010 年度最具品牌传播价值新闻网站"称号；7 月，深圳新闻网的"我说深圳事""视听深圳"栏目，在广东省网络文化协会主办的广东省首届网络文化精品评选中分获"互动平台类精品钢奖"和"技术创新奖"。

　　2011 年，深圳新闻网创意推出的"2011 深圳笑脸地图"征集活动，有 256.42 万人次参与，由 2011 名普通深圳人的笑脸组成的"笑脸地图"被深圳博物馆永久收藏。2012 年 2 月 21 日，深圳新闻网"我说深圳事"栏目荣获国务院新闻办公室颁发的"2011 年度互联网站品牌栏目"奖。

　　短短 10 年，深圳新闻网已成为深圳文化传播平台和地方新闻门户，同时也成为深圳重要的外宣阵地。

第四章　省内媒体实施"深圳战略"

在媒体集团化浪潮中，深圳还先后成立了深圳广电集团和深圳出版发行集团，经过从2003年开始的"党政部门报刊治理"行动后，集团外公开发行的报纸从21世纪初的17种，至2008年稳定在14种左右，期刊稳定在38种左右。由于互联网的发展，以及深圳市新闻出版局在2007年召开驻深记者站工作会议，引导驻深新闻机构加强内部管理和自律，对驻深记者站进行全面核查登记，并在网上公布已通过年检的驻深记者站的名单后，驻深新闻机构没有大的增长，数量稳定在80个左右。

由于深圳报业集团已经拥有日报、商报、晚报、都市报、青少年报、英文报等全体系的综合类报纸，因此非深圳报业集团的公开发行报刊，主要是以《证券时报》《深圳特区科技》《世界建筑导报》等为代表深耕专业领域的和以《深圳大学报》《深圳侨报》《蛇口消息报》为代表扎根局部地区的报刊。

这一时期，《南方日报》《广州日报》《羊城晚报》等省内媒体，纷纷扩大驻深记者站或办事处规模，增开"深圳新闻"专版和网站"深圳"频道。特别是南方报业传媒集团，以省委机关报《南方日报》为旗舰，以《南方都市报》为先锋，启动"深圳战略"，深度扎根深圳。

第一节　实现深圳内容本地化

随着深圳的政治和经济影响力迅速增强，以广东省委机关报《南方日报》为核心的南方报业传媒集团逐渐扩大其驻深办事处的规模，在南方网开设深圳新闻频道，在南方日报开辟"深圳观察"专版。1999年，《南方都市报》在深圳建立了30多人的记者站，每天发行8个版的《深圳新闻》和《深圳杂志》，从新闻报道到生活副刊，内容全部深圳本地化。

一　用深度报道打响头炮

南方报业传媒集团全面进驻深圳的第一步，将发力点放到了"卧底"揭露真相的深度报道上，揭露了社会上的不法行为和丑恶现象，保障了市民的权益，迅速得到了读者的认可。

2000年12月，挂着"国际贸易公司""羊皮"的ABA公司上演闹剧，交了费却做不成出口生意的企业开始四处投诉，《南方都市报》和《南方周末》记者卧底进行深入调查。12月22日，《南方日报》《南方都市报》《南方周末》同时刊登记者调查《ABA是个惊天大骗局》，并在此后半个月时间里，一层一层揭开ABA的伪装。

但仅仅半年后，ABA骗术升级，卷土重来。2001年7月底至8月中旬，南方报业传媒集团记者再度冒险卧底，并收集到足够证据。2001年8月7日，《南方都市报》向省工商局举报ABA涉嫌巨额诈骗；8月8日，推出11个版的《再战巨骗ABA》；8月10日，《南方日报》编发内参《深圳ABA公司涉嫌诈骗上亿元》；8月12日，央视"焦点访谈"栏目派出记者采访ABA一案。

南方报业传媒集团的连续报道惊动了省市领导，相继在其内参上做出批示；省公安厅发出查处ABA的通知；深圳市工商部门初步认定ABA涉嫌诈骗，向公安部门移交案件；市公安局悄悄侦查准备立案。

9月5日ABA总部被警方查封。南方报业传媒集团历时9个月，终于扳倒了这家骗子公司。其间，共动用了30多名记者编辑、50多个版面，采写了15万字稿件，篇篇针锋相对，掷地有声，黑白分明，也赢得了深圳读者和市场的认可。

二　站在深圳角度扎根深圳

顺利进军深圳市场后，南方报业传媒集团主动出击，通过一系列报道和活动让自己主动融入深圳，最终在深圳站稳脚跟。

2002 年 12 月，一篇由署名为"我为伊狂"的网民所写的万字长文《深圳，你被谁抛弃?》在网络上疯传，从中兴、华为、平安保险、招商银行"四大金刚"准备将深圳总部外迁的传闻谈到深圳的危机意识，再谈到深圳如何转型、如何保持竞争力，内容引起强烈反响。

2003 年 1 月 7 日，《南方都市报》重新"包装"刊出《深圳，你被谁抛弃?》一文，并连续半个月推出《深圳，你被抛弃了吗?》大型策划报道，采用解构新闻的方式全面对《深圳，你被谁抛弃?》网文所提的问题一一核实，并力图通过采访政府官员和市民找到解决问题的答案。《南方日报》也迅速跟进，展开详尽的分析报道。

这组大型报道引起了深圳全市广泛热烈的讨论，并在广东及至全国范围引起巨大反响，《中国青年报》、凤凰卫视等媒体纷纷跟进，深圳的未来引起了前所未有的关注，甚至促成了网文作者"我为伊狂"与时任深圳市长于幼军的直接对话。

南方报业传媒集团还不断推出报道和活动，深入扎根深圳。2004 年 2 月 29 日，在鹿丹村启动首届《南方都市报》社区读者节，同时"百姓讲坛"首次开讲。2006 年 3 月 5 日，与深圳市公安局联合发起深圳首次公安英烈大型公祭活动，推出"追思警魂"系列报道。引起全社会强烈反响。2007 年 4 月 6 日，推出庆祝香港回归十周年《深港关系四百年》连续报道，站在深圳的角度看待深港关系和香港回归。

第二节　全面进入数字时代

随着纸媒在深圳站稳脚跟，南方报业传媒集团旗下媒体迅速发展时效性更强的网络媒体事业。

一　奥一网和南方网-深圳频道上线

2005 年 8 月，南方报业传媒集团与"深圳热线"合作，由《南方都市报》派出骨干团队，对"深圳热线"进行全新改版与运营。经过 4 个月的酝酿与紧张研发，2006 年 1 月 11 日，奥一网开始上线测试，2006 年 3 月 16

日正式上线。2010 年 11 月，奥一网正式成为南方报业传媒集团全资控股子公司。

2014 年 7 月 9 日，南方网深圳频道上线，深圳网民又多了一个了解本地权威资讯的平台。

南方网深圳频道下设深读/改革、要闻、新闻、外眼看深圳、政要动态、政务公告、十区、报料、群众路线教育、文教/人物、财经、产经、发现、深商等多个板块，依托《南方日报》《深圳观察》扎根深圳多年的新闻资讯优势，贴近深圳市情、民情，成为大数据时代深圳转型发展的瞭望者、推动者和参与者，也成为深圳对外传播的重要窗口、观察思考深圳和获悉深圳新闻资讯的重要平台。

二　打造媒体融合转型范例

随着 2014 年 8 月，中央全面深化改革领导小组第四次会议审议通过了《关于推动传统媒体和新兴媒体融合发展的指导意见》，南方报业传媒集团旗下各媒体也重新找准方向，全盘再造，向数据型智库媒体进军。

南方报业传媒集团始终认为，媒体虽然正在转型，但是永不转行。传统媒体的本业——做好新闻传播和舆论引导，依然不能有丝毫动摇。

该集团率先在《南方都市报》展开试点，明确以"深度融合、全面转型"为发展路径，全面升级组织架构制定全新体制机制，打破部门及资源壁垒，重塑采编流程，强化整体运营，建立大数据研究院，打造数据生产平台，培育数据产品孵化器，实施"移动优先、数据优先、用户优先"战略，打造出媒体融合转型的成功范例。

短短几年时间，《南方都市报》就建立起非常庞大的媒体矩阵，包括报刊《南方都市报》《南都周刊》《南都娱乐》，"南方都市报"和"N 视频"两大客户端，奥一网和南都企业官网两个网站，以及在南方+、微博、微信公众号、微信小程序、头条号等上百个第三方平台上的"南都号"，形成了"报网端微刊"立体传播体系。

在 2020 年抗击新冠肺炎疫情的报道中，《南方都市报》推出全媒体报道《你们摘掉口罩的样子，很美》，系列图片报道"最美逆行者"是其中的精品力作。为了争取传播效果最大化，全省共计推出 1000 多块 LED 显示屏为"最美逆行者"亮灯加油，礼赞英雄。2021 年 11 月 7 日，这组"最美逆行者"系列融媒报道获得了中国新闻奖融合创新一等奖，被评价"为夺取抗疫斗争重大战略成果作出贡献"。

同时，南方报业传媒集团积极推出智媒服务。2020 年开始推出的线下活动"跟着湾姐去调研"，针对粤港澳大湾区最新发展动态和趋势，精心设计调研路线，带领会员去实地调研走访，使会员身临其境感受经济微观动态和区域活力，甚至发现商机。该活动一经推出，就在会员群赢得好评一片，报名火爆，同时，也深受地方政府和企业的欢迎。

"深圳云端看房团"是另一个以"粉丝"筛选为核心竞争力的智媒服务产品，通过内容吸引、社群讨论、在线报名等，实现从"粉丝"到潜在购房者的用户筛选闭环，形成了独特的带货产品形态。

第五篇

融媒走进新时代（2012 年至今）

2012 年 11 月 8~14 日，中国共产党第十八次全国代表大会胜利召开，围绕实现社会主义现代化和中华民族伟大复兴的总任务，一系列理论创新和实践创新相继展开，中国特色社会主义新时代的大幕徐徐拉开，党的新闻舆论工作在新时代被赋予新使命，实现新发展，作为其中的组成部分，深圳的报章事业也随之走进了新的发展阶段。

第一章 举旗引领，打造新思想宣传高地

党的十八大以来，深圳报业集团主动选择时代担当，积极投身到对以习近平同志为核心的党中央提出的一系列治国理政新理念新思想新战略的宣传报道中，投身到对深圳经济特区贯彻落实习近平总书记、党中央决策部署宏伟实践的宣传报道中，推动党的创新理论最新成果在鹏城大地落地生根、开花结果，为深圳创造践行新思想最佳示范提供有力思想保证和舆论支持。

至 2022 年底，深圳报业集团已经发展为国内规模最大、现代化程度最高的党报传媒集团之一，旗下拥有《深圳特区报》、《深圳商报》、《深圳晚报》、《晶报》、《香港商报》、《香港经济导报》、Shenzhen Daily、《宝安日报》、深圳新闻网、中国文化产业网、深圳报业集团出版社等九报六刊，十七大系列网站、两家出版社、三大科技印务与发行中心、两大文化产业机构、十二家经营类全资公司，出版的各类报刊占深圳地区平面媒体 90% 以上市场份额，资产总额超过 60 亿元，员工总数 4000 多人，采编系统电子化科技水平在中国报业中处于领先地位。深圳报业集团相继开发地铁广告、直递广告、户外广告、会展、房地产经纪等经营内容，同时承办每年一届的中国（深圳）国际文化产业博览会，长期承担深圳关爱行动及深圳市创意文化中心等工作。

其间，深圳报业集团经过了几次大的班子调整。2013 年 4 月 8 日，中共深圳市委组织部发深组干〔2013〕69 号文件决定：陈寅同志任中共深圳报业集团党组书记、深圳报业集团社委会社长。2016 年 11 月 7 日，陈寅作为韬奋奖获奖代表之一，在人民大会堂与其他获奖同志一道受到习近平总书记的亲切接见，聆听习近平总书记的重要讲话。

2022 年 11 月 28 日，中共深圳市委发深委干〔2022〕17 号文件批准：丁时照同志任深圳报业集团党组书记、社委会社长；王跃军同志任深圳报业集团编辑委员会总编辑、《深圳特区报》总编辑；刘大岭同志任深圳报业集团党组副书记、社委会副社长、经营管理委员会总经理。在新班子的领导下，深圳报业集团迅速在体制机制、人事管理、内容创新和传播形式上展开新一轮的全面深化改革，为深圳报业继续向好向快发展增添了新的生命力。

第一节　原汁原味报道新思想的核心要义

深圳报业集团发挥党报集团主流媒体优势，一方面，围绕党的十八大、十九大及历次全会，推出大量特色鲜明的报道，形成强大舆论声势；另一方面，尤为突出地报道习近平总书记三次考察深圳和两次对深圳工作做出的重要批示，正确引导舆论，创新报道形式，增强传播功能，不断提高唱响主旋律的感染力和吸引力，原汁原味报道新思想的核心要义。

一　围绕盛会壮大主流舆论

深圳报业集团围绕党的十八大、十九大、二十大及历次全会等盛会，推出大量特色鲜明的报道，形成强大舆论声势。

1. 逾 330 版报道十八大

2012 年，深圳报业集团发挥党报集团主流媒体优势，正确引导舆论，创新报道形式，各报网精心策划、周密安排、紧密配合，出色完成党的十八大，省第十一次党代会及全国、广东、深圳各级两会等重要时政报道和主题报道，其中以党的十八大为核心报道主题贯穿始终，由纪念小平南方谈话 20 周年开局，发表"龙年新春八评"等开篇力作，从喜迎、瞩目党的十八大召开，到宣传贯彻十八大精神，投入版面 330 多个，发稿 1950 余篇。

党的十八大期间，《深圳特区报》派出由编委吕延涛带队，肖意、陈富、陈冰、鲍传文、李舒瑜、杨丽萍、綦伟 7 名骨干记者组成的前方报道组，赴京直击报道大会盛况。10 天时间共发表现场报道近 60 篇、图片近 30

张，在弘扬主旋律的同时不失贴近性和可读性。

同时，《深圳特区报》邀请权威专家深度解读报告亮点。"盛会·专见"专栏每天都围绕报告亮点，推出若干专家学者的深度解读。历史学家雷颐、经济学家胡鞍钢、经济学家沈骥如等著名专家学者登上专栏，就报告中有关改革开放、自主创新、文化建设、社会公平正义等方面的亮点表述发表独到见解。

《深圳特区报》每天推出评论专栏"盛会·观察"，5篇评论《亲切感》《合拍感》《舒适感》《平衡感》《三因制宜》不说空话大话，通过引述党代表和党员群众的发言感受，以小切口反映大主题，表达评论员对十八大的独特观察。

《深圳商报》启动"深入走转改，喜迎十八大——走万家企业，寻发展亮点"大型采访活动；《深圳晚报》投入上百个版面对十八大进行全方位、立体化报道，推出"十年——科学发展成就辉煌"系列报道专版专栏；《晶报》也首次派出记者赴京报道十八大。

2. 两会记者会向总理提问

2017年3月15日上午，第九次参加全国两会报道的《深圳特区报》时政记者甘霖在十二届全国人大五次会议闭幕后举行的李克强总理答记者会上，向李克强总理提出一个关于"双创"的问题，得到了总理全面细致的回复。甘霖就此所采写稿件《金色大厅的中国"强"音——向总理提问亲历记》获广东新闻奖一等奖。

在两会新闻的报道中，深圳报业集团突出深圳视角，强化权威表达。2017年3月3日全国政协大会开幕当天，《深圳特区报》率先推出"牢记总书记指示要求奋进实干交好特区答卷"专栏，此后连续刊发12篇大型述评，全面展示深圳多个方面交出的精彩答卷。这组报道策划早、分量重、影响大，被称为"深圳最强音"。2018年全国两会期间，《深圳特区报》重点策划推出"深圳只争朝夕创新局 改革开放再出发"系列述评，从多方面报道深圳改革发展亮点，受到广泛关注。2021年全国两会期间，紧密结合习近平总书记在全国两会上的重要讲话精神，以及政府工作报告、"十四五"规划和2035年远景目标纲要的亮点新意，《深圳特区报》围绕中心，紧密联系深圳改革创新精彩实践，策划推出"高端访谈"栏目，对范恒山、张燕生等经济学家进行专访，访谈对象权威性、高端性突出，内容独家原创，富于思想性、指导性、贴近性，充分彰显了《深圳特区报》权威党报的地位。

3. 十九大报道交出"深圳答卷"

2017年，深圳报业集团以迎接宣传贯彻党的十九大为主线，出色完成党的十九大专题报道、全国两会专题报道、广东省第十二次党代会专题报道等若干重大报道任务。《深圳特区报》"粤港澳大湾区"报道、"履职故事"专栏及《深圳商报》"两会热议"专栏等多次受到宣传部门表扬。通过"喜迎十九大""砥砺奋进的五年""中国梦·深圳行""勇当尖兵再创新局"等专题专栏生动讲述深圳这五年辉煌成就，聚焦深圳市委市政府中心工作，将市委六届七次全会精神融入其中。

党的十九大期间，深圳报业集团推出了"牢记嘱托深圳答卷"等30多个专栏，刊发了370余个版面、1180余篇图文报道，报网端深度融合，全平台联动，形成强大全媒体矩阵，多个专栏和报道得到了省委宣传部前方指挥部的肯定。《深圳特区报》推出长篇综述《伟大旗帜指引深圳经济特区发展迈入新时代》和编辑部文章《奋力谱写新时代深圳发展的壮丽篇章》受到广泛关注。《深圳晚报》新媒体产品《十九大报告考点你get到没？》进入中国报业十九大融合传播优秀作品十佳（新媒体类）。大会闭幕后，集团各报网端共推出了"新时代新气象新作为"等5个重点专栏，结合定位推出了"论学习贯彻党的十九大精神"等系列评论、"深圳人心中的新时代"等系列专题、"民生面对面"等系列访谈。

4. 五篇雄文献礼二十大

2022年党的二十大期间，深圳报业集团精心组织党的二十大宣传工作，全媒体展现新时代十年伟大变革中的深圳答卷，共推出报道及产品3100多篇/条，全网阅读量近15亿人次。

《深圳特区报》精心组织策划，在头版连续推出署名为"沈仲文"的五篇重磅文章：《以深圳生动实践彰显习近平新时代中国特色社会主义思想磅礴伟力》《矢志为中国式现代化先行探路》《坚定不移推动深圳高质量发展》

《增强历史主动，新征程实干奋进创造新辉煌》《在党的旗帜下团结奋斗 创造新的历史伟业》。这些文章从深圳的实践出发，深入阐释党的理论创新重大成果，全面学习把握落实党的二十大精神。五篇文章连续发布后均引发强烈反响，受到中宣部表扬，人民日报客户端、人民网、央视网、光明网、中新网等中央媒体，南方+、澎湃、长江网等省级媒体，新浪、腾讯、今日头条等数十家新闻网站、新闻客户端，微博、微信等新媒体平台大量转载。

二　突出报道总书记重要思想

深圳报业集团突出地报道习近平总书记三次考察深圳和两次对深圳工作做出的重要批示，生动立体地呈现总书记关于改革开放、"四个全面""双区"建设等重要思想的精彩论述。

1. 深入阐述中国梦

2012 年 11 月 29 日，习近平总书记在参观《复兴之路》展览过程中发表重要讲话，首次提出并阐述实现中华民族伟大复兴的中国梦。深圳是中国最大的"梦工场"。宣传报道中国梦，是深圳媒体当仁不让的时代使命。深圳报业集团高站位、精视角，巧做文章、善做文章，迅速兴起中国梦宣传报道热潮。2012 年 12 月 7 日，《深圳特区报》头版显要位置刊发由 10 名记者集体采写的长篇通讯《织就深圳梦 托举中国梦》，从深圳经济、政治、文化、社会和生态文明"五位一体"发展入手，抒写深圳梦的底气、发展梦的标杆、文化梦的张力、家园梦的温馨、绿色梦的畅想，阐述伟大的中国梦是由每一位国民、每一座城市和每一个地区的逐梦、织梦、圆梦组成的，只有靠大家共同奋斗，才能实现。

《深圳特区报》开设"共筑中国梦我们做什么·深圳人的逐梦故事"专栏，运用系列评论、专家访谈、征文活动等多种形式，凝聚共识，引导和激发广大干部群众积极投身实现中国梦的伟大实践。

2. 结合深圳实际贯彻落实十八大精神

2012 年 12 月 7 日，党的十八大后，习近平总书记首次离京考察就来到深圳，向世界宣示：改革不停顿，开放不止步。12 月 14 日《深圳特区报》刊发《南海之滨又东风——习近平总书记在深圳考察纪实》，详尽记述习近平总书记发出改革动员令的全过程。同时，《深圳特区报》重发《多干实事》，以其独具的深意，引发海内外众多媒体关注。

从2013年初开始，《深圳特区报》在一版开设"十八大报告精神亮点解释报道""学习贯彻落实十八大精神·专家专论""学习贯彻落实十八大精神""领导干部带头学，推动深圳新发展"等多个专栏，从多个角度宣传贯彻落实十八大精神，推动党的创新理论成果家喻户晓。

2014年，深圳报业集团推出习近平总书记视察深圳两周年、李克强总理视察深圳等重大主题报道，深圳"三化一平台"、深圳质量、深圳标准、转型升级、湾区经济、建设二十一世纪海上丝绸之路等宣传报道，加强"四个全面"宣传报道力度，营造全面深化改革氛围。

2015年1月，习近平总书记对深圳工作做出重要批示，要求深圳市牢记使命、勇于担当，进一步开动脑筋、解放思想，特别是要鼓励广大干部群众大胆探索、勇于创新，在全面建成小康社会、全面深化改革、全面依法治国、全面从严治党中创造新业绩，努力使经济特区建设不断增创新优势、迈上新台阶。这是习近平总书记首次赋予一座城市创造"四个全面"新业绩的光荣使命。①

在习近平总书记对深圳工作做出重要批示的消息见报当天，深圳报业集团就派出精兵强将，分多路采访全市各界对总书记重要批示精神的强烈反响。从消息发表次日起，开辟"学习习近平总书记重要批示精神"专栏，刊发一批全市各区、各部门、各单位学习批示精神的相关情况，发表一批重要批示精神系列评论，推出一批国内知名理论专家对重要批示精神的解读，组织召开研讨会、座谈会，形成一批对重要批示精神的研究成果。

3. 传播落实习近平治国理政新理念新思想新战略

2017年，深圳报业集团扎实做好落实习近平治国理政新理念新思想新战略、习近平总书记对广东工作重要批示、考察深圳五周年、对深圳工作重要批示两周年等重要专题报道，凸显了党报集团的政治责任和大局意识。4月20日，深圳市学习贯彻习近平总书记重要批示精神大会召开；21日，《深圳晚报》发表题为《在社会主义现代化新征程上勇当尖兵》的社论，引

---

① 肖意：《习近平总书记对深圳工作作出重要批示》，《深圳特区报》2015年1月8日。

起各方关注，各大网站纷纷转载，《人民日报》旗下的人民网即以原题转发了该篇社论。在习近平总书记考察深圳五周年之际，深圳报业集团媒体于2017年12月6日至9日推出"牢记嘱托这五年"总专栏，刊发了80个版、120多篇、近30万字的新闻报道。

2018年10月22~25日，时隔6年，习近平总书记再次到深圳考察。深圳报业集团及时跟进大兵团多版面作战，除全面翔实地对习近平总书记参加的活动进行报道外，先后刊发《深圳：率先建设社会主义现代化先行区》《牢记总书记嘱托 奋力走在最前列——深圳经济特区新时代改革发展综述》等综述文章，全景式报道深圳改革开放再出发，努力在"新时代走在最前列、新征程勇当尖兵"，当好"两个重要窗口"的生动实践。同时刊发《牢记习近平总书记的嘱托 前海：一张白纸画出最美最好的图画》《世界级大湾区加速起航 深圳携手周边城市共建粤港澳大湾区核心引擎》《高标准建设深港科技创新特别合作区》等系列报道，立体式、全方位将整个宣传报道推向高潮。

2018年12月26日，习近平总书记对深圳工作再次做出重要批示，要求深圳朝着建设中国特色社会主义先行示范区的方向前行。重要批示在2019年1月5日由新华社首发，深圳报业集团快速反应，各媒体当天拿出宣传报道方案，当天分发各部门实施。各报同时推出专栏，深入解读"中国特色社会主义先行示范区"的深刻含义，共发出稿件超过100篇，为深圳建设中国特色社会主义先行示范区开好局起好步营造了良好舆论环境。

第二节　深入扎实报道新思想的实践成果

深圳报业集团通过各种宣传途径，全景式报道深圳改革开放再出发的生动实践，给读者呈现一幅了解深圳在新思想指引下阔步前行的新画卷。

一　推大型策划聚焦实干先行

深圳报业集团频频推出大型策划，通过大型采访活动和大型专题报道，深入第一线挖掘新思想实践的成果。

2013 年 5 月 8 日，《深圳特区报》《中国海洋报》联手启动"中国海疆海岛行"大型采访活动。深圳报业集团还向南沙守备部队提供价值 10 万元的电脑、电视、摄像器材等一批物资，改善守礁官兵的文化生活。

2013 年 7 月 1 日，广东省党的群众路线教育实践活动工作会议召开。从 7 月至 12 月，深圳报业集团各报网端出色完成第一批党的群众路线教育实践活动的宣传报道，推出了 50 个专栏（专题），共刊发逾 3300 篇报道、500 幅图片。7 月 11 日，由深圳市委党的群众路线教育实践活动领导小组办公室主办、深圳新闻网承办的深圳群众路线网正式开通上线。

2016 年，深圳报业集团紧密围绕"城市管理治理年"推出重大题材报道，重点推出"促进科技创新""支持企业提升竞争力""促进人才优先发展"三大政策宣传专题。5 月 9 日，由《深圳特区报》、中国社会科学院马克思主义研究院、宝安区委宣传部联合举办的"中国共产党的精神"大型采访活动启动。记者从深圳出发，兵分三路，奔赴全国十多个省、自治区、直辖市采访，聚焦中国共产党的精神，讲好中国共产党的故事，寻访各种精神的发源地、当事人、传承者等，挖掘报道这些精神的形成过程、丰富内涵、传承发展、现实意义与当代实践，深入推进"两学一做"学习教育。

二 塑造典型人物弘扬大爱精神

深圳报业集团还积极挖掘典型人物，弘扬大爱精神，全面宣传深圳市社会文明风尚和社会建设成果，尤其是民生领域改革创新的最新成果，为深圳建设"爱心之城""慈善之城"鼓与呼。

经过记者多方走访、深度挖掘，"最美爱心艺术大使"李亚威、"挺起英雄脊梁的至美双亲"陈文亮家庭、"工匠精神"的优秀代表陆建新、"帮助残疾人重获勇气笑对生活"的张莹莹等一大批先进人物走到了台前，经过媒体的报道宣传后，以全国道德模范、"中国青年五四奖章"获得者等身份被读者们熟知，成为人民群众学习的榜样。

第三节 倾情倾力打造新思想的传播品牌

在宣传新思想的过程中，《深圳特区报》享誉全国的品牌"新春系列评论"得到巩固提升，并培育"沈仲文""沈学思"等宣传新思想的评论文章品牌，拓展办好"理论周刊"，影响力辐射全国。同时，随着"学习强国"深圳学习平台和深圳特区报学习强国号的先后上线，深圳报业集团倾心倾力打造出一系列传播新思想的品牌。

一　"理论周刊"拓展阵地

理论宣传是主流媒体新闻工作的重要组成部分，是党报的核心竞争力，是体现党报思想水平和政治水准的重要手段，做好理论宣传，有利于党报增强权威性，发挥舆论主阵地作用，帮助读者理解党和国家重要决策、凝聚人心的有力武器，做好理论宣传工作是党报不可回避的责任。《深圳特区报》从创刊开始就不间断开辟理论专栏，从2010年9月21日起，《深圳特区报》聚散为整，推出"理论周刊"专版，并在国内众多传统媒体纷纷缩减或撤销理论版面的情况下，反而增加理论版面，一周4个版。

"理论周刊"致力于在高度、深度、力度上下足功夫，在舆论的宣传与引导、思想的启蒙与教化、观念的更新与转换、理论的滋养与升华方面努力探索，全力以赴提升报纸质量与品位。一版主要登载重大主题稿件，围绕一些重大理论问题刊登学术文章，进行深入研究和探讨。二版"专论"，主要刊发专家学者的思考性文章，以及专家访谈文章，同时开设"大家""学海一瓢""文萃"等栏目。三版"观澜"，主要刊登名家学术随笔，兼顾学术性与可读性，字数一般在千字左右，文风清新。四版"党建"专版，设置"百年党史""特区党建""深圳党史大事记"等栏目。通过一版的深度、二版的广度、三版四版可读性与读者的参与性相结合，从而形成一个大理论体系，为读者服务，为理论工作添彩。

二　"新春评论"享誉全国

1992年春天，在邓小平南方谈话的春风里，《深圳特区报》以震撼海内外的"猴年新春八评"发出时代强音，自此开启了每年与春天的"约会"。30年多来，几代报人呕心沥血，把新春系列评论打造成《深圳特区报》每年的"例牌菜"和"拳头产品"。

2012 年是邓小平南方谈话发表 20 周年，党的十八大将于下半年召开，《深圳特区报》推出"龙年新春八评"，以凝聚改革共识、激发改革激情。2013 年推出"蛇年新春改革六论"。2014 年是全面深化改革的开局之年，《深圳特区报》顺势推出 6 篇"改革之年论改革"系列评论。2015 年伊始，其推出 6 篇"羊年新春论创新"系列评论，对创新做出独特阐释，点燃特区创新激情。2016 年，以"改革—创新—发展"为脉络，推出 6 篇"猴年新春论发展"系列评论。2017 年，推出以优异成绩迎接党的十九大的"丁酉新春八评"。2018 年以"论改革开放再出发"为副题，推出"戊戌新春系列评论"。2019 年以"以优异成绩迎接新中国七十华诞"为副题，推出"己亥新春系列评论"。2020 年是深圳经济特区建立 40 周年，年初新冠肺炎疫情突然袭来，推出 6 篇评论纵论"奋力夺取双胜利，以优异成绩庆祝深圳经济特区建立四十周年"。2021 年，推出"以优异成绩庆祝建党百年"新春系列评论。2022 年，推出 8 篇壬寅新春系列评论，副题为"论以实际行动迎接党的二十大胜利召开"。

《深圳特区报》"每次的新春系列评论，都充分考虑到其特定的时代背景，因此具有很强的针对性"。暨南大学新闻与传播学院名誉院长、教授、博士生导师范以锦认为，在社会转型期的复杂形势下，对于如何进一步推进改革开放，《深圳特区报》新春系列评论进行了有理、有据、有力的回答，发挥了机关报的舆论引导作用。①

新春系列评论从筹划、选题、撰稿、改稿，到刊发、传播、反响，形成了完整的生产链条和成熟的运作模式。在每年春节前一两个月，报社就开始策划这组评论。近年来，深圳市委宣传部主要领导多次率队到报社，亲自确定新春系列评论指导思想，与大家商讨主题。集团社长和报社总编辑直接挂帅，组织成立写作小组，成员由报社分管编委和时评理论部相关人员组成。

新春系列评论从选题策划开始，即强调"中国立场、深圳表达""深圳声音、国家情怀"，看起来讲的是深圳事例，实际上说的是全国的主题。评

---

① 范以锦：《特区"春雷"为改革开放鼓与呼》，陈寅主编，胡恒芳副主编《报春第一枝——深圳特区报新春评论辑选》序二，人民日报出版社，2018。

论面向全国，服务全局，从问题、角度、视野到观点，都站在国家全局的高度来把握，将大局意识贯穿始终，特别注重阐发改革开放的新思维、新思路，以此来构筑举旗引领的思想性和权威性。

同时，新春系列评论大胆创新写作手法，在短、实、新上下功夫，充分使用比喻、对偶、排比、设问等修辞手法，形成了清新的文风、独特的语言，朴实深刻，饱含哲理，大量使用短句，读起来节奏明快，铿锵有力，言简意赅。

三 "沈文"评论已成品牌

除了新春系列评论，《深圳特区报》还有两个著名的评论品牌，分别是"沈仲文"和"沈学思"，合力打造引领言论的"沈文"品牌。

2010 年 9 月 4 日，《深圳特区报》头版刊发署名"沈仲文"的重要文章《为国家现代化建设勇当开路先锋——写在深圳经济特区建立三十周年之际》（上），这是"沈仲文"这一笔名第一次出现在报纸版面上。据时任深圳特区报社编委的吕延涛介绍，"沈仲文"是"《深圳特区报》重要文章"的缩写谐音，由时任深圳特区报社总编辑陈寅敲定。此后，每逢重大事件和重要时间节点，"沈仲文"署名文章几乎从未缺席。"沈仲文"署名评论文章立足于大格局、大视野，以高屋建瓴的论点、深入透彻的说理、文采飞扬的语言，诠释重大主题，为深圳改革发展营造了良好舆论氛围，充分体现了党报的思想性、权威性和指导性。

2022 年 1 月 11 日，"理论周刊"一版刊发署名"沈学思"的整版理论稿件《固本培元 守正创新——推动优秀传统文化创造性转化和创新性发展的深圳实践》。这是"沈学思"理论稿件首次亮相，该栏目是"深圳学习习近平新时代中国特色社会主义思想"的缩写版。此文由《深圳特区报》时评理论部金文蓉、姚龙华和文教新闻部韩文嘉共同执笔。文章站位高、格局大、视野宽、气势足，阐释了党的十八大以来，深圳在习近平新时代中国特色社会主义思想指引下，坚持固本培元、守正创新，从传统文化中不断汲取思想内涵，进行创造性转化和创新性发展的生动实践与丰硕成果。"沈学思"评论文章突出理论宣传的生动性，着力于思想性、学理性、哲理性的统一，深入宣传阐释习近平新时代中国特色社会主义思想在深圳的生动实践和精彩演绎。

此外，《深圳特区报》还设有聚焦反腐倡廉热点话题的"廉议汇"栏目。该栏目创立于2015年6月，由深圳市纪委与《深圳特区报》合作创办，获评2016年广东省新闻媒体优秀品牌栏目。它一般由两部分构成，一是邀请3位嘉宾针对所选话题，从不同角度进行讨论，形成观点碰撞；二是刊发报社评论员的总结评论，以热辣的语言、犀利的表述把问题说清说透，把思考引向深入，让反腐倡廉的观念、做法入脑入心。

四 报网融合打造品牌

随着媒体融合发展，《深圳特区报》于2018年5月推出了融媒体深度评论栏目"深政谈"。它是依托《深圳特区报》"一报两微一端"全媒体平台精心打造的一个评论栏目，主要深耕深圳本地重大题材，着力打造有特色的深度时政评论，以不同形式和风格分别在网端和报端呈现，成为媒体融合发展的一项有益尝试。

2019年4月的融媒体产品"圳访谈"分别刊载于《深圳特区报》、读特客户端以及圳论公众号、今日头条号、腾讯视频号、B站等平台，创立以来采访大量名家名人，内容充实、形式新颖，获得良好社会反响。接受"圳访谈"访问的知名专家有樊纲、郑永年、朱永新、何梦笔、花建等。其中，樊纲、郑永年等专家访谈全网传播量达到千万次以上。

五 "学习强国"成绩亮眼

2019年10月，"学习强国"深圳学习平台启动建设，由深圳市委宣传部主管，深圳报业集团、深圳广电集团承办，组成联合编辑部。当年12月18日，"学习强国"深圳学习平台正式上线。

2020年2月14日，深圳报业集团决定，"学习强国"深圳学习平台编辑部作为《深圳特区报》新增单位。《深圳特区报》在人才队伍、制度保障、资源整合等方面全力支持平台建设。

据时任"学习强国"深圳学习平台编辑部主任王文杰介绍，由骨干力量组成的编辑部下设综合协调部、图文编辑部、音视频编辑部、学习推广部 4 个部门，并依托各区的区级融媒体中心，设立了 11 个区级供稿中心。深圳学习平台坚持"内容为王"，上线以来围绕宣传贯彻习近平新时代中国特色社会主义思想，紧扣深圳市委市政府中心工作，陆续开设"在新思想指引下""特区 40 年""大湾区建设"等 15 个栏目和 120 余个二级栏目，第一年（2020 年）便取得了"双料第一"的好成绩：上全国平台的稿件数量全省第一；阅读量在全国城市平台中排名第一。截至 2021 年 9 月，深圳学习平台累计签发通过稿件 4.3 万余篇，被全国学习平台采用 4680 篇。

依托《深圳特区报》活动资源，深圳学习平台多次举办特色活动，推动"学习强国"走进千家万户。2019 ~ 2020 年，深圳学习平台连续两届参与读特粉丝节，开设"学习强国"展位专区。2021 年 5 月，深圳学习平台作为主办方之一，与《深圳特区报》、读特客户端共同举办第三届读特粉丝节暨"学习强国"深享会，开展党史知识竞赛，建设"学习强国"展馆，活动反响热烈。

2021 年 8 月 26 日，深圳市首个学习强国号——深圳特区报学习强国号正式上线，设有"头条深圳""粤港澳大湾区""先行示范区""光影鹏城""城区集萃"5 个栏目，统筹整合报纸、读特客户端等新闻资源，推送图文、音视频、动漫、H5 等多种形式的优质稿件。上线一个月，深圳特区报学习强国号便有 14 篇稿件被全国平台选用，成绩亮眼。

第二章　守正创新　勇担使命　高奏时代强音

深圳报业集团着力强化内容创新，每逢重大新闻事件、重要历史节点，深圳报业集团各报网端都会精心策划、全力以赴，推出一批具有政治高度和创新水准的重磅报道，守正创新、勇担使命，奏响了新时代强音，为巩固壮大特区主流思想舆论阵地发挥主力军作用。

第一节　为全面深化改革开放鸣锣开道

宣传报道改革开放是深圳报业集团的最鲜明标识，集团各报网端始终密切关注改革的深化，为改革举措的实施鸣锣开道，创造性地引导舆论。

2018 年，中国迎来改革开放 40 周年，深圳报业集团旗下的《深圳特区报》、《深圳商报》、《深圳晚报》、《晶报》及深圳新闻网从 2018 年 5 月 21 日起强势推出"壮阔东方潮 奋进新时代——庆祝改革开放 40 年"专栏，紧扣庆祝改革开放 40 年，转载央媒重磅报道，刊发自采重点稿件，探寻深圳密码，深挖深圳经验，讲好深圳故事，形成强大气势，强化传播效果，掀起"壮阔东方潮奋进新时代"传播热潮。

一　密集刊发央媒报道

中央媒体采访团在此之前就以蹲点调研和集中采访相结合的方式来到深圳，深入挖掘深圳改革开放故事。深圳报业集团各媒体开始大量刊发央媒记者的采访侧记，以央媒记者口吻反映深圳发展。同时，刊发深圳各界对央媒报道的反响。

从 2018 年 5 月 10 日开始，《深圳特区报》陆续刊发《感触时代脉搏 记录时代足音》《中央媒体集体聚焦深圳改革发展经验——从深圳发展奇迹看中国改革开放 40 年》《中央媒体持续聚焦深圳改革开放创新亮点——深圳吸引企业和人才的"磁场"越来越强》《中央媒体持续关注深圳改革开放故事——深圳正一步步迈向高质量发展阶段》《新时代走在最前列续写春天的故事——深圳各界热议中央媒体集中报道深圳改革开放创新发展成就》，通过报道各界热议进一步形成良好的舆论氛围。

5 月 21 日，《深圳特区报》头版头条通栏大标题刊发新华社长篇通讯《从追赶时代到引领时代——从深圳发展奇迹看中国改革开放 40 年》，配发大幅图片，气势不凡；5 月 22 日，在头版推出新华社报道《深圳：突进源头创新发起"原点冲击"》，A3 版转发《人民日报》长篇通讯《鹏城展翅再高飞》和评论《将改革开放进行到底》；5 月 23 日，在头版刊发新华社报道《从改革地标看中国改革开放 40 年》，A4 版转发《人民日报》报道《深圳：创新绿洲生机勃勃》，刊发新华社报道《改革开放的精神从未褪色——三代企业家眼中的深圳》；5 月 24 日，在 A4 版转发《人民日报》报道《深圳交出亮丽"民生答卷"》。

与此同时，《深圳商报》《深圳晚报》《晶报》、深圳新闻网也密集推出中央媒体报道解读深圳改革发展奇迹的文章，形成较强新闻冲击力，充分印证改革开放是坚持发展中国特色社会主义的必由之路。整组报道大气磅礴，与央媒报道相互呼应，形成了强大的传播合力。

二　深度挖掘深圳经验

在"壮阔东方潮 奋进新时代——庆祝改革开放 40 年"专栏下，深圳报业集团四报一网还浓墨重彩推出自采报道，深入挖掘具有代表性的深圳经验，策划用心，佳作纷呈，各有侧重，形成合力。

《深圳特区报》刊发编辑部文章《中国方略深圳答卷》，推出《改革开放 40 年深圳发展启示录》等 8 篇综述，多次受到中宣部、省委宣传部表扬。5 月 21 日的《前海：注册企业增加值 5 年增长 30 多倍 滩涂上崛起改革开放新高地》《高擎党旗，引领经济特区改革发展——党的领导铸就深圳辉煌》，5 月 22 日的《发展奇迹，严明纪律护航》，5 月 23 日的《深圳始终坚持改进作风服务发展》等，以细腻笔触表现了专题新闻的贴近性。同时，《深圳特区报》推出大型采访报道"百姓的故事，你我的梦"，5月23日的长篇通讯《渔民村成为时代风向标》，5月24日的长篇通讯《蛇口，梦开始的地方》等，今昔对比，图文并茂，侧重讲好深圳一个个颇具传奇色彩的创业故事。读特客户端同步开设专栏推送。

《深圳商报》推出"致敬改革开放40周年——深圳创新志"系列报道，重在讲述深圳故事，探寻深圳密码，诠释深圳基因，从不同角度、不同侧面反映改革开放40年来诞生的深圳奇迹。5月21日《深圳商报》在头版推出编辑部文章《把经济特区办得更好办出水平——写在"壮阔东方潮 奋进新时代"开栏之际》，敢于发声、立论鲜明。随后几天的报道由点及线到面，不断趋向纵深，链条完整，结构丰满，从"深圳速度"到"深圳效益""深圳质量""深圳标准"，展现了深圳从"一张白纸"到"奇迹之城"的伟大跨越。一周内，《深圳商报》先后推出《前海蛇口：打造改革开放试验田》《"蛇口经验"走出国门》《柔宇科技CEO刘自鸿：深耕柔性显示领域"无人区"》《用"云轨"再造一个比亚迪》等自采报道，聚焦重点区域、重大任务、重要行业，关注创新，体现实干，用鲜活事例解码深圳奇迹，以及深圳努力在新时代走在最前列、在新征程勇当尖兵的新作为。

《深圳晚报》每天推出3~4个版报道"壮阔东方潮 奋进新时代"专版，推出《改革开放40年40人》等专题报道，利用专题、视频、文图等形式，全方位多角度全媒体报道改革开放以来深圳的巨大变化。同时连续四天推出记者"手记"，分别扣住"发展""创新""人才"等关键词，刊发《前海：一张白纸画出最美图画》《创新是深圳发展的"第一引擎"》《人才是深圳最宝贵的资源》《基层党组织激发发展新活力》四篇稿件，以独特的视角展现深圳的改革开放成绩，在各媒体报道中独树一帜。

《晶报》策划"40年大展——以改革开放的深圳为例"大型专题。深圳新闻网推出了"壮阔东方潮 奋进新时代——庆祝改革开放40年"大型专题。*Shenzhen Daily* 推出改革开放40周年系列英文专题报道。同时，集团各新媒体平台推出了20个庆祝改革开放40周年融媒精品，在全国范围内产生较大影响。

第二节　精心策划推出重大节点报道

每逢重要的历史节点或转折点，深圳报业集团总会推出重磅策划，展现不凡格局与视野。2016 年，策划"中国共产党的精神"大型采访活动，庆祝建党 95 周年；2017 年，推出庆祝香港回归 20 周年、建军 90 周年、全国文明城市创建等重大主题报道；2019 年，以"中国力量""脚板丈量大湾区""深圳人，岁月如歌 70 年"等系列报道献礼共和国 70 华诞。2021 年，庆祝建党百年，打出"厚报版面+重磅综述+系列评论+全程直播+系列爆款+系列海报+大型采访"组合拳，推出 30 多个专栏、超万篇（条）报道，有超 10 亿次阅读量。

一　出色答卷献礼共和国 70 华诞

2019 年，新中国迎来 70 华诞。深圳报业集团精心策划大型系列报道，高质量完成中央和省市布置的报道规定动作，并以精彩的报道自选动作交出一份出色的答卷。

《深圳特区报》推出"大局·献礼中华人民共和国 70 华诞""中国力量——走进中国大工程大项目""以优异成绩迎接新中国七十华诞"新春系列评论等多个专题。

2019 年 6 月 11 日，"中国力量"采访启动。《深圳特区报》时任总编辑周斌等编委牵头，分成 6 组，每组 2 名文字记者、1 名摄影记者、1 名摄像记者，兵分多路奔赴东北、华北、华东、华南、西南、西北等地。系列报道共分 34 个主题，包括"两弹一星"、神舟五号、"嫦娥四号"探测器、深圳国家基因库等，每个工程报道 1 个整版，每组报道基本包括综合稿、专访、建设者群像、记者手记。积极运用全媒体手段，并通过短视频创新传播方式，向每位科学家和建设者致敬。

从 2019 年 2 月 11 日起，《深圳特区报》连续推出己亥新春系列评论"以优异成绩迎接新中国七十华诞"共 8 篇：《勇担伟大新使命》《改革尖兵舍我其谁》《打造核心引擎》《高质量发展靠创新》《一个也不能少》《一切为了人民》《事必有法》《实干为要》。整组评论激励了特区人牢记"先行示范"战略定位，奋勇争先，并产生强烈的辐射带动作用，鼓励全国民众都抓实抓好改革发展，增强以优异成绩迎接新中国70华诞的紧迫感和责任感，振奋人心、振作士气。

国庆到来前，《深圳商报》也不间断推出讲述深圳各界深化改革、奋勇争先故事的"壮丽70年 奋斗新时代"专题，讲述深圳市民爱国故事的"我和我的祖国""用脚板丈量"等大型系列报道，为深圳喜迎共和国70华诞充分预热。10月1日当天，《深圳商报》不仅推出12个整版报道全国人民喜迎国庆的盛况，还在版面里埋下"彩蛋"：读者取出当天报纸中的A02、A03、A10、A06、A07、A11等六个版面进行拼贴，便可获得一张含有庆祝新中国成立70周年活动标识的大幅海报。

《深圳晚报》同样提早入手，连续推出"我和我的祖国""勇当尖兵 先行示范"等专版组成"庆祝中华人民共和国成立70周年特别报道"，同时，还重磅推出"深爱祖国 声动鹏城"深圳市民好声音嘉年华，与市民一起喜迎新中国生日。国庆节当天，《深圳晚报》发表社论《共祝愿，祖国好》，向革命先驱、新中国的建设者、改革开放的推动者和参与者、新时代的奋斗者和追梦人致敬，并鼓励全体市民在新时代继往开来，"凝聚起同心建设中国特色社会主义先行示范区的创新创造伟力！"

《晶报》从9月起，就相继推出了"我和我的祖国""壮丽70年 奋斗新时代"等大型系列专题，一直延续到国庆日，全面展现全市喜迎国庆的热烈氛围，展现全市70年来发展的卓越成就。随着国庆的临近，《晶报》报道热度持续升温，9月27日列出"深圳市庆祝中华人民共和国成立70周年群众性庆祝活动一览表"，并介绍了各部门保障国庆供应和活动展开的具体措施，方便读者安排国庆长假。9月29日，推出"大国工匠""复兴之路 强军之路"等专版，介绍新中国的工业和军事成就。9月30日，《晶报》推出4个整版的专题"正前方@纪念日"，回顾70年前深圳全境解放的过程。10月1日，《晶报》又推出10个整版的"我和我的祖国"专题报道，将整个报道活动推向高潮。

深圳新闻网不仅推出了《砥砺奋进70年——庆祝中华人民共和国成立

70周年》《"爱你，就用双手让你更强大"——这是深圳劳动者对祖国的深情表白!》《这样的民意"红包"不妨更多一些》等一系列广受好评的系列专题和报道，还充分发挥网络媒体优势，对在深圳湾举行的庆祝中华人民共和国成立70周年焰火晚会进行视频直播，开场不到半小时，有超过300万人次通过深圳新闻网观看直播。

二　全媒体多渠道报道建党100周年

2021年7月1日，中国共产党迎来百年华诞。紧扣"守正创新"这一核心关键，深圳报业集团旗下各媒体精心策划、尽锐出战，推出多形式、多视角、多载体、多渠道的全媒体报道，全景展现庆祝大会盛况，全情呈现百年伟大征程，全力弘扬伟大建党精神，用情用心将庆祝建党百年宣传报道推向高潮，以深圳奇迹印证中国力量，以深圳软实力展示中国硬实力。

1. 大气磅礴，全媒全景呈现精彩时刻

《深圳特区报》在从年初就开始的"奋斗百年路　启航新征程"专题报道框架下，密集推出"身边党员一线先锋""让党旗高高飘扬"等多个专栏专题，为"七一"预热。

7月1日，深圳报业集团各报纸共推出696个版，其中《深圳特区报》128个版、《深圳商报》68个版、《深圳晚报》24个版、《晶报》56个版、《香港商报》88个版、*Shenzhen Daily* 16个版、《宝安日报》316个版，厚报献礼党的百年华诞。"奋斗百年路 启航新征程"由专栏延伸为专题、专版，当日各报整体套红，突出题眼，大气磅礴。

《深圳特区报》在7月1日、2日连续两天头版采用通版编排。读特客户端在首页首屏开设"庆祝建党100周年"专题，集纳相关报道。6月24日至7月1日，在读特客户端等平台共发布、转载关于庆祝中国共产党成立100周年的报道516篇，阅读总量1000多万次。

读特客户端、读创客户端、深圳新闻网等各新媒体平台同步转发央视信号，对庆祝中国共产党成立100周年大会进行全程直播。各新媒体平台第一时间依据习近平总书记在庆祝大会上的重要讲话全文，整理制作金句海报全网推送，掀起"金句"红色热浪。其中，《深圳晚报》系列新媒体海报

《金句来了!》,全网阅读量达 1139.2 万次。

在北京,深圳报业集团北京记者站站长陆云红与中外媒体同行,在天安门广场观礼台见证光辉时刻,第一时间发回现场报道《"建党百年,广场有我"》,细节描写让人身临其境,现场感、自豪感呼之欲出。

在深圳,深圳报业集团多位记者奔赴莲花山公园、渔民村、前海、腾讯等习近平总书记视察过的地方,聆听干部群众的心声;赶往高校、医院、企业等地,邀请深圳高校师生、一线抗疫人员、工商企业界人士等,畅谈收听讲话的感想体会。

7 月 2 日,《深圳特区报》推出 20 个版特别报道,刊发习近平总书记"七一"重要讲话及国内外反响。头版跨版制作《庆祝中国共产党成立 100 周年大会在天安门广场隆重举行》,突出刊发习近平总书记重要讲话以及总书记在天安门城楼上的大幅照片,大气端庄。同时重磅推出 12 个整版反响报道和评论,表达深圳各界"永远跟党走、奋进新征程"的坚定决心。《深圳商报》则梳理深圳高校、科技工作者、企业家的收看体会,突出"不负时代、不负韶华"的感想。

2. 用心用情,重磅稿件表达独有担当

在前期预热的专题报道中,《深圳特区报》以小切口展现大主题,讲好大时代下的生动小故事,以一个个看似平凡普通的个体,组合成一个伟大不凡的群像,做到鲜活、生动、温暖、接地气。策划推出"让党旗高高飘扬"专栏,刊发《"1001 颗星"让深圳夜空更璀璨》《将党旗插在每个项目高地上》等 10 多篇报道,全面呈现深圳品牌企业各具特色的党建工作的亮点。"身边党员一线先锋"栏目,刊发了《群众身边的"小巷总理"》《"年轻的老书记"一直在基层》等报道,通过走访优秀党员身边的同事、亲人和工作对象,以他人的视角勾勒出身边优秀党员的群像,体现党员的示范带动作用。

"七一"前后,深圳重磅打造大型交响音乐会《英雄颂》及城市光影秀《光辉杰作》,以一场磅礴音乐史诗及一场全城璀璨灯光秀献礼党的百年华诞。读特客户端、深圳新闻网等全程网络直播《英雄颂》,实现线上线下同享交响盛宴;四主报分别在醒目版位,推出消息、通讯、侧记等组合报道,精彩呈现"气势磅礴颂唱百年史诗 深圳人为伟大时代谱写英雄乐章"的音乐现场，阐释《英雄颂》展现的中国共产党引领中华民族走向复兴的光辉历程这一深刻内涵。对城市光影秀《光辉杰作》，集团纸媒推出现场报道、专访解读及评论；读特客户端、读创客户端、深圳新闻网等新媒体平台，同步推出《深圳全城亮灯庆建党百年！无人机+灯光秀惊艳上演！》等融媒报道，广泛开展二次传播。其中，《深圳晚报》视频《燃！瞰"灯火里的中国"》集纳全国各地灯光秀，全网阅读量 1.4 亿人次。

7 月 1 日，《深圳特区报》头版重磅推出万字报告文学《莲花山顶揽奇迹——写在中国共产党百年华诞之际》。文章包括"探路先锋""向海逐浪""初心如磐""走向未来"四个篇章，通过记叙蛇口工业区办公室打字员林小静、建设国贸大厦时 18 岁的中建三局女工杜先芳等深圳发展各个阶段、各个行业当事人的经历和所思所感，反映宏大时代背景下一群普通人的故事，串联起历史脉络，精心描绘出深圳特区不走寻常路，在党中央精心布局、坚强领导下，打造出一个璀璨夺目的世纪奇迹的画卷。此稿以"奇迹"为题眼，回应同版的新华社重磅稿《百年恰是风华正茂——致敬中国共产党成立一百周年》。

要闻版整版推出系列图文报道《深圳一张白纸上的精彩演绎——党领导深圳创造发展奇迹大事记》，梳理深圳改革开放 40 多年来的重要节点，中央赋予深圳各种改革开放发展使命任务、政策支持，以事件提纲挈领，展示党的领导缔造深圳奇迹。跨版《红旗高扬深圳湾——深圳党史教育基地一览》，在一幅深圳地图上标注出深圳红色纪念地，直观呈现出深圳光荣的革命传统。专版《入党那一天让我终生难忘》，通过邀请 8 位各行业各领域有代表性的党员，以口述的方式回忆入党故事，畅谈党的生活，分享心路历程，展现"百年来路沧桑但初心从未改变"。

针对深圳这座年轻城市的特质，《深圳特区报》出动多路记者采访在深圳最具代表性的三个青年群体——科技企业创新创业青年、高校青年和基层打工青年群体，挖掘了大量鲜活生动的故事，反映如今在改革开放前沿的青年人，如何认识党，如何看待新时代，如何理解中国共产党百年风云以及对百年大党未来的期待，在"七一"当天连续推出三个整版的图文报道——《"我踩在了时代的鼓点上"》《"行动是对党最好的表白"》《"把创新创业梦融入伟大中国梦"》，在深圳年轻人中引发了热烈反响，取得了很好的报道效果。

《深圳特区报》还重磅推出"奋斗百年路 启航新征程"百年百版专辑，集中报道深圳各行各业如何在党的领导下创造发展辉煌成就。卷首语《深圳，百年大党的代表作》回望百年、慷慨激昂，串起魅力篇、创新篇、动力篇、活力篇、全新篇、地产篇、品牌篇，主线鲜明、版面错落有致。

《深圳商报》特辑以"答卷"为题，卷首语《在历史答卷上写下深圳担当》振奋人心。《深圳晚报》封面封底呼应，由100位市民头像组合成的"100"图案与建党百年标识遥相呼应、喜庆热烈。《晶报》头版突出大标题"奋斗百年路 当惊世界殊：致敬中国共产党成立100周年"，推出特别策划"我们宣誓""我们重温""我们致敬"，其中"我们宣誓"特别策划运用10张原创手绘海报，生动呈现入党誓词。

英文报 Shenzhen Daily 对建党百年庆祝大会进行重点报道，刊发建党百年系列评论、光影秀《光辉杰作》、深圳红色史迹等报道。推出世界政要点赞中国共产党专版，集纳了六国政要观点，对中国共产党为中华民族和全世界所做出的巨大贡献进行点评分析；邀请外籍作者撰写建党百年评论，7月1日刊出两篇由美籍作者和哥伦比亚籍作者撰写的时评，从不同角度讲述中国的制度优势和中国共产党所取得的成就。此外，Shenzhen Daily 首次推出多语种新媒体报道，譬如报道"多国在深外籍人士祝福中国共产党"，覆盖法语、俄语、西班牙语、泰语、波兰语等多个语种；美国音乐家 Don Rechtman 为党献上原创歌曲《三月杜鹃开满山》，推出"图文+视频"报道，同步在爱深圳（EyeShenzhen）网站推出视频报道，随后深圳发布、澎湃新闻等以双语种报道方式予以推送。

《香港商报》以官网、客户端、微博、脸书、头条号为首的新媒体矩阵，全力聚焦"中共百年"主题，境内境外新媒体平台联动共振，从港媒视角讲好中共百年故事。"七一"当天，《香港商报》境内外平台火力全开，对庆祝大会进行全方位报道，全平台有关"建党百年""时代精神照耀香江"等主题报道阅读量近千万次。

2021年7月6日，中共中央总书记、国家主席习近平在北京以视频连线方式出席中国共产党与世界政党领导人峰会，并发表题为《加强政党合作 共谋人民幸福》的主旨讲话。深圳报业集团提高站位、迅速反应，从深圳出发奔赴峰会其他四个地方分会场——上海、宁德、延安、安吉，开展"为人民谋幸福——从中国共产党与世界政党领导人峰会地方分会场看中国共产党人的初心和奋斗"大型采访活动。7月13日至17日，《深圳特区报》、读特客户端先后重磅推出《上海 初心之地 世界名城》《深圳 发展奇迹蕴含"中国密码"》《宁德 滴水穿石"弱鸟"振翅》《延安 革命圣地圆梦启新程》《安吉 绿水青山就是金山银山》等整版报道，配发"记者手记"《追光，也成为光》《下党乡脱贫路上的共产党人》《绿色是一种竞争力》。主稿庄重，手记灵动，见证"初心和奋斗"。

3. 振奋人心，铿锵评论激励特区人

建党百年系列报道中，《深圳特区报》除转载"任仲平"文章《百年辉煌，砥砺初心向复兴——写在中国共产党成立一百周年之际》外，还分别于6月28日、29日、30日，重磅推出"沈仲文"系列署名文章《乘风破浪党领航》《胸怀丹心行大道》《赓续荣光献鸿猷》，三篇文章反复提炼主题，精心谋篇布局，立意高远、观点鲜明，体现出《深圳特区报》作为党报的站位高度、思想深度和宏大视野，为随后的高潮报道起到了很好的助推作用。

7月1日，《深圳特区报》A10版再推"中共深圳市委党史文献研究室"署名文章《深圳党史：百年光辉党史中精彩华章》，发出权威声音，回顾党带领深圳人民走过的光辉历程、取得的辉煌业绩、做出的伟大贡献，动员更多干部群众把百年党史中的智慧和营养，转化为奋进新征程的强大力量。

4. 融媒出圈，爆款致敬建党百年

针对建党百年的主题报道，深圳报业集团各新媒体平台精心打造了一系列爆款产品。

由读特客户端独家创作，由《深圳特区报》、读特客户端、深圳新闻网联合发布的全新定格动画栏目《"深"临其境》，接连推出原创黏土动画《深圳红·第一个党支部的诞生》《深圳红·东纵"神枪手"勇救美国飞虎队大兵》，以富有童趣的"小泥人"方式，生动讲述深圳地区党史和革命史故事，迅速被多家媒体转发。截至 8 月上旬，两期动画全网阅读量超 2000 万次。

由《深圳特区报》、读特客户端、深圳新闻网联合策划推出的《百年追梦，寻找你的榜样力量！》互动 H5 小游戏于 6 月 29 日上线，追梦榜样海报迅速刷屏全网。该游戏播放流畅、问答设计巧妙，用户参与体验良好。截至 7 月中旬，全网参与量突破 1000 万人次。

《深圳晚报》推出的《这条路，9514.8 万人在走！》《百人话百年丨今天，一起大声说，生日快乐！》等 6 部原创视频总点击量超 3 亿次。创意互动 H5 产品《永不消逝的电波》，设计为一封"信函"交到每一个打开 H5 的用户手里，隐藏的彩蛋（含有经典歌曲）带人重温经典原声，待彩蛋里面 7 个"任务"完成后可领取"永不消逝的电波"任务纪念卡。截至 2021 年 8 月中旬，参与量超 1430 万人次。

深报视听团队在不到 20 天的时间里，不分昼夜，连续奋战，推出长篇手绘动画视频《百年奋斗》。该产品将《社会主义没有辜负中国》及《中国没有辜负社会主义》两篇作品的内容，以电子手绘动画结合特效视频的形式呈现，用画笔勾勒经济特区红色历史，生动再现了一百年来中国共产党风雨无阻的奋进征程，充分展示党建百年辉煌，被"新片场"网站置顶推荐，引起网友们的热烈讨论。

三　深圳经济特区建立 40 周年

2020 年 8 月 26 日，深圳经济特区建立 40 周年，重大主题报道再掀高潮。深圳报业集团各媒体紧扣主题，由编委亲自率队，深入基层一线，扎实蹲点采访，捕捉基层"活鱼"，挖掘深圳特色素材，打造精品力作，献礼特区建立 40 周年。

《深圳特区报》《深圳商报》分别推出 140 版、148 版特辑，《深圳晚报》《晶报》均推出 88 版特辑，反映 40 年，尤其是党的十八大以来特区辉煌历程和巨大成就。深圳报业集团先后刊发该主题稿件 7000 多篇，全网总推荐阅读量超 30 亿次。

《深圳特区报》精心策划推出"庆祝深圳特区建立 40 周年奋力夺取双胜利"系列评论、"从敢闯敢试到先行示范的深圳实践"系列综述以及高端访谈等报道，受到中宣部高度评价和市委主要领导批示表扬；全力以赴做好习近平总书记在深圳经济特区建立 40 周年庆祝大会上的重要讲话精神直传报道，重磅策划 52 个版的"深圳答卷"，头版推出万字长篇通讯《沿着习近平总书记指引的方向奋力前行——党的十八大以来深圳经济特区改革开放发展纪实》，开设"续写春天的故事——学习贯彻习近平总书记经济特区建立 40 周年庆祝大会上的重要讲话精神"专栏，让总书记讲话精神在深圳落地生根、开花结果。

2020 年 8 月 26 日，《深圳商报》大气磅礴地推出 148 个版，浓墨重彩报道特区 40 年辉煌历程和巨大成就，其中 12 个四联版长卷，创造近年时政类报纸发行的新厚度，被人民网等誉为"中国报业史上一个空前的奇迹"。《深圳商报》与读创客户端联合推出的"来了就是深圳人，快来领张'深'份证"主题活动，在 10 天时间里，海内外人员参与办证 1700 万个，总浏览量突破 3 亿人次。该活动获评广东新闻一等奖、2020 年广东"网络传播精品工程"特等奖。

《深圳晚报》88 个版的特刊中，头版刊出《我圳，生快！》的整版图片，极富亲和力。第二版发表社论《奋进的深圳充满希望 奋斗的我们永远年轻：写在深圳经济特区建立 40 周年之际》，致敬深圳特区的每一位前行的奋斗者。此后，从环境、经济、民生、人文、抗疫等方面叙述深圳特区 40 年来的辉煌成就，并走访多个深圳家庭，讲述他们与深圳共同成长的故事。除纸媒的报道外，《深圳晚报》还以 5 名在深外国人的第一视角为主线，从生态、时尚、科技、文化、创业五个角度切入，以微观视角阐释大主题，策划制作"外国人有话说"系列短片 *Shenzhen Is My Home*，多维度展现 40 年来深圳取得的举世瞩目的发展。系列短片于海内外同步上线，单条视频在海外社交平台的最低浏览量均超过 50 万次，其中生态篇视频点赞量合计超 1000 万次，系列视频全球累计传播量超 1.3 亿次，在全球范围内提升了深圳的知名度及美誉度。

庆祝深圳经济特区建立 40 周年的特刊，《晶报》头版跨版满铺福田中心区的巨幅照片，气势磅礴。二三版跨版的《面朝世界 读懂深圳的时间简史》介绍了深圳的概况。随后 28 个版的《深圳编年故事——我们 40 我们深圳》，寻找了 40 名深圳特区的同龄人，从 1980 年开始，各自讲述自己的成长故事，引发读者的共鸣。之后的 B、C、D 叠，详细讲述了深圳特区的政策、各行各业的创新发展和市民的奋斗故事。

在深圳经济特区建立 40 周年报道中，深圳新闻网共刊发相关报道 376 篇，总点击量逾 5000 万次。8 月 26 日前夕，深圳新闻网携手全国各地上百家城市主流网站，共贺深圳经济特区建立 40 周年。在 8 月 26 日推出的《我们都是奋斗者》24 小时直播中，深圳新闻网直播平台累计在线人数超 300 万人次，在全国各平台推送总阅读量超 3000 万次。

四 纪念香港回归 20 周年报道爆款频出

2017 年 7 月 1 日，香港回归祖国 20 周年，深圳报业集团各报网推出了 11 项重点报道活动，不仅密集刊发香港回归 20 周年各项活动的新闻，还结合深圳毗邻香港的特点，利用各种技术手段策划推出了一系列专题和产品，其中，《深圳特区报》的短视频《你们可以下岗，我们上岗》火爆网络，《深圳晚报》的"深港齐步走"和《晶报》的"深港双城记"等系列报道，也颇受好评。

1. 爆款视频《你们可以下岗，我们上岗》

《你们可以下岗，我们上岗，祝你们一路平安》，1997 年 7 月 1 日香港回归祖国，在中英防务交接仪式上，中方指挥官谭善爱代表中国军方喊出这句话，震撼世界。

在香港回归祖国 20 周年之际，《深圳特区报》不仅于 8 月 26 日推出 140 版的《逐梦 40 载，再启新征程》和 10 月 14 日推出 52 个版的《答卷》两大专辑，还通过视频深情再现了香港回归时的经典场景，通过时任中方指挥官谭善爱、仪仗队执行官张洪涛、驻港部队宣传处处长胡恒芳 3 位军人的相聚、回顾，让这句话再次红遍全国。视频《"你们可以下岗，我们上岗"——20 年前中英防务交接仪式亲历者揭秘》于 2017 年 6 月 29 日上午 9 时通过读特客户端首发，人民网、新华社客户端、央视、凤凰卫视、共青团中央等网站、客户端及微博、微信纷纷转发，据不完全统计，全网传播量超 1.5 亿次。

该作品采访拍摄耗时 34 天，先后进行了 11 次拍摄，积累近 600G 视频素材，有效素材总时长超过 10 小时，之后通过 23 天制作，前后修改 16 次，字斟句酌，反复打磨，以 6 分钟的短视频推出。

该视频分别获得 2017 年度全国党媒优秀原创视频十佳选题奖，广东省委宣传部颁发的 2017 年度媒体融合传播优秀产品奖、2017 年深圳首届微视频大赛金奖。7 月 31 日，中宣部予以表扬，称其是"运用新媒体参与重大主题宣传的成功实践"。

2.《深圳晚报》的"深港齐步走"

为了庆祝香港回归祖国 20 周年，《深圳晚报》开展了"深港齐步走——深圳晚报庆祝香港回归 20 周年大型采访"活动，派出 14 人的强大采访团队，从 2017 年 6 月 14 日起，兵分两路，分别从深圳机场和香港机场启程，同时沿着 27.5 公里的深港陆地边界线，自西向东进行实地走访，采访团在沿途选择 9 对反映深港合作、共同发展的地点，分别是深圳机场—香港机场、前海—维港、深圳湾口岸、福田火车站—西九龙总站、红树林—米埔、河套地区、粤港供水、罗湖口岸、中英街，探寻了 20 年来深港两地携手共进的足迹与故事，描绘了别具一格的"深港情"，烘托出"你来我往、你中有我"的情感，深圳与香港在城市发展的过程中携手共进的美好景象跃然纸上。

3.《晶报》的"深港双城记"

2017 年 6 月 12 日，《晶报》开始推出庆祝香港回归祖国 20 周年特别策划"深港双城记"系列报道，持续一个月，展现深港两地各行各业的新业态，聚焦深港两地生活、工作的平凡百姓，讲述深港两地非典型人物的典型事件，还原时代发展中的真实人生，力求反映香港所引发的社会和人文环境变迁，烘托回归带来深港两地民众沟通日渐紧密、理解日趋深化的主题。

6 月 12 日开篇跨版报道《守护供港水源，梧桐山脚那些事这些人……》，记叙了默默地守卫供港水源地的梧桐山人，巧妙地将历史融入对三代人守护水源的记述，娓娓道来，真实感人。

《跨境的青春》《跨境先生》则分别着眼于当时往来两地的年轻人，通过他们的成长历程、工作状态、就业选择，体现深港两地教育资源、就业资源的相互吸引力；通过展现两地交通的便捷、生活方式的深度融合，以及两地人民的深厚感情，突出深港两地在经济、文化、社会等方面的充分交流，体现了香港回归祖国后两地的发展，通过小人物的选择来体现大时代的发展。

7月1日刊发的《听得懂粤语的大熊猫和它们的香港护理员》，讲述香港熊猫护理员郎舜筠如何在职业生涯中逐步成长，精心呵护中央政府分别在香港回归祖国两周年和10周年时赠送给香港的4只大熊猫，并和它们建立起深厚情谊的故事。这样的报道，从人物选题到报道节点的选择，都意味深长，恰逢其时。

4.《香港商报》的出版纪录

《香港商报》作为根植香港本土的传统财经大报、深圳报业集团在港新闻宣传主阵地，全力投入报道，通过多种形式讲好香港回归故事，传播爱国爱港正能量。7月1日，《香港商报》共发行16叠220个版，版面总数、新闻报道版面数量、专版数量3项指标，均创出《香港商报》的发行纪录，在全港媒体中也拔得头筹。

《香港商报》关于香港回归祖国20周年报道，持续时间长、投入力量多，采取措施细密、运用方式丰富。在报道中，《香港商报》整体追求庄重大气风格，同时在创新形式上做出尝试。以"商报君写给香港的八封信"形式展现的系列评论——《20年来，一国两制走对了》《20年成就，全世界都看得到》《20年不凡，国家一直撑香港》《20年证明，一国两制魅力无穷》等极具代表性，条分缕析，亲切自然，给人以"见字如面"的感觉。

刊发于头版的系列报道"大紫荆专访"，通过访问曾获香港大紫荆勋衔的各界代表人士，如梁爱诗、谭惠珠、唐英年等，展现"一国两制"在港实践的伟大成就，并就当时的热点问题，传递出权威信息，表达了主流观点。

品牌栏目"领事专访"，对意大利、法国、欧盟、以色列等驻港领事进行了专访，以国际人士的视角，对香港回归以来的方方面面做了深入的观察，对香港 20 年来保持优势和特色、不断发展的根本原因做了探讨。

7 月 1 日发行 12 个版的"回归年轮"专辑，通过大量的图片展示了大众的生活，反映出港人"马照跑、舞照跳、股照炒"的生活方式和社会风貌，生动说明了《香港特别行政区基本法》和"一国两制"对香港繁荣稳定、对港人安定生活的保障。

习近平以中共中央总书记、国家主席、中央军委主席身份于 6 月 29 日至 7 月 1 日视察香港，出席庆祝香港回归祖国 20 周年活动暨香港特别行政区新一届政府就职典礼，《香港商报》的香港回归报道也随之进入顶峰，迅速聚焦于习近平主席在 49 个小时里出席的 20 场活动，从展示关怀、体现支持、阐明政策、正本清源、指路引航、加油鼓劲等六个方面，浓墨重彩报道和解读习近平主席香港之行的重要成果和重大意义。同时，渐次报道各界人士对国家领导人视察香港的期待、欢迎和振奋之情，彰显出社会舆论的温度。这种温度，也与庆祝香港回归祖国 20 周年活动热烈隆重的气氛，和国家领导人视察香港的重大意义相契合。

五　持续推高"双区"建设热度

2019 年 2 月 18 日，中共中央、国务院印发《粤港澳大湾区发展规划纲要》；2019 年 8 月 9 日，中共中央、国务院印发《关于支持深圳建设中国特色社会主义先行示范区的意见》。2019 年也因此被称为"深圳'双区'建设元年"。

2018 年 12 月 26 日，习近平总书记对深圳工作做出重要批示，要求深圳朝着建设中国特色社会主义先行示范区的方向前行。重要批示在 2019 年 1 月 5 日由新华社首发。正值周末，深圳报业集团快速反应，当天拿出宣传报道方案，当天分发各部门实施。1 月 6 日，《深圳特区报》《深圳商报》《深圳晚报》均在头版刊发重要批示，推出"学习宣传贯彻习近平总书记重要批示精神"专栏，及时报道省委常委会、市委常委会学习贯彻习近平总书记重要批示精神的消息，以及深圳广大干部群众对重要批示的强烈反响，《深圳特区报》同时在显要位置推出系列评论首篇《努力向党中央交出新时代优异答卷》。由于 1 月 6 日周日停刊，《晶报》于 1 月 7 日开始与其他 3 家主报同步，持续推出"学习宣传贯彻习近平总书记重要批示精神"专栏。

从 1 月 7 日开始，《深圳特区报》开设"在习近平新时代中国特色社会主义思想指引下建设先行示范区创建现代化强国城市范例"与"学习宣传贯彻习近平总书记重要批示精神"两个专栏并行，对习近平总书记重要批示的报道，一直持续到 2 月 28 日，共发出稿件近百篇。

2 月 18 日《粤港澳大湾区发展规划纲要》（简称《规划纲要》）正式印发，2 月 19 日《深圳特区报》头版以转文形式全文刊发《规划纲要》。《深圳商报》头版采用跨版图文报道《规划纲要》，气势磅礴，并与《深圳特区报》同时刊发《规划纲要》全文。《深圳晚报》和《晶报》均在头版整版介绍《规划纲要》印发，同时，各报均在显要位置，转发《人民日报》社论《抓住大机遇 建好大湾区》。四主报持续推出"实施大湾区规划纲要 增强核心引擎功能"专题报道，声势浩大地掀起宣传热潮。

2 月 20 日至 3 月 2 日，《深圳特区报》在头版刊发各级党委政府及各级各部门学习贯彻《规划纲要》的动态消息，每天至少用一个要闻版，报道深港澳各界的热烈反响、专家学者的深入解读，以及深圳贯彻落实的举措和行动。《港人港企热议〈粤港澳大湾区发展规划纲要〉》《"我们都是粤港澳大湾区人"》《专家学者表示 深圳应立足于新发展理念 加快全球海洋中心城市建设》《"80 后"香港"创客"谢智衡：让更多香港青年在大湾区建设中发挥力量》《牢牢扭住大湾区建设这个"纲"——深圳牢记嘱托举全市之力推进粤港澳大湾区建设》等一系列深圳特区报社记者采写的报道，呈现出粤港澳大湾区建设的方方面面。

3 月 3 日，全国两会期间，《深圳特区报》开设"推进大湾区建设系列报道""全国两会粤港澳大湾区联合访谈室""湾区市长谈"等栏目。其中，"推进大湾区建设系列报道"共发 7 期，每期一个整版，先后聚焦"打造具全球影响力的国际科技创新中心""打造具全球竞争力的一流营商环境""构建具有国际竞争力的现代产业体系""先进制造助实体经济'腰杆'更直""加强粤港澳合作挺进广袤'深蓝'""三大平台引领粤港澳全面合作"等主题。

　　《深圳特区报》与《香港商报》合办"全国两会粤港澳大湾区联合访谈室"，先后迎来盛国集团有限公司主席张俊勇、香港中华出入口商会会长林龙安、香港岛各界联合会会长蔡毅等代表、委员接受专访。参加全国两会的江门市市长刘毅、湛江市市长姜建军等先后登上"湾区市长谈"栏目。

　　自2月26日起，《深圳特区报》"理论周刊"持续推出关于建设粤港澳大湾区的专文专论，首篇刊发广东省社会科学院国际经济研究所课题组文章《打造粤港澳大湾区高质量发展典范》，半年时间内发出10篇高质量理论文章。

　　对于建设中国特色社会主义先行示范区的报道，深圳报业集团同样分为"预热"和"高潮"两个阶段，与中央支持深圳建设先行示范区的信息公开步骤相呼应。

　　7月25日至8月6日，为报道"序曲"。

　　7月24日，习近平总书记主持召开中央全面深化改革委员会第九次会议，审议通过《中共中央 国务院关于支持深圳建设中国特色社会主义先行示范区的意见》（简称《意见》）。

　　7月25日，《深圳特区报》《深圳商报》头版头条刊发新华社消息，《深圳特区报》在头版推出评论员文章《牢牢把握"先行示范"这个总体要求》，同时，以"牢记总书记殷殷重托加快建设先行示范区"为题，刊发深圳各界的热烈反响。深圳报业集团驻京记者庄宇辉、李萍便采访《求是》杂志社原总编张晓林、中国宏观经济研究院国土开发与地区经济研究所所长高国力和《粤港澳大湾区发展规划纲要》编制组核心成员、中国国际经济交流中心产业规划部部长王福强等专家，所写报道《为新时代深圳发展明确战略定位提供强大动力和根本遵循》次日在《深圳特区报》头版刊发。

　　8月6日，《深圳特区报》"理论周刊"一版头条推出深圳大学中国经济特区研究中心主任、教授陶一桃专文《从"先行先试"到"先行示范区"》，权威专家的深入解读为整个报道增色不少。

　　8月19日至10月12日，为报道"高潮"。

　　8月18日，《意见》公布。

　　8月19日，集团四主报均以头版头条转文方式刊发《意见》全文，并配发社论《改革开放再出发 建设先行示范区》。《深圳特区报》用 7 个整版开出"高举新时代改革开放旗帜 建设中国特色社会主义先行示范区"专栏。其中，二版为"南方宏论"《担当好"先行示范"的历史使命》；三版是图说《意见》；四版至八版紧扣党中央赋予深圳建设先行示范区的五大战略定位——高质量发展高地、法治城市示范、城市文明典范、民生幸福标杆、可持续发展先锋，依次推出《加快实施创新驱动发展战略》《扎实推进法治中国示范城市建设》《奋力打造现代城市文明典范》《全力绘就民生幸福新画卷》《交出生态文明建设的深圳答卷》，用组合拳式的报道营造出强大宣传声势。

从 8 月 20 日起，《深圳特区报》连续 3 天推出沈仲文文章《先行示范区，深圳凭什么能？》《先行示范区，深圳该怎么干？》《先行示范区，深圳为什么燃？》。同日，开辟"建设中国特色社会主义先行示范区系列谈""加快建设中国特色社会主义先行示范区"两个专栏，全面深入解读《意见》，跟进报道落实举措，营造全社会大力支持、积极参与中国特色社会主义先行示范区建设的良好氛围。深圳市社科院副院长王为理、南方科技大学党委副书记李凤亮、深圳大学中国经济特区研究中心主任陶一桃、深圳设计之都推广办主任韩望喜、深圳报业集团社长陈寅、深圳大学法学院院长叶卫平等深圳学者、专家，或接受记者采访或为《深圳特区报》撰文。

第三节　以人民为中心做实民生报道

芦山地震、山竹台风、新冠肺炎疫情……现场总会出现深圳报业集团记者的身影。2013 年 4 月 20 日四川雅安芦山发生 7 级强震，《深圳特区报》记者最早抵达震中，连续发出大量独家现场报道。2018 年 9 月 17 日，超强台风"山竹"正面袭击深圳，深圳报业集团媒体全方位追踪报道，总点击量超 8600 万人次。2020 年新冠肺炎疫情发生后，全集团一盘棋，特派记者奔赴最前线，生产《火线》《深圳与新冠变异病毒"赛跑"》等多个亿级爆款。

一　面向震中，勇敢逆行，展现媒体社会责任

2013 年 4 月 20 日，四川雅安发生地震，《深圳特区报》原本准备采写

汶川地震五周年专题的采访组正好处于震区，震后 5 小时就赶到震中，《深圳特区报》成为四川省外最早进入震中报道地震实况并参与灾区救助的媒体之一。《深圳商报》《深圳晚报》《晶报》也第一时间派出记者团队赶赴灾区采访。4 月 21 日至 5 月 6 日，集团四报连续作战，共推出地震报道专版（专题）140 多个，1800 多篇报道，是全国反应最迅速、报道量最大的媒体集团之一。

4 月 27 日，深圳报业集团联合深圳市关爱行动公益基金会等机构，在全市 13 个地点举行了"好人好报，为雅安加油"报纸义卖活动，筹得善款 55978.70 元，同时，深圳报业集团追加捐款，为四川雅安地震灾区送去温暖。

1. "偶遇"地震奋勇逆行

"公元 2013 年 4 月 20 日 8 时 02 分，顷刻山崩地裂，地动山摇，岩石滚滚。我村遭受重创，房屋严重受损，入村道路中断。一方有难，八方支援，是《深圳特区报》冒着生命危险，迎着无数次余震，来到我社，为我社户主捐款十多万元……"

雅安芦山地震一周年刚刚过去，当《深圳特区报》摄影记者丁庆林再度奔赴震区，来到当时受灾最严重的雅安市雨城区上里镇箭杆林村三组时，当地村民正在刻碑，碑文上清晰地记载着《深圳特区报》在震时为灾民提供无私帮助的故事。

2013 年 4 月 18 日，汶川地震 5 周年纪念日临近，《深圳特区报》编委吕延涛带领记者陈冰、丁庆林、曹崧、綦伟和李伟文组成采访组，兵分两路奔赴四川和甘肃。

参加四川线采访的吕延涛、陈冰、丁庆林和曹崧选择在汶川地震的震中映秀镇落脚。4 月 20 日上午 8 时 2 分，雅安芦山突然间地动山摇，发生 7 级强震！

采访组马上向总编辑陈寅请示，陈寅立刻拍板："记者就该去第一线！"采访组立即启程奔赴震中。因为出发地接近震中，加之行动迅速，《深圳特区报》记者成了芦山灾区的第一批"逆行者"。采访组一边震中挺进，一边拍照片写简讯，上午 10 时 41 分，深圳特区报微博发出第一条地震简讯，半小时内回复和转发超过 300 次。从国道开到省道，再到县道、乡道，最后步行翻山，在灾区道路上挺进 200 公里，采访组终于在下午 2 时前后抵达震中龙门乡。

采访组迅速展开采访，并于下午 3 时 9 分通过短信向后方发回第一条现场报道，深圳特区报微博阅读量瞬间达到 10 万次。下午 5 时 50 分，李克强总理、汪洋副总理等党和国家领导人乘坐直升机抵达龙门乡，采访组立即发回照片和稿件，深圳特区报微博发布了中国媒体最早的一篇李克强总理在灾区指挥部署救灾工作的图文报道。

第二天，《深圳特区报》就芦山强震刊发 9 个整版专题报道，包括 70 篇稿件、36 张图片，前方记者陈冰、丁庆林采写的《深圳特区报记者昨天从映秀镇赶赴芦山灾区，第一时间发回现场报道——（主）芦山地震首日目击》，吕延涛、曹崧在映秀发回的《（主）"别人有难了，我们不能不管！"——（副）映秀村民自发组织救灾队奔赴雅安》等重点稿件，被全国媒体广泛转载。

深入灾区，采访组明确了目标，要在黄金 72 小时内尽量将需要救助的灾区信息更多地传递出去。随后一天，采访组分别前往太平镇、雅安人民医院等灾情严重地区进行采访，发回多篇重磅稿件，获得极高转载量。

2. 受灾群众给《深圳特区报》立碑

灾后第三天的采访任务是最重的。陈冰、丁庆林的目的地是宝兴县，那是救援部队后一天将要打通道路的方向。吕延涛和曹崧的目的地则是受灾严重的中里镇，而且黄金 72 小时即将过去，能多走一处就多走一处。

又是天不亮就起床赶路，陈冰和丁庆林紧跟着用挖掘机开路的部队官兵，在悬崖下冒着飞石和水涌完成了一场危险的急行军。好在傍晚时分，吃了 3 天冷水泡面的他们，在宝兴中学体育场的灾民食堂终于吃上了一顿热米饭。当两个胡子拉碴浑身脏得像野人一样的大男人把第一口热饭送进嘴里后，相视一笑，又相拥落泪，"那时真的感觉很幸福，重回人间的那种幸福"。

作为灾区前线记者中少有的"60 后"老将，吕延涛和"85 后"小将曹崧在这一天的行程更加艰巨。他们先赶到龙泉村采访，其间听说芦山主峰上的箭杆林村受灾更严重，而且缺乏救援，两人二话不说就决定徒步上山，在已经没有路的山上冒着大雨和频发的滚石、滑坡，"爬行"两个多小时才终于赶到箭杆林村。

山上的灾情比想象的更严重，大多数房子都塌了，走进几家特别困难的五保户家里，吕延涛和曹崧把身上的现金都捐完了。"眼见村里这么困难，我下山后立刻向陈寅社长请示，通过《深圳特区报》的'公益金百万行'，给村里 99 户人家每户捐赠 2000 元钱，定向救助。"吕延涛回忆。善款在灾后不久就送到了箭杆林村，2000 元钱不多，但对每户人家来说都是雪中送炭，村民发自内心地感谢《深圳特区报》，除了给《深圳特区报》立了一座碑，还给报社寄来半扇腊肉。

最终，《深圳特区报》"'4·20'四川芦山强震"专题报道一直持续到 2013 年 5 月 2 日，12 天共刊发 45 个版 267 篇稿件和 110 张图片，深圳特区报官方微博发稿 168 条，阅读量超过 233 万人次，被转发 1185 人次。

同时，《深圳特区报》新媒体部在雅安地震第 3 天制作推送《慰藉，雅安!》视频，发出理性救灾的呼吁，并向关心、关怀、关爱灾区的人们致敬。视频一经发布，点击量迅速攀升至 10 多万次，微博一次转发量超过 1000 人次，二次、三次以上转发量难以统计。

二　迎战"山竹"，全媒创新，壮大社会正能量

2018 年 9 月 16 日，35 年来最强台风"山竹"正面袭击深圳，抗击"山竹"台风的报道，是深圳报业集团面对突发灾害首次展开全媒体大"兵团"作战的报道。

深圳报业集团主流党媒发挥新媒体作用，坚持正确舆论导向，大胆探索应急传播新模式，主流媒体移动端平台成为传递应急信息的主力军和首发阵地，旗下各报网端创新传播方式与话语体系，线上线下密切联动，滚动播报权威资讯，第一时间辟谣网上不实传言，形成了全员融合、协同作战、组合推送的全媒体传播模式，创新性地塑造了"逆风而行"的城市守护者及包容、幽默、上进的深圳上班族等新形象，占领舆论制高点，壮大社会正能量，彰显了深圳新闻媒体的政治意识和大局意识，展现了深圳主流党媒的创新意识和融合成效，大大提升了新闻舆论传播力、引导力、影

响力、公信力，赢得社会各界广泛赞誉。

面对"山竹"台风的侵袭，深圳报业集团突破传统媒体报道方式，以新媒体为主力军和首发地，探索形成了全员融合、协同作战、权威发布、组合推送的全媒体应急传播新模式。

迎战台风"山竹"期间，深圳报业集团及各媒体加强值班值守，第一时间建立信息传达报送机制，时刻待命、随时沟通、立即执行。据不完全统计，集团及各媒体直接参与抗击超强台风"山竹"报道的采编人员共392人。

《深圳特区报》组建多达132人的专门采编团队，对采访力量进行统一调配：各条采访线24小时紧盯政府各职能部门动向及社会各领域反应；同时摄影部全员出动，影音工作室也派出4组记者，组成10多个采访组，遍布深圳各个地标区域。《深圳商报》及读创客户端报道组共100多人，"一把手"亲自坚守报道指挥前线，报社全员参与报道，没直接参与报道的员工随时拍摄身边所见，发回图片或短视频。《晶报》动员全报社同事在家避风时拍摄一段自家窗外的视频，编辑综合剪辑成为视频《台风下的深圳，记者3小时实拍各区全景式呈现！还没进12级风圈就已经……》，播放量近百万次。深圳新闻网也组建了70多人的值班队伍，24小时紧盯市三防办发布的最新数据，发布台风最新动态。

在这次台风期间，智能手机第一次成为广大市民第一时间掌握台风最新资讯的主要传播工具，因此，深圳报业集团推出新闻专题及24小时不间断新闻报道，成为传递应急信息、防御和抗击台风报道的主力军和首发阵地，纸媒配合，最大限度发挥线上线下融合传播效应。

由于对台风早有预警，从9月8日开始，《深圳特区报》及其"两微一端"就开始对台风"百里嘉"和"山竹"的情况进行报道。9月14~17日对台风"山竹"进行全方位追踪报道，集团全媒体调度与监控中心第一时间传递至各报网端，读特客户端、读创客户端、见圳客户端、全橙客户端、深读客户端（自主客户端），深圳ZAKER、深圳网易（合作模式客户端）以及其他新媒体平台对于上级主管部门及集团部署的有关指令要求立即响应、执行到位；对于深圳市委市政府和市三防指挥部做出与抗击台风相关的重大部署和重要指令，各媒体驻守各单位的前方记者第一时间向各融媒体平台编辑部发回报道；各融媒体平台编辑与前方记者密切配合，第一时间以最合适的方式滚动呈现报道。移动端新媒体平台做到了瞬时抵达、聚合传播、自上而下、由点及面，爆发出强有力的传播力。

纸媒方面，集团四主报成为抗击强台风报道的第二落脚点，深度梳理、生动再现深圳抗击台风的重要举措及新闻现场，与新媒体报道互相呼应，形成了全媒体传播格局，进一步提升传播力、影响力、引导力、公信力。

关键时刻，深圳报业集团各媒体牢牢把握正确舆论导向，及时发布党委政府权威声音，提供全面翔实抗击台风资讯，第一时间辟谣网上不实传言，针对台风期间网络流传的一些谣言，如"全市停水""开空调会烧机""深圳电网有变电站爆炸""深圳最高楼玻璃坠落"等，深圳报业集团报网端均第一时间进行辟谣，以正视听。

9 月 14 日下午，读特客户端第一时间发布《王伟中书记向全市发出防御台风"山竹"动员令》。9 月 15 日晚 8 时 37 分又第一时间发布《深圳市防台风防汛紧急动员令》，一个小时内阅读量即达到 50 多万次，紧急动员令迅速传递给基层干部。9 月 15 日晚 11 时 45 分，读特客户端及深圳特区报官方微博再次更新发布《紧急动员令！明天全市停工停业停市停课!》，阅读量很快就达到 10 多万次。9 月 16 日上午，读特客户端直播平台发布《深圳地铁、公交、出租车全部停运！不要出门！注意安全!》，很快突破了百万阅读量。

《深圳特区报》即时图文报道《广东物资储备充足价格平稳不要慌，预警信号解除后复市》，阅读量达 60 万次。《深圳商报》推出了即时图文报道《9 个台风谣言，"吹"破了》，对网络、微信上甚嚣尘上的九大台风谣言进行了非常及时、权威的回应、澄清；《深圳晚报》的《台风期间朋友圈热传的几个谣言！不要相信!》发出仅 1 小时，全网阅读量就突破 20 万次……击破不实传闻、稳定市民情绪，对避免谣言造成的次生灾害，起到了不可估量的作用。

深圳报业集团各报网端不断创新传播方式和话语方式，以直播、抖音、视频、微海报、动图展示等"组合拳"报道形式即时推送，实现滚动播报，持续爆发出强有力的传播力。据统计，截至 9 月 17 日中午 12 时，深圳报业集团各媒体共发布防台风新闻稿件 2075 条，其中纸媒发稿 450 篇，新媒体发稿 1625 篇，点击量 8612 万次。读特客户端、读创客户端、深圳新闻网、深圳网易账号等均第一时间推出直播栏目。

三　积极抗疫，彰显党媒担当

2020 年初，一场突如其来的新冠肺炎疫情，成为新中国成立以来遭遇的最重大的公共卫生事件，举国战疫之下，另一场没有硝烟的战争——宣传"战疫"也在全国打响。深圳报业集团扛起主流媒体大旗，闻令而动，第一时间投身战场，各报网编委会靠前指挥，各媒体凝心聚力，党员干部率先垂范，采编队伍尽锐出征，冲锋逆行，以习近平总书记提出的"四全"媒体为指导方针，以全程媒体理念营造弥散化传播氛围，以全息媒体理念构建立体化传播体系，以全员媒体理念实现互动式参与，以全效媒体理念拓展媒体功能，联手中央媒体，对接各大平台，全渠道、全网络、全手段、全形态、全时段展开立体化报道，以权威主流声音牢牢占领"战疫"舆论场，打造了强信心、暖人心、聚民心的优质疫情报道，为深圳乃至全国做好疫情防控提供强有力的舆论支撑。

新冠肺炎疫情防控报道持续时间长、涉及范围广，是一次非同寻常的新闻大战。据阶段统计，仅 2020 年 1 月 20 日至 6 月 16 日，深圳报业集团各报网端就发出疫情防控稿件 182754 篇（条），这样的报道规模，如此空前的投入，取得这样的报道成效，在深圳报业集团舆论宣传工作历史上前所未有。

1. 全集团一盘棋优化资源配置

疫情就是命令，深圳报业集团迅速行动。2020 年 1 月 27 日大年初三，深圳报业集团领导班子和各单位、各部门负责人召开集团党组扩大会议，传达中央、省关于疫情防控的会议精神，要求认真学习贯彻习近平总书记重要讲话，提高政治站位，以疫情防控为当前最紧迫最重要的政治任务，各媒体负责人和业务骨干迅速到位，主动作为、精心策划，全集团近 3800 名采编、发行、印务、行政、后勤人员坚守岗位，组织最强力量，稳定有序地做好新闻报道、舆论引导和内部疫情防控等各项工作。

面对疫情，深圳报业集团坚持全集团一盘棋思路，集合全集团资源，以《深圳特区报》和读特客户端为龙头，加强统筹策划，报网端微联动，各展所长，做到资源集中，移动优先，龙头带动，紧紧围绕中央"坚定信心、同舟共济、科学防治、精准施策"的疫情防控总要求，统筹谋划报道总体安排，按照深圳市委市政府"三严"等工作思路，落实"科学精准、及时到位、有力有效"的宣传报道原则。

深圳报业集团由集团社长挂帅，集团总编辑指挥，组建以《深圳特区报》记者为主体的战疫特别报道组，迅速行动雷霆出击。疫情初期，深圳报业集团依靠春节假期滞留湖北的 26 位记者发回现场报道，在各媒体推出"湖北直击"专栏报道。2020 年 2 月 9 日，《深圳特区报》特派记者何龙、唐光明跟随深圳医疗救援队奔赴武汉、荆州采访，发挥不畏艰险、敢干能干、冲锋陷阵的顽强作风，每天工作十七八个小时，反复出入东西湖方舱医院、雷神山医院、汉口医院、协和医院以及汉口血液中心，数十次进入危重症病区，贴身采访医护人员。因为进出疫区，相机在酒精和紫外线的反复消杀中失灵，但一线记者仍通过运动相机、手机录制音频、视频 663G，每天发回上万字的文字稿件，全面、形象地记录下深圳医疗队在湖北高强度、高危险、高水平的抗疫历程，全网推荐阅读量超 14 亿次，一系列报道被新华社客户端、央视、学习强国等媒体平台转载，迅速成为网络传播热点。

纸媒方面，《深圳特区报》《深圳商报》同比版面增加一倍以上，《深圳晚报》《晶报》提前结束休刊，版面增加一倍。经深圳市委宣传部协调，在全市各小区封闭管理的条件下报纸依然送达千家万户。

新媒体方面，以读特客户端为主端，实施全网群推、联动出击，即共同策划选题，共同优先向读特客户端供稿，分工合作采写稿件，联手制作新媒体产品，创新推广激励机制，整合 32 个各类自有媒体平台，在全网推送集团作品。

集团副总编辑轮流到读特客户端值班，优化采编资源配置，协调、集中各报网端微资源，整合全集团的力量、流程、制度，向深度融合的方向发展，一举扭转各唱各调、各吹各号的分散弱小局面，迅速发挥全集团合于一端、融为一体的巨大威力。

各报网端微不再受制于自身平台，热情高涨、积极配合，提高站位、加强补位，加强内部协作，适应战时所需，争相拿出看家本领，作品数量质量大幅提升，全网影响力呈几何级数增长。

2. 占领舆论高地坚定抗疫信心

记者是重大事件的记录者，也是历史时刻的见证者。在这一场"战疫"中，深圳报业集团忠实履行特区党媒集团应有的使命担当，紧跟中央决策部署和省市工作安排，不仅以强烈的责任意识，冲锋在前，还生产出大量的充满创意并且干货十足的新闻产品，通过多类型传播手段，紧扣重点、热点、节点、中心点、知识点、服务点等做文章，得到受众的喜爱和认可，发挥权威主流媒体定海神针的作用。

第四节　着力提升国际传播话语权

深圳报业集团尤其重视国际传播工作，举全集团之力建强全媒体协同、跨部门协作的舆论宣传精兵战队，新媒体踊跃进入网络舆论主阵地，打好"主动仗"、下好"先手棋"，着力通过立足讲好中国故事、广东故事、深圳故事，发出"深圳好声音"，有力发挥联结中外、沟通世界的重要作用，提升对外传播话语权，不断提升深圳的国际影响力，为深圳奋力向竞争力影响力卓著的创新引领型全球城市迈进提供良好的舆论环境。

一　发挥国际传播主力军作用

深圳报业集团出台《外宣工作措施13条》，成立集团相关组织，加强对港澳舆情的收集、研判与引导；壮大旗下 Shenzhen Daily、《香港商报》、《香港经济导报》等外宣媒体实力，在深圳乃至国家对外传播中发挥重要支撑作用。Shenzhen Daily 运营的爱深圳英文门户网站点击量稳居全国同类外宣网站前列。《香港商报》建成全媒体对外传播平台，在"世界华文传媒新媒体影响力榜"上，高居香港新媒体影响力、生产力、互动力前三名。《香港经济导报》着力创新采编报道形式和内容生产模式，扩大影响力。

二　搭建外国友人"鹏友圈"

深圳报业集团联动各媒体平台构建国际舆论阵地，搭建外国友人"鹏友圈"，构建具有深圳特色的大外宣格局，创造全国对外传播典范。

2013 年 5 月 20 日至 29 日，集团社长陈寅和市外办有关负责人率领由市外办和深圳报业集团记者共同组成的国际名城调研采访组，对以色列、希腊、瑞士三国的 5 座主要城市进行了访问，《深圳特区报》开辟"国际名城市长访谈"专栏刊发连续报道。

2014 年 5 月 20 日，由深圳报业集团主办、《深圳特区报》承办的"深台青年记者体验营"开营，来自台湾《联合报》《旺报》，华视，中天电视等 14 家新闻机构的青年记者与深圳媒体记者展开内容丰富的交流体验活动，共议两岸媒体发展机遇和合作空间，推动两岸文化媒体交流。

12 月 24 日，来自 11 个亚洲国家的主流媒体代表团一行考察深圳报业集团。代表团以"共建共享'21 世纪海上丝绸之路'"为主题，访问改革开放前沿阵地深圳，并与深圳报业集团展开媒体业务交流。

三　打造优质国际传播产品

深圳报业集团致力于讲好深圳故事、湾区故事、中国故事，坚持以"新闻为先、原创优先、创意优先、流量争先"为基本原则，以视听中心为牵引，打造优质的国际传播新闻产品。

深报视听团队特别策划的英文人物微纪录片《土耳其咖啡女婿》，通过在深土耳其人 Gokhan 的视角，讲述他与爱人在深圳创业的经历。选取人物视角，从一个平实、生动的角度展示了深圳日益蓬勃的吸引力，展现了一个更立体、全面、客观的深圳，也有助于激发受众的参与感，带动评论、分享、转发等互动行为，使受众由原来只是报道的接收者转为传播者。该产品不仅在国内取得了现象级传播成果，也引起了国外网友的广泛关注。

2020 年 11 月，深报视听团队启动"香港青年在内地"系列微纪录的前期策划工作。2021 年 3 月 4 日，中央广播电视总台 CGTN 发函邀请深报视听团队联合制作《香港青年在内地》系列微纪录片，选题紧扣"十四五"规划与粤港澳大湾区融合，视角以小见大，以主人公个人故事和经历折射粤港澳大湾区发展。该系列纪录片共 10 集，受访者包括在深圳创业的香港青年企业家，在深圳工作的律师、教师，在深圳做科研的香港博士等。其中，《与祖国共奋进的港青博士》一片不仅被中央广播电视总台 CGTN 直接选用，还在 2021 年 3 月 8 日的新闻联播中被播放。《Beatbox 冠军的深港故事》一片在读特客户端与中央广播电视总台 CGTN 推出后，反响强烈。次日，该片引起《人民日报》注意，主动联系深报视听团队发稿，后将其发布在《人民日报》海外版上。至 2022 年 6 月深报视听中心成立两年时，海外传播量已超过 10 亿次。

第三章　真融深融，纵深推进媒体融合发展见实效

党的十八大以来，以习近平同志为核心的党中央高度重视传统媒体和新兴媒体融合发展，从战略高度为融合发展定向指路。面对新的传播格局和舆论生态，深圳报业集团持续推进媒体融合向纵深发展，着力提升多层次、多维度、全景式、立体化的全媒体传播能力和水平；集团内各媒体紧密联动、一体化发展，不断提高驾驭新媒体、占领主阵地的能力和水平，全力推进媒体深度融合，做优做精传统媒体，不断强大深圳新闻网，推出读特、读创等优质客户端，实现传统媒体与新兴媒体携手成长；同时，内容优势与技术优势双轮并驱，优化一体化内容生产流程，构建三合一、全天候、全业态策采编发流程体系，确保优质高效实现"一次采集、多元编辑、多方计酬、多端发布"一体化，在全国范围形成"双区党媒"一体化品牌效应，在深度融合发展上先行示范。

第一节　媒体融合是政策也是趋势

随着互联网和移动互联网等新兴传播媒介的兴起，21世纪以来，特别是21世纪进入第二个十年后，传统媒体遭遇史上未有的大变局，其固有的生产流程、内容门类、表达方式、商业模式，都面临改变，以5G、大数据、云计算、物联网、区块链、人工智能为代表的先进信息技术，把人类社会推进一个崭新时代。

一　党和国家高度重视媒体融合

党和国家高度重视媒体融合发展。党的十八大以来，习近平总书记对

加强和改进新闻舆论工作提出一系列富有创见的新观点、新论断、新要求，以中国特色社会主义伟大事业为时代背景，以实现中华民族伟大复兴中国梦为奋斗目标，科学回答了事关新闻事业长远发展的一系列带有根本性、战略性、全局性的重大问题，深刻论述党的新闻舆论工作的历史方位、职责使命、方针原则等重大课题，为新时代新闻舆论工作指明了前进方向，为深圳报业集团加快推进媒体融合发展提供了根本遵循和行动指南。

2014年2月27日，习近平总书记在中央网络安全和信息化领导小组第一次会议上表明，媒体必须加快构建舆论引导新格局，"做好网上舆论工作是一项长期任务，要创新改进网上宣传，运用网络传播规律，弘扬主旋律，激发正能量，大力培育和践行社会主义核心价值观，把握好网上舆论引导的时、度、效，使网络空间清朗起来。"①

2014年8月18日，习近平总书记在中央全面深化改革领导小组第四次会议上强调了媒体融合的原则、方法、重点和目标。②

2015年12月25日，习近平总书记在视察《解放军报》时，指出媒体融合需要推进全方位创新，"对新闻媒体来说，内容创新、形式创新、手段创新都重要"。③

2016年2月19日，习近平总书记在党的新闻舆论工作座谈会上，强调媒体融合发展关键在融为一体、合而为一。④

根据习近平总书记的重要论述，2014年8月18日，中央全面深化改革领导小组第四次会议审议通过《关于推动传统媒体和新兴媒体融合发展的指导意见》；2020年9月，中共中央办公厅、国务院办公厅印发《关于加快推进媒体深度融合发展的意见》。

习近平总书记的重要论述和纲领性文件的推出，表明推动传统媒体和

---

① 《习近平：创新改进网上宣传 把握网上舆论引导的时度效》，新华社，2014年2月28日电。
② 《习近平主持召开中央全面深化改革领导小组第四次会议强调 共同为改革想招一起为改革发力 群策群力把各项改革工作抓到位 李克强刘云山张高丽出席》，新华社，2014年8月18日电。
③ 《习近平在视察解放军报社时强调 坚持军报姓党坚持强军为本坚持创新为要 为实现中国梦强军梦提供思想舆论支持》，新华社，2015年12月26日电。
④ 《习近平谈融合发展"金句"：建成新型主流媒体 扩大主流价值影响力版图》，人民网，politics.people.com.cn/n1/2019/0125/c1024-30591043.html，最后访问时期：2024年7月。

新兴媒体深度融合，着力打造一批拥有强大实力的新型媒体集团，形成立体多样、融合发展的现代传播体系，是解决媒体困境的有效方法，也是媒体未来发展的前进方向。

二　报刊纸媒迫切需要媒体融合

高度重视媒体融合，是党和国家敏锐洞察到媒体发展趋势后的有的放矢的举措。高度的媒体融合，也是作为传统媒体的报刊纸媒最为迫切的需求。

统计数据显示，从 2013 年开始全国发行各类报纸的份数逐年下降，截至 2020 年，由 478 亿份降至 277 亿份，8 年共减少 42%，其中 2020 年降幅最大，达到 12.16%，年均降幅约 5.3%，而同期国内生产总值平均增幅为6.3%。与报纸发行份数下降密切相关，2012 年中国报业广告收入首次出现下降，从此一直处于加速下滑状态，2015 年降幅达到 35.4%，2016 年下降38.7%，呈现断崖式下滑，从 2017 年到 2019 年，全国报业每年广告降幅都达到 30% 左右，从 2011 年的 488 亿元下滑到 2019 年的 44 亿元，不足先前的一成。

靠一张报纸打天下的时代已经过去，面对新的竞争形势，实现高度的媒体融合，是纸媒的唯一出路。

第二节　高质高效构建全媒体传播体系

作为深圳最大的报纸发行机构，深圳报业集团自 2013 年以来，面对行业发展的严峻挑战，大力推进融合发展、转型发展、创新发展，高质高效构建全媒体传播体系，实现"一媒千面"。截至 2022 年底，深圳报业集团已建立"纸媒+网站+客户端+官微+新媒体运营+传媒智库"全覆盖的融媒体矩阵，形成"《深圳特区报》+读特客户端+深圳新闻网"等党媒旗舰品牌媒体方阵，"《深圳商报》+读创客户端"等垂直分众媒体方阵，《香港商报》等国际传播媒体方阵，三大方阵组成全媒体传播新体系，深圳报业集团全媒体综合用户数超 2.15 亿。

一　加大传统纸媒改革力度

深圳报业集团首先加大传统纸媒改革力度，加快纸媒整体转型"瘦身"。《深圳特区报》《深圳商报》《深圳晚报》《晶报》四主报实施错位办报、差异化竞争：《深圳特区报》发挥市委机关报和进入中南海优势，进一步做大做强综合实力和影响力；《深圳商报》由经济类综合性日报，转型为科技财经类新媒体；《深圳晚报》由"民生报服务报社区报"功能定位，转型为移动化融合型媒体；《晶报》由都市类报纸，转型为都市型社区类融媒体。

1.《深圳特区报》从而立到不惑

2012~2022 年这一时期，《深圳特区报》经历了从创刊 30 年到 40 年的历程，从而立到不惑，发展路线愈发清晰。

2012 年，《深圳特区报》创刊 30 周年。中央政治局常委李长春发贺信并亲临报社视察指导工作，充分肯定《深圳特区报》为全国党报积累了新鲜经验，树立了典范，并寄语《深圳特区报》努力打造有竞争实力的一流现代传媒，为全局发展做出更加辉煌的贡献；数十位中央、省、市领导及新闻出版总署等单位和 20 多家中央及省、市媒体向该报创刊 30 周年表示祝贺。报庆期间，该报推出"高端访谈"和"光辉记忆"两个专栏的报庆系列报道，承办全国副省级城市党报总编辑联席会议（中期）暨《深圳特区报》创刊 30 周年党报转型发展研讨会，全国 20 余家党报负责人参会。

作为深圳报业集团的"旗舰"，而立之年的《深圳特区报》继续迈步，围绕中心工作，做好主题宣传，在舆论引导中不断释放正能量，发出最强音；坚持党报立场，准确领会并宣传报道好中央精神；坚持"围绕中心、服务大局"，积极宣传报道市委市政府中心工作；坚持发挥主流媒体舆论引导作用，主动设置报道议题，积极传播社会正能量；坚持抓住重要时间节点及时发声，做好舆论引导；勇于开展舆论监督，助解民生难题。不断进行采编创新，深入开展走基层、转作风、改文风，让报纸更加贴近生活、贴近群众、贴近实际，策划实施"探访海上丝路""寻访抗日大战场""中国共产党精神""大局""学习借鉴国际友城新时代走在最前列"等大型系列报道。着力固强老品牌，精心打造新品牌，相继创办《改革进行时》《前海特报》《大爱深圳》《国防特报》等专版，推出网络问政专栏"民生面对面"。推出"首席记者""首席编辑""首席评论员"的"三首"制度，着力打造新媒体时代主流"报红""网红"。在做好报道工作的同时，《深圳特区报》还发起设立"深圳特区报公益慈善基金"，组织策划"深台青年记者体验营""公益金百万行""诗歌人间"等大型活动，传播力、引导力、影响力、公信力不断提升，获评"中国十大影响力城市党报""党报各渠道传播力 TOP20""全国百强报刊"等称号。

2.《深圳商报》"科技+财经"双擎驱动

在建设科技强国的过程中，科技新闻报道发挥着解读科技政策、聚焦前沿发展、展示科技创新成就、传播科学精神的重要作用，深圳这座被誉为"中国硅谷"的创新型城市，需要一份与深圳经济实力、影响力和城市定位相匹配的权威主流科技大报，随着深圳报业集团"统分结合"的深入，2016 年 11 月，《深圳商报》进行全新改版，从内容和形式上都进行了调整，转型为科技财经类媒体，迈出了深度融合新起点、整体转型再出发的重要一步。

《深圳商报》兼具综合性日报"广"的特性和科技、财经类媒体"专"的特性，较好地满足了科技报道不走脱离群众"高冷"路线的需求，同时通过大众综合性媒体的传统传播渠道和固定读者群的阅读习惯，摸索出当前科技报道如何从报道内容和形式等方面，既"顶天"又接地气的传播规律。

全面改版后，《深圳商报》设科技、财经、民生和文化四大板块，突出科技+财经的新定位，并在版面形式上进行了创新，改为"瘦版"。据统计，深圳科技型企业数量超过 3 万家，其中国家级高新技术企业累计达 8037 家，从中涌现了华为、腾讯、比亚迪等一大批具有国际竞争力的科技驱动型龙头企业，以及华大基因、大疆、优必选等一批高成长性的创新型中小企业。同时，阿里巴巴、百度等国内其他创新企业，也选择深圳作为发布科技创新新闻的重要阵地，这些都给《深圳商报》的科技报道提供了重要并持续的新闻源，因此《深圳商报》在科技报道上投入了大量版面，无论是篇目、版面，还是科技含量，都成为反映深圳科技创新发展的重要舆论场。

在"科技+财经"的双擎驱动下，《深圳商报》先后推出"科学家精神与深圳""企业家精神与深圳""聚焦深圳新增长极""深圳经济形势观察"等大型主题采访报道，其中，"科学家精神与深圳""企业家精神与深圳"等受到中宣部表扬。

3.《深圳晚报》的"媒体立方"

根据深圳报业集团对各媒体的全新定位，《深圳晚报》由民生报服务报社区报转型为移动化融合型媒体。对此，《深圳晚报》积极创新，在全国率先提出"媒体立方"概念，迅速创建出《深圳晚报》全媒体集群。

2012年4月，《深圳晚报》手机客户端在深圳平面媒体中率先上线；8月，《深圳晚报》官方网站晚报826网正式上线，集中呈现《深圳晚报》报纸、网站、微博等各种新闻载体的精华内容；12月，由该报主办的全球第一份口岸报《口岸传媒》试刊首发。

2014年，《深圳晚报》提出"给生活更多希望"的办报宗旨，以一种新锐风范、人文气质、高级定制、在线联结的传媒业态面对市场，新增原创深度新闻版块《深℃杂志》，日均8个版左右，创设"开眼""中国时局""深晚冷兵器""深圳湾""深晚悦读女郎""社论"等精巧版面和品牌栏目，与互联网、传统媒体、户外媒体、移动客户端、大V联动，积极探索媒体融合发展，重点打造《深圳晚报》全网推送能力。其中，6月1日以"漫画报纸"样式刊发新闻、故事和广告，打造独一无二全彩漫画报，在网上被广泛转载。

2016年，《深圳晚报》开始运营深圳ZAKER，成为"内容+技术"平台融合全国首例的创新实践，走出独具深圳特色的融媒体发展"第三条路"。同年，《深圳晚报》与淘宝头条携手打造区域品质消费资讯平台，与网易传媒联合运营深圳网易，将深圳报业集团媒体融合转型发展推进到一个新境界。年内，《深圳晚报》与深圳市食安局合作制作"星期三约个饭"栏目，首次将政府工作与网络直播、美食等多种元素结合，打造出一档融知识、趣味和热点于一体的网络节目；在新媒体领域推出H5小游戏、长图、四格漫画、街访、360度航拍等一批实验性经典案例，头版创意广告从创意水准到客户满意度等方面再创新高，形成"创意头版+新媒体产品+网络直播+深度解读"模式，成为比较成熟且富有市场竞争力的优势。

2019 年，《深圳晚报》正式运营深圳市喜马拉雅深晚发展有限公司，开拓粤港澳大湾区音频业务，形成内外融合、覆盖全网的融合型媒体矩阵。同时，通过"深晚创意策划+协同平台全网推进+线下落地执行"融媒体运营模式，"2019 创意共享大会""创新创意超级杯盛典"等大型活动亮点纷呈。

2020 年 3 月 3 日，《深圳晚报》自有客户端"深圳+"上线运营，"媒体立方"补齐最后一张拼图，传播力、影响力与日俱增。随着媒体融合的不断成功推进，《深圳晚报》先后荣获"最具传播力媒体""中国传媒融合发展创新奖""媒体融合二十佳"等多项大奖，进入中国媒体融合第一方阵。

4. 《晶报》去掉"书名号"

2016 年，作为集团最年轻的主报，《晶报》面对互联网端媒体的强烈冲击，制定重大转型改革方案，用 3 年时间实现"一报、一端、一平台"转型改革目标，以晶报传媒有限公司为平台带动晶报 App 端发展，用 App 端融合报纸版面，形成三方发力、互联互通局面。《晶报》的定位，也由都市类报纸，转型为都市型社区类融媒体，这意味着，去掉书名号的"晶报"将不再仅仅是张报纸。

《晶报》调整报纸板块结构，将周六、周日两天报纸合为一天发行，将重要时事新闻浓缩至前面"大头条"板块刊发；利用自身优势和特色，在民生新闻、热点新闻、本地新闻方面做强做大。同时打造全新"政务融媒体服务生态"，合作运营 50 余家政府机构微博、微信，营收约 1150 万元，迅速发展为全国最大政务融媒体服务机构。2018 年 12 月 21 日，与"政务融媒体服务生态链"紧密结合的《晶报》"全橙"App 全线试运营，以此为主阵地，全面融合报纸、官微矩阵、政务新媒体运营等平台，实现整体转型、全员转型。全流程打造"新闻 1+5+N"的全线产品（即 1 个晶报 App+每周 5 天报+《晶报》微博微信群和运营的 130 多个政务微信公众号），转型成民生公共服务垂直新媒体，为用户提供"更生活、更深圳、更权威"

新闻服务资讯。

2019 年 5 月 28 日,《晶报》"全橙" App 正式上线,并迅速取得成功,获得第十二届中国传媒经营大会 "2018～2019 中国传媒经营价值百强榜" 新媒体三十强(客户端类)、"全国都市类报二十强第九名" 等奖项。

2020 年,《晶报》启动三大转型改革任务的探索:向大健康领域垂直探索、深耕"晶视频"品牌、组建集团政务融媒体服务中心。它们至年底均取得阶段性成果。凭借扎实的融媒转型成绩,《晶报》在 2020 年登上中国媒体融合发展排行榜"先锋榜",中国传媒经营价值百强榜"全国都市报二十强",评论短视频栏目"晶报说"登上"全国新媒体四十强"榜单。

二 搭建全覆盖的传播平台

深圳报业集团瞄准做大做强网络平台,先后推出读特、读创、晶报、深圳+、见圳、深学和宝安湾等 7 个自办客户端,深圳 Zaker、深圳网易等 2 个合办客户端,8 个媒体官方微博,12 个官方微信公众号及"深政观察""圳论"等政务评论类微信公众号。此外,还有 25 个其他传播平台账号,代运营政务新媒体项目 108 个,承接全市 8 个区的融媒 App 项目建设,和深圳广电集团联合承办"学习强国"深圳学习平台。其中,读特客户端下载量突破 6250 万次,稳居深圳本地新闻客户端之首,2021 年位列全国市级党报客户端第二。读创客户端定位财经新媒体,传播力和影响力不断提升。深圳新闻网在全国城市网站传播力排行中长期夺魁。《晶报》受托运营集团政务融媒体服务中心及公司,全集团所运营媒体超 260 个,数量居国内第一。深圳报业集团狠抓平台建设和内容生产,让众多的媒体平台产生合力,良性发展。

通过融合发展,深圳报业集团逐步形成"纸媒+网站+客户端+官微+自媒体+代运营"全覆盖的融媒体矩阵,为实现各媒体平台间相互融合共同发展,2018 年,深圳报业集团成立全媒体调度与监控中心,着力建设垂直分众平台,构建"一主报融媒体多平台"全媒体传播格局。

1. 深圳新闻网:"老字辈"主动创新求变

1998 年 9 月由《深圳商报》创办的深圳新闻网,曾经是"新媒体",

如今却成了"老字辈"。这家从传统 PC 起家的地方重点新闻门户网站，面对汹涌而来的移动互联网大潮，果断选择二次创业，拥抱新平台新渠道新产品，顺应移动互联网生产新形态，建设新采编流程，强化品牌形象，丰富内容分发渠道，不仅迅速走出困局，还在 2017 年实现了在新三板挂牌，成功完成弯道超车。

2016 年 9 月，深圳新闻网与市网络媒体协会一道，共同打造深圳市自媒体内容融合平台"@深圳"。相对于传统的 App，"@深圳"是一个思路和技术创新的成果。它通过虚拟一个城市级的内容平台，将不同形态和载体的内容连在一起，兼容性强，技术新。"@深圳"本质是手机网站，可嵌入在微信公众号底部菜单栏中（也可嵌入 App 客户端中），采用了最新 H5 编码技术，操作与 App 无明显差别，不用下载安装，直接将网页存在桌面即可。"@深圳"没有沿袭传统自媒体"从零开始"的推广套路，而是巧妙利用众多自媒体已有的粉丝资源，将深圳大量有影响力的自媒体内容和用户融合到同一平台，用"借船出海"的思路，以四两拨千斤的方式，将各大自媒体的优质内容聚合成平台内容，将其粉丝同步为"@深圳"的用户，实现传播效果的几何级放大。

"@深圳"上线，意味着深圳自媒体共享内容模式的诞生，深圳"共建、共享、共治"的三种管理模式初具雏形，此对营造清朗的网络空间具有重要意义。

同时，深圳报业集团还对深圳新闻网 App 进行全面改版，提升其作为城市门户的聚合能力，在以内容贴近民生的基础上，努力开发更多城市生活服务功能，构建出一个以内容资讯为主的核心圈，以自主传播渠道为辅的渠道圈，以资本、技术、人才、品牌为配套的支撑圈的"三圈合一"的"新传播生态圈"。

2. 读特客户端："改革开放第一端"

2014 年下半年，《深圳特区报》着眼于提升党报在移动互联网传播阵地上的舆论影响力，酝酿打造领先全国、与深圳城市地位相称、与深圳改革发展形势相适应的融媒体项目——读特新闻客户端。

经过一年多筹备和内部测试，2016 年 3 月 28 日，读特客户端上线。该客户端将新闻客户端、手机网站、手机微视频、微信、微博等移动互联网应用融于一体，整合《深圳特区报》内容数据库、用户数据库，全面加强与党政干部、企业高管、社会精英、都市白领的互动，整合推送民生服务、舆论监督、舆情分析、信息定制等信息增值服务和数据分析服务，从而有效放大党报的传播力、引导力、影响力和公信力。

读特客户端坚持市场化运作，坚持移动化、社交化、视频化传播，坚持传统媒体和新兴媒体优势互补、一体化发展，推动党委机关报和新兴媒体在内容、渠道、平台、经营、管理等方面实现深度融合。

读特客户端内容建设瞄准"最前"，紧贴港澳和国际水准要求；"最特"，特区特色，改革品质，独家的差异化内容；"最新"，新颖界面风格，新鲜新闻事件和观点；"最深"，挖深挖透新闻，追求新闻的深度、思想的高度；"最快"，争分夺秒推送，根据内容进行界面的创新和设计工作，借鉴国内外最新排版风格，做到简洁、清爽、易用，有独特视觉呈现效果。

读特客户端推出"识圳"栏目，重点关注深圳市主要领导的政务活动，重点报道涉及全局的新闻事件，重点解读新闻背后的新闻；"读特观点""读特观察""读特分析""读特现场""读特人物""读特视觉""读特聚焦"等专栏兼具深度和广度；与福田、罗湖、宝安、龙岗、坪山等区合办区域频道，与深圳市委组织部、应急管理局、司法局分别合办党建、应急、法治等频道，新闻内容日益丰富。同时，实现了"当年上线，当年见效"的经营目标。

3. 读创客户端：深圳 300 万商事主体社交平台

2016 年 12 月 28 日，《深圳商报》定位于科技、财经的读创移动客户端上线运行，延伸了科技报道的舆论场，并通过音频、视频等多媒体手段，创新了科技新闻的展示形式，从新一代受众的角度，改善了科技新闻的阅读体验。同时，读创客户端也被定义为"深圳 300 万商事主体社交平台"。

读创客户端从诞生到定位，都颇具"使命感"，科技、金融是深圳最为突出的产业优势，深圳又是举世闻名的"创新之都"，读创客户端正是深圳报业集团结合深圳产业发展布局与特色"度身定制"的新媒体产品，以科技、财经作为内容定位，与深圳的产业基础和城市定位高度契合，从深圳出发，以全球视野、中国立场，深度观察世界科技迭代，深刻揭示财富增长规律，力争跻身国内一流科技财经类移动新闻客户端，成为与深圳经济实力、国内外影响力和城市定位相匹配的旗舰型融媒体平台。

读创客户端强调以技术引领内容创新，致力于在功能开发和用户体验上形成特色，新人耳目，探索更人性化、更个性化和更富创意的互联网阅读模式和社交体验。在技术创新方面，读创客户端是全国第一家支持VR技术和第一家实现将所有新闻内容自动按顺序朗读的移动新闻客户端；在内容建设上，读创客户端追求"不仅好看，而且有用"，全力打造四大平台，即以原创为显著特征的新闻平台、以"精准推送、千人千面"为特色的资讯平台、以现代城市为主体的高端服务平台、以内容生产为特色的开放式共享平台。

在板块和频道设置上，读创客户端以科技、财经、视频、本地四大板块下设频道。其中，科技板块是科技产业行业最新要闻、深度报道、创新创业故事、科普知识的汇集；财经板块汇集了股市、汇市、期市、债市、楼市等财经商业投资领域的最新动态和深度观察；视频板块是新闻直播、点播、微纪录片、系列纪录片、VR酷炫视频的集合；本地板块汇集了深圳本地与香港地方新闻和文化、教育、健康的重要资讯。

2019年，读创客户端升级迭代为深圳300万商事主体社交平台后，以B端用户为主体，以AI+大数据算法为核心，围绕企业的全生命周期提供全方位的立体服务，在传统新闻资讯的基础上，建设以垂直社交、舆情监测、政策解读、高端论坛、创新投资、营商环境等为主的全新生态，打造企业家社交圈层、政企互通桥梁、权威价值资源库以及基于大数据的智能预警中心和营商环境研究院五大业务板块，形成商事主体社交服务中心、综合数据服务中心、媒体资源中心三大服务中心。深圳商报及读创客户端作为企业社交平台，将全力服务于深圳营商环境建设，力争成为内容智库化、传播智能化、数据价值化、社交圈层化的综合应用平台，读创客户端也将成为深圳优化营商环境的一个价值标杆。下一步，读创客户端将瞄准粤港澳大湾区700万商事主体，进行圈层拓展。

4. 深圳+客户端：从"借船出海"走向"造船出海"

在深圳报业集团的四大报中，《深圳晚报》是展开媒体融合最早的，但却是自有 App 上线最晚的。在拥抱新媒体之初,《深圳晚报》采用"借船出海""超级协同"模式,与 ZAKER、网易、淘宝头条、喜马拉雅等成熟平台合办深圳平台,打通了"头条号""企鹅号""网易号"等行业巨头平台的外部渠道链,迅速建立起"媒体立方",打造中国最移动化融合型媒体"矩阵",被业界誉为最具互联网长相的纸媒。

《深圳晚报》与各平台的合作,是内容与技术的互补。技术完全交由各平台开发迭代,并为《深圳晚报》开发独立采编发布系统;《深圳晚报》充分发挥创新基因和内容优势、品牌优势、本土垂直化优势,全面掌控各平台内容及经营全流程,近 300 名采编、经营人员全体转入"矩阵"体系,管写、编、拍、播,从向外的大平台协同,到向内的全员协同,形成完整的融媒生产链条。

"矩阵"以《深圳晚报》为主体,各平台各自运作,业务互不重叠,最大限度发挥主流媒体在互联网上的舆论引导作用,确保舆论引导、新闻生产安全万无一失,特别是在一系列重大新闻宣传任务中,"矩阵"有效发挥了正面宣传、正面引导作用。在"矩阵"传播模式下,《深圳晚报》用独特创意制造话题,以渠道协同引爆传播,10 万+甚至百万+的产品层出不穷,对《深圳晚报》的品牌产生深远影响。

2020 年 3 月 3 日,《深圳晚报》自有客户端"深圳+"上线运营,名称中的"+"带给人无穷无尽的想象空间。

目前,"深圳+"客户端开通出行、乐活、居家、惠买、亲子、城事等民生类特色栏目,关注深圳市民的衣食住行、吃喝玩乐。除视频、直播等视觉频道外,还开通了独具特色的"深音"频道,结合《深圳晚报》音频中心的内容创作优势,打造出众多有声产品。

"深圳+"客户端的上线,标志着《深圳晚报》的媒体融合从"借船出海"走向"造船出海",从平面媒体的新闻资讯服务,到重度垂直的城市生活服务,迈出了融媒改革新的重要一步。

5. 全橙 App:全国最大政务新媒体平台

《晶报》以全橙 App 为核心的"新闻 1+5+N"的全线产品,是该报媒体融合发展的 3.0 版本。早在 2006 年 11 月,《晶报》就开创问工网,加强报网互动，开展线上线下活动，定期组织招聘大会，在深圳招聘行业中享有美誉，每天有近 10 万人次点击量，首个年度经营收入达 53 万元。

2010 年 9 月，《晶报》积极响应集团新媒体发展战略部署成立网络发展部，经过几个月紧张有序的筹备，2011 年 1 月 1 日，晶报网正式上线。上线当年正是深圳"大运会"年，晶报网与深圳电信合作，推出"随手拍"，曝光不文明现象活动，同时在报纸开辟"重新发现社会"专版，通过报网联动，促进深圳文明建设，迎接大运。上线当年，晶报网的经营收入就超过 100 万元。

2016 年，《晶报》开始为政府机构改革提供政务公众号代运营服务，经过两年多的精心运作，晶报政务融媒体工作取得了较大发展，形成政务融媒体公共服务生态圈，成为全国最大的政务新媒体服务机构，打造了传统媒体转型的全新路径。在社会效益方面，《晶报》融媒体服务为党政机构的宣传服务，助力政务公开，促进官民互动，提升亲民形象，扩大了党政机构各项工作的覆盖面。这也是主流党报围绕中心、服务大局的有益尝试。在经济效益上，2016 年，《晶报》政务融媒体服务全年营收就突破 1200 万元。

2017 年，《晶报》引入清华大学及深圳高科技"孔雀"技术团队人工智能语义分析核心技术，谋划推出一款面向未来以前沿人工智能技术为核心驱动、针对社区资讯综合服务的智媒 App 产品。

2018 年 12 月 21 日，《晶报》"全橙"App 全线试运营，并于 2019 年 5 月 28 日正式上线，形成"新闻短视频+商业化视频栏目"双轮驱动生产模式，"爆款"产品不断涌现。"晶视颜"在重点视频平台的播放量过亿次；原创观点类短视频栏目"晶报说"，发出"深圳好声音"，社会效益显著；特色视频专栏"尉迟三日谈"、明星微访谈节目"花戈吃瓜"为"全橙"App 引流成效明显。

6. 深报视听中心：让正能量获得更多大流量

为整合视频拍摄资源，提升视频采编水平，2020 年 6 月 1 日，深圳报业集团视听中心（深报视听）成立，定位全国领先的创意视听生产、传播专业机构，坚持以"新闻为先、原创优先、创意优先、流量争先"为基本原则，以坚持守正创新和国际传播为方向策划选题，致力于讲好深圳故事、湾区故事、中国故事。

为让正能量获得大流量，深报视听中心始终做好主流引导，打造正能量精品，把握好题材的厚度、内容的温度、形态的宽度。2021年4月，中宣部发布了东江—深圳供水工程建设者群体的先进事迹，授予他们"时代楷模"称号。深报视听团队立即派出摄影制作团队进行素材收集和拍摄，与《人民日报》联合推出《东深供水工程：一滴水的故事》专题片，以首批工程建设者代表、年近80岁的何霭伦为第一人称视角叙事，配合大量图片和视频历史资料，直观展示当年建设者如何在工程难度大、人员紧缺的情况下，顶着台风完成建设，保障港人日常用水的史实，让受众获得"沉浸式"体验，引发其共情。该专题片在多个平台上发布并被转载，全网传播量突破3.9亿次，是目前深圳报业集团传播量最大的单件新媒体产品。

2021年6月，深圳宝安国际机场发生疫情，深报视听团队以"机场如何在近七成员工被隔离无法在岗的情况下确保平稳运行"为切入点，以深圳机场9天"216个小时"保障"超3200架次"航班为报道主轴，通过大量基层员工接受采访和真实的动情画面，凸显机场防疫的细节，生动展现深圳战疫必胜决心。现场短视频新闻《深圳机场看不见的216个小时》最终登上微博热搜榜第二位，全网总传播量超1.2亿次，再度成为典型的正能量加大流量作品。

同时，深报视听中心强调通过用户思维进行生产，通过具象生动地传递多元的价值表达、情感表达和故事表达，提升产品质量与用户体验。

2021年，深圳报业集团跟进"大湾区大未来"宣传报道活动，深报视听团队以中国古代海图等史料为基础，追溯大湾区的过去，推出动画纪录片《古海图里的大湾区》。该产品通过重现珍贵的古海图，在罕见的高清古海图基础上，运用动画、特效、模拟画像、老照片、旧址实拍以及音乐音效等多种多媒体手段制作完成。视频产品推出当天即登上同城热搜榜，被《人民日报》、新华社、中央广播电视总台等央媒转发。该系列产品推出中文、英文、西班牙文多语种版本，向"一带一路"相关的国家进行靶向传播。动画通过翔实的史料和古海图论证了大湾区自古一体、大湾区融合发展为必然等观点，最终实现在国际传播舆论场讲好湾区故事、传播湾区好声音的目标。

深报视听中心还通过打通政务、党建和新闻服务完善公共平台建设。深圳坚持将学习党史与推动工作结合，扎实开展"我为群众办实事"实践活动，立足实际，服务群众，打造民生幸福标杆。2021 年 4 月，深报视听团队相应推出"我为群众办实事"系列报道，涉及教育、医疗、环保等各领域，共计 53 条，并于 2021 年 12 月 28 日推出专题片《群众有所呼深圳有所应》，通过数据直观展现深圳"把好事办好，把实事办实"的成效。

除此之外，深报视听团队坚持做好新政策发布或政策调整、福利发放、本地天气变化、返乡返工资讯汇总等新闻报道，如《深圳又发 6 万张福利券》全网获千万次传播量，《深圳多区加入暴雨红色预警群聊》获近 500 万传播量。

深报视听团队每周平均生产 80～120 件视频产品。至 2022 年 6 月 1 日，成立仅两年的深报视听中心生产发布超 7000 件视频内容产品，全网传播量达到 42.87 亿次，其中海外传播量超 10 亿次。

三　建立优质内容全网大传播新机制

为充分发挥内容生产的优势，深圳报业集团整合集团资源，重塑采编流程，集中发力，建立一体化内容生产传播新机制，着力构建"内容大平台"。2023 年 2 月 20 日《深圳报业集团优质内容全网大传播工作方案》印发，进一步细化内容生产模式，提升内容传播能力。

1. 实施"读特+"工程

为充分发挥读特客户端的龙头带动作用，深圳报业集团实施"读特+"工程，集团各媒体对读特客户端集中供稿，实现全集团优质内容"融于一端"，形成强大内容生产合力。同时，各报网端找准定位和优势，对抓取读特客户端上原创内容进行差异化操作，实现各媒体资源深度联动。

根据"读特+"工程的要求，集团四主报的报网端及 Shenzhen Daily、《宝安日报》、深圳新闻网、教育传媒集团、深报视听中心等集团各媒体全面入驻读特客户端，原创内容同步刊发。读特客户端上相关频道或媒体号由集团各相关媒体运营，其发稿权及终审权属于集团各相关媒体，推动读特客户端真正作为集团原创精品内容的聚合平台。

深圳报业集团各媒体将读特客户端相关频道或媒体号作为其全部原创新闻内容产品的同步首发和必发平台。各媒体采写、生产的原创稿件，包括但不限于图文、视频、长图漫画、H5 等内容产品，内部完成三审三校流程后，向读特客户端推送。

为确保各媒体稿件及时快捷向读特客户端推送，并减轻人工投入压力，由集团创意智慧港从技术层面赋能，以头部社交平台上"深圳特区报/读特"账号通过 RSS、API 等方式，同步自动抓取读特客户端上的原创新闻，使读特客户端上集团各媒体的原创内容能及时、安全分发到各大头部社交平台，便于通过争取头部平台的重要渠道推送和流量支持，帮助集团各媒体生产的优质原创稿件能在互联网上广泛传播，实现从量变到质变的飞跃。

此外，深圳报业集团还大力拓展 PUGC（专家生产内容）生产。加速布局发展深圳号，广泛吸纳党政机关、智库机构、企业、专业媒体以及知名学者和自媒体入驻；推动各媒体采编人员在读特客户端上开设记者个人号；广泛对接研究学者、行业专家，大力发展智库专家号；多措并举，提高内容生产的质量，推动读特成为深圳乃至大湾区的权威、专业、丰富、规范的内容聚合平台和新媒体生态圈。

2. 强化与头部平台深度合作

深圳报业集团各媒体加大精品原创内容供给，做强深圳报业集团各媒体在腾讯、今日头条、抖音、小红书、B 站等头部平台上的重点媒体账号，提升传播力、影响力。

为加快推动战略合作，深圳报业集团要求各单位结合发展需要，充分发挥各自优势，全面深化与各大头部平台的战略合作或重点项目合作。集团统一对各报网端进行了牵头对接责任分工，要求四主报的报网端及视听中心至少各开展一个重点合作项目，合作机制灵活，合作范围包括但不限于内容、渠道、运营，甚至可进行股权合作、成立合资公司等。

在原创精品内容推送方面，深圳报业集团要求在今日头条、腾讯等平台，力争每天在其首页、深圳页卡、push 等渠道推送集团重点媒体号上发布的 10 条以上涉深精品原创内容，100 篇以上的全国性、全球性热点话题的原创稿件，强化深圳报业集团精品原创内容在头部平台重要渠道的可见率、到达率。

同时，调动一切优势资源，加快实施集团主要媒体账号在今日头条等头部平台的粉丝倍增计划。

3. 加强媒体网红培育

全力推动集团各媒体一批骨干采编人员在今日头条、小红书等头部平台开设个人账号，善用网言网语，用短小精悍、言之有物的"小作文"产品，讲好深圳故事，传播涉深正能量。

这一计划已经展开初期试验，以头条号为试点，深圳报业集团各报网端遴选一批骨干人员注册头条号，以此为基础打造培育能为中心工作所用的知名个人 IP、媒体大 V 和网红。力争两年内，成为深圳网络舆论场颇具规模、最有力量、最受倚重的网络铁军。

为了调动一线采编人员的积极性，集团各媒体内部自行制定各自激励措施，出台网红培育激励政策。

4. 建立统一管理调度平台

为切实落实优质内容全网大传播，深圳报业集团建立统一管理调度平台。建立"一周一调度，一月一评估"督导机制和相应的推进机制，争取上级网信部门指导赋能。

由各责任主体主要领导牵头，统筹推进各单位与相关合作对象的合作，建立日常沟通机制，便于及时沟通双方需求，对接落地。

统筹好发展和安全的动态平衡，厘清策、采、编、发各个环节的责、权、利。稿件质量由各生产单位把控和负责，严把质量关。稿件在第三方平台分发传播后，如出现差错，要求第一时间响应，第一时间协调组织查删，第一时间解决问题，避免引发次生舆情，为各媒体内容传播安全赋能服务。

另外，深圳报业集团还建立了优质选题的发现与遴选机制，对于重要选题和重大主题报道，持续组织集团层面重大选题策划会，以集团融媒生产联动小组等形式，探索精品爆款内容协同机制，建立精品内容的生产与运营机制，激发内容生产创新力，以深报视听中心为牵引，实现爆款视频持续产出。

四　强调精品生产，亿级爆款频出

数量众多的媒体只是平台，只有内容才真正具有生命力。深圳报业集团一直强调精品生产，真正把"内容为王"落到实处，以全员创意、重点孵化、市场试水、技术优化、全案推广为流程，建立一套滚动推进的创意产品生产线，生产出大量优质爆款作品，仅 2022 年，各媒体亿级爆款产品就达到 67 件/组。

1. 用新媒体语言，讲主旋律故事

深圳报业集团善于用新媒体语言，弘扬主旋律，激发正能量，大力培育和践行社会主义核心价值观是其责任和使命。

2018 年 5 月 12 日国际护士节期间，《晶报》推出短视频《戏精女护士爆笑吐槽，看完眼泪都笑出来了》，上线一个小时之内，微信阅读量突破 10 万次。经《人民日报》、新华社、央视新闻的新媒体平台转发后，3 天之内微信阅读量达 260 万次。包括腾讯视频、抖音等传播平台在内的全网播放总量一周之内超过 5000 万次。该短视频成为"现象级爆款"，中宣部、广东省委宣传部、深圳市委宣传部分别在新闻阅评中给予表彰和肯定。时任广东省委常委、省委宣传部部长傅华批示："《晶报》的成功经验说明，主旋律也能成为网红。"[1]

2020 年初，《深圳晚报》"深圳女孩录制全英文抗疫演讲"新媒体系列报道话题阅读量超 2 亿次。读创客户端打造的"新冠肺炎科普与服务平台""战疫情企业服务平台"两大服务平台及"确诊病例小区查询""停运公交查询""发热门诊查询与导航"等 36 个战疫融媒产品，总查询量突破 1 亿人次。

2. 在最合适的时间，讲读者最关心的事

在最合适的时间，讲读者最关心的事，是获得流量的另一组密码。

2018 年 9 月 23 日，中国农民迎来第一个"丰收节"，《深圳特区报》由

---

① 胡洪侠:《强化精品生产，真正把"内容为王"落到实处》,《新传播》2020 年第 3 期。

王小可、滕琪、丁庆林、邢峻豪、莫荣宝、张耀波等人组成摄制组，经过一年多酝酿、拍摄和制作的微电影《丰收》上线。作品记录了1999年出生的大一学生钟杏文，在暑假期间回到深圳报业集团对口帮扶的河源市古竹镇雅色村的家里，和父亲一起喜迎丰收的真实故事。2018年9月23日晚，央视综合频道晚间新闻以《我们的收获·我是父亲最大的收获》为题，用时逾2分钟播出该作品，产生了广泛影响力。

3. 抓最细微的事，讲群众身边的事

2019年春节刚过，《深圳特区报》和读特客户端推出记者谷少传采写的《深圳无人花店春节收到33笔转账》（简称《无人花店》），讲述深圳百合花卉小镇一名花店店主在回家过年期间尝试无人售卖，市民买花自觉付款的故事。故事虽小，却折射诚信建设大问题。

这篇融媒体报道上线后，《人民日报》、新华社、央视等央媒转载，全网传播量过亿次，网友纷纷点赞。广东省委宣传部和深圳市委宣传部《新闻阅评》均对其给予高度评价。

《无人花店》报道由《深圳特区报》"两微一端"首发，报纸跟进，打通了新媒体与报纸融合报道的"最后一公里"，同时，文字、图片和视频报道融为一体，成为融媒体实战的一个成功范例。

《无人花店》报道不仅在传播上取得巨大成功，也在现实生活中产生良好示范作用。百合花卉小镇专门开辟无人花店专区，把铺位低价租给年轻人创业，深圳其他地方陆续出现更多无人花店。

五 构建集约化技术支撑体系

在信息技术已经成为基础设施的今天，媒体的深度融合，必定是与技术密切结合的产物。深圳报业集团积极主动构建集约化技术支撑体系，以全力搭建研发体系为支点，推动媒体融合转型；以努力开展技术创新为抓手，打造"人工智能+媒体"的智能媒体生态，紧跟甚至引领媒体融合发展的新动向。

早在2012年2月28日，深圳报业集团媒体新技术研发中心就挂牌成立。2014年3月20日，深圳报业集团阿尔法全媒体采编系统首先在《深圳晚报》上线成功。8月22日，深圳报业集团党组会议决定筹建媒体融合及数字产品实验室，这是一个按照互联网规律、以市场为导向建设的"数字媒体特区"，既是深圳报业集团融媒发展和管理的平台，又是培育具有市场敏感度的融媒项目与产品的"孵化器"。

2016年12月28日，深圳报业集团原技术管理中心实施转企改制组建的深圳市创意智慧港科技有限公司挂牌成立，标志着深圳报业集团在新兴传播渠道和媒体融合技术研发方面迈出坚实步伐。创意智慧港科技有限公司充分发挥技术对媒体融合发展的引领、推动和支撑作用，一方面确保深圳报业集团在技术上的"导向安全、出版安全"；另一方面通过走市场化道路，大力发展新媒体技术和业务，打造深圳报业集团媒体融合发展的平台和支撑体系，同时逐步形成具有自主知识产权的技术产品和对外服务模式，增强可持续发展能力。深圳报业集团以智慧港科技有限公司为依托，构建集团统一"大技术"研发机制，该公司先后获得"王选新闻科学技术奖"一等奖和二等奖。由其研发的深新智媒传播服务平台已在集团全面应用，实现指挥调度、智能策划、新闻采集、生产分发、接收反馈等全链条支撑。

2017年1月10日，由深圳报业集团主办的"转型绿色印刷发展项目专家座谈会"在深圳特区报业大厦举行，与会专家围绕中国绿色印刷产业现状、深圳市印刷行业规模及产业标准化制定等多项内容展开探讨。会上，由中国报业协会和深圳报业集团共同发起的绿色印刷联盟正式成立，旨在从报纸印刷层面出发，淘汰落后产能，助力传统印刷行业向绿色印刷行业转型。

2017年6月22日，深圳报业集团与深圳市腾讯计算机系统有限公司签订战略合作框架协议，双方合作共建媒体科技联合实验室、探讨建设深圳大数据交易中心、报业集团媒体云及数据中心等多个项目。这一合作为深圳报业集团的媒体融合发展插上技术的翅膀。

深圳报业集团的技术革新获得丰硕成果。

在"人工智能+媒体"方面，深圳报业集团较先迈出一步。2017年3月，在《深圳特区报》全国两会融合报道演播室中，智能新闻机器人"读特"对全国政协委员陈志列进行了采访。通过人机互动、智能搜索、数据库检索等途径，读特机器人不仅能播报新闻和介绍背景知识，还可开启激光雷达导航系统，按事先规划的路径自行前往指定区域完成采访任务。读特机器人的亮相，引起多家中央媒体和海外媒体的关注，中央电视台"两会新鲜事儿"栏目对读特机器人进行采访报道，央广网还以《智能机器人亮相全国人大代表广东团驻地》《两会采访"神器"再升级 智能机器人集采、编、发于一身》等为题进行了报道。

读特客户端自推出以来，也不断进行迭代，2017年，相继推出2.0和3.0版本。2017年3月28日，读特上线一周年时正式上线3.0版本推出党建频道，开启"智慧党建"新模式，得到中组部大组工网肯定。广东省委宣传部《新闻阅评》给予高度评价："开设了多个互动性较强的栏目，策划推出了多个较具影响力的活动，迅速成为特区党建宣传的一个重要平台。"①

2018年3月28日，"深圳号"平台上线，迎来市纪委、市直机关工委、市公安局等60家单位入驻。2019年12月18日，读特4.0版上线，在界面设计、频道设置、内容构成上都进行了更新，通过优化生产流程，增设新频道，汇聚深圳报业集团旗下媒体精华内容，成为深圳内容最全、最权威的新闻门户客户端。2020年8月5日，读特5.0版上线测试，采用极简风格界面，强化短视频应用，新增用户生产版块，分设"9+2"分频道，第一时间传播大湾区权威资讯。2021年3月26日，读特推出6.0公测版，增开改革频道，进一步强化"改革开放第一端"特色；同时推出全国首创的飞卡阅读，依托人工智能，兼顾5G时代车载阅读和移动阅读双场景，融快速浏览、方便分享、全媒播报于一体，符合快速、高效、方便的智媒阅读理念，为打造智媒移动平台迈出关键一步，走在了全国传媒技术变革前列。2022年，读特"AI飞卡阅读"技术以第一名成绩入选中国新闻技联技术赋能"新闻+"推荐案例。

截至2024年8月，读特客户端已经更新到8.1.7版本，推出全场景客户端，解决了飞卡多场景终端的自适配难题，让飞卡阅读模式可通过图片自适配，将客户端阅读场景从手机场景升级到手机、穿戴、车载、家电4种信息传播场景，用户可在不同场景启用飞卡阅读模式下的人工智能朗读功能，亦可随时随地在"鹏友圈"中分享记录生活的点点滴滴。

---

① 本书编写组编著《深圳特区报稿》，社会科学文献出版社，2022，第347页。

第三节　主要经营指标持续增长培育新的增长点

为适应媒体融合发展新形势，更好地推动深圳报业集团经营向全媒体转型，深圳报业集团贯彻"全平台一体化营销"理念，打破部门壁垒，简化组织架构，构建全媒体经营中心、企业发展公司等平台，打通资源、理顺流程，大幅提升了工作效率，有效拓展了经营空间。

2012 年至 2019 年，深圳报业集团总收入和利润每年都在增长，年均增长率分别达到 6.32% 和 15.35%。

在重大时间节点上，深圳报业集团注重策划推出重大主题营销活动。2020 年 8 月 26 日深圳经济特区建立 40 周年当日，《深圳特区报》策划实施"逐梦 40 载 再启新征程"大行动，以 140 个版、广告收入 1177 万元（不含新媒体）的业绩创下 2007 年以来报社单日广告收入最高纪录。2020 年 10 月 14 日，深圳经济特区建立 40 周年庆祝大会隆重举行，报社推出 52 个版的"答卷"专辑，广告收入达 529 万元。

同时，深圳报业集团积极开拓产业转型升级，传统纸媒广告、发行收入占集团收入比重继续下降，新媒体及其他经营性业务收入增长较快；传统纸媒广告经营加快向全媒体广告代理商转型，产业结构调整初见成效。

至 2022 年，深圳报业集团实现年度总营收 17.7 亿元，其中传统业态收入 11.77 亿元，新业态收入 5.93 亿元，占总营收的 33.50%，"传媒+"发展见成效。

深圳报业集团还结合自身优势，积极进军"传媒+文化""传媒+地铁""传媒+资本""传媒+服务""传媒+数据""传媒+公益"等领域，打造了一大批极具发展潜力的项目，培育了众多新的经济增长点。

一　传媒+文化

主动打好"文化牌"，文博会无疑是深圳报业集团的"头牌"。深圳报业集团已连续 18 年承办文博会，并形成线上线下两种办展模式，云上文博会实现"+互联网"突破创新，交易额逐年递增，品牌影响力不断提升。参与运营并积极推动国家对外文化贸易基地（深圳）、中国文化产业投资基金、国际版权交易中心、粤港澳大湾区研究院、中国自贸区信息港等国家级平台的建设。

2014 年 8 月 22 日，深圳报业集团成立深圳市创意文化中心暨国家对外文化贸易基地（深圳）运营公司，公司注册资本 3500 万元人民币，集团以现金方式出资，占 100% 股权。创意文化中心先后举办了深圳创意影响力评选活动、联合国教科文组织"创意城市网络深圳创意设计新锐奖"颁奖典礼暨优秀作品展览等多项活动，实现了两个效益双丰收。

2017 年 3 月 21 日，晶报五环体育文化传媒（深圳）有限公司在深圳报业集团揭牌，中国首个纸媒联合社会资本打造的"体育+文化+传媒"概念的新型体育产业公司闪亮登场。

2019 年 12 月 21 日，以"发现城市之美"为主题的读特首届粉丝节在莲花山公园风筝广场隆重举行。当天参展单位达 100 家，参与活动的市民突破 1 万人次，读特客户端现场下载量超过 1 万次，现场诞生读特 1000 万名粉丝。活动现场对特约通讯员和优秀通讯员进行了表彰，颁发媒体融合优秀奖、新闻宣传优秀奖、年度品牌影响力奖、年度创新突破奖、年度高质量发展标杆奖、年度社会责任奖、年度服务品质奖、年度粉丝选择口碑奖等奖项。《深圳特区报》陈冰、庞贝等名记名编与粉丝们交流互动，分享新闻背后的故事。活动还设置了丰富的展示与体验区，通过抽奖等环节为粉丝们送上福利礼包。此后，每年举办一次的"读特粉丝节"成为深圳报业集团与读者的例牌沟通文化活动，通过举办"读特粉丝节"，深圳报业集团为全市人民奉献了一场场精彩纷呈的文化盛宴、时尚盛会，实现了社会效益和经济效益双丰收。

由于深圳报业集团在文化产业上贡献卓著，在 2016 年 8 月 28 日举行的中国企业文化建设峰会上，深圳报业集团获得 2016 年度企业文化建设典范企业称号，时任社长陈寅被授予 2016 年度企业文化建设功勋人物称号。

二　传媒+地铁

深圳报业集团"传媒+地铁"的战略始于 2004 年深圳地铁 1 号线开通，

此后深圳报业集团在地铁线上的报道脚步越走越快，越走越远，越走越顺，"传媒+地铁"已经逐渐发展为深圳报业集团双向融通的重要战略支柱之一。在集团大力推进转型改革发展的背景下，深圳报业地铁传媒有限公司提出了"全体验、新天地"的品牌建设目标，围绕"玩转黑科技""购享新生活""发现新文艺""梦想新天地"等角度来开发探索地铁媒体应用场景，在做好广告发布、媒体发行等传统行业的同时，以地铁传媒为平台切入其他产业，打造"地铁+"的跨界经营新模式。

1. 地铁+科技

深圳报业地铁传媒有限公司积极探索移动互联网、物联网和 VR（虚拟现实）等技术与地铁户外广告的结合运用，充分挖掘地铁场景价值，开发创意媒体形式，适应市场变化满足市场需求。2016 年 5 月，在行业内率先推出了 VR 站内全景媒体介绍，将复杂的地铁媒体类型和丰富的产品组合，直观地呈现给目标客户。同时，通过与专业科技公司合作，于 2016 年 7 月份在深圳北站推出了国内首个地铁 VR 互动体验区，将 VR 技术与地产客户相结合，使乘客能在地铁站内完成看房体验。该案例作为首个地铁广告+VR 的商业案例，在行业内受到了广泛关注。在此基础上，2016 年 8 月份在会展中心站，深圳报业地铁传媒有限公司推出了国内首个 VR 看画展的体验区，通过 VR 技术呈现出的法国名画场景，令乘客叹为观止，并吸引乘客到展厅感受更丰富的作品，得到了客户充分的肯定。

2. 地铁+电商

深圳报业地铁传媒有限公司积极试点广告合作新模式，利用地铁庞大的客流，采用广告资源入股和按转化效果分成的合作模式，从 2016 年 4 月至今，先后与国内知名电商"拍我呀""应淘团""非常 U 惠""本来生活"合作，推出"地铁 GOGO 购"项目，为地铁乘客提供"随见随购"的移动式购物服务，捕捉乘客上下班搭乘地铁的碎片化时间，相比传统网购或实体店购物，大大减少了乘客搜索和等待的时间，构筑了新型的地铁购物场景。

3. 地铁+文化

深圳报业地铁传媒有限公司运用地铁媒体场景，建设城市文化名片，传递城市精神，提升城市形象。

2016 年 8 月 26 日，深圳报业集团"传媒 + 文化"和"传媒 + 地铁"两大战略相结合，由《深圳都市报》联合深圳地铁集团、福田区委宣传部（文体局）举办的 2016 深圳（福田）地铁文化节开幕。活动紧扣城市文化脉搏，以"梦想季""创意季""阅读季"为主题，开展了"梦想故事征集""古典音乐进地铁"，双创周"地铁创客汇""阅读占领地铁""丢书大作战"等阅读活动，在互动与体验中实现了文化的传递与分享。此次地铁文化节于 11 月 23 日闭幕，为期 3 个月。

4. 地铁 + 公益

为贯彻落实集团党组对于精准扶贫的重要指示，对口帮扶河源市雅色村，深圳报业地铁传媒公司结合自身资源特点积极策划，创新推出"广告扶贫"项目。

首期，借助 2017 年 7 月 22 日举办的"国际冠军杯"深圳站这一热门赛事，联合世界知名球队——拜仁慕尼黑足球俱乐部和小牛在线金融互联网公司，共同开展首期"广告扶贫"公益活动。利用 11 号线深圳机场站厅墙贴资源，精心设计改造布置场景，将球星签名的球衣、足球、球票进行展示，吸引乘客关注，市民通过媒体现场互动或者网上互动为支持的球队点赞，每点赞一次同步显示爱心企业为雅色村村民捐赠一份爱心。

2017 年 8 月，深圳报业地铁传媒有限公司又与腾讯 99 公益合作，精心设计包装了购物公园地铁站 D 出口的阶梯贴，运用传感技术采集乘客的脚步数量，乘客的每一步都将转化为善款，助力濒危物种、生态扶贫、修缮长城等公益项目。同期，在后海站和会展中心站分别打造了保护动物和爱护环境的互动体验区，鼓励乘客对陈设的吉祥物玩偶和电子屏幕进行拥抱或触摸，同时每一次拥抱和触摸都将被记录，并转化为对公益的支持。

5. 深圳 + 外地

在深圳蹚出了一条成功之路后，深圳报业集团迅速向外地扩张。2012 年 9 月 29 日，由深圳报业集团全资控股的"成都深报地铁传媒有限公司"正式注册成立。2013 年 6 月 3 日，深圳报业集团地铁传媒有限公司与云南春晚传媒有限公司组成联合体参加竞标，并成功取得了昆明地铁 1、2、6 号线 8 年广告经营权。①

三 传媒+资本

随着传媒走向深度融合发展，主动拥抱资本对于媒体已具有非同一般的战略意义，集合更多资源坚决推进资本运营，打通资本流动通道，借助资本力量跨界产业布局，做大产业规模、带来收益，反哺主业，并最终走出"传媒控制资本、资本壮大传媒"的良性循环发展路径，是未来传媒发展的必由之路。对此，深圳报业集团早已先行先试，并走出了一条成功之路。

2014 年 12 月 22 日，深圳报业集团成立全资股权投资平台——深圳一本传播投资有限公司（简称"一本公司"），注册资本 1 亿元。此后多年，一本公司贡献利润均超千万元。2019 年，一本公司发起基金取得重大突破，基金管理公司取得基金牌照。目前，一本公司在管资金超过 10 亿元，投资企业已有云从科技、易点天下等多家企业成功上市。

同时，深圳报业集团有序推进深圳新闻网、文博会公司、深圳报业地铁传媒有限公司上市工作，深圳新闻网传媒股份有限公司（"深新传媒"）已于 2017 年成功实现了在新三板挂牌。

深圳报业集团参与发起成立的中国文化产业基金也获得了可观的分红和投资收益。2017 年 8 月 21 日，该基金投资项目"中国出版"成功在上证所 A 股上市。深圳报业集团在中国文化产业基金中共投资 1983 万元，持有 1421.55 万股。按当年 9 月 7 日收盘价计算，其市值 20172 万元，账面收益 9.17 倍。

2017 年 8 月 28 日，深圳报业集团与深圳中一联合知识产权代理公司签署战略合作协议，成立合资公司（集团占股 30%），共同打造深圳知识产权城。该项目是深圳中一专利商标事务所与深圳报业集团尝试利用深圳成熟的市场条件、产业集聚、专业水平、金融资本等优势，合作建设的全板块、全链条、高品质的知识产权服务综合体，建成后服务深圳知识产权事业发展。

---

① 刘春堂：《科技突破创意延展，打造最具价值的地铁流量空间》，《户外媒体内参》2021 年 5 月 13 日。

2017 年 8 月 29 日，深圳报业集团党组会议审议通过了广东粤港澳大湾区研究院有限公司出资协议。集团拟与南方财经全媒体集团、广州南沙资产经营有限公司成立"广东南方智库有限公司"（集团占股 24.5%），开展智库业务。该公司下设子公司"广东粤港澳大湾区研究院有限公司"，落户深圳罗湖。

此外，从 2007 年开始，深圳报业集团每年还会组织金融机构参与"金融风云榜"评选，见证铭记金融机构的成就和效益，该活动被称为深圳金融界"奥斯卡"。

四　传媒+服务

深圳报业集团还结合自身优势，推出一系列"传媒+服务"项目，在增加了经营收入的同时，也方便了市民和读者，增强了自身的品牌力和公信力。

2012 年 11 月 15 日，由深圳市政府支持，深圳市经济贸易和信息化委员会组织，深圳报业集团主办并全资控股、运营的深圳商品网上交易市场"深商 e 天下"正式上线运营。2016 年 11 月 18 日，由深圳市政府指导，延安市政府、双鸭山市政府、喀什市政府、河源市政府、深圳报业集团主办，深商 e 天下、深圳报业集团电子商务有限公司承办的"2016 四北地区农特产品（深圳）展销招商会暨第二届新疆喀什农特产品（深圳）展销招商会"在深圳园博园开幕。活动历时 3 天，与会人员超 20 万，有 10 余家企业与四北地区企业达成合作意向，签订意向合约金额达 1.65 亿元，四北地区企业现场销售 500 多万元，深圳报业集团电子商务有限公司促进销售 1000 多万元。2017 年，电商平台建设加快，"深商 e 天下"累计入驻企业 8500 家，电商公司重点打造天猫深圳商城等电商平台，商业模式逐渐成形。

2012 年 11 月 3 日，由深圳市政府、深圳市经济贸易和信息化委员会、深圳市总工会、深圳市福田区人民政府支持，深圳报业集团主办，深圳报业集团电子商务有限公司和台南市虱目鱼养殖协会承办的"深圳'双 11'国际购物月暨第二届文化美食嘉年华"在深圳园博园开幕。这是深圳市政府促消费系列活动之一。活动持续 18 天 18 夜，线上线下实现营业额超过

3000 万元，入园人数共计 150 多万人次；近百家经营进口商品的企业和深圳知名品牌企业带来 1 万多种商品参加购物展示，108 个小吃摊商推出多道原汁原味的中华传统小吃参加美食展示；其间还举行了大量的文化表演、公益活动等。

五 传媒+数据

深圳报业集团超前重点布局大数据产业。2019 年 1 月 18 日，深圳报业集团就与力合科创集团成立合资公司，共同建设运营大数据中心。2022 年，力合报业大数据中心已面向顺丰、中国人保等优质客户提供服务。同年，深圳报业集团与力合科创 合作建设完成"清华信息港·龙华"一期工程。

2022 年，深圳报业集团创意智慧港公司被认定为深圳市专精特新企业。深圳报业集团参与发起成立中国自贸区信息港（横琴）股份有限公司、广东南方智库有限公司及粤港澳大湾区研究院。同年，集团还采取组建专项基金的方式，战略入股大数据企业本贸科技，成为第二大股东。

六 传媒+公益

公益一直是深圳报业集团专注的领域，通过公益事业，深圳报业集团影响力、公信力都得到极大增强，更重要的是，一大批需要帮助的人和项目得到扶持，推动了社会的和谐发展。

从 2003 年起，深圳报业集团就开始承办深圳关爱行动，并从集团内部抽调人员参与深圳关爱行动组委会办公室工作。

2012 年 5 月 23 日，在《深圳特区报》创刊 30 周年晚会上，特报读者公益慈善基金正式宣告成立，进一步夯实"传媒+公益"的深圳慈善事业发展模式。深圳慈善基金倡导"人人为我，我为人人"公益精神的"公益金百万行"也同时推出，该活动通过健康步行的方式宣传公益事业和募集善款，旨在动员全市民众参与公益慈善事业，所筹善款全部交由深圳市关爱行动公益基金会管理。该活动由《深圳特区报》联合深圳关爱行动组委会办公室、深圳市关爱行动公益基金会共同发起，由《深圳特区报》、深圳市关爱行动公益基金会承办，目前已成为深圳一个重要公益品牌。

2012 年 7 月 8 日，首届"公益金百万行"筹集善款活动在深圳湾公园举行。近两万市民不顾烈日炎炎，以健康步行的方式为公益慈善项目募集善款。作为"深圳市关爱行动公益基金会·特报公益慈善基金"的常设项目，"公益金百万行"除通过组织步行活动进行募捐之外，其他时间也接受企业、团体和市民的爱心捐款。首届"公益金百万行"活动共筹集善款近390 万元，参与捐款者 6 万多人次。活动自 2012 年起每年举行一次，获评2014 年度"广东省扶贫济困优秀项目"。

2012 年 8 月 9 日，"公益金百万行"项目组织人将首笔善款送到遭受水灾的横岗街道马六村廖日光家中。当年 7 月 25 日，台风"韦森特"袭击深圳各区，马六村河堤垮塌，水淹全村。廖日光的两个儿子都罹患肌肉萎缩症，妻子在交通事故中左脚韧带断裂。突如其来的水灾使这个家庭的境况雪上加霜。得悉这一情况后，"公益金百万行"为廖日光一家送上 1 万元善款。

据不完全统计，"公益金百万行"共募集各类爱心善款超过 3000 万元。从云贵地震、雅安地震到潮汕水灾、汕尾等地遭受强台风袭击、新冠肺炎疫情等，"公益金百万行"从未缺席，以"媒体+慈善"的特殊方式扶危济困、雪中送炭，把深圳的大爱和《深圳特区报》的责任与深情书写在广袤的中国大地上。

除特报公益慈善基金外，深圳报业集团还先后成立了深商公益发展基金、深圳晚报爱基金、晶报阳光基金等众多公益基金，全力关注公益事业。

2017 年 4 月 28 日，深圳报业集团艺术扶贫项目正式启动，并设立"文博会公司艺术扶贫"专项基金。截至 8 月，深圳报业集团艺术扶贫项目先后组织了中央美术学院及深圳本土的艺术家赴河源雅色村写生作画，成果作品经拍卖后所得纳入专项基金；暑假期间为雅色村的学生组织开展了为期 20 天的艺术教育培训。

2022 年，深圳报业集团"乡村振兴共富中心"项目实现两个效益双赢，多方筹款捐建的雅色党建培训基地落成并试运营，集团获省对口援疆前指颁发"爱心援疆单位"荣誉。

第四章　锐意改革，再造一个报业集团

2022 年 11 月 28 日，中共深圳市委印发通知，市委批准：丁时照同志任深圳报业集团党组书记、社委会社长；王跃军同志任深圳报业集团编辑委员会总编辑、深圳特区报总编辑；刘大岭同志任深圳报业集团党组副书记、社委会副社长、经营管理委员会总经理。①

改革始终是推动深圳报业集团高质量发展的关键一招。在新班子带领下，深圳报业集团迅速在更高起点、更高层次、更高目标上展开新一轮全面深化改革，将 2023 年定为"集团改革年"，明确提出"再造一个报业集团"的宏伟目标，在实力、传播力、公信力、引导力、影响力上全面再造，要求集团上下秉持"秒回、秒决、秒办"的"三秒"作风，保持奔跑姿态，实行倍速工作机制，踔厉奋发、勇毅前行。

2023 年新年伊始，深圳报业集团东风劲吹，改革再出发的冲锋号声声嘹亮。1 月 4 日，集团全面深化改革委员会召开 2023 年第一次会议，研究部署未来三年改革工作和年度重点改革任务。1 月 10 日，集团年度工作会议定下"聚焦改革突破、全面强起来"的工作目标。春节后上班第一周，全集团范围展开改革大讨论，集思广益，全面梳理改革意见建议，结合集团整体部署谋划落实。2 月 8 日，集团深化改革高质量发展全员大会召开，集团 4300 名员工出席会议。一系列改革措施集体"亮剑"，集团上下凝聚起"改革改革再改革"的共识，坚定"将发展的问号变成改革的感叹号"。

---

① 《关于丁时照等同志职务任免的通知》（深委干〔2022〕197 号），2022 年 11 月 28 日。

第一节　强内容，深化供给侧结构性改革

打造现代化新型主流媒体，内容永远是根本。深圳报业集团坚持"内容为王"，高质量深化新闻舆论供给侧结构性改革，打造永不褪色的中国改革开放第一传媒矩阵。

一　纸媒大力度改版

《深圳特区报》择优选配骨干力量组建"一号工作室"，围绕市委市政府中心工作加强策划报道，把头版建设摆在日常工作重中之重。《深圳商报》将高质量新闻内容建设贯穿全年，进一步增强财经新媒体传播力、影响力、竞争力。《深圳晚报》持续提升"深圳+"客户端能级，基于"湾区生活美学家"理念的城市生活综合服务更添活力。《晶报》突出文化定位，优化"元故事""聚光灯"等重点栏目，并深入街道推进"街力行动"。《香港商报》、Shenzhen Daily、《宝安日报》、《香港经济导报》等均在2023年4月底前完成改版。改革之情，跃然纸上。

二　网端全力造网红

深圳报业集团大力拓展PUGC（专家生产内容）生产。集团龙头新闻客户端——读特客户端加速布局发展"深圳号"，广泛吸纳党政机关、智库机构、企业、专业媒体以及知名学者和自媒体入驻；大力推动各媒体采编人员开设记者个人号；积极对接研究学者、行业专家发展智库专家号；多措并举提高内容生产质量，打造深圳乃至粤港澳大湾区权威、专业、丰富、规范的内容聚合平台。

同时，深圳报业集团全力推动在今日头条、小红书等头部平台开设账号，组建网络舆论场颇具规模、最有力量、最受倚重的深媒铁军，讲好深圳故事、粤港澳大湾区故事，传播先行示范区、大湾区正能量。

三　筑造外宣高地破圈传播

深圳报业集团做强国际传播，努力实现外宣"破圈"。《香港商报》和

Shenzhen Daily 成为破圈主力军。

作为集团外宣的重要力量，《香港商报》肩负三项重任：一是进一步加强与香港特区政府及社会各界联系，建设香港权威信息首发平台；二是与深圳口岸等相关部门密切合作，打造首个服务深港 3 亿通关人员的信息服务平台；三是整合各地办事处（记者站）资源，打造内地与香港经贸交往、招商引资平台。*Shenzhen Daily* 加紧筹建"深圳国际传播中心"，升级爱深圳网站为八语种网站矩阵，塑造深圳国际传播全新 IP；实施"深圳全球传播使者计划"，成立"老外讲故事"鹏友圈俱乐部，推进国际传播"内容共创"。

此外，《香港经济导报》成立"海外视频工作室"，专事海外平台的新闻制作及播发，平台粉丝量争取翻番。

深圳报业集团还重启深圳市创意文化中心，致力深圳"设计之都"品牌全媒体国际推广，助力深圳设计、深圳品牌更好走向世界。

第二节　深度融合，主力军挺进主战场

在习近平总书记提出媒体融合发展十周年之际，深圳报业集团思想再提升、目标再提级、行动再提速，全面推进媒体融合改革向纵深发展，主力军强势挺进互联网主战场。

一　发挥读特客户端龙头作用

深圳报业集团全面做大做强读特客户端。实施"读特+"工程，集团各媒体、各客户端全面入驻读特客户端，推动读特客户端真正成为集团原创新闻内容"首发+必发"平台。支持读特客户端组建自己的高水平采编经营团队，成为独立的新媒体平台，加强与华为鸿蒙系统合作，加快研发应用全场景下的下一代客户端技术，通过全场景全覆盖实现无界传播。

二　塑造媒体融合新品牌

深圳报业集团各媒体匠心独运，塑造媒体融合新品牌。《深圳特区报》组建数字产品实验室，"飞阅深圳"系列新媒体产品上线 3 个月推送超过

100 期，总阅读量过亿次，"AI 数字人拜年""云上放灯""美丽中国、步步有树""星寄思念"等每月一款创意数字产品两个效益俱佳。《深圳商报》与读创客户端加快向财经新媒体转型，力争在 2025 年前后迈入头部财经新媒体行列。《深圳晚报》大力拓展数字创意、数字设计、数字策展、数字视听等服务，打造全国一流文化创意综合服务提供商。《晶报》瞄准视频，把视频生产和发布作为融合重点，向着"全员视频化"坚实迈进。深圳新闻网积极拓展舆情智库业务，打造舆情大数据平台。

三 组建数字媒体集团

深圳报业集团全面展开数字化转型，启动组建数字媒体集团，打造与深圳先行示范区定位相匹配的一流数字媒体机构。目前，集团现有新媒体平台资源已初步实现整合。2023 年 5 月 16 日，由深圳报业集团、云从科技集团和国家超级计算深圳中心三方合作成立的 AIGC 联合实验室揭牌，着手打造国内第一家城市级的文化自进化智能体。2023 年，深圳数字媒体集团加紧组建，并完成技术底座、内容体系、营销体系的初步构建。数字媒体集团组建后，将围绕全面实施数字化战略，推动实施深圳数字媒体引擎、全国性新媒体 IP、数字创意产业集群、网络舆情数字治理等重点项目，力争三年内建成自主可控的全媒体头部平台。

四 强链延链一键通全网

深圳报业集团着力强链、延链，建立一体化内容生产传播新机制，打造"一键通全网"的内容钥匙。印发《深圳报业集团优质内容全网大传播工作方案》，全面深化与各大头部平台的战略合作及重点项目合作，集团各报网端及视听中心至少与腾讯、抖音、小红书、百度、新浪、B 站、喜马拉雅等头部平台各开展一个重点合作项目，强化集团精品原创内容在网络重要渠道的可见率、到达率。同时，加快实施集团主要媒体号粉丝倍增计划。

第三节 壮大实力，打造百亿传媒集团

面对集团成立以来最严峻的经营形势，深圳报业集团迎难而上，矢志

打好翻身仗，努力打造百亿传媒集团。

一 日夜兼程推动上市

作为在全国有影响力的文化传媒集团，深圳报业集团在资本市场拥有一席之地，深圳新闻网已经在新三板上市。2023年初，集团上市筹备领导小组迅速成立。2月，引入中介机构立项，启动招投标工作；3月，拜访有关机构和同行业公司，了解业界形势；4月，积极推进券商、会计师事务所、律师事务所等招投标……按照计划，深圳报业集团将在2023年内完成集团业务家底摸排，以数字化新媒体业务为核心拟定重组方案；2024年，组建数字媒体科技股份有限公司（简称"深报数媒"），推动深圳国有企业、国有资本参股或注资，满足上市各项要求，适时提出IPO申请，登陆创业板。

二 倾力打造国际头部展

2023年6月7日，第十九届中国（深圳）国际文化产业博览交易会（简称"深圳文博会"）拉开大幕，吸引超过50个国家及地区300多家海外展商踊跃参展，国际化达到新高度。深圳报业集团旗下文博会公司连续承办这一中国唯一的国家级、国际化、综合性文化产业盛会，品牌影响力不断提升。

2023年以来，文博会公司通过进一步密切与国外一流文化企业、文化机构的务实合作交流，不断提升深圳文博会专业化、国际化水平；通过高质量办好深圳文博会、文博会香港展、文博会澳门精品展，推动"一带一路"新疆（喀什）国际文化创意产业博览交易会、东北亚创意设计文化艺术博览会等项目落地，加快构建文博会"1+N"品牌矩阵；通过高起点、高标准创建河套国际艺术品交易中心，建设中国文化消费平台，更好推动中华文化精品"走出去"、海外佳作"引进来"。在推动深圳文博会迈向"国际文化产业头部展"的过程中，文博会公司将被打造成全球知名的会展公司、知名的文化产品电商公司。

三 管理变革狠抓提质增效

深圳报业集团聚焦"做减量、调存量、扩增量"，持续深化管理变革。

一是着力推动经营工作减量体制，全方位清理低效、无效资产及停滞亏损项目。截至 2023 年第一季度，集团旗下成都深报地铁传媒、昆明鹏云地铁传媒两家公司已全面停止运营，同比减亏 2500 多万元。二是统筹推进公司管理体制改革，深度整合集团内部资源，最大限度发挥协同效应。截至目前，集团资产物业运营资源三家部门单位重组，以及集团旗下两家印务公司合并进展顺利，将积极争取国家级、市级文化空间运营项目，形成新的利润增长点；"二合一"后的新印刷厂，初步测算当年即可减亏 44.77%。三是大抓业务拓展，构建发展新格局，拓宽增收新渠道。截至 2023 年 3 月 31 日，集团旗下深报一本基金公司在管基金规模达 10.61 亿元，增值近 3 亿元，综合 IRR 为 16%，业绩在文化投资行业位居前列，"一本基金二期"已正式发起设立。

2023 年 1~4 月，深圳报业集团实现营收较上年同期增长 8.09%，净资产收益率同比增加 2.96%，全员劳动生产率同比增长 15.23%。总体经营指标企稳向好，经营工作提质增效初见成效。

第四节　锻造铁军，强政治提高治理效能

锻造一支坚持正确政治方向、舆论导向、新闻志向和工作取向的新闻铁军，是深圳报业集团基业长青的可靠保证。集团党组、社委会厉行改革，强化干部队伍建设。

一　推进主题教育

旗帜鲜明讲政治，深圳报业集团坚持不懈用习近平新时代中国特色社会主义思想凝心铸魂。2023 年 4 月以来，集团在深入开展主题教育中自觉学先一步、主动学深一层，坚持"自身学"和"引舆论"两手抓、两不误、两促进。一方面，集团领导班子示范带动，集团各级党组织和全体党员、干部认真学思践悟，从思想上正本清源、固本培元，不断提高政治判断力、政治领悟力、政治执行力，切实增强"四个意识"，坚定"四个自信"，做到"两个维护"。另一方面，强化党媒集团责任担当，充分发挥新闻舆论主

力军作用，着力做好主题教育宣传报道。全面展现深圳开展主题教育、推动高质量发展的生动实践。

二 提升治理效能

深圳报业集团坚持问题导向、目标导向、结果导向，刀刃向内铁腕整治"大国企病"。体制上深化"放管服"改革，加大放权力度，调整优化总部组织管理架构，让总部成为集约化管理调度服务平台。2023 年 2 月 27 日，集团党组会议审议通过首批审批权限下放清单；总部机构数量上半年减少 1/3，下半年再减少 1/3；总部员工职数全年压减 1/3，转年再压减 1/3，优秀员工充实一线。机制上推行"全程电子化"，深化全流程闭环管理，强化重大事项督办，全链条促进集团治理效能提升。2023 年上半年，集团普通公文流转已 100% 实现 OA 系统办理。

三 凝聚青春力量

深圳报业集团大力实施干部制度、人事制度改革，打造年轻化、专业化干部队伍。修订完善《深圳报业集团党组管理干部退出实职方案》，畅通即将到龄退休干部的退出通道，拓宽优秀年轻干部的晋升渠道。健全人才交流机制，推动青年人才在集团各部门各单位间大交流，经历多岗位锻炼，成为工作"多面手"。构建多元化职业上升通道，实行管理、专业双通道的岗位体系，实现新旧岗位体系平稳切换，并积极承接新闻专业（报刊类）正高级职称评审权。集团党组、社委会提出"青年兴则集团兴"，坚定为青年员工搭好人生出彩的舞台，让年轻人"万马奔腾"，为"再造一个报业集团"建功立业。

第五章　英才辈出，完善评价体系
造就人才井喷

这一时期，深圳媒体的数量趋于稳定，包括深圳报业集团在内，报纸稳定在 15 家左右，期刊稳定在 37 家左右，另有互联网出版单位 17 家、驻深记者站 55 家，深圳报业集团外的报刊组成，依然以深耕专业领域的《证券时报》《深圳特区科技》《世界建筑导报》等和扎根区域的《深圳侨报》《蛇口消息报》《深圳大学报》等为主，垂直分众的特点明显。

1985 年深圳市新闻工作者协会（记协）和新闻学会成立。1994 年深圳新闻奖推出，2017 年深圳新闻英才奖创办。深圳报章业不断完善拼图，逐步形成一体化的价值体系和荣誉体系，促进新闻人才持续井喷，带动深圳报章乃至新闻事业蓬勃发展。

第一节　深圳市新闻工作者协会成立

随着《深圳特区报》的迅速壮大，以及各深圳报章队伍的阔步发展，深圳的新闻从业人员数量与日俱增，急需一个组织机构来提升全市新闻工作者能力素养，增进新闻队伍对党情国情省情市情的认识，以及与人民群众的血肉联系，增强服务能力、提升发展能力，促进新闻行业健康有序发展。

一　新闻工作者的"家"

1985 年初，《深圳特区报》向深圳市委宣传部请示成立深圳市新闻工作者协会和新闻学会，并很快得到批复。

1985 年 2 月 14 日，深圳市委宣传部在《关于成立记协和新闻学会问题的复函》（深宣复字〔1985〕5 号）中明确指示，关于成立记协和新闻学会问题，可按深委办〔1984〕6 号文办理，先成立深圳市新闻工作者协会，暂不成立新闻学会。同时明确了记协的宗旨和任务：组织新闻（包括港、澳地区新闻界人士）交流、研究新闻工作经验，接待国内外新闻代表团来访，同时为新闻工作者开展一些有益的活动。深圳的新闻工作者从此有了自己的"家"。

二 两块牌子一个班子

首任深圳市新闻工作者协会，由时任《深圳特区报》社长罗妙担任主席，王伟、王初文、陈学标、何云华担任副主席，同时配备专职工作人员 3 名（事业编制），人员经费从会员费和有偿服务收费中筹措解决，专职人员由新闻工作者协会挂靠单位深圳特区报社负责管理。

由于接待内外记者任务较重，1986 年 1 月 8 日，深圳市新闻工作者协会请示市编制委员会，请求确编 4 名专职干部名额，包括秘书长兼办公室主任 1 人，英日翻译 2 人，内勤资料兼财务 1 人。

1986 年 9 月 1 日，深圳市新闻工作者协会又收到市委宣传部复函，同意成立深圳市新闻学会，与市新闻工作者协会同是群众团体，两个牌子一套人马，一起办公，不另增加编制。

第二节 深圳新闻作品最高奖

为推动深圳新闻单位多出精品、多出人才，繁荣深圳新闻事业，深圳于 1994 年开始组织深圳新闻奖评选，每年评选一届，至 2023 年已举办 30 届评选活动。

深圳新闻奖是深圳市精神文明建设成果奖的组成部分，定位为深圳优秀新闻作品的最高奖，由市委宣传部、市文化广电旅游体育局、市新闻工作者协会、市新闻学会、市新闻人才基金会共同组织评选。在多年的评选实践、不断征求意见、总结经验的基础上，借鉴中国新闻奖、广东新闻奖

的评选办法，深圳新闻奖制定了严格的评选标准和表彰办法，本市编入全
国统一刊号公开发行的报纸，经国家正式批准的广播电台、电视台，经正
式批准的新闻网站以及已注册登记并通过年检的驻深记者站均可报送作品
参选。从 2020 年起，深圳 11 家区级融媒体中心作为参评单位，也开始选送
作品参与深圳新闻奖评选。

一 奖项设置与时俱进

首届深圳新闻奖，除特别奖外，仅设置了报纸、通讯社类的消息、通
讯、摄影，以及广播电视类的消息和专题 5 个评选项目，当年只有 13 篇作
品获得一等奖，后来，随着新闻媒体的壮大和传播手段的增多，深圳新闻
奖评选项目和奖项设置也逐渐增加。

到 2011 年，深圳新闻奖评选项目增至 22 个，其中报纸、通讯社参评项
目就包括消息、通讯、评论、系列报道、新闻摄影、新闻漫画、新闻版面、
新闻标题、新闻专栏、文艺副刊作品和国际新闻等 11 项。广播电台、电视
台参评项目也增加至消息类、评论类、新闻专题类、系列报道类、新闻访
谈节目类、新闻现场直播类和新闻节目编排类等 7 项。另外还增加了 3 项网
络新闻作品评选项目和新闻论文项目的评选。各评选项目设奖总数为 230
件，其中一等奖 43 件、二等奖 66 件、三等奖 121 件。

随着媒体融合的推进，从 2016 年起，深圳新闻奖在奖项设置中增加了
"新媒体奖"，并在 2020 年评选中细化为"短视频新闻""移动直播""融
合创新""创意互动"等奖项，推进媒体深度融合发展，加快建设新型主流
媒体。从 2020 年开始，沿用了 20 多年的深圳新闻奖一等奖奖励标准，也从
1500 元提高到 1 万元（税前），有效调动了广大新闻工作者创作新闻精品的
积极性和主动性。

二 首届深圳新闻奖特别奖

由于首次深圳新闻奖设立时，《深圳特区报》已经创办了 12 年，深圳
广播电台、深圳电视台、《深圳商报》等其他新闻媒体也已发表了大量的优
秀新闻作品，因此，首届深圳新闻奖设置特别奖，以表彰 1994 年之前深圳

的优秀新闻作品。

获评首届深圳新闻奖特别奖的作品,都是足以载入深圳媒体发展史册的重要作品。《深圳特区报》记者叶兆平、钟闻一采写的《首次土地公开拍卖在深圳举行》获得消息特别奖;陈锡添采写的《东方风来满眼春》以及《深圳法制报》记者刘深等采写的《八月冲击波》获得通讯特别奖;《深圳特区报》的"猴年新春八评"和《深圳商报》的"八论敢闯"同获评论特别奖;《深圳特区报》记者江式高拍摄的《邓小平同志视察我市》,《人民摄影报》记者张新民拍摄的《深圳 8.10 股潮》获得摄影特别奖。深圳广播电台记者王健、尚超红采播的《身份证大搬家》获广播电视类消息特别奖。

第三节　深圳新闻英才奖

深圳新闻事业的蓬勃发展,以及深圳市新闻工作者协会的有效协调管理和深圳新闻奖的巨大激励,深圳新闻事业在步入 21 世纪后,人才呈现出井喷的状态。

为表彰奖励专业优秀新闻人才,2017 年,在深圳市委宣传部的统筹指导下,由深圳市新闻人才基金会牵头,深圳市新闻工作者协会、深圳市新闻学会、深圳市新闻人才基金会、深圳报业集团、深圳广播电影电视集团共同主办首届深圳新闻英才奖评选活动。

一　完善人才评价体系

深圳新闻英才奖由深圳市各新闻单位组织申报,不设名额限制,符合条件者均可向所在单位提出申报申请,由所在单位审核推荐。评选工作主要考察被评选者的工作成果、实际业绩等,是全市新闻战线在采编、经营、管理、技术等不同岗位上的成绩优秀者和贡献突出者。

每届深圳新闻英才奖评选活动均组织国内专家学者和媒体管理者组成专家评审委员会和终审定评委员会,经过专家评审、终审定评等多轮评选,最终确定每届深圳新闻英才奖的 10 名获奖人员。获奖人员均专报纪检监察机关进行廉政违纪情况审核把关,并向社会进行公示。

深圳新闻英才奖的评选，弥补了深圳新闻传媒行业只评作品、不评人才的缺憾，使深圳新闻人才的选拔、培养和奖励与国家设立的"长江韬奋奖"、广东省设立的"金枪、金梭、金话筒奖"相衔接，成为深圳新闻行业常设的专业奖项。每届深圳新闻英才奖颁奖报告会都成为优秀新闻工作者发挥示范和引领作用的舞台，对提振新闻工作者的精气神，稳定队伍、应对挑战起到积极作用，在全国新闻界引起热烈反响。

二 重奖深圳新闻英才

从2017年首届评选开始，深圳新闻英才奖每年评选一届，至2022年已成功举办6届，共评选出60位新闻英才，获奖人员获颁奖杯、证书以及奖金各3万元。

获奖人员既有在各媒体身居要职的副总编辑、编委，也有部门主任、中心总监这样的中层干部，更有大量奔波在采编一线的记者、编辑、评论员、主持人、播音员、校对，还有印务、投资等助力各媒体高质量发展的各方面人才，几乎网罗了深圳新闻界的各方面精英。

在2017年的首届深圳新闻英才奖的评选中，《深圳特区报》摄影部记者李伟文、《深圳商报》评论部主任钱飞鸣、《深圳晚报》副总编辑童俏、《晶报》常务副总编辑冯景、深圳广电新闻中心首席评论员余治国、深圳广电新闻频率首席主持人陈洁、深圳广电交通频率总监潘想力、深圳新闻网总编辑蓝岸、蛇口电视台主任雷伟和深圳广电《第一现场》主持人张天宇等10人获奖。

第六章　央媒港媒在深圳稳定发展

随着媒体融合向纵深推进，在新一代技术和产业发展的加持下，各报刊的内容生产和传播形式都发生了巨变，尤其是中央媒体和香港媒体，不仅扩大驻深记者站和办事处的规模，加大对深圳经济社会等各方面发展情况以及重要事件的报道力度，还纷纷在网站、客户端开通深圳频道，全时空关注深圳发展。

第一节　大篇幅全方位报道深圳建设成就

40 多年时间，深圳从省尾国角的边陲小镇，发展为世界一线城市，不仅城市体量迅速壮大，城市的建设成就和各行各业的受关注度也与日俱增，央媒、省媒、港媒均加大对深圳建设成就的报道力度。

一　全方位报道特区四十年建设成就

为庆祝改革开放 40 周年和深圳特区建立 40 周年，央媒和省媒都推出了海量报道，气势恢宏。

2018 年，庆祝改革开放 40 周年，中央广播电视总台联合广东省委宣传部、深圳市委宣传部，特别推出八集纪录片《深圳故事》，讲述深圳乘上时代高铁，敢闯敢试，从一个小渔村发展成一个现代化国际城市的历程。该片于 2019 年 1 月 21 日至 28 日每晚 19：50 在央视二套首播，央视网、人民网等权威央媒制作专题网页播放。

同时，人民网还推出"改革印记"专题报道，通过"头条聚焦""那年·那人·那事""历史照片""深圳各地话改革"等栏目，全景式展现深圳改革开放后的发展变化。

2020 年 10 月 14 日上午，深圳经济特区建立 40 周年庆祝大会在深圳隆重举行。中共中央总书记、国家主席、中央军委主席习近平在会上发表重要讲话强调，"要高举中国特色社会主义伟大旗帜，统筹推进'五位一体'总体布局，协调推进'四个全面'战略布局，从我国进入新发展阶段大局出发，落实新发展理念，紧扣推动高质量发展、构建新发展格局，以一往无前的奋斗姿态、风雨无阻的精神状态，改革不停顿，开放不止步，在更高起点上推进改革开放，推动经济特区工作开创新局面，为全面建设社会主义现代化国家、实现第二个百年奋斗目标作出新的更大的贡献"。[①]

当天，《人民日报》发表社论《树立新时代改革开放新标杆》热烈祝贺深圳等经济特区建立 40 周年。人民网财经频道推出"经济特区 40 年@治理现代化"大型专题。其中，"评论综述"栏目主要转发《人民日报》社论及重要稿件；"建设者说"栏目实地采访了大量建设者与特区共成长的故事；"新闻全纪录"从滚动消息、独家专访、企业行动三方面，滚动播报关于深圳特区成立 40 周年的媒体报道；"图说·变迁"和"图说·记忆"则最直观地用图片展示深圳 40 年来的发展变迁。

2020 年 10 月 16 日，《光明日报》发表长篇通讯《续写更多"春天的故事"——习近平总书记出席深圳经济特区建立四十周年庆祝大会并在广东考察纪实》。2020 年 10 月 17 日，《光明日报》头版刊发社论《新形势需要新担当、呼唤新作为——三轮深入贯彻落实习近平总书记在深圳经济特区建立 40 周年庆祝大会上的重要讲话》讨论深入贯彻落实习近平总书记在深圳经济特区建立 40 周年庆祝大会上的重要讲话，并以《经济特区要办得更好、办得水平更高——习近平总书记在深圳经济特区建立 40 周年庆祝大会上的重要讲话引发强烈反响》记录重要讲话引发的热烈反响。11 月 11 日，《光明日报》发表理论文章《经济特区：中国改革开放的伟大创举》，全面解读习近平总书记的重要讲话。

2020 年 8 月 26 日，《南方日报》推出百版特辑"将改革进行到底"，致敬特区建立 40 年。南方网推出"特区 40 年·粤来粤好"的大型专题，头

[①]　习近平：《在深圳经济特区建立 40 周年庆祝大会上的讲话》，人民出版社，2020，第 6~7 页。

条刊发习近平总书记在深圳经济特区建立 40 周年庆祝大会上的讲话，然后通过"勇立潮头""我与特区 40 年""特区热评"等栏目，全方位反映深圳特区 40 年来的建设成就。

二 大力度推进"双区"建设稳步加速

大力度推进"双区"建设 2019 年，中共中央、国务院先后印发《粤港澳大湾区发展规划纲要》和《关于支持深圳建设中国特色社会主义先行示范区的意见》，同时央媒和省媒也进行了大力度报道，帮助深圳"双区"建设全面推进稳步加速。

在两份文件印发的当天，《人民日报》在头版推出了重磅报道，并对文件进行深入解读。此后，《人民日报》持续关注深圳"双区"建设，2020年 8 月 18 日，《人民日报》头版发表长篇通讯《走在前列 勇当尖兵》，聚焦深圳建设先行示范区一周年，2021 年 9 月 13 日，《人民日报》头版又刊发题为《跑出加速度 迈上新台阶》的报道，总结先行示范区建设两周年来的成果，并为"双区"建设的发展加油鼓劲。

在"双区"政策出台前后，《光明日报》先后发表《"先行示范"，深圳如何向创新要动力》《大湾区建设，深圳如何用好更多机遇、更大舞台》等专版文章，邀请专家学者为深圳的"双区"建设出谋划策。

南方网推出大型专题"全省动员 全力支持 深圳建设中国特色社会主义先行示范区"，通过政策解读、媒体热评、系列网评等多个专栏，为深圳建设先行示范区加油鼓劲。

第二节 "深圳频道"纷纷上线

在全方位大力度报道深圳社会和经济建设成就的同时，不少中央媒体也纷纷在旗下官网专门开设"深圳频道"，打破时间和空间的限制，时刻紧密关注和报道深圳发展。

一 人民网"深圳频道"

中国共产党中央委员会机关报《人民日报》建设的以新闻为主的大型

网上信息交互平台——人民网开通"深圳频道"。该频道作为深圳特区的重要宣传窗口，始终为深圳市的战略部署、中心工作以及经济社会发展提供强有力的舆论支持，受到深圳市委、市政府、市民及社会各界高度认可。

人民网"深圳频道"以"人民力量，服务深圳"为宗旨，立足深圳、辐射港澳，以人民立场、国家视角、国际眼光、公正权威报道，传播党和人民的声音，讲述深圳故事，已成为深圳地区最高端和权威的重点新闻网站。

人民网"深圳频道"致力于正确引导舆论，凝聚社会共识，坚持"新闻为本、市场导向、技术引领、人才立网"的发展思路，充分利用文字、图片、视频、微博等多种全媒体手段，以优质新闻产品提供优质立体的资讯。

目前，人民网"深圳频道"每月原创新闻报道数量超过150篇，日均访问量最高峰超200万次，访问量和点击率多次位居人民网全国地方频道前列。

人民网"深圳频道"主营业务涉及新闻信息采集发布、互联网广告、信息服务、舆情及移动增值服务等，下设办公室、总编室、要闻部、调查部、财经部、电视部、党网部、舆情部等多个部门，形成了人民网"深圳频道"、中国共产党新闻网深圳分网、人民电视、强深论坛等复合型的传播形态。

二 光明网"深圳频道"和"深圳观察"

作为中共中央主办、以知识分子为主要读者对象的思想文化大报《光明日报》在网络时代的新延伸，也是国内唯一定位于思想理论领域的中央重点新闻网站，光明网高度重视深圳建设，先后开设"深圳频道""深圳观察"等专网，全方位报道深圳建设成就。

光明网"深圳频道"致力于运用最新的信息技术和独特的视角报道深圳、宣传深圳、服务深圳，为广大网民提供最权威、最及时、最专业、最具特色的深圳新闻资讯。

同时，光明网还在其专题频道开设"深圳观察"子频道，通过"网评员观点""专家解读""特区风采"等栏目,以评论和图片、视频等多种形式,对深圳的既定目标和发展举措进行深刻解读,带动深圳实现高质量发展。

三 凤凰网"深圳频道"

跟随央媒的脚步,香港媒体凤凰网以"见证辉煌新时代"为主题,开通"深圳频道"。

凤凰网"深圳频道"借助凤凰卫视和凤凰网驻扎深圳的庞大采编力量,立足深圳、面向世界,专注报道深圳建设、民生、旅游文化资源、招商引资以及区域经济等各方面发展。频道分为政务、大湾区、财经、文旅、视界、特别策划等10多个子频道,另外还为深圳各区均设立了子频道,内容和规模在市外各媒体"深圳频道"中,都首屈一指。

后　记

丁时照　徐　松

　　深圳学人正在全力建设深圳学派，这是深圳学术版图建构的一种群体发力。我们一直认为，在深圳学术版图中，不能没有历史板块；在历史板块中，不能没有新闻史；在新闻史中，不能没有报章史。

　　虽然我们对深圳新闻史有自己的志趣，但囿于识见和能力，也受制于深圳新闻史资料的散乱与匮乏，我们只能把重点聚焦于纸媒。在学术上，我们本来企望做到理论与史料并重，待到动笔才发现我们力有不逮，于是只能虚位理论而专注史料，破题以待深圳新闻史大家的隆重莅临。所以，我们的所作所为，只是深圳新闻史的草稿，故名之为《深圳报章史稿》。

　　每份报章，都有自己的工作节奏，也有自己的生命节律，传播信息、启迪思想、伸张正义、推动发展则是其不变的追寻。今天的新闻，就是明天的历史；今日之历史，亦是昨日之新闻。在写作中，我们深感深圳报章与时代同步的时空关联。1949 年，新中国成立；1980 年，深圳经济特区建立；1992 年，"东方风来满眼春"；2002 年，深圳报业集团化号角吹响；2012 年，走进新时代……深圳报章从历史的细节中串珠成链，还原出历史的宏大叙事。

　　时间无始无终，发展从不停步。伴随城市的成长，深圳的报章也从油印、铅印、激光照排到全媒体融合……一步一个脚印，步步紧跟时代，忠实地记录深圳，热情地传播深圳。回望来路，不仅记录城市的历史脉络，更承载着城市的文化精神。

　　深圳的报章发展史，就是深圳的发展历史。回溯历史，我们看到深圳的荣光与梦想。从中看到其前行的动力和源泉。

编写此书，我们是站在前人的"肩膀"上。值得尊敬的深圳历史的记录者，已经为我们留下了大量文献，借助《深圳传媒业的崛起》《深圳特区报史稿》《鹏城报事——深圳商报社创刊档案》等近100套图书，我们理出了深圳报章发展的历史脉络。感谢深圳历史记录者专业的精神和精彩的文字，他们是我们的引路人。

深圳的档案工作者们，更是为我们保留了珍贵的历史资料，感谢深圳市档案馆、宝安区档案馆、深圳市地方志编纂委员会、《深圳年鉴》编辑部等单位，通过他们精心存留的材料，我们找到了最准确的数据，也发掘了更多鲜为人知的细节。

基于深圳报章的创业者们的奋斗，他们书写的故事成为厚重的历史。通过对他们的采访，我们看到了深圳报章发展历程中一个个顶天立地的传奇。感谢先行者们接受我们的采访，更感谢他们为深圳报章做出的历史性贡献。

作为史料的收集整理者，我们惶恐不安。要记录一座城市一个行业的发展历程，要在浩如烟海的近百种报章、数百亿计的文字中耙梳整理，不仅工作量庞大，而且要协调各方。因此，挂一漏万，还望棒喝，恳请海涵。

2023. 6. 10

图书在版编目（CIP）数据

深圳报章史稿／丁时照，徐松著 .--北京：社会
科学文献出版社，2024.11.--（深圳学人文库）.
ISBN 978-7-5228-4228-8

Ⅰ . G219. 246. 53

中国国家版本馆 CIP 数据核字第 2024PX8657 号

深圳学人文库
深圳报章史稿

著　　者／丁时照　徐　松

出 版 人／冀祥德
组稿编辑／任文武
责任编辑／丁　凡
文稿编辑／梅怡萍
责任印制／王京美

出　　版／社会科学文献出版社·生态文明分社（010）59367143
　　　　　地址：北京市北三环中路甲 29 号院华龙大厦　邮编：100029
　　　　　网址：www. ssap. com. cn
发　　行／社会科学文献出版社（010）59367028
印　　装／三河市尚艺印装有限公司

规　　格／开 本：787mm×1092mm　1/16
　　　　　印 张：22. 25　字 数：338 千字
版　　次／2024 年 11 月第 1 版　2024 年 11 月第 1 次印刷
书　　号／ISBN 978-7-5228-4228-8
定　　价／98. 00 元

读者服务电话：4008918866